中国城市群规划管理体制研究

教育部人文社科项目/编号 09YJCZH088
国家自然科学基金项目/编号 51078246

王　勇　李广斌　著

东南大学出版社
SOUTHEAST UNIVERSITY PRESS
·南京·

内容提要

本书扎根于现实制度环境，从规划管理体制变迁、行政管理体制变迁的高度，结合西方公共管理范式转型，对城市群规划管理体制变迁历史、规划管理体制现状问题及其根源进行深入解析，基于治理的内涵，勾画了中国城市群规划管理体制机制变迁的基本方向和整体框架，探讨了城市群规划管理体制相关机制的配套改革。

本书可为政府规划、建设、发展改革等管理部门提供决策参考，可供从事区域和城市规划管理等规划技术人员、管理部门的专业人员及相关领域研究人员使用，也可为高等院校相关专业师生提供学习参考。

图书在版编目(CIP)数据

中国城市群规划管理体制研究/王勇，李广斌著.
—南京：东南大学出版社，2013.11
ISBN 978-7-5641-4591-0

Ⅰ.①中… Ⅱ.①王… ②李… Ⅲ.①城市群—区域规划—研究—中国 Ⅳ.①F299.27

中国版本图书馆 CIP 数据核字(2013)第 246075 号

书　　名：中国城市群规划管理体制研究
著　　者：王　勇　李广斌
责任编辑：孙惠玉　徐步政　　编辑邮箱：894456253@qq.com
文字编辑：葛　虹

出版发行：东南大学出版社
社　　址：南京市四牌楼 2 号　　邮编：210096
网　　址：http://www.seupress.com
出 版 人：江建中

印　　刷：江苏凤凰扬州鑫华印刷有限公司
排　　版：江苏凤凰制版有限公司
开　　本：787mm×1092mm　1/16　　印张：15.25　字数：352 千
版　　次：2013 年 11 月第 1 版　　2013 年 11 月第 1 次印刷
书　　号：ISBN 978-7-5641-4591-0
定　　价：49.00 元

经　　销：全国各地新华书店
发行热线：025-83790519　83791830

前言

自1980年代以来，在信息化等现代技术的强大推动下，以欧美为主导的全球化、市场化在更广阔的时空范围不断延伸，区域一体化出现了前所未有的加速。全球城市、城市区域、都市圈、大都市地区等新的空间类型雨后春笋般的大量涌现，正在图绘新的世界经济与政治的认知地图。1978年开始，中国摒弃了计划经济和全能政府的治理模式，从此踏上了中华民族伟大的复兴之路。在全球化、市场化和分权化的多重作用下，地方经济持续高速的增长带来了区域经济的繁盛，进入新世纪，区域城市化和城市区域化相互交织，成为中国区域经济发展的主要特征之一。在全球化的当今时代，城市竞争已被以城市群或城镇密集区为核心的区域竞争所取代(张京祥，2005)，中国城市群不仅是我国未来经济发展格局中最具活力和潜力的核心地区，也是国家参与全球竞争和国际分工的全新地域单元(方创琳，2011)。中国城市群大量兴起不仅意味着我国区域经济格局正在面临着激烈的重构，而且预示着这将可能带来一场大的区域治理变革。

列斐伏尔(Henri Lefebvre)、苏贾(Soja)等人的社会空间学说认为，“社会”与“空间”是相互建构的辩证关系。空间重组是一种社会建构，社会变迁则是一种空间建构。社会形塑了空间，又被空间所塑造。一方面，空间的形成、转型与重构本质是社会变迁的产物。“空间在其本身也许是原始赐予的，但空间的组织和意义却是社会变化、社会转型和社会经验的产物”(苏贾，2004)。另一方面，社会又受特定的空间结构所支配，社会发展与变迁是一个不断被物质化、空间化的过程，试图不改变空间而改变社会是不可能的，“空间”不再仅仅是事先给定的社会经济活动的“容器”，更是参与社会建构的基本力量。城市群是中国未来最精华、最具创造力的区域，也是引领中华民族走向伟大复兴的“希望空间”。在中国区域快速转型和重构的背景下，面对长期以来的行政管理“碎化”和大量涌现的跨域公共问题，城市群发展与建设又呼唤一场区域治理变革、一场真正的“空间革命”。城市群规划以空间资源配置为核心，是对城市群未来“空间秩序”的安排，是利益各方共同达成的“一揽子”协议，是推动城市群区域全面协调可持续发展的集体行动纲领，也是推动城市群区域治理重要的、具体的工具。城市群的健康发展离不开科学的规划引导。对于尚处于由“前现代”向“现代”转型的中国而言，由于大国转型的复杂性和特殊性，制度建设往往滞后于社会发展的实际需求，补救性的制度供给似乎成为转型期中国制度建设的一种常态。在城市群规划管理实践方面，尽管广东、湖南等省区做出了一些新的尝试，出台了《广东省珠江三角洲城镇群协调发展规划实施条例》、《湖南省长株潭城市群区域规划条例》等地方性法规，但在国家层面，城市群规划管理体制的制度建设近乎空白。在规划管理体制严重缺失的背景下，城市群规划更类似于一种“乌托邦”式的畅想，导致当前城市群规划“重编制、轻实施、无管理”的局面。在此背景下，面对大量的跨域公共问题，亟须对中国城市群规划管理体制进行研究。

体制是制度化的组织形式和关系形态的总称。城市群规划管理体制是指城市群规划管理的机构设置、权力配置、权力运作模式及其法律保障等方面所建构的制度总和。

作为政府的一项重要职能，城市群规划是政府宏观调控的重要手段，其规划管理从属于行政管理，其规划体制是行政管理体制的重要组成部分。根据规则在制度体系中所处位置、抽象程度与影响力的不同，公共选择学派将规则划分为元规则、一般规则与专门规则。总体来看，城市群规划管理体制、城乡规划管理体制与行政管理体制之间的关系是专门规则、一般规则和元规则的关系。一定时期的规划运行只有在社会、经济、体制所许可的范围内才可能生效（张庭伟，2006）。根据制度变迁中路径依赖特点，城市群规划管理在很大程度上需要依靠现行的城乡规划管理体制“通道”，尤其是作为大尺度的空间规划，城市群规划的实施最终必须由城乡规划管理来推动。在具有完善的空间规划体系的西方国家，上层规划依靠下层规划来具体实施。因此，试图脱离现行城乡规划管理体制来重构城市群规划体制是不现实的。此外，包括城市群规划在内的区域规划与城市规划之间存在紧密关系。在西方发达国家，区域规划脱胎于城市规划，是城市发展一定阶段后，规划由点到面、由城市层面向区域层面的延伸。在中国，区域规划与城市规划之间也存在类似演变过程。进入新世纪，由“城市规划”到“城乡规划”，一字之变透视出城市规划正在由此前的关注城市向关注包括乡村在内的区域转向。正因此，在本书中，我们在中国城乡规划体制等问题上用了很多笔墨。离开了对“历史”的深度追踪和“当下”的深刻反思，任何制度性变革都可能导致“最危险的传统复辟”或“最激进的乌托邦狂欢”。中国城市群规划管理体制建设不仅扎根于当下中国现实制度环境，还需要对整个规划管理体制变迁的历时性追踪，更需要跳出“规划管理”来看规划管理体制的变革，将规划管理体制变迁嵌入到更大的制度变迁场景之中，从规划管理体制变迁、行政管理体制变迁的高度，结合西方公共管理范式转型，探索一条符合中国逻辑的城市群规划管理体制的自由之路。

作者在对基本概念界定、国内外相关研究述评和西方公共管理范式转型梳理的基础上，对城市群规划管理体制变迁历史、规划管理体制现状问题及其根源进行了深入解析，基于治理的内涵，勾画了城市群规划体制机制变迁的基本方向和整体框架，探讨了城市群规划管理体制的相关配套改革。主要内容如下：

（1）导论。阐明了选题的意义，对基本概念做出界定，对国内外相关研究进行梳理，在此基础上建构了本书的研究方法和研究框架。

（2）公共管理范式演进与中国实践。从传统区域主义下的科层制治理、新自由主义下的新公共管理，到新区域主义下的后新公共管理，对西方公共管理范式演进进行详细梳理。对照西方公共管理范式转型，结合改革开放以来中国实践，简要分析了西方公共管理理论中国化及其后果。

（3）中国规划管理体制变迁脉络。将城乡规划管理体制变迁置于制度环境变迁的总体场景中，解析了包括城市群在内的规划管理体制变迁特征、机制和整体演化趋势。

（4）规划管理存在问题及体制根源。基于当前规划管理存在的问题，将包括城市群在内的规划管理体制嵌入到行政管理体制、政治体制之中，深入分析规划管理出现问题的主要体制病灶。

（5）城市群规划管理体制机制变革。基于城市群规划管理体制变迁基本原则的探讨，初步建构了城市群规划体制机制建设的基本框架和渐进性变革路径。

（6）城市群规划管理体制配套改革。从欧洲空间规划实践经验谈起，重点从区域协调发展机制和区域政策供给两个维度对城市群规划管理体制的配套改革进行了探讨。

本研究得到了教育部人文社会科学研究项目“基于跨域治理的都市圈规划体制重建”(09YJCZH088)的资助、国家自然科学基金“基于跨域治理的不同空间尺度城市群规划体制机制研究”(51078246)。本书是上述课题的主要研究成果。本书由王勇总体设计、拟定提纲,具体撰写第1章、第3—5章和第7章内容,李广斌撰写第2章和第6章内容。研究生施雯、武营营同学协助完成本书部分图表的绘制。全书由王勇统稿。

在本书的写作和修改过程中,得到诸多师友无私的指导和帮助,受益匪浅。特别需要指出的是同济大学彭震伟教授,本书的框架拟定、写作修改到整个书稿的完成,都得到他的悉心指导。苏州市人民政府研究室万智慧主任和朱微名副处长为本书的修改与完善提供了诸多建设性意见。

在笔者实地调研、访谈和成稿过程中,得到苏州市人民政府研究室、苏州市规划局等相关部门的大力支持,为本书提供研究案例和素材支撑。

借此机会,对各部门、各位领导和专家们的支持与指导,一并表示崇高的敬意和衷心的感谢。衷心感谢东南大学出版社徐步政老师一直以来的关心和支持。

受作者学识所限,书中难免存在不当及疏漏之处,敬请各位专家学者批评指正。

王　勇

2013年3月16日

目录

1 导论

1.1 跨域治理:城市群规划面对的新课题

1.1.1 跨域治理的缘起

1)全球化:从全球公共危机到全球治理

1980年代以来,随着现代信息技术的发展,全球化成为世界涵盖面最广、影响最大、渗透力最强的全球发展趋势。全球化是一个多元概念,涉及社会、经济、政治、生活方式、意识形态等诸多领域。迄今为止,全球化尚未形成一个普遍认同的定义。经济学界,如托马斯·弗里德曼(Thomas Friedman)将全球化定义为:"资本、技术和信息通过形成单一全球市场并在某种程度上形成地球村的方式,实现跨越国家疆界发展的一体化。"1996年联合国贸易和发展会议则将全球化定义为:"世界各国在经济上跨国界联系和相互依存日益加强的过程。"①英国著名的社会学家安东尼·吉登斯(Anthony Giddens)基于"时空分离"(Separation of Time and Space)、"脱域"(Disembedding)(主要指社会关系跨地域重组)来阐释全球化:"世界范围内的社会关系的强化,这种关系以这样一种方式将彼此相遥远的地域连接起来,即此地所发生的事件可能是由许多英里之外的异地事件而引起"②,"全球化的概念最好被理解为时空延伸的基本方面的表达"③。伴随着现代科学技术的迅猛发展,以及交通、通讯和媒体的广泛运用,全球化进程的日益加深,全球范围内的政治结构、生产方式、价值观念、生活方式等都发生了巨大而深刻的变化。

吉登斯④、德国社会学家乌尔里希·贝克⑤等人反复强调,现代社会(全球化社会)是一个高风险社会、一个失控的社会,充满着错位与风险。"风险成为当代的主要特征","全球化大大增加了风险的来源",并"放大了风险的影响和潜在后果"⑥。全球化在带来巨大经济增长和社会繁荣的同时,也在不断催生、制造新的世界问题——全球性问题,将人类社会带入了高风险、不确定的社会。戴维·赫尔德(David Held)指出,人类面临的全球性问题日益紧迫,全球性挑战(全球性问题)主要体现在以下三个方面:全球共同关心的生态与环境问题(全球变暖、生物多样性危机和生态系统损失、水资源危机)、人类可持续发展问题(粮食危机、全球贫困、防止战争、全球传染性疾病控制)以及全球竞赛规则(核不扩散、有毒废物处置、知识产权保护、遗传研究规则、贸易规则、金融和税收规则)。

---

① 吕拉昌.2009.中国大都市的空间创新[M].北京:科学出版社:10.

② 安东尼·吉登斯.2000.现代性的后果[M].田禾,译.南京:译林出版社:56.

③ 安东尼·吉登斯.1998.现代性与自我认同[M].赵旭东,译.北京:三联书店:23.

④ 安东尼·吉登斯.2000.现代性的后果[M].田禾,译.南京:译林出版社:133.

⑤ 贝克,邓正来,沈国麟.2010.风险社会与中国——与德国社会学家乌尔里希·贝克的对话[J].社会学研究,(5):208-231.

⑥ 季丽新.2007.公共危机全球化与全球治理[J].湖北社会科学,(9):15-17.

吴志成等指出，全球化加深助推了各种全球性问题与危机的蔓延，具体表现为：全球经济发展进程越来越不平衡、贸易保护主义抬头并转向隐蔽化、金融资本市场安全问题日益凸显、国际贫困与社会不平等依旧突出、全球气候环境面临更严峻的挑战、世界粮食与能源短缺的压力增大、大规模杀伤性武器呈现扩散趋势、跨国流动的便利引发世界性的高风险、国家权力出现一定的流散与弱化、新兴大国的影响和作用明显提升①。

丹尼尔·贝尔(Daniel Bell)曾说，全球化使得国家不仅因太小而无法解决大问题，而且也因太大而无法解决小问题②。全球化在很大程度上模糊了传统"国家"、"地区"等地理疆域的概念，在环境保护等诸多领域，一国或地区事务日益上升到国际层次，而成为全球公共问题，这些问题往往又呈现出突发性、复杂性、严重性等特点，不可能依靠单一政府解决，而要求各国政府、各种国际组织、社会团体行动起来，协调人类、地球和宇宙间的共生关系及人类内部的协作机制，建立新型合作伙伴关系，以维护国际社会秩序，实现人与人、人与自然的和谐共处。因此，全球性问题的解决依赖的不是单边行动而是多边的联合行动，是建立在合作基础上的全球公共决策、规划和综合治理。

2）区域化：从区域公共问题到跨域治理

冷战结束以来，全球化和区域化成为两大历史潮流。一方面，区域化是全球化的重要组成部分，当代的全球化更多表现为区域化，区域化在深度和广度上都大大高于全球化，没有区域化就没有全球化。从长远看，区域化是通向全球化漫漫征途中的中继站。另一方面，区域化，尤其是区域集团化，总带有排他性，会在一定程度上阻碍全球化进程。但在全球化大背景下，区域几乎都是开放性的，都是互动的，都要融入全球化，而不愿作茧自缚③。在中国，1990 年代以来，全球化、分权化和市场化给中国地方经济、城市经济注入持久的发展动力。伴随着全球化势力不断向主权国家延展和渗透，国家的力量日渐式微，城市直接暴露于全球竞争之中。但在全球竞争中，单一的城市势单力薄，区域的价值被重新发现，被视为当今协调资本主义社会经济生活的一种最先进形式和竞争优势的重要来源④。区域不仅是推动全球化的基本动力，而且被看作参与全球竞争的重要空间单元与组织单元⑤。为了应对全球竞争、谋求共同利益和抵御全球化所带来的各种风险，需要城市间、区域间联合起来共同应对。在中国，进入新世纪，区域城市化、城市区域化交织发展，成为区域社会经济发展的一个最重要的现象。

但伴随着区域一体化不断深化，地区之间的联系日益广泛和密切，单个行政单元"内部"公共问题已变得越来越"外部化"和泛区域化⑥⑦，由此引发了大量的区域性公共问题。这些问题一部分属于区域层面的全球性问题，如区域生态与环境问题，另一部分则

---

① 吴志成，王天韵. 2011. 全球化背景下全球治理面临的新挑战[J]. 南京大学学报（哲学·人文科学·社会科学版），(2)：43-49.

② 安东尼·吉登斯. 2001. 失控的世界[M]. 南昌：江西人民出版社：8-9.

③ 俞正梁. 2001. 区域化、区域政治与区域治理[J]. 国际观察，(6)：1-3.

④ Stoper M. 1997. The Regional World: Territorial Developmenting a Global Economy[M]. New York: The Guilford Press.

⑤ 张京祥. 2004. 全球化背景中的区域发展与规划转变[J]. 国外城市规划，19(3)：1-4.

⑥ 杨爱平，陈瑞莲. 2004. 从"行政区行政"到"区域公共管理"——政府治理形态嬗变的一种比较分析[J]. 江西社会科学，(11)：23-31.

⑦ 陈瑞莲，孔凯. 2009. 中国区域公共管理研究的发展与前瞻[J]. 学术研究，(5)：45-49.

属于区域自身特有的公共问题，如地区市场分割、地区基础设施衔接问题等。面对行政区划内大量社会公共问题不断“泛区域化”，传统行政区行政管理模式已越来越陷入“治理失灵”的困境。从现行的中国行政体制层面看，由于缺乏超越跨区域的合法性权力，在跨区域公共问题的管理上出现权力真空和治理盲区，难以达到跨区域公共问题的有效治理。而中央政府与地方政府之间存在严重的权力和信息不对称(中央政府是权力的“巨人”，基层信息的“矮子”；地方政府则是权力的“矮子”，信息的“巨人”)，这使得中央政府在协调各地方政府冲突时，往往缺乏足够的信息收集量而处于“理性无知”的局面，因而，中央政府也难以实现有效的治理①。在跨区域公共问题大量浮现而传统治理束手无策的背景下，作为一种新型的治理形态——跨域治理呼之欲出。张成福等将中国跨域治理缘由归纳为如下 8 个方面②：① 资源的稀缺性和组织的互赖性，地区之间基于资源稀缺性的相互依赖关系是驱动跨区域治理的基础性要素；② 公共问题和公共议题的跨域性，单一行政单元难以驾驭；③ 公共服务和公共产品的外溢性；④ 需要多方联合推动城市化进程和城市群建设；⑤ 区域发展疑难问题的求解；⑥ 对原有体制诸多弊病的超越；⑦ 参与全球竞争的需要；⑧ 创新政府管理体制，提高施政能力。

3）分权化：从行政管理碎化到区域协调

行政管理“碎化”(Fragmentation)指的是政府部门内部各类业务间分割、一级政府各部门间分割以及各地方政府间分割的状况③。政治“碎化”包含两层含义：地域意义上的碎化和职能意义上的碎化。前者指每一个地方政府都对城市的一部分具有统治权，而没有一个覆盖整个区域范围的单一的政府单位；后者指一个特定地区内地方政府职能在若干个主体之间进行分割，而没有一个统一的单位来履行这些职能④。基于职能分工的现代科层制是造成管理“碎化”的根本原因。在地方自治传统悠久的西方国家，管理“碎化”问题尤为突出。1980 年代以来的新公共管理运动、多中心治理所采取的分散化、分权化的改革措施，在某种程度上加剧了政府管理“碎化”的状况。行政管理“碎化”使跨行政区公共物品和服务供给容易陷入“集体行动困境”。因而，管理“碎化”受到来自各方的批判。1975 年，美国国家研究委员会指出，“大都市区破碎和重叠给地方政府带来一系列的问题，恶化了资源与社会需求失调的问题，增加了大都市区解决社会问题的困难，降低了提供公共服务的行政效率”⑤。整体政府理论倡导者希克斯指出，在碎化的治理下，各自为政使公众无法得到高效的服务，重复建设导致浪费使服务使用者感到沮丧⑥。

改革开放以来，伴随着行政性分权，中国区域经济由纵向运行系统(“条条”垂直行政

---

① 金太军. 2007. 从行政区行政到区域公共管理——政府治理形态嬗变的博弈分析[J]. 中国社会科学，(6)：53 - 65.

② 张成福，李昊城，边晓慧. 2012. 跨域治理：模式、机制与困境[J]. 中国行政管理，(3)：102 - 109.

③ 谭海波，蔡立辉. 2010. “碎片化”政府管理模式及其改革——基于“整体型政府”的理论视角[J]. 学术论坛，(6)：29 - 34.

④ 洪世键. 2009. 大都市区治理——理论演进与运作模式[M]. 南京：东南大学出版社：68.

⑤ National Research Council. 1975. Toward an Understanding of Metropolitan America[M]. Washington DC：National Academy of Sciences：105.

⑥ Perri 6，Diana Leat，Kimberly Seltzer，et al. 2002. Towards Holistic Governance：the New Reform Agenda[M]. New York：Palgrave：48.

管理)转向横向运行系统(“块块”横向经济管理),在激发地方政府发展经济动力的同时,也产生了各自为政的“地方主义”。行政性分权扩大了地方的自治空间。在蔡定剑等看来,中国实际的自治权比英国、日本、法国单一制的国家的自治权力要大得多①。在全球化、区域化背景下,权力的“碎化”及由此导致的空间管理的“碎化”不仅引发了地方政府恶性竞争,也引发了与日俱增的跨域公共议题,甚至出现了跨域公共问题“霍布斯丛林”的局面。在此背景下,区域全面协调可持续发展逐渐进入了国家战略视野。在《国民经济和社会发展第十一个五年规划》中,区域协调被放置于突出位置。

1.1.2 城市群规划兴起

1)空间规划转型:从城市到区域

无论是在影响范围,还是在研究对象、研究内容等方面,跨域治理要比城市群规划宽广得多。在中国,跨域治理主要是指跨行政边界的治理,两个及其以上的行政单元对共同面临的跨界问题所进行的集体管理,包括国际层面的全球治理和国内的区域治理,其要解决的核心问题是跨行政区边界的矛盾和利益冲突②。跨域治理是政治学、管理学、经济学、社会学等多学科持续关注的热点问题。城市群规划是一种战略性的空间规划,具有宏观性、综合性、协调性和空间性的特点。从规划目标来看,城市群规划是一种以城市功能区为对象的区域规划,旨在打破行政界线的束缚,从更大的空间范围协调城市之间和城乡之间的发展,协调城乡建设、人口分布、资源开发、环境整治和基础设施建设布局的关系,使整合后的区域更具有竞争力。伴随着不同空间尺度的城市地区的大量涌现和蓬勃发展,区域规划正步入全面复兴时代。城市群(都市圈)规划作为一种重要的区域规划,1990 年代以后,随着长三角、珠三角等国内发达地区一体化进程的提速,以城市地区或城市群为重点的区域规划受到高层政府的高度关注,其地位也得到前所未有的提升。自 2009 年 1 月《珠江三角洲地区改革发展规划纲要》获批后,从地方到中央,东南西北中一系列的区域规划密集出台(见表 1.1)。在大区域间有协调,在局部有突破,已经成为各个区域规划的共识。不管是都市圈规划,还是城市群规划,协调地区之间、城市之间、城乡之间的发展都成为共同的核心主题,区域性基础设施供给、区域产业合理布局、生态环境保护等是这类规划形态共同的核心内容。

表 1.1 2009 年以来批准的区域规划一览表

通过日期	规划名	涉及省市区域
2009-01	《珠三角地区改革发展规划纲要(2008—2020)》	广东省的广州、深圳、珠海、佛山、江门、东莞、中山、惠州和肇庆市为主体,辐射泛珠江三角洲区域
2009-02	《推进珠江口东岸地区紧密合作框架协议》	深圳、东莞、惠州
2009-04	《推进珠中江区域紧密合作框架协议》	珠海、中山、江门

① 蔡定剑.2011.政治体制改革的历史与现状[J].炎黄春秋,(2):1-8.

② 陶希东.2011.跨界治理:中国社会公共治理的战略选择[J].学术月刊,43(8):22-29.

续表 1.1

通过日期	规划名	涉及省市区域
2009-03	《国务院关于推进上海加快发展现代服务业和先进制造业建设国际金融中心和国际航运中心的意见》	上海
2009-05	《关于建立京津冀两市一省城乡规划协调机制框架协议》	北京、天津、河北
2009-04	《深圳综合配套改革总体方案》	深圳
2009-05	《国务院关于支持福建省加快建设海峡西岸经济区的若干意见》	海峡西岸经济区东与台湾地区一水相隔，北承长江三角洲，南接珠江三角洲
2009-06	《江苏沿海地区发展规划》	江苏省
2009-06	《广佛肇经济圈建设合作框架协议》	广州、佛山、肇庆
2009-06	《横琴总体发展规划》	珠海、横琴岛
2009-06	《关中—天水经济区发展规划》	包括陕西省西安、铜川、宝鸡、咸阳、渭南、杨凌、商洛部分县（商州、洛南、凤武、柞水）和甘肃省天水所辖行政区域。直接辐射区域包括陕西省陕南的汉中、安康，陕北的延安、榆林，甘肃省的平凉、庆阳和陇南地区
2009-07	《辽宁沿海经济带发展规划》	包括大连、丹东、锦州、营口、盘锦、葫芦岛等沿海城市在内的辽宁沿海经济带
2009-07	《川南经济区区域规划》（讨论稿）	川南地区
2009-11	《中国图们江区域合作开发规划纲要》	中国图们江区域的核心地区，包括吉林省范围的长春市、吉林市部分区域和延边朝鲜族自治州
2010-01	《皖江城市带承接产业转移示范区规划》	包括合肥、芜湖、马鞍山、铜陵、安庆、池州、巢湖、滁州、宣城9市全境和六安市的舒城县、金安区
2010-03	《青海省柴达木循环经济试验区总体规划》	柴达木地区
2010-04	《沈阳经济区国家新型工业化综合配套改革试验区》	以沈阳为中心，在半径100公里范围内，涵盖了沈阳、鞍山、抚顺、本溪、营口、阜新、辽阳、铁岭8个省辖市
2010-05	《重庆"两江新区"总体规划方案》	重庆北部新区和重庆两路寸滩保税港区
2010-05	《长江三角洲地区区域规划》	包括上海、南京、苏州、无锡、扬州、南通、镇江、常州、泰州、杭州、湖州、宁波、绍兴、舟山、温州、嘉兴等16个地级以上城市
2011-01	《山东半岛蓝色经济区发展规划》	包括山东全部海域和青岛、东营、烟台、潍坊、威海、日照6市及滨州市的无棣、沾化2个沿海县所属陆域
2011-03	《浙江海洋经济发展示范区规划》	包括浙江全部海域和杭州、宁波、温州、嘉兴、绍兴、舟山、台州等市的市区及沿海县（市）的陆域（含舟山群岛、台州列岛、洞头列岛等岛群）

续表 1.1

通过日期	规划名	涉及省市区域
2011-03	《海峡西岸经济区发展规划》	包括福建省全境以及浙江省温州市、衢州市、丽水市，广东省汕头市、梅州市、潮州市、揭阳市，江西省上饶市、鹰潭市、抚州市、赣州市
2011-05	《成渝经济区区域规划》	包括重庆的“一小时经济圈”、万州、开县、云阳等31个区县，以及成都、德阳、绵阳在内的四川15个地市
2011-07	《广东海洋经济综合试验区发展规划》	涵盖了广东省全部海域和广州、深圳、珠海、汕头、惠州、汕尾、东莞、中山、江门、阳江、湛江、茂名、潮州、揭阳
2011-11	《河北沿海地区发展规划》	包括秦皇岛、唐山、沧州3市所属的沿海11县(市)、8区
2011-11	《平潭综合实验区总体发展规划》	海坛岛及附属岛屿
2012-08	《广西西江经济带发展总体规划(2010—2030)》	包括广西以及广东、云南、贵州的部分地区
2012-09	《广州南沙新区发展规划》	广州市沙湾水道以南区域，包括南沙街、珠江街、龙穴街、黄阁镇、横沥镇、万顷沙镇、东涌镇、榄核镇和大岗镇
2012-09	《宁夏内陆开放型经济试验区规划》	宁夏回族自治区
2012-09	《黔中经济区发展规划》	包括贵州省贵阳市及遵义市、安顺市、毕节市、黔东南州凯里市、黔南州都匀市等33个县(市、区)
2012-09	《福建省海洋经济发展规划》	包括福建省管辖海域和福州、厦门、漳州、泉州、莆田、宁德6个沿海设区市及平潭综合实验区的陆域
2012-11	《中原经济区规划》	包括河南省全境，河北省邢台市、邯郸市，山西省长治市、晋城市、运城市，安徽省宿州市、淮北市、阜阳市、亳州市、蚌埠市和淮南市凤台县、潘集区，山东省聊城市、菏泽市和泰安市东平县
2013-01	《浙江舟山群岛新区发展规划》	舟山市行政管辖区域全部被纳入群岛新区规划当中

2）城市群规划：推动跨域治理

具有综合性特点的城市群规划，其内容涉及广泛，主要包括：城市群功能定位、经济社会整体发展策略、空间布局、产业发展、基础设施建设、空间管治、生态环境保护等等①。与治理、跨域治理相比，尽管两者在目标、对象上存在诸多雷同，如：在目标上，两者都指向实现区域全面协调可持续发展；在对象上，都涉及城市间协同发展、生态环境保护、规避区域内恶性竞争等等。但治理、跨域治理的内涵和对象要比城市群规划精深和宽广得

① 顾朝林，俞滨洋，薛俊菲. 2007. 都市圈规划——理论·方法·实例[M]. 北京：中国建筑工业出版社：25.

多。治理和跨域治理还广泛涉及区域社会文化领域的整合、政府管理体制创新等诸多方面。最为重要的是两者侧重点不同，城市群规划以空间资源分配、土地利用管治为核心，精于空间布局，弱于规划实施体制机制的安排。而治理及其跨域治理往往以体制机制为核心议题，精于区域协调体制机制研究，而弱于空间统筹。尽管跨域治理与城市群规划的关注焦点、研究对象和内容存在差异，但两者具有很强的关联性。

在利益多元化和利益博弈常态化的当代中国现实社会情境下，跨行政区性质的城市群规划的核心任务和难点在于多元主体之间利益协调，并以此推动区域全面协调可持续发展。而治理与跨域治理恰恰精于利益协调机制研究，填补规划机制方面的不足。治理理念已成为指导城市群规划编制与实施的基本理念之一。区域规划工作是以解决特定历史时期内区域重大问题为中心，区域重大社会问题的出现是中西方区域规划理论创新的逻辑起点和实践的基本出发点①。在当代跨域公共问题大量丛生的情境下，跨域治理可为城市群规划提供全球治理、利益协调、对话协商等诸多理念。作为区域规划的一种类型，城市群规划则是跨域治理具体工具和手段之一，常常被视为推动区域全面协调的行动纲领，跨域治理的目标基本规定了城市群规划的目标。伴随着区域发展转型和大量跨域公共问题的涌现，推动跨域治理，通往区域“善治”，成为中国当前城市群规划的核心目标之一（表 1.2）。

表 1.2 国内部分城市群或城市群规划及其目标一览

城市群	城市组成	行政级别	中心距离	规划目标
长株潭	长沙 株洲 湘潭	省会城市 地级市 地级市	株—潭 10 km 长—株 40 km 长—潭 35 km	交通同网，信息共享，能源同体，通讯同费，生态同建，环境同治
太榆	太原 榆次	省会城市 市辖区	距离 25 km	交通同网，信息同享，能源司体，环境同治，金融同城
广佛	广州 佛山	省会城市 地级市	距离 20 km	交通一体化，共同的信息平台，产业链一体化，政策制度的对接，市场的对接，基础设施建设的接轨，人才、信息和教育资源的共享与对接，资本资源的对接
西咸	西安 咸阳	省会城市 地级市	距离 20 km	规划同筹、交通同网、信息同享、市场同体、产业同布、科教同兴、旅游同线、环境同治的“八同”思路，最终实现城市一体化、经济一体化、交通一体化和环保一体化的目标
郑汴	郑州 开封	省会城市 地级市	距离 72 km	区域对接、优势互补、资源共享、错位发展
沈抚	沈阳 抚顺	省会城市 地级市	距离 30 km	交通同网，信息共享，能源同体，环境同治，金融同城
厦漳泉	厦门 漳州 泉州	地级市之间	厦—漳 55 km 厦—泉 85 km 漳—泉 120 km	推进城市轨道交通、厦漳海底隧道等一批交通重点工程；建成投用若干公共服务信息平台：居民健康信息系统、社会保障卡、养老服务公共信息平台等；劳动就业信息区域共享；有序推进资源要素市场一体化建设

① 李广斌，王勇. 2007. 西方区域规划发展变迁及对我国的启示[J]. 规划师，(6)：77－80.

1.1.3 研究问题的提出

根据列斐伏尔(Henri Lefebvre)等人的社会空间理论,社会与空间是一种辩证交互的关系,社会形塑空间并被其塑造。一方面,空间是社会历史建构物,如果不对空间活动赖以运行并受其改变的社会制度给以应有的关注,就无法对空间形成及其演化给予充分的理解;另一方面,空间又是推动社会政治空间再生产的重要力量和实现社会改良的重要工具,任何社会都有自己特有的空间表达形式,试图不改变空间生产而改良社会是不可能的。伴随着全球化、分权化,区域经济社会制度环境的变迁成为推动包括城市群在内的区域空间重组与演化最基本的动力,而区域治理模式的转型又呼唤一场真正的"空间革命",并与之相适应。

城市群规划是实现跨域治理的集体行动纲领,是跨域治理的有效手段之一。同时,城市群规划的编制与实施又离不开跨域治理手段的发育。根据欧美等国家经验,成功的城市群规划离不开治理工具的发展,离不开制度环境的支撑。在中国规划实践中,城市群规划在跨域治理中作用远低于预定的期望值,"圈而不合"现象突出、恶性竞争有增无减①,城市群规划类似于"乌托邦"式的理想,缺少通达这一理想的运行机制。为什么规划难以实施或实施不理想?最直接、最重要的原因就是城市群规划缺少行之有效的体制机制来推动其实施。在我国以往的相关研究中,城市群规划往往过于关注城市群空间形态的表达,而疏于对规划体制机制的研究。城市群规划要实现跨域治理的目标,必须以规划体制机制创新为必要前提和坚实基础,而规划体制机制变革又需要治理形态和模式变迁等制度设计给予强力支持。

在现代化进程中,发达国家曾出现类似于中国当代的跨域公共问题困境,他们解决问题的手段和方法对中国跨域治理具有很强的借鉴意义。但由于中国所处发展阶段、社会文化、政体等与西方发达国家迥异,任何一个国家的规划体制都不可能为中国规划体制重建提供一个完整的临摹范本。换言之,由于中西方发展阶段、社会文化及其政治体制存在巨大差异,西方规划学说、治理学说在解决中国实践问题时都可能面临"水土不服"的问题。因而,在具体研究中,不仅要关注西方理论扎根和应有的社会环境背景,还要比对中国国情,分析这些理论在中国的适用性及其"改良"的可能性。这也是本书选题的理论和现实意义所在。

1.2 研究概念界定

1.2.1 城市群与城市群规划

1) 城市群概念

(1) 国外相关概念

城市群的思想起源于美国。为了科学地界定现代大都市地域范围和人口规模,早在1910年美国学者库恩(S. A. Queen)曾有过"都市区"等概念②。1949年美国预算局定义

① 罗小龙,沈建法. 2005."都市圈"还是都"圈"市——透过效果不理想的苏锡常都市圈规划解读"圈"都市现象[J]. 城市规划,29(1):30-35.

② 张京祥. 2000. 城镇群体空间组合[M]. 南京:东南大学出版社.

了标准都市区(Standard Metropolitan Areas, SMA)的概念,在随后的50多年时间里,美国大都市区的概念以及界定经历了多次变革和反复(表1.3)。到了2000年,美国管理与预算办公室把大都市区的概念更新为"包括一个可识别的人口核心和具有核心的高度一体化的毗邻地域的地区"①。在大都市区的界定标准方面,虽然前后的变动很大,但具有明显的连续性,并且在核心内容方面并没有多少变动(见表1.3)。

表1.3 美国大都市区相关概念及其特征

时间	名称	概念与特征
1910年	大都市区(Metropolitan District, MD)	包括一个10万以上人口的中心城市及其周围10英里以内的地区,或者虽超过10英里但与中心城市连绵不断、人口密度达到每平方英里150人以上的地区
1949年	标准大都市区(Standard Metropolitan Areas, SMA)	由中心城市和外围地区两部分组成的一个城市化地区,总人口必须大于10万人,其中,中心城市人口规模必须大于5万人
1959年	标准大都市统计区(Standard Metropolitan Statistical Areas, SMSA)	包括一个拥有5万人或5万人以上的中心城市及拥有75%以上非农业劳动力的郊县
1980年	大都市统计区(Metropolitan Statistical Areas, MSA)	人口在100万以上包括两个或两个以上城市化地区的大都市区,假如满足特别的标准,还需要进一步定义出它们的组成部分,即"基本大都市统计区"(Primary Metropolitan Statistical Areas, PMSA),而包括由两个或两个以上PMSA的大都市复合体则称为"综合大都市统计区"(Consolidated Metropolitan Statistical Areas, CMSA)
1990年	大都市区(Metropolitan Areas, MA)	大都市区泛指所有的大都市统计区、基本大都市统计区和综合大都市统计区,其统计范畴略有调整,规定每个大都市区应有一个人口在5万人以上的核心城市化地区,围绕这一核心的都市区地域为中心县和外围县。中心县是该城市化地区的中心市所在的县;外围县则是与中心县邻接且满足以下条件的县:(1)从事非农业活动的劳动力至少占全县劳动力总量的75%以上;(2)人口密度大于50人/平方英里,且每10年人口增长率在15%以上;(3)至少15%非农业劳动力向中心县以内范围通勤或双向通勤率达到20%以上
2000年	核心基础统计区(Core Based Statistical Areas, CBSA)	指一个拥有至少1万或1万以上人口的城市核心区以及与之有较高经济和社会整合度(主要标准为通勤联系)的周边地区组成的地域实体。核心基础统计区包括"大都市统计区"(Metropolitan Statistical Areas)和"小都市统计区"(Micropolitan Statistical Areas)两大类,其中,大都市统计区必须包括至少一个人口在5万或5万以上城市化区域,小都市统计区必须包括至少一个人口在1万以上5万以下的城市化区域

① U S Office of Management and Budget. 2000. Standards for defining metropolitan and micropolitan statistical areas[J/OL]. Federal Register, 65(249): 82227 - 82238. http://www.whitehouse.gov/omb/fedreg/metroareas122700.pdf.

1951 年，日本学者木内信藏通过研究城市人口增减的断面变化与地域结构的关系提出了三地带学说，其思想被进一步发展为“都市圈”理念，并且作为日本及许多西方国家城镇群体发展地区的重要空间组织特征之一①。小林博认为都市圈有三层含义：以各种功能联系为主的都市势力圈（广义的都市圈）、被扩大的日常生活圈（狭义的都市圈）和城市化地区（生活圈）②。1950 年代，日本行政管理厅将都市圈定义为：以一日为周期，可以接受城市（人口规模必须在 10 万以上）某一方面功能服务的地域范围（表 1.4）。

表 1.4 日本都市圈概念和特征

时间	出处	概念和特征
—	《地理学词典》	都市圈：城市通过对其周边地域辐射中心职能而发展，以城市为中心形成的职能区域、结节区域成为都市圈。都市圈不仅是地域构造也是一种社会实体，这种社会实体具有具体职能，与相邻城市势力决定了其界限，与都市圈势力圈在范围上相近，与日常生活圈、商业圈在内容上类似
1950 年代	日本行政管理厅	都市圈：以一日为周期，可以接受城市某一方面功能服务的地域范围，中心城市的人口规模须在 10 万以上
1960 年代	日本行政管理厅	大都市圈：以中央制定市、1 个或 2 个到 3 个人口规模在 200 万人以上的特大城市为中心城市，并且临近 50 万人以上的城市，外围地区到中心城市的通勤率≥本身人口 15%，大都市圈之间的物资运输量不得超过总运输量的 25%。据此日本全国被划分为首都圈、中部圈等 8 大都市圈
1995 年代	富田和晓	大都市圈：由中心都市及其周边地区构成的地区，即人口在 10 万人以上的中心都市及其周边的日常生活区域。中心都市是大都市圈中的核心行政市，周边地区是与中心都市在社会、经济等联系密切的地区

在英国，1915 年帕特里克·格迪斯（Patrick Geddes）提出了“组合城市”的概念；到 1930 年代，学者弗塞特（C. B. Fawcett）提出了“城镇密集区”的概念③。1957 年法国地理学家简·戈特曼（J. Gottmann）提出了都市带的概念，他将美国东北沿海地区城市密集区称之为“大都市带”（Megalopolis）。

从美国、日本等经验来看，都市圈是以中心城市为核心、以便捷的交通通道为依托、以城市职能的空间扩散为条件、以城市之间以及城市与区域间的整合为结果、以城市日常生活圈的空间范围为界限的高度区域一体化的城市功能区。构建都市圈的本质在于淡化行政区划，从区域角度强化城市间的经济联系，形成经济、市场高度一体化的发展态势；协调城镇之间发展的关系，推进跨区域基础设施的共建共享；保护并合理利用各类资源，改善人居环境和投资环境，促进区域经济、社会与环境的整体的可持续发展。

（2）国内相关概念

国内对城市群研究较晚，对城市群的概念理解也不尽相同，并存在（大）都市区、都市

① 田口芳明，成田孝三. 1986. 都市圈多核化的展开[M]. 东京：东京大学出版社. 转引自：张从果，杨永春. 2007. 都市圈概念辨析[J]. 城市规划，(4)：31－36.

② 小林博. 1960. 阪神地方的都市化[J]. 地理，5(1). 转引自：张从果，杨永春. 2007. 都市圈概念辨析[J]. 城市规划，(4)：31－36.

③ 张京祥. 2000. 城镇群体空间组合[M]. 南京：东南大学出版社.

圈、城市群、都市连绵区等多种称谓，部分源于译法的差异，部分源自学者认知的不同。

周一星教授指出，都市圈是由一个大的人口核心以及与这个核心具有高度社会经济一体化倾向的周边地区共同构成的城市功能区①。

张京祥等认为，都市圈是指由一个或多个核心城镇，以及与这个核心具有密切社会、经济联系的，具有一体化倾向的临接城镇与地区组成的圈层式结构。广义的都市圈包含多种地域尺度，存在两种最重要的形式：以单一中心城市为核心的"日常都市圈"（简称为"都市圈"）和以多个中心城市为核心的"多核心都市圈"（常简称为"大都市圈"）②。

吴泓等认为都市圈是城市群的一种空间组织形式，是以若干个大城市或超大城市为核心，通过经济辐射和吸引、带动邻接城镇和乡村，构成具有一定特色的城市群体，形成统一的生产和流通经济网络的圈层状结构③。

戴宾认为都市圈属于城市群的范畴，是城市群的一种典型形态④。

张伟认为都市圈是"由一个或多个中心城市和与其有紧密社会、经济联系的临接城镇组成，具有一体化倾向的协调发展区域。是以中心城市为核心、以发达的联系通道为依托，吸引辐射周边城市与区域，并促进城市之间的相互联系与协作，带动周边地区经济社会发展的、可以实施有效管理的区域"⑤。

袁家冬等认为"都市圈科学的概念是：以中心城市职能的空间集聚与扩散为条件，由中心城市与多个周边城市和地区共同构成的，以城市日常生活圈的空间范围为界限的一个多核心的一体化的城市实体地域"，并依据空间尺度和规模，将都市圈划分为大都市圈、区域性都市圈和地方性都市圈三种类型⑥。

张从果，杨永春对都市圈概念进行较为详细的考量，并对与之相关的概念如都市区、城市群等概念进行辨析⑦。

顾朝林等认为，都市圈具有四个特征：① 中心性，以一个或多个中心城市为核心。② 大尺度，都市圈是一种广域化的城市化空间。③ 地域邻近，空间成片。④ 跨边界发展，跨越行政边界⑧。张伟基于以下特征来定义都市圈⑨，这也是都市圈的主要特征表现：① 中心城市人口规模在 80 万以上，且邻近有 40 万人口以上城市；② 中心城镇 GDP 中心度＞40％；③ 中心城市具跨省的城市功能；④ 外围地域到中心城市的通勤率不小于本身人口的 15％。

方创琳教授等在对国内外关于城市群基本内涵的辨识基础上，将城市群定义为："在特定地域范围内，以 1 个特大城市为核心，由至少三个以上都市圈（区）或大城市为基本构成单元，依托发达的交通通信等基础设施网络，所形成的空间组织紧凑、经济联系紧

---

① 周一星. 1995. 城市地理学[M]. 北京：商务印书馆：41－43.

② 张京祥，邹军，吴启焰，等. 2001. 论都市圈地域空间的组织[J]. 城市规划，25(5)：19－23.

③ 吴泓，陈修颖，顾朝林. 2003. 基于非场所理论的徐州都市圈发展研究[J]. 经济地理，23(6)：766－771.

④ 戴宾. 2004. 城市群及其相关概念辨析[J]. 财经科学，(6)：101－103.

⑤ 张伟. 2003. 都市圈的概念、特征及其规划探讨[J]. 城市规划，27(6)：47－50.

⑥ 袁家冬，周筠，黄伟. 2006. 我国都市圈理论研究与规划实践中的若干误区[J]. 地理研究，25(1)：112－120.

⑦ 张从果，杨永春. 2007. 都市圈概念辨析[J]. 城市规划，31(4)：31－36.

⑧ 顾朝林，俞滨洋，薛俊菲. 2007. 都市圈规划——理论·方法·实例[M]. 北京：中国建筑工业出版社：7.

⑨ 张伟. 2003. 都市圈的概念、特征及其规划探讨[J]. 城市规划，27(6)：47－50.

密，并最终实现高度同城化和高度一体化的城市群体"①。他认为，城市群是都市区和都市圈发展到高级阶段的地域空间表达形式。

实际上，尽管学者对都市圈的概念的表述各有不同，但其基本内涵却是相通的：都市圈是区域城市化发展到较高阶段的产物，是指社会经济方面密切联系而地域空间又互相临近的具有较高城市水平和一体化特征的城市地域空间形态。同都市区和都市带一样，都是城市地域空间组织的一种模式，三者分别处于城市化的不同发展阶段，是大城市地域空间组织从简单到复杂、从低级到高级演变的结果。而城市群类似于都市带，是城市地域空间形态发展到高级阶段的地域空间表达形式，但更强调行政区域的完整性。

（3）本书的界定

都市圈、城市群都以功能区为基础，都具有跨行政区特点，并都是富有弹性的地域单元。相比而言，都市圈的地理边界更具有弹性，都市圈的划定较少考虑行政疆域的完整性。而具体划定某一城市群地域范围时，一般都将行政系统的相对完整性（如整个县）考虑其中，使得城市群地理边界具有相对刚性。根据方创琳教授的界定，都市圈是城市群发育的初期形态，是城市群地域单元的中心内核。与都市圈相比，城市群的空间尺度更大，其多层级特点更为明显，都市圈规划管理内在于城市群规划管理之中。本研究以跨行政区规划管理体制机制变迁为核心研究议题，以"城市群"为研究对象，比以"都市圈"为对象更具有典型性，城市群规划管理体制也涵盖了都市圈规划管理体制。

2）城市群规划

（1）城市群规划概念

顾朝林等认为，都市圈②（城市群③）是指一个或多个大型的人口中心及与该中心有较高经济、社会、空间整合联系的社区地域，基于这一空间尺度的规划、安排即为都市圈（城市群）规划。都市圈（城市群）是一种战略性的空间规划，具有宏观性、综合性、协调性和空间性的特点，其主要目的是为城市政府提供关于城市和空间发展战略的框架，规划内容则以都市圈（城市群）经济社会的整体发展策略、区域空间发展模式以及交通等基础设施布局方案为重点。都市圈规划重在协调区域之间的功能平衡和合理分工，构建都市圈的本质在于淡化行政区划，从区域角度强化城市间的经济联系，形成经济、市场高度一体化的发展态势；协调城镇之间发展的关系，推进跨区域基础设施共建共享；保护并合理利用各类资源，改善人居环境和投资环境，促进区域经济、社会与环境的整体可持续发展④。崔功豪、王兴平则是从都市圈规划的目标对其概念和内涵进行把握，他们指出都市圈规划目标为确定合理的空间模式、形成整合的城乡关系、打造开敞的空间网络、制定协商型的发展政策、均衡化的发展对策和协调的城乡格局⑤。

（2）城市群规划类型

按照不同的标准和研究需要可将城市群规划划分为不同类型。

张伟根据区域经济发展水平、城市化发展水平、规划目标和重点，将城市群规划划分

---

① 方创琳，姚士谋，刘盛和，等. 2011. 2010 中国城市群发展报告[M]. 北京：科学出版社：4.

② 顾朝林，俞滨洋，薛俊菲. 2007. 都市圈规划——理论·方法·实例[M]. 北京：中国建筑工业出版社：19.

③ 顾朝林，于涛方，刘志虹，等. 2007. 城市群规划的理论与方法[J]. 城市规划，31(10)：40-43.

④ 于亚滨，潘玮. 2006. 都市圈规划实施有效途径的思考[J]. 城市规划，30(8)：78-80.

⑤ 崔功豪，王兴平. 2006. 当代区域规划导论[M]. 南京：东南大学出版社：302-303.

为如下三种类型[①]:① 协调型。该规划适用于成熟的城市群,区域经济发展水平和城市化水平均较高。规划的重点不在于空间结构与发展模式的探讨,而是城市之间、区域之间发展过程中矛盾的协调,包括控制城镇空间蔓延、区域基础设施的共建共享、区域环境的共保及促进协调的组织机制建设等,并在空间上促进网络状结构的形成。② 促进增长型。该规划适用于区域工业化进程正从中期迈向后期,城市化水平接近50%的城市群。规划的重点首先是如何进一步促进该区域的快速发展,推动工业化与城市化向较高层次迈进。其次,研究基于发展过程中的协调问题。③ 培育型。该规划适用于区域工业化处于中期,城市水平40%左右,城镇发展正处于极化发展阶段,空间轴线正在形成的城市群。规划的重点在于培育区域的发展环境、发展条件、发展能力,依托于政府支配的公共资源,建立促进区域发展的运行机制,培育核心城市综合实力和辐射带动能力,增强区域自我发展能力。

按城市群规划的编制主体,陶希东将城市群规划划分为[②]:① 国家主导型。是指以中央政府(国家发改委)名义,组建国内外一流的专家学者编制跨省城市群地区的发展战略规划。如《长江三角洲地区区域规划》。② 部委委托型。是指国家相关部委通过设立跨界城市群规划的相关课题,委托国内区域规划的权威专家或机构编制跨界城市群规划方案。以建设部委托吴良镛教授开展的《京津冀北(大北京地区)城乡空间发展规划》为典型。③ 单边地方政府主寻型。是指跨越数个省市边缘地带的跨界城市群,主要依靠某一方政府发动、组织、规划、评审等的规划过程和模式。以江苏省政府组织的《徐州都市圈规划(2001—2020)》和《南京都市圈规划(2002—2020)》最为典型。

方创琳等在《2010中国城市群发展报告》一书中,提出了城市群六种组织类型:第一种分类,根据发育程度将城市群划分为发育雏形阶段城市群、快速发展阶段城市群、发育成熟阶段城市群、趋于鼎盛阶段和发展鼎盛阶段城市群;第二种分类,根据规模等级将城市群划分而一、二、三级城市群;第三种分类,根据行政关系将城市群划分为跨省行政区域城市群和省级行政区域域市群;第四种分类,根据空间区位将城市群划分为临海、临江、临路、临政(政治中心)四种类型城市群;第五种分类,根据成因将城市群划分为技术主导型、外资推动型、政府市场双导型和市场主导型四种城市群;第六种分类,根据核心城市数量划分为单核、双核和多核三种类型城市群[③]。

祁巍锋、宋吉涛根据规划的侧重点,将城市群规划分为四种类型:优化提高型、调整提高型、填充促进型和极化培育型[④]。

(3) 城市群规划性质

在我国,城市群规划是一种非法定的、具有公共政策属性的新型区域规划。

第一,城市群规划不是法定规划。我国城市总体规划、城镇体系规划一般是在完整单一的行政区范围内开展的,是我国当前法定规划体系的组成部分。而都市区规划、城市群规划经常跨越不同层次的行政区域,不在法定的规划序列内,属于一种非标准层次

---

① 张伟.2003.都市圈的概念、特征及其规划探讨[J].城市规划,27(6):47-50.

② 陶希东.2008.中国跨界都市圈规划的体制重建与政策创新[J].城市规划,32(8):36-43.

③ 方创琳,姚士谋,刘盛和,等.2011.2010中国城市群发展报告[M].北京:科学出版社:21-23.

④ 祁巍锋,宋吉涛.2010.城市群规划的视角与规范性研究[J].经济地理,30(12):2012-2017.

的规划①。

第二，城市群规划是一种新型的城市区域规划②。1980年代以来，伴随着工业化在全球范围的延伸、后工业化经济组织关系的巨大变革，城镇发展的日益区域化、区域发展的日益城市化，已成为城市—区域空间发展的主体趋势。城市群的出现不仅使城市地域空间形态与规模发生重组，而且对原有的城市规划模式提出了新的要求和挑战。首先，规划区范围超越了市镇行政边界；其次，基础设施等需要在比城市更大的范围内进行协调安排，在此背景下，城市群规划应运而生③。

第三，城市群规划是一种不完全的区域规划，是以城市功能区为对象的区域规划，旨在打破行政界限的束缚，从更大的空间范围协调城市之间和城乡之间的发展，协调城乡建设与人口分布、资源开发、环境整治和基础设施建设布局的关系，使区域经整合后具有更强大的竞争力④。

第四，城市群规划具有公共政策属性。技术性仅仅是区域规划属性之一，政策属性才是区域规划的本质属性，区域规划的科学性是为政策性服务的，中国区域规划改革应该首先确立和实现区域规划的公共空间政策属性⑤。区域规划具有所有公共政策必备的导向、调节和分配三大基本功能⑥。区域规划的“公共政策属性”极为显著，伴随着中国发展制度政策环境的转型以及区域治理思想影响的日益加深，中国的区域规划必须实现由“技术工具”向“公共政策”的转变⑦。城市群规划属于区域规划的一种类型，规划的主要目的是为城市群可持续发展提供空间战略总体构想。

第五，城市群规划的社会性和政治性。都市圈规划作为一种区域规划，是对未来时空范围内经济、社会、空间、资源环境等方面发展协调的总体战略，不仅是一项技术规程，还是一项政治过程和社会化过程⑧。

1.2.2 体制与规划管理体制

1）体制与行政管理体制

（1）体制

从行政管理学角度来说，体制指的是国家机关的组织机构设置和管理权责划分及其相应关系的制度。体制是管理机构和管理规范的结合体，是国家基本制度的重要表达形式，为基本制度服务。基本制度具有相对稳定性和单一性，而体制则具有多样性和灵活性。目前，国内学界对“体制”和“机制”经常不加区分。但两者的中心语不同，“体制”主要指制度化的组织形态，而“机制”重在事物各组成部分之间的相互关系，侧重于事物内部各组织之间的

---

① 陈小卉. 2003. 都市圈发展阶段及其规划重点探讨[J]. 城市规划，27(6)：55－57.

② 崔功豪. 2002. 当前城市区域规划问题的几点思考[J]. 城市规划，26(2)：40－42.

③ 顾朝林，俞滨洋，薛俊菲. 2007. 都市圈规划——理论・方法・实例[M]. 北京：中国建筑工业出版社：19.

④ 顾朝林，俞滨洋，薛俊菲. 2007. 都市圈规划——理论・方法・实例[M]. 北京：中国建筑工业出版社：19.

⑤ 谢惠芳，向俊波. 2005. 面向公共政策制定的区域规划——国外区域规划的编制对我们的启示[J]. 经济地理，25(5)：604－606.

⑥ 李雪飞，张京祥，赵伟. 2006. 基于公共政策导向的区域规划研究——兼论中国区域规划的改革方向[J]. 城市发展研究，13(5)：23－28.

⑦ 张京祥，何建颐. 2010. 西方国家区域规划公共政策属性演变及其启示[J]. 经济地理，30(1)：17－21.

⑧ 顾朝林，俞滨洋，薛俊菲. 2007. 都市圈规划——理论・方法・实例[M]. 北京：中国建筑工业出版社：39.

关系形态。“机制是制度运行中所依靠的组织形态和程序过程,包括责任的确定和分担、相关部门关系的协调,对结果的评估以及技术手段的应用”①。理解“机制”最主要的是把握两点:① 事物各个部分(组织形式)的存在是机制存在的前提,因为事物有各个部分的存在,就有一个如何协调各个部分之间关系的问题。② 协调各个部分之间的关系一定是一种具体的运行方式。机制是以一定的运作方式把事物的各个部分联系起来,使它们协调运作起来发挥其功能。尽管如此,但具体到某一语言环境中,用哪个词更为恰当,不仅要看上下文背景及所指涉的主体,还需要兼顾语言的习惯,如在论及权力运作时,用“权力运作机制”,通常不用“权力运作体制”。综上,根据本书研究所要探讨的核心议题,如果将“体制”理解为制度运行的组织形态和关系形态的总和,那么,“机制”则往往寓于“体制”之中。

(2) 行政管理体制

行政管理既可以泛指一切国家机关的管理活动,也可以包括企事业单位内部的行政行为。“一般认为,行政管理是指行政机关及其行政人员对国家事务、社会事务和机关内部事务的计划、组织、指挥、协调、控制等管理活动”②。行政管理改革既是政府的一场管理革命,又是政府与市场、政府与社会关系的深刻调整,中国行政管理改革的目标是走向善治,建立服务型、法治型、责任型的现代政府③。

行政管理体制简称行政体制,是与立法体制、司法体制相对而言的,以管理国家行政事务为内容,由行政机构的设置、职能定位、权力划分以及行政工作的运行规则及其法律保障等方面所构建的基本制度。行政职能定位、权力配置、运行机制和法律保障是行政管理体制的具体内容。其中,行政职能设定是基础,权力配置是核心,运行规则是关键,法律保障是手段,它们之间相互联系、相互作用。在中国,城乡规划是政府的一项基本职能,规划管理隶属于行政管理。伴随着各级政府职能的转变,作为公共事务的规划管理在行政管理中的地位将越来越突出。规划管理体制是行政管理体制的重要组成部分,行政管理体制决定规划管理体制。而行政管理体制又是政治体制的重要组成部分,政治体制决定行政体制。换言之,“规划管理体制”、“行政管理体制”和“政治体制”三者关系是“专项规则”(针对规划领域的规则)“元规则”和“元元规则”的关系。

2) 规划管理与规划管理体制

不同类型的规划,如城乡规划、土地利用总体规划、环境规划等,在规划管理主体(通常是行政主体)、客体(管理对象)及其管理运作机制上的运用千差万别。城市群规划是一种以空间资源配置为主要调控手段的地域空间规划类型。在中国,尽管城市群规划不在城乡规划的法定系列之内,但绝大多数人认同,城市群规划隶属于城乡规划体系。因而在此有必要先交代一下“城乡规划管理及其体制”。城乡规划管理内容非常广泛。广义的城乡规划管理不仅可以指城市城乡规划系统内部的管理,也可以指对城乡规划系统以外的相关行为的管理。在实际工作过程中,城乡规划管理可以包括规划议程设置(如是否需要编制规划,由谁提出,编制什么规划,等等)、规划编制管理、审批管理、实施管

① 俞可平.2008.和谐社会与政府创新[M].北京:社会科学文献出版社:14.

② 张康之.2007.公共行政学[M].北京:北京大学出版社:3.

③ 俞可平.2008.中国治理变迁30年[M].北京:社会科学文献出版社:83.

理、行业管理等，而这些不同内容和性质的管理，无论组织结构、管理方式等都是完全不同的。狭义的城乡规划管理仅指依据相关法律、法规、法规性文件以及国家部委等相关规章，对城乡规划[根据《中华人民共和国城乡规划法》(简称《城乡规划法》)，城乡规划包括城镇体系规划、城市规划、镇规划、乡规划和村庄规划]被批准后，城市或县人民政府城乡规划主管部门对规划实施管理的活动，包括建设用地规划管理、建设工程规划管理和规划实施的监督检查管理。从治理的角度，城乡规划管理还广泛地涉及非行政机构、民意机构、社会团体或公众对城乡规划编制、实施过程中的参与、监督行为。

城乡规划管理体制是一种由城乡规划管理机构的设置、管理权限的划分、管理方式的确定和管理机制的运用等综合起来的一种比较稳定的体系①，"是国家和地方人民政府城乡规划主管部门机构的设置、职权的划分与运行等各种制度的总称"②。城乡规划管理体制包含体制、机制和法制三个基本内容。三者关系是：一定的机制寓于一定的体制中，并通过一定的法制手段固定和反映出来。规划管理机制在特定的规划管理体制下形成。规划管理体制机制改革则是对规划运行规则、模式的选择③。

3）城市群规划管理体制

在《城镇密集地区规划编制与管理》一书中，王学锋将城镇密集地区规划管理定义为："是指对规划制定、规划实施过程中的管理，一般分为规划编制管理和规划实施管理两大部分。规划编制管理包括规划编制的组织管理、规划的审查和审批管理；规划实施管理包括促进规划实施的法律法规制定、行政管理、政策调控、监督机制等"④。

鉴于对体制、规划管理体制、城市群规划等的理解，我们认为，城市群规划管理体制，是指城市群规划管理机构设置、规划管理权力配置、规划管理权力运作模式及其法律保障等方面所构建的制度体系。

1.2.3 治理与跨域治理

1）治理

"治理"(Governance)，在国内规划界更多称之为"管治"，是1990年代在全球范围内迅速蔓延的一个概念。"管治"并非规划学科所独享的一个概念，"治理"被广泛运用于公共管理学、政治经济学、社会学等学科研究中。罗茨(R. Rhodes)详细列举了六种关于治理的定义：① 作为最小国家的管理活动的治理。② 作为公司管理的治理，是指导、控制和监督企业运行组织体制。③ 作为新公共管理的治理，是将市场的激励机制和私人部门的管理手段引入政府的公共服务。④ 作为善治的治理，是强调效率、法制、责任的公共服务体系。⑤ 作为社会—控制体系的治理，是政府与民间、公共部门与私人部门之间的合作与互动。⑥ 作为自组织网络的治理，是建立在信任与互利基础上的社会协调网络⑤。

---

① 周建军.2000.对我国城市规划管理体制若干问题的思考[J].城市规划汇刊，(5)：54-57.

② 全国人大常委会法制工作委员会经济法室，等.2008.中华人民共和国城乡规划法解说[M].北京：知识产权出版社：41.

③ 陈晓丽.2007.社会主义市场经济条件下城市规划工作框架研究[M].北京：中国建筑工业出版社：25.

④ 王学锋.2007.城镇密集地区规划编制与管理[M].南京：东南大学出版社：226.

⑤ Rhodes R A W. 1996. The new governance：governing without government[J]. Political Studies，44(4)：652-653.

治理理论的主要创始人之一詹姆斯·罗西瑙(J. N. Rosenau)认为,"与统治相比,治理是一种内涵更为丰富的现象。它既包括政府机制,同时也包括非正式、非政府的机制,随着治理范围的扩大,各色人等和各类组织得以借助这些机制满足各自的需要并实现各自的愿望"①。1995年全球治理委员会在《我们的全球伙伴关系》对治理的界定:"各种各样的个人、团体——公共的或每个人的处理其共同事务的总和。这是一个持续的过程,通过这一过程,各种互相冲突和不同的利益可望得到调和,并采取合作行动。"②"治理"通常是指公共行动的新形式(the New Forms of Public Action)③。

国内学者蔡拓指出,尽管国内外学者对"治理"提供了多样化的诠释,但其基本精神和核心内涵是相同或相通的,治理意味着从政府转向非政府,从国家转向社会,从强制性、等级性管理转向平等性、协商性、自愿性和网络化管理④。总的来看,治理主要是指以共同利益为价值导向,通过多元行为体平等对话、协商合作,共同应对、共同挑战的一种新的管理人类公共事务的规则、机制、方法和活动。

2) 跨域治理

跨域治理(Cross-Boundary-Governance)中的"域"首先让人想到的是行政区域、流域、地域等地理实体。同时,跨域也可能被理解为跨部门、跨流域等。从目前国内为数不多的研究来看,跨域治理中"跨域"更多地强调跨行政区边界⑤⑤⑦。关于跨域治理的定义,张成福等人认为,跨越治理"是指两个或两个以上的治理主体,包括政府(中央政府和地方政府)、企业、非政府组织和市民社会,基于对公共利益和公共价值的追求,共同参与和联合治理公共事务的过程"⑧。跨域治理旨在形成相关地区内多元利益相关者的协同治理机制⑨。一般而言,跨越治理的内涵包括三个核心要素:① 治理对象是区域甚至是全球公共面对的(重大)问题;② 治理过程是如何克服"囚徒困境"或"集体行动困境"的问题,促进公共服务或物品的供给及其效率;③ 各个相关主体能否形成多样化的合作,达成治理所必需的各种正式制度和非正式制度。根据"区域"的地理尺度,全球治理是跨域治理最大的地理尺度。根据本书所要探讨的主要议题,将跨域治理仅限定在城市群内部跨行政区治理。

1.3 相关研究述评

城市群规划体制机制作为城市区域治理的一种具体的形态,相关研究散落在大量区域/城市治理研究中,因而,有必要从城市区域治理这一源头,对西方城市群规划体制的

---

① 詹姆斯·N.罗西瑙.2001.没有政府的治理[M].张胜军,等译.南昌:江西人民出版社.

② 俞可平.2002.全球治理引论[J].马克思主义与现实,(1):20-32.

③ Dente B. 1988. Local government reform and legitimacy[M]//Dente B, Kjellberg F. The Dynamics of Institutional Change. London: Sage.

④ 蔡拓.2004.全球治理的中国视角与实践[J].中国社会科学,(1):94-106.

⑤ 卓凯,殷存毅.2007.区域合作的制度基础:跨界治理理论与欧盟经验[J].财经研究,(1):55-65.

⑥ 孙友祥,安家骏.2008.跨界治理视角下武汉城市圈区域合作制度的建构[J].中国行政管理,(8):57-59.

⑦ 陶希东.2011.跨界治理:中国社会公共治理的战略选择[J].学术月刊,43(8):22-29.

⑧ 张成福,李昊城,边晓慧.2012.跨域治理:模式、机制与困境[J].中国行政管理,(3):102-109.

⑨ 张文江.2011.府际关系的理顺与跨域治理的实现[J].云南社会科学,(3):10-13.

相关研究进展进行梳理和总结。

1.3.1 国外研究进展

1）大都市区域治理

（1）大都市政府的争论

早在 1940 年代，在欧美学界就掀起了一股大都市政府改革的研究热潮。在这股学术热潮中，主流观点是建立独立统一且权威的大都市政府。但由于受到来自多方抵制，建构大都市政府的尝试在多数地方失败。自 1980 年以来，全球化势力自欧美为中心不断向外延展，作为新的空间组织形式——城市区域大量涌现。全球化和城市区域化交织在一起，各种矛盾不断上升，并呈现复杂化的发展态势，在此背景下，区域政府组织问题再次被提上议事日程。关于大都市区、城市地区是应该采用集权治理还是分权治理，长期存在争执。大都市区政府赞成派认为，大的政府单位能够更有效地提供服务，可以最大化地实现规模效应，降低成本，这些是基层政府难以做到的①②；大的政府结构摆脱了小群体控制，是更民主、更开放的政治游戏，公众参与的机会将变频繁③。对美国大都市区而言，政治“碎片化”是现代体制结构首要解决的问题。政治“碎片化”意味着有太多的地方政府必须通过合并或整合来减少地方政府的数目④。新的政府结构必须是强大的，自治的，合法的。权利取决于责任，自治取决于大都市政府执行决策能力，政治合法性是最重要的因素。多中心治理只是一个理论的条件，却缺乏实质的事件来支持⑤。针对大都市区政府机构，沙普（Sharpe，1995）提出了一种最纯粹形式的“大都市区模式”：第一，强大的政治合法性，由其政治代表们直接选举；第二，有意义的自治，能够拥有足够的财力和人力资源；第三，广泛的司法管辖权；第四，由一定的城市功能区在内的相关疆域构成⑥。奥斯特罗姆（Ostrom Vincent）等大都市区政府的反对派认为，无需建立这样一个更广范围的庞大的体制形式，主张充分利用现有政府结构，用地方政府间的横向合作来取代大都市政府。他们认为“大都市区模式”将形成公共服务供给的政府垄断和低效，市场竞争是提供公共物品最有效的方式，而体制分割和微小单元是保持竞争的基本要素⑦；多种功能的地区取决于商品或服务的类别。在现实中，既没有任何可供参考的功能区域，又没有任何组织机构去适应。从大都市区到城市群演化过程是社会构建（Social Con-

---

① Keating M. 1994. Size, efficiency and democracy: consolidation, fragmentation and public choice[M]//Judge D, Stoker G, Wolman H(eds). Theories of Urban Politics. London: Sage.

② Newton K. 1982. Is small really so beautiful? Is big really so ugly? Size, effectiveness and democracy in local government[J]. Political Studies, 30(2): 190 - 206.

③ Sharpe L J. 1988. Local government reorganization: general theory and UK practice[M]//Dente B, Kjellberg F(eds). The Dynamics of Institutional Change. London: Sage.

④ Wood R C, Ameringer V V. 1961. 1400 Governments: the Political Economy of the New York Metropolitan Region[M]. Cambridge, MA: Harvard University Press.

⑤ Frey B S, Eichenberger R. 2001. Metropolitan governance for the future: functional overlapping competing jurisdiction [J]. Swiss Political Science Review, (7): 124 - 130.

⑥ Sharpe L J. 1995. The Government of World Cities: the Future of the Metro Model [M]. Chichester: Wiley.

⑦ Vincent O, Charles M T, Robert W. 1961. The organization of government in metropolitan areas: a theoretical inquiry[J]. American Political Science Review, 55(4): 831 - 842.

struction)过程①。通过合并建构大都市区政府，但没有任何实际的实验数据来支撑，以实现最佳的尺度②。这两种观点分别依据不同的价值观和原则探讨政府的角色和功能。大都市区政府赞成派强调从全局去考虑城市地区，排斥那些利于分化、社会隔离的组织形式，坚持团结和社会平等③④。大都市区政府反对派坚决捍卫个人选择自由，强调政治代表的可接近性、问责制和竞争性⑤。针对西方大都市政府实践困境，伍德(Wood,1976)指出，导致大都市区政府实践失败主要存在两个因素：一是合法性问题，二是应该以何种方式来实施。合法性是建造在一段时间内的政治、心理和社会因素的基础上，唯有人们认同才是合法。大都市政府合法性面临着来自地方政府、施压团体和公民的压力⑥；如果人们不了解都市区政府的结构、运作机制，大都市区政府很难打动他们⑦。

(2) 城市地区治理

进入1980年代，在理论上，构建大都市政府的观点日渐式微；在实践中，大都市政府模式更是渐行渐远。但作为大都市政府的替代物，大量区域性组织如雨后春笋般涌现出来，回应全球化挑战，推动了由大都市政府管理走向多元治理。治理被视为最好的集体行动。哈德丁(A. Harding ,1994)指出，需要引入新的参与者(例如某些地方当局、行业协会、企业界)，在弹性、伙伴关系和自愿参与的基础上，建立广泛参与机制，对传统政府结构进行改造⑧。列斐伏尔(C. Lefbvre ,1998)指出，在意大利，1990年签署的142号协议被1994年博洛尼亚协议所取代，成为罗马、都灵、热那亚和威尼斯城市群(Rome,Turin,Genoa and Venice Agglomerations)的范例；在法国，1992年的国土整治行动和1995年的区域规划行动，创建了城镇共同体(Communities of Towns)和城市共同体(Communities of Cities)，地方政府在规划事务和经济发展中展开了成功的合作；在德国，1994年成立了斯图加特区域共同体(Verband Region Stuttgart)，这个机构由直接选举产生的代表组成，负责区域内重要的公共事务(战略规划、公共交通、废物管理和经济发展)(Hoffman-Martinot,1994)。曾经是一个强大的传统中央集权国家的法国，自1970年代末以来一系列的分权化改革，出现了"共和"体制，通过立法减少了对地方合作的限制，推动了各类合作共同体的发展⑨。在荷兰，伴随着欧洲一体化和全球化，兰斯塔德区域治理机制

---

① Hettne B. 2003. The new regionalism revisited [M]//Soderbaum F, Shaw T M(eds). Theories of New Regionalism. New York: Palgrave Macmillan: 22-42.

② Lefbvre C. 1998. Metropolitan government and governance in western countries: a critical Review[J]. International Journal Urban and Regional Research, 22(1): 9-25.

③ Lyons W , Lowery D. 1989. Governmental fragmentation versus consolidation: five public choice myths about how to create informed, involved and happy citizens[J]. Public Administration Review, (5): 33-43.

④ DeHoog R, Lowery D, Lyons W. 1991. Metropolitan fragmentation and suburban ghettos: some empirical observations on institutional racism[J]. Journal of Urban Affairs, 13(4): 479-93.

⑤ Sharpe L J. 1988. Local government reorganization: general theory and UK practice[M]//Dente B, Kjellberg F(eds). The Dynamics of Institutional Change. London: Sage.

⑥ Wood B. 1976. The Process of Local Government Reform: 1966—1974[M]. London: Allen and Unwin.

⑦ Leach S, et al. 1991. After Abolition: the Operation of the Post—1986 Metropolitan Governmen System in England [M]. Inlogov: the University of Birmingham.

⑧ Harding A. 1994. Governance locale et re'ame'nagement urbain: pour un programme d'analyse comparative [M]//Biarez S, Nevers J Y(eds). Government Local et Politiques Urbaines. Grenoble: CERAT.

⑨ Frisken F, Norris D F. 2001. Regionalism reconsidered[J]. Journal of Urban Affairs, 23(5): 467-478.

改革引发了持久的争论。在城市群向网络化多中心空间结构演化中,在经历数次机构改革尝试失败后,建构了大量非正式制度变革的要素,从而使兰斯塔德走出了一条没有体制重组的治理道路①。在土耳其,伴随着新公共管理浪潮,原先单一的大都市治理被地方自治取代,传统由政府承担的职权广泛地被公共部门、私人部门所取代。在伊斯坦布尔都市区,采用都市自治和地方自治双层治理模式,都市政府主要负责整个城市的宏观决策,地区政府主要负责市政服务。2004 年双层治理模式更趋于成熟②。斯通(Stein,1993)指出,在大多数西方国家出现的公共行动新形式中,我们看到的是更复杂的多行为主体系统,随着新的行为主体的出现,中央政府固有的最高合法性和管理能力在消失,政府在弱化。在不同的伙伴关系和谈判机制下,政府间、私有部门、利益群体和居民共同参与到公共行动的决策中,一种新形式的公共管理开始发展起来③。萨维奇等人(H. V. Savitch,et al,2000)指出,大都市治理是通过在大都市区域建立一种机制以提升地方政府间的合作,从而解决大都市区碎片化的政府组织结构带来的外部性问题,并通过财政和减税政策的提供来促进中心城市的发展,以便使其能更好地为整个区域的发展作贡献④。威廉姆斯以大多伦多为例,对制度能力(Institutional Capacity)与大都市治理间关系展开了研究,指出面对社会极化(Social Polarisation)、政治碎化(Political Fragmentation)等问题,有效制度供给的能力成为治理成功的关键,其中,1995 年成立的大多伦多地区委员会(the Greater Toronto Area Task Force)在协调各种冲突和矛盾的实践中发挥着重要的作用⑤。寻求新的有效的城市区域管理形式是大都市治理永恒的主题。联合行动(Joining Forces)、城市区域网络(City Regions Net)作为区域治理的两种模式,前者关注的是跨区等大尺度区域问题,后者聚焦中心城市及其腹地。联合行动强调:① 灵活的合作形式;② 纵向政府间合作;③ 利益相关者参与;④ 处理危机的能力。城市区域网络强调:① 在城市、区域和国家间建立纵向伙伴关系;② 拟定城市群和城市区域协调发展战略;③ 城乡协调和城乡统筹发展;④ 突破区域界线,培养建构合作伙伴关系的能力;⑤ 增加城市的回应性⑥⑦。

(3) 新区域主义和治理网络化

新区域主义(New Regionalism)强调治理是通过一个协作性的而非科层制的过程来建立,在这一过程中,参与者包括了在都市区问题解决中享有领导地位的所有公共和私

---

① Frank Hendriks. 2006. Shifts in governance in a polycentric urban region: the case of the Dutch Randstad[J]. Intl Journal of Public Administration, 29(10-11): 931-951.

② Nil Uzun. 2010. Urban governance in Istanbul[J]. Análise Social, (197): 757-770.

③ Stein J. 1993. Growth Management, the Planning Challenge of the 1990's[M]. Newbury Park: Sage.

④ Savitch H V, Vogel R K. 2000. Paths to new regionalism[J]. State and Local Government Review, 32(3): 158-168.

⑤ Gwyndaf Williams. 1999. Institutional capacity and metropolitan governance: the greater Toronto area[J]. Cities, 16(3): 171-180.

⑥ The author is unknown. 2009. Metropolitan governance: synthesis of baselines[EB/OL]. http://ecoc-doc-athens.eu/research/reports/860-synthesis-of-baseline-studies-of-the-urbact-projects-focusing-on-active-inclusion.html.

⑦ Tassilo Herrschel, Peter Newman. 2002. Governance of Europe's City Regions: Planning, Policy and Politic[M]. London: Routledge.

人部门①。新区域主义强调区域的弹性、开放性,这在一定程度上促进了微观区域(Micro-regions)的出现,这是政治空间尺度重构的结果②,是治理的一个新层级③。公民参与的网络导致了协作的成功,成为未来协作的模式;公民参与克服了猜疑与不信任的障碍,促进了在解决公共问题中的合作④。哈密顿(D. K. Hamilton)指出,新区域主义视野下的区域治理主要包括:一是政府之间的协作,二是公私部门间的协作。新区域主义倡导政府与非政府组织以及私营部门之间建立合作、协作、网络和伙伴关系,以有效治理区域性问题。区域治理是一种公私部门之间伙伴关系的协作过程,尽管公私伙伴关系并不必然构成一个完整的区域治理,但正式的或非正式的公私伙伴关系是区域治理的必要组成部分⑤。迪斯等人(I. Deas, et al)指出,进入 1990 年代,英国从一个强调再分配、公平为目标的发展模式向以强调经济增长为目标的发展模式转型。许多地方出现了区域发展局(Regional Development Agencies, RDA)等城市联盟,推进了"新地方主义"(New Localism)向"新区域主义"转变。新区域主义不能被看作是中央政府权力分散的结果,而是地方治理发展演变的结果,是国家范围内跨地区的政治运动。尽管 RDA 等机构联盟是合理化再生政策的结果,但其具有双重效应,既在一方面缓和了城市之间的矛盾,也在另一方面加剧了城市之间的冲突⑥。布雷内(Neil Brenner)认为,新区域主义是对社会空间极化和地域不均衡发展的政治回应,也是对后福特主义和新自由主义下城市区域转型存在问题的回应。无论在体制上还是在政治上,新区域主义充满着冲突和矛盾。在未来的大都市区域治理中,应将治理的焦点放在解决住房、医疗、教育、种族等各种社会现实问题上,而不是争论哪种模式(集中治理和分散治理)更合理⑦。研究者通过对加拿大魁北克(Quebec)地区州政府和社区间关系的调查与分析,研究发现,地方政府与社区组织在不同尺度、不同角色间形成多方参与的网络化协商机制,有利于共同应对失业、贫困等社会问题。社区组织可以通过与州政府签订正式和非正式的协议,获得各项行动的援助。地方政府与社区组织合作通常是嵌入在谈判的对话空间中,通过谈判、协商,分摊责任和权益,实施联合行动,推动大都市区域治理⑧。城市合作存在三种模式:政府规则调控下政府主导型合作、市场规则下私营部门主导型合作和界于以上两类合作之间的

---

① Hamilton. 2002. Regimes and regional governance: the case of Chicago[J]. Journal of Urban Affairs, 24(4): 404-423.

② Jessop B. 2003. The political economy of scale and the construction of cross-border micro-regions[M]// Soderbaum F, Shawt M(eds). Theories of New Regionalism. New York: Palgrave Macmillan, 170-196.

③ Deas I, Lord A. 2006. From a new regionalism to an unusual regionalism? The emergence of non-standard regional spaces and lessons for the territorial reorganisation of the state[J]. Urban Studies, 43(10): 1847.

④ Robert D P. 1993. Making Democracy Work: Civic Traditions in Modern Italy[M]. Princeton, NJ: Princeton University Press: 173-175.

⑤ David K H. 2004. Developing regional regimes: a comparison of two metropolitan areas[J]. Journal of Urban Affairs, 26(4): 455-477.

⑥ Iain D, Kevin G W. 2000. From the "new localism" to the "new regionalism"? The implications of regional development agencies for city-regional relations[J]. Political Geography, 19: 273-292.

⑦ Neil Brenner. 2002. Decoding the newest "metropolitan regionalism" in the USA: a critical overview[J]. Cities, 19(1): 3-21.

⑧ Jean-Marc Fontan, Pierre Hamel, Richard Morin, et al. 2009. In community organizations and local governance in a metropolitan region[J]. Urban Affairs Review, 44(6): 832-857.

城市合作。城市合作视作城市网络，伙伴关系是城市网络的一种类型①。

2）城市地区规划组织

（1）城市地区规划发展历程

一般认为，城市地区规划最早源于1829年娄东（John Claudius Loudon）关于大都市区呼吸区所建议的一种环形绿化带分隔的伦敦增长模型②。1870年奥姆斯特德（Frederick Law Olmsted）提出建构都市地区公园系统③。1920年后，欧美大都市地区规划及其组织开始兴起。以美国为例，1920年代，随着大都市区功能不断扩张，区域经济一体化冲破了市、镇、县，甚至州的行政边界，但地方自治导致的政治碎化阻碍了区域共同发展。1921年成立了纽约和新泽西港口管理局（the Port Authority of New York and New Jersey），主要任务是协调、促进纽约大都市地区的港口和机场发展，但随着其职能的不断扩大，发现碎片化的政治体制很难迅速达成共识，形成合力，以共同应对越来越严峻和紧迫的大都市问题。在此背景下，大都市区域政府联合会（Council of Governments）开始出现，试图打破原有的行政边界，对整个区域进行系统规划并解决那些日益尖锐的社会问题。1929年，开展了"纽约及其市郊的区域规划研究"，提出了包括在外围地区建立卫星城市、土地利用控制、保留开敞空间和建设新铁路和公路网络的建议④，并成立了倡导性的组织——区域规划协会（the Regional Plan Association，简称RPA），来辅助区域规划的实施⑤。然而，与该时期发起的其他区域规划类似，这次规划没有给纽约大都市带来明显的变化，规划实施的效果在错综复杂的利益博弈中被严重削弱，规划合法性也很不明确。1962年，美国国会通过了《联邦资助公路法》（Federal-Aid Highway Act of 1962），要求在城市地区的高速公路投资，必须以地方合作的交通规划为基础。该法明确了大都市区规划组织（Metropolitan Planning Organizations，简称MPO）的权威地位，并规定只有开展了大都市区域规划，地方政府才能获得联邦政府对该区域交通项目的资金支持。要求任何一个人口大于5万的城市化地区（Urbanized Area），必须成立MPO，通过特定的规划程序，引导联邦资金用于交通工程⑥。在该法的推动下，大都市纷纷建立区域规划组织。MPO主要有两种形式：规划委员会（Planning Commissions）、政府联合会（Councils of Governments）。1960年代，纽约成立了区域规划委员会（the Tri-State Regional Planning Commission），其地位和影响力一度超过了港口管理局。但1981年却以失败告终⑦。布朗姆利（Ray Bromley）指出，在许多

---

① Mbodj E H. 2002. Prospects for partnership among African cities[J]. International Social Science Journal, 54(172): 233-238.

② Loudon J C. 1829. Hints on breathing places for the metropolis[J]. Gardener's Magazine, (5).

③ Olmsted F L. 1870. Public parks and the enlargement of towns[J]. Ciudaes, 7(2002-2003): 179-185.

④ Johnson D A. 1996. Planning the Great Metropolis: the 1929 Regional Plan of New York and Its Environs[M]. London: Routledge.

⑤ Wood R C, Ameringer V V. 1961. 1400 Governments: the Political Economy of the New York Metropolitan Region[M]. Cambridge, MA: Harvard University Press.

⑥ Katherine F T, Texas Transportation Insitute. 2007. The Metropolitan Planning Organization, Present and Future[C/OL]. Washington DC: Transportation Research Board. http://www.TRB.org.

⑦ Weiner E. 2008. Urban Transportation Planning in the United States: an Historical Overview(Revised Edition)[M]. Washington DC: Department of Transportation.

大都市，大都市地区规划的实施水平都较低，一些具有里程碑意义的规划机构最终被缩减或取消①。对此，丹尼尔森等人指出，州际间的冲突、不同公共机构对政治利益争夺，公民对地方自治的偏好等是此次失败的原因②。“只有一种方法可以确保进行有效的区域规划，那就是创建与地域范围相对应的政府，使其具有超越市镇当局的权力，并可以为区域的基础设施建设制定政策”③。

(2) 城市地区规划组织的治理结构

在美国，大都市区规划组织(Metropolitan Planning Organizations，简称 MPO)最早是由国会授权的政府支持的交通政策决策机构，由地方政府和政府交通主管部门的代表组成。换言之，联邦政府希望通过政府间理性协商，展开合作，共同制定大都市区域规划，提高联邦交通运输资金的使用效率。目前，美国大都市区规划组织包括不同类型的委员会和专业人员。其中，政策委员会(Policy Committee)是规划组织的最高层次的决策主体。大多数的 MPO 政策委员会委员构成如下：选举或任命的地方官员、利益团体代表、联邦政府官员(如国家交通运输部、环境署等)、没有投票权的成员(联邦公路局、航空局、铁路局、交通部顾问，商会代表等)。政策委员会委员代表该司法管辖区的利益，具有法律授予的发言权。政策委员会的职责包括对 MPO 关键行动和问题进行辩论并作出决策，调整大都市区交通运输长远安排、交通改善计划、年度规划工作方案、预算和其他政策性文件。在关键的决策点或 MPO 计划等方面，政策委员会发挥积极的作用，也可以举行公众听证会和召开会议，获取公众建议。委任的咨询委员会(an Appointed Advisory Committee)具体实施政策委员会的建议，并制订工作计划④。托马斯等人研究发现，政策委员会成员往往过多地考虑少数群体的利益⑤。在绝对多数大都市区规划组织中，还存在一个技术委员会，负责将政策委员会决议转译成可实施的方案。技术委员会通常还包括不同层级政府机构的工作人员、利益团体、当地居民代表。通常情况下，大都市区规划组织都保留核心专业技术人员，负责大都市区规划实施过程的技术工作。

(3) 城市地区规划体制

纽曼等人通过对 1857—1995 年的马德里大都市规划发展历史的阶段划分和分析，认为，连续性和变化之间的辩证关系是推动马德里都市区规划发展(包括规划规则、规划机构、规划思想等)演化的内在动力。伴随 1975 年以来日益高涨的民主呼声，马德里都

① Ray Bromley. 2001. Metropolitan regional planning: enigmatic history, global future[J]. Planning Practice and Research, 16(3):233-245.

② Micheal N D, Jameson W D. 1982. New York: the Politics of Urban Regional Development [M]. Berkeley, CA: University of California Press.

③ Mark Solof. 1997. History of Metropolitan Planning Organizations[M]. Newark: North Jersey Transportation Planning Authority.

④ Bond A, Kramer J, Seggerman K. 2010. Staffing and administrative capacity of metropolitan planning organizations[R].

⑤ Thomas W S. 2006. An Inherent Bias? Geographic and Racial-Ethnic Patterns of Metropolitan Planning Organization Boards[R/OL]. http://www.brookings.edu/research/reports/2006/06/01transportation-sanchez.

市规划由此前的无涉政治的技术性规划向政治社会发展规划转变①。伯格(M. J. Burger)等人,在对英格兰和威尔士城市区域空间结构的实证研究中指出,1981—2001年期间,城市区域呈现多样化发展态势,既存在多中心发展的趋向模式,也存在单中心的发展模式,有些地区空间变动介于两者之间。在多中心空间结构演化中也存在不同的动力机制和演化模式。产业转移、人口流动和政策是影响空间结构变迁的三大因素②。道德森(Jago Dodson)以澳大利亚大都市空间规划"基础设施转向"为研究重点,指出,在市场导向的新自由主义时代,空间规划被严重削弱,空间规划在某种程度蜕变为基础设施规划。大都市治理不是仅依靠基础设施建设就可以解决的,还广泛地涉及制度和政治等因素,在治理中,对私有部门的过度依赖,将产生社会两极分化、社会歧视等问题③。伴随城市地区和区域治理理念的兴起,城市地区规划管理体制首先受到冲击,城市地区规划体制必须转型,以防止因地方过度自治(Over-Governing)而带来的诸多不良影响④。霍尔(Angela Hull)指出,1997年英国工党上台后,发出了重建社会福利和民主的宣言,进而引发了新一轮行政管理改革。在规划领域,试图通过现代化民主再造,通过一系列加强公众参与规划的举措,彻底重塑规划体制。但他指出,公众参与是一个复杂的过程,激进式改革对公众利益不会产生多大效益,规划还是应该通过政府主导进行调节,加强对弱势群体的关怀,实现社会和谐发展,在这个过程中,需要渐进推进规划公众参与⑤。凯莫林(Mee Kam Ng)通过对中国香港特别行政区"填海计划"回顾和分析,指出,"维港委员会"的建立使城市规划更加透明、开放和具有可参与性,但这个委员会仅仅是一个咨询机构,没有法律权限,公众需求在很大程度上被忽视,亟须建立一种更加公正的参与规划的机制,满足市民社会的需求⑥。伊瑟(T. W. Eser)等人通过对欧盟、英国、德国空间发展规划案例分析,从欧盟、国家和区域三个层面,探讨了权力在欧盟、国家和区域三个层面的转移问题。指出,伴随着欧洲一体化进程,国家权力不断向欧盟和国家内次区域转移。但这种权力转移存在不均衡性,在英国和西班牙,国家空间规划权力让渡较为明显,但在德国,仍然保留着对空间规划权力的掌控。他们认为,在未来的发展中,更应该强调多元化的权力分配,上一层级的制度框架应给地方政府提供更多的选择余地和自治空间,以保证权力均衡配置⑦。辛普森和查普曼(Fiona Simpson, Michael Chapman)通过对爱丁堡和布拉格地方规划和城市再生政策(Urban Regeneration Policy)的比较,指出,在后社

---

① Michael Neuman, Jose Gavinha. 2005. The planning dialectic of continuity and change: the evolution of metropolitan planning in Madrid[J]. European Planning Studies, 13(7): 985-1009.

② Burger M J, B de Goei, L van der Laan, et al. 2011. Heterogeneous development of metropolitan spatial structure: evidence from commuting patterns in English and Wels city-regions, 1981—2001[J]. Cities, 28(2): 160-170.

③ Jago Dodson. 2009. The "infrastructure turn" in Australian metropolitan spatial planning [J]. International Planning Studies, 14(2): 109-123.

④ Eliadis P, Hill M, Howlett M. 2005. Designing Government: from Instruments to Governance[M]. Montreal: McGill-Queens University Press.

⑤ Angela Hull. 2000. Modernizing democracy: constructing a radical reform of the planning system[J]. European Planning Studies, 8(6): 767-782.

⑥ Mee Kam Ng. 2008. From government to governance? Politics of planning in the first decade of the Hong Kong special administrative region[J]. Planning Theory and Practice, 9(2): 165-185.

⑦ Thiemo W E, Dimitrios K. 2000. Power shifts in the European Union? The case of spatial planning [J]. European Planning Studies, 8(6): 783-798.

会主义时代的布拉格，面对城市竞争挑战和融入欧洲一体化机遇，其规划体制变革漫长而繁重。规划必须首要重获政治和公民的支持，克服战略规划缺失、地方政治碎化等一系列问题，通过重建财产所有权制度、法律程序制度、政策制定中合作制度来推动规划体制的重建①。沃尔夫等人通过考察美国1962年《联邦高速公路法》(*Federal-Aid Highway Act*)、1991年《综合交通运输效率法案》(ISTEA)和2001年《21世纪交通运输效率法案》(TEA-21)，分析了美国都市区规划组织的成长和发展历程。研究结果表明，ISTEA和TEA-21不仅拓展了都市区规划组织在区域交通中的作用，推动都市区规划向综合、集成的区域政策演变，而且激励都市区规划各种伙伴关系的缔结，以地方政府合作模式推动规划的多方参与②。

自1980年代以来，作为对全球化挑战的回应，西方国家包括规划管理体制在内的行政管理都发生了巨大变革。关于城市区域规划体制方面的研究主要是在大都市地区治理框架内展开的。西方相关研究存在如下几个特点：一是，治理的变革强调对弱势群体边缘化等社会问题、对提升城市区域竞争力等经济问题、对区域不均衡发展等区域问题、对政治碎化等行政管理问题的回应。二是，强调规划体制对整个公共管理变革的回应性，从社会政治体制变迁大背景之中，寻求规划体制的变革之道，并高度关注规划体制的制度环境改造。三是，强调城市区域规划与区域政策间的互动关系，主张城市区域规划与其他治理工具一起，推动城市区域走向善治。四是，将各种新的治理形式，如各种伙伴关系、政府间协议等引入规划中，推动规划机构重组和规划体制重建。

1.3.2 国内研究进展

根据城市群规划、区域规划和城乡规划三者之间关系，本节将从城乡规划、区域规划(包括城市群规划)两个层面，并尽可能地从规划管理组织、管理机构权责、运行规则及其制度建设等四个维度对现有国内相关文献进行梳理和总结。这里需要进一步交代的是：① 城市群规划是一种非法定的空间规划类型。在现行规划体制背景下，城市群规划的运作体系在很大程度上建立在城乡规划管理体制平台上。一方面，城市群规划管理上的缺陷和弊端往往是由城乡规划管理体制固有顽疾所致；另一方面，城市群规划管理体制的变革需要城乡规划管理体制创新来推动。对城乡规划管理及其体制相关文献的梳理不仅有利于廓清城市群规划管理研究进展的全貌，而且为其规划管理体制创新提供更坚实的理论基础。② 城市群规划是大尺度的空间规划系列，与城市总体规划以下的法定规划在空间尺度上、在性质上存在较大差距。因而，在相关文献梳理中，对城市总体规划以下规划管理如详细规划管理等不予综述。③ 城市群规划是我国近十多年兴起的一种新型的规划类型，以都市圈(或城市群)规划管理为研究主要对象的文献较少。鉴于城市群规划与区域规划之间的关系，本文对区域规划管理进行梳理，并将城市群规划管理有机穿插于其中。

---

① Fiona Simpson, Michael Chapman. 1999. Comparison of urban governance and planning policy[J]. Cities, 16(5):353-364.

② James F W, Mary B F. 2005. Assessing progress: the state of metropolitan planning organizations under ISTEA and TEA-21 [J]. Intl Journal of Public Administration,(28):1057-1079.

1）城乡规划管理及其体制

（1）城乡规划管理及其体制创新方向

在全国城市规划执业制度管理委员会编写的《转型发展与城乡规划》一书中，对中国城乡规划管理及其体制创新提出了三大方面的深化内容和完善措施：① 理顺现行国家实行的各类规划（国民经济与社会发展规划、土地利用规划、主体功能区规划等）内容、作用、范围以及相互之间关系。② 对各级政府城乡规划与建设的行政主管部门的权责进行界定；对城乡规划和建设的决策体制和操作程序进行规范；对《城乡规划法》所确定的不同类型规划内容和制订程序进行规定；对规划实施的监督监察体制、程序等进行规范。③ 与国家宏观政策和其他法律法规实施相关联和相衔接的内容，在城乡规划与建设工作中的具体执行和操作加以适当的补充，并将这些内容有效地贯彻在城乡规划的制订和实施过程中①。高中岗基于对目前城市规划管理工作中存在的问题，按照我国规划管理工作改革的总体目标模式和国务院《全面推进依法行政实施纲要》的要求，从建设法治政府所要处理好的政府管理内部关系的角度，指出我国城市规划行政管理制度改革的三个重要方向：在管理方式上要建立决策和执行相对分离的行政框架；在纵向结构上合理划分各级政府规划部门的事权；在横向结构上理顺规划部门与相关部门的关系②。

（2）关于城乡规划管理集权和分权

针对现行规划管理体制存在的各种弊端，国内存在规划管理"集权"和"分权"两种截然相反的观点。"规划管理集权论"主张垂直规划管理，加强自上而下的监控，不得向市辖区、各级开发区下放规划管理权。如，周建军指出城乡规划管理存在机构混乱、规划权限不明确等问题，要统一集中城乡规划管理权，市辖区不应享有规划编制权、调整权或修改权，必须集中在市一级③。陈虎、崔功豪以常州市城市规划管理为例，指出规划分权后的弱点和不足，主张加强规划集中统一管理，城市规划由县级以上城市人民政府规划行政主管部门集中统一管理，不得下放或分割规划管理权④。杨秀珠认为，对城市规划管理体制进行改革，就是要把现行的以地方分块管理为主的体制，改为以系统垂直管理为主的体制。她进一步提出有大、中、小三种改革方案。大方案：全国垂直管理，从国家规划总局——省（市、自治区）——市（地级市）——县（包括县级市），各镇设立规划分局，从上到下实行垂直管理；中方案：省以下实行垂直管理；小方案：市（地级市）以下实行垂直管理⑤。仇保兴认为，统一上收市辖区、开发区、各类园区的规划管理权力⑥。持"规划管理集权论"的学者还有李晓龙等人⑦。"规划管理分权论"学者，多基于发达国家规划管理体制的演化趋势，或从治理的角度，强调城市规划管理应与行政管理变革的大方向相一致，应与"单中心"向"多中心"的城市治理方向一致，从而强调管理的分散化、网络化和社会

① 全国城市规划执业制度管理委员会．2011．转型发展与城乡规划[M]．北京：中国计划出版社：4．

② 高中岗．2007．论我国城市规划行政管理制度的创新[J]．城市规划，(8)：45－51．

③ 周建军．2000．对我国城市规划管理体制若干问题的思考[J]．城市规划汇刊，(5)：54－57．

④ 陈虎，崔功豪．2002．由分化到整合：对城市规划管理体制的思考——以常州市为例[J]．城市规划，26(3)：24－27．

⑤ 杨秀珠．2002．试论城市规划管理体制的改革[J]．城市规划，26(8)：51－55．

⑥ 仇保兴．2004．当前我国城市规划管理体制改革的若干重点[J]．规划师，20(1)：5－9．

⑦ 李晓龙，门晓莹．2004．城乡规划管理体制改革探索[J]．规划师，20(3)：5－8．

化，此类文献众多。

关于规划管理集权和分权论争，宋小冬、许健以上海为例，探讨了城乡规划管理权下放所带来的一系列问题，但最后还是认为行政性分权和收权不是解决城乡规划管理体制弊端的长期的、根本性的手段①。卓健、刘玉民基于对1919—2000年法国城市规划的地方分权的详细梳理，也认为单纯的行政性分权和集权都不是解决问题的根本之道②。也有不少学者基于规划管理所根植的体制、社会背景和渐进式改革理念，较为深入探讨我国城乡规划管理体制变革之路。如，田莉在分析中国城市规划管理几种具有代表性模式的基础上指出，"在规划管理起步时期，宜采取规划管理权高度集中的模式；在已具备了一定的规划管理经验，但规划法制建设尚不完善，区规划局的人才储备相对不足的阶段，可将部分管理权下放，但不宜采用高度分散的模式。到城市规划的法制建设相当完善且公众的规划法制意识普遍加强的阶段，则不仅仅涉及规划管理权下放给区规划分局的问题，社区、公众将更多地参与到规划管理中来"③。再如，谭纵波指出，城市规划分权又是一个相对缓慢和被动的过程，取决于社会意识形态、政治体制、经济发展阶段等诸多因素，规划事权存在着中央政府和地方政府、不同层级的地方政府之间以及地方政府与社会间三种关系，"在传统的中央集权的国度中，伴随着经济的发展、城市化的推进、社会多元化以及市民民主意识的增强，城市规划事权从中央政府向地方政府、从政府向市民自治组织过渡有其必然性和一定规律"④。

在实践中，自2003年以来我国部分省市相继开展了城乡规划管理体制改革试点工作，其中影响较大的改革试点有：2003年贵州省推出了城市（城乡）规划委员会制度、建立派驻规划督察员制度和推行辖区城市规划垂直管理。2003年10月，四川省人民政府出台《四川省派驻城市规划督察员试行办法》，同年11月，建设部发出《关于印发〈四川省派驻城市规划督察员试行办法〉的通知》，将印发给各省、自治区建设厅，直辖市规划局（规委），新疆生产建设兵团建设局，要求各地学习、借鉴。2006年住房和城乡建设部启动了城乡规划督察员试点工作，向南京等6个城市派出了首批城乡规划督察员；同年，国土资源部也成立了土地督察局，向北京、上海、广州等9个城市派出督察员。截至2011年年底，住房和城乡建设部先后向大中城市下派6批次城乡规划督察员，并利用卫星遥感技术辅助城乡规划督察工作。从实践来看，无论是建立规划委员会制度，还是派驻规划督察员制度，都旨在加强规划垂直管理。

(3) 关于城乡规划管理组织及其制度建设

自2000年以来，城乡规划管理组织建设提得最多的是城乡规划委员会。王兴平教授在对我国现行的城市规划委员会及其规划决策机构进行分析的基础上，借鉴国内外相

---

① 宋小冬，许健. 1999. 权限下放的挑战——关于上海城市规划管理体制的讨论[J]. 城市规划汇刊，(6)：12-16.

② 卓健，刘玉民. 2004. 法国城市规划的地方分权——1919—2000年法国城市规划体系发展演变综述[J]. 国外城市规划，(5)：7-15.

③ 田莉. 2001. 论我国城市规划管理的权限转变——对城市规划管理体制现状与改革的思索[J]. 城市规划，25(12)：30-35.

④ 谭纵波. 2008. 从中央集权走向地方分权——日本城市规划事权的演变与启示[J]. 国际城市规划，(2)：26-31.

关经验，较早地对我国城市规划委员会制度改革和建设进行探讨①。施源等以深圳市规划委员会制度为例，探讨以规划委员会制度为突破口的规划决策体制改革的成效，从制度层面和运作规则层面剖析现行规划委员会制度运作中存在的问题，针对性地借鉴成熟市场经济国家（或地区）在规划委员会职能、定位及具体运作规则等制度设计方面的先进做法，并结合我国规划委员会制度运作的法律与行政体制环境，从确立规划委员会的法定地位、完善规划委员会的人员构成、改进规划委员会的决策方式、健全规划救济机制等方面提出现有制度框架下规划决策体制的渐进变革建议②。关于城乡规划委员会权限和性质，唐邵均按照体制正义和效率统一原则对城乡规划委员会权限、性质和产生办法进行探讨，认为：一要赋予城乡规划委员会独立的审批决策权，先将规划委员会定位为城市分区规划和城市详细规划的审批决策机构。二要改变目前城乡规划委员会的"官办"或"半官方"的性质，由市民选举或人大及其常委会委派，产生城市规划委员会组成人员。三要让市民、民意机构、媒体等监督规划委员会审批决策的全过程③。郭素君根据城乡规划委员会的地位和决策权限的差别，将规划委员会划分为非法定性的咨询协调机构（结构，主要由相关专家与政府部门领导组成）、法定的审议机构（地方性法规确立的机构，具有规划审议权但具有终审权）和法定决策机构三种类型，并认为规划委员会首先应该是一个法定组织。根据其与地方政府、地方人大之间的关系，指出了中国城乡规划委员会的发展趋势，即由"隶属于政府部门的法定机构"逐步向"人大授权的独立于行政机构的规划决策组织"过渡，在立法体制、公众参与程序和市场经济完善后，向"人大的一个派出机构"转化④。李东泉等根据公共政策过程的六个环节，认为在现有的规划编制审批和实施管理为主的职能部门基础上，一要增加规划研究部门，专门负责信息收集和为规划决策提供咨询，二要增加规划实施监督和评估部门，为规划调整和终结提供科学依据⑤。颜丽杰也提倡设立规划政策的研究机构⑥。

（4）关于城乡规划编制管理及其制度建设

在《城乡规划法》确定了城镇体系规划、城市规划、镇规划、乡规划和村庄规划等法定规划体系后，由于各种类型的法定规划的对象、空间尺度存在较大差异，编制、制订这些规划的方式方法、规划内容和基本形式、编制管理的方式存在差异，现有法律和规章仅对不同层次规划间关系进行了原则的界定，缺少对不同层次规划之间在规划内容方面承续的可操作性的规定，造成规划尤其是城镇体系规划、城市总体规划等战略性规划在下层次规划中贯彻和付诸实施缺少必要的制度性保障⑦。因而有学者呼吁应尽快出台与法定规划体系相对应的编制办法等法律规章、规范。如，汪光焘针对镇的特殊性，建议尽快制

① 王兴平. 2001. 城市规划委员会制度研究[J]. 规划师，17(4)：34－37.

② 施源，周丽亚. 2005. 现有制度框架下规划决策体制的渐进变革之路[J]. 城市规划学刊，(1)：35－39.

③ 唐绍均. 2008. 论我国城市规划审批决策体制的正义与效率[J]. 城市规划，32(2)：50－54.

④ 郭素君. 2009. 由深圳规划委员会思索我国规划决策体制变革[J]. 城市规划，33(3)：50－55.

⑤ 李东泉，陆建华，苟开刚，等. 2011. 从政策过程的视角对新时期我国城乡规划管理体系的构成[J]. 城市发展研究，18(2)：1－6.

⑥ 颜丽杰. 2008. 城市竞争背景下的规划管理政策研究[J]. 城市问题，(10)：25－28.

⑦ 全国城市规划执业制度管理委员会. 2011. 转型发展与城乡规划[M]. 北京：中国计划出版社：2

订镇规划编制办法，以避免简单套用城市规划模式编制镇规划的做法①。吴松涛指出，《城乡规划法》规范了各级城乡规划的运行程序与原则，对城乡规划编制内容、深度提出了更新的要求，因而呼吁完善各级城市规划编制办法、规范，更好地实现"城乡规划全覆盖"②。

在规划编制体系方面，何强为等对现行规划编制体系和规划编制类型进行了深入剖析，提出城市战略规划、城镇总体规划、城镇控制性规划、详细规划四阶段的基本编制系列③。高中岗、张兵提出"基本系列"和"非基本系列"两大类城市规划编制体系，指出，"基本系列"的规划重点是提供政府间行政管理的内容，通过规划文件的审批达到上下级政府之间意见统一和行动的协调；"非基本系列"的规划，以解决实际问题为原则，"基本系列"类似于法定规划，体现"刚性"，而"非基本系列"类似于非法定规划，体现地方政府"灵活性"。"基本系列"包括"战略规划、总体规划和控制性规划"，战略规划全覆盖，重视全域内空间类型划分和空间管治，实行类似于城市总体规划的分级审批制度。总体规划是对战略规划的落实，仅对中心城市进行综合规划，采用分级审批，审批重点是与战略规划是否相抵触。控制性规划目前由城市人民政府审批，长远来看应由城乡规划委员会审批。"非基本系列"规划类型和编制内容取决于城市发展的一时一地需要，无需分级审批④。张文彤⑤等以强化规划的先导为目标，通过对当前国内规划编制—实施体系中普遍存在问题的归纳分析，将城乡规划体系划分为"战略型规划"、"控制型规划"和"实施型规划"三种类型，对各自内涵、特征和相互关系进行了探讨，最后总结介绍了武汉市的经验：一要理顺发改委、城乡规划部门及其他部门之间的关系；二要提升城乡规划委员会横向协调功能。

(5) 关于城乡规划实施管理及其制度建设

城乡规划实施机制是近 10 年来中国城市规划研究领域的一个热点问题。孙施文⑥⑦、赵民⑧、吕晓蓓⑨等较早地对城市规划实施的理论和方法进行研究，从而为城乡规划实施管理制度完成提供了借鉴。孙施文以上海为例，对城市总体规划实施的政府机构协同机制进行论述，指出城市总体规划实施要在市政府的统一领导下，各区、县政府和各系统协同运作(包括制度协同、目标协同、政策协同、决策协同和行动协同)。他认为，政府机构之间的协同作用是实施总体规划的保障，城市规划管理组织机构要依据谋、断、行分离原则，规划编制、规划决策和规划实施应相互分离⑩。陈宏军、施源指出，现有城乡规划实施机制存在规划间关系和定位不清、时序混乱和城市规划与国民经济与社会发展规划的实施衔接不足等问题。从政府运作角度探讨城市规划(总体层面规划)实施机制的

① 汪光焘. 2008. 制定镇规划编制办法是当前迫切任务[J]. 城市规划，32(3)：9-14.
② 吴松涛. 2009. 构建新体系实现全覆盖——关于城乡规划编制问题的思考[J]. 城市规划，33(7)：9-10.
③ 何强为，苏则民，周岚. 2005. 关于我国城市规划编制体系的思考与建议[J]. 城市规划学刊，(4)：28-34.
④ 高中岗，张兵. 2009. 论我国城市规划编制技术制度的创新[J]. 城市规划，33(7)：26-32.
⑤ 张文彤，殷毅，姜涛. 2010. 基于实施的规划编制机制探索[J]. 城市规划，34(6)：26-30.
⑥ 孙施文. 2000. 有关城市规划实施的基础研究[J]. 城市规划，24(7)：12-16.
⑦ 孙施文，周宇. 2003. 城市规划实施评价的理论与方法[J]. 城市规划汇刊，(2)：15-20，27.
⑧ 赵民. 2000. 论城市规划的实施[J]. 城市规划汇刊，(4)：28-31.
⑨ 吕晓蓓，伍炜. 2006. 城市规划实施评价机制初探[J]. 城市规划，30(11)：41-45.
⑩ 孙施文. 2002. 城市总体规划实施的政府机构协同机制——以上海为例[J]. 城市规划，26(1)：50-54.

自我完善途径：建立规划许可预申报制度、建立与国民经济与社会发展规划之间的协调制度和计划执行的监督考核制度①。邹兵认为，城市总体规划的性质决定了它不仅仅是一个地方政府的发展意愿和诉求，也反映了国家对城市的控制和要求。总规的报批中必然充满了条条和块块、上级与下级、中央和地方的多方利益博弈，既是一个各方相互沟通协调、讨价还价的过程，也是相互妥协、最终达成共识的过程；这个过程对于总规批准以后的实施具有十分重要的意义，决定着规划实施推动的力度和效率。因而，一个可用的规划的前提必须是可批的规划。他将城市总体规划实施机制分为两个层面：向下逐级分解落实的机制和向前分时逐步推进的机制。在空间维度上，通过“分区规划—法定图则”的细化落实进行开发控制，以控制为主；在时间维度上，通过“近期建设规划—年度实施计划”逐步推进，以引导性为主，并与国民经济发展五年规划和年度投资计划在时序上达成一致，相互衔接和互为补充②。王学锋认为，城乡规划管理主要以监管为主，像一个被动的看守者。城乡规划实施面临行政管理体制的约束，规划的调控和实施不仅处处受到其他部门的牵制，如项目管理、投资管理等；同时也与财政分灶吃饭体制下各级政府复杂的利益关系紧密相关③。孙翔等提出“总规—控规”联动机制，一方面以总规成果指导控规，强化总规对控规的约束；另一方面加强控规对总规的及时反馈，建立规划发展单元动态更新机制，实现总规成果的动态更新。并提出，从日常动态监控和年度实施评估两个方面建立“总规—控规”联动的动态监控和评估机制④。

(6) 关于城乡规划监督、听证等运行制度建设

王宾波等将遥感等技术手段引入到城市规划监测和管理中，并介绍了监测管理的基本流程⑤。严薇指出，现有规划管理存在“唯上”、“唯商”而不“唯民”、“唯法”的实践倾向，提出了通过引入社会监督和法律监督等外部监督手段，加强规划管理执行过程监督，结合已较成熟的结果监督和内部监督体系，完善城市规划行政管理体系的监督机制，提高政府规划管理的有效性⑥。针对新世纪以来建立的派驻城市规划督察员制度，于立认为，中国规划督察制度面临一系列尚未解决的问题，如：城乡规划督察员制度在现有的规划法中缺乏法律依据、权责不清，缺少对规划督察队伍的建设和权力制约等问题，解决这些问题特别需要法律的授权和对规划督察本身的制约⑦。魏立华等分析了城乡规划督察体制所面临的困境及其背后的体制根源，指出此项制度建设的实际效果并不理想⑧。刘玉亭等人从三个方面探讨中国城乡规划督察的改善途径：规划督察机构的行政独立、实现规划申诉、维护和监督城乡规划的“程序公正”⑨。

赵民教授从法学中“罪”与“罚”的概念入手，讨论我国城市规划法中的刑事法律责任

---

① 陈宏军，施源．2007．城市规划实施机制的逻辑自洽与制度保证[J]．城市规划，31(4)：20－25．

② 邹兵．2008．城市规划实施：机制和探索[J]．城市规划，32(11)：21－23．

③ 邹兵．2008．城市规划实施：机制和探索[J]．城市规划，32(11)：21－23．

④ 孙翔，姚燕华．2010．基于规划发展单元的总规—控规联动机制研究——以广州市为例[J]．城市规划，34(4)：32－37．

⑤ 王宾波，汪祖进．2005．应用 RS、GIS 等技术进行城市规划监测管理[J]．城市规划，29(9)：39－42．

⑥ 严薇．2006．完善监督机制，遏制“寻租”蔓延[J]．城市规划，30(9)：26－30．

⑦ 于立．2007．规划督察：英国制度的借鉴[J]．国际城市规划，(2)：72－77．

⑧ 魏立华，刘玉亭．2009．城乡规划的“执行阻滞”与规划督察[J]．城市规划，33(3)：44－49．

⑨ 刘玉亭，周政赢，魏立华．2010．城乡规划督察的困境与改善途径[J]．规划师，26(1)：36－40．

设定的问题。他认为，为了提高城市规划的科学性和权威性、强化城市规划管理力度，应充分重视设定城市规划实施中违法的刑事法律责任制度①。郑文武等指出，英国、新加坡、爱尔兰等国家以及香港地区都规定了有关城市规划领域违法开发行为的刑事责任追究制度，尽管我国在城市建设领域也规定了有关的刑事责任，但在司法实践中并没有设立直接对城市规划违法开发行为追究刑事责任的制度，认为在我国提倡设立城市规划的刑事责任是必要的，也是可行的②。

王兴平教授较早对城乡规划听证制度进行探讨，认为，为了保证其公平、公正、公开性，达到民主化、科学化与法治化的要求，必须引进相应的行政程序，并阐述了在城市规划的不同环节与阶段运用听证程序的作用与方法③。王学锋认为，应根据《中华人民共和国行政许可法》(简称《行政许可法》)推进城市规划公开化、民主化进程，规划许可听证应遵循保护市民合法权益、在规划决策环节进行、与政府管理效能相结合的原则，对需要听证的规划许可范围应慎重研究、谨慎确定④。王郁等认为，随着社会转型期的利益多元化和市民维权意识的高涨，城市规划听证制度必须给予完善，应加强规划决策方案阶段的非正式咨询型听证制度化，保护利益相关者平等参与权，建立听证会主持人队伍的培养体系，建立听证结果的反馈与公开机制⑤。郑卫以上海市春申高压线事件为例，对我国城市规划冲突管理机制的缺陷进行解析，指出，公众参与、行政复议、规划听证等制度设计在为利害关系人提供表达利益诉求渠道的同时，实际上建构了一个冲突的早期预警系统。但在现状中，这些规划管理的制度设计处于不可实用的虚化状态⑥。

(7) 公众参与规划及其制度建设

城乡规划公众参与制度建设是城乡规划领域的一个持续讨论的热点。对此领域的研究可进行进一步细分。第一，关于公众参与规划的制度建设。何丹介绍了现代城市规划中公众参与的历史发展，分析了现阶段我国公众参与的政治经济基础及现实状况，讨论了城市规划中公众参与的制度安排⑦。陈锦富在分析西方国家公众参与城市规划制度形成的背景下，结合我国社会经济政策的重大转变，提出了公众参与城市规划的决策模式和制度框架⑧。第二，城市规划公众参与的理论基础。罗小龙等从管治的视角，对城市规划的公众参与组织形式和保障机制进行探讨，提出建立城市规划公众参与委员会⑨。孙施文等对国外近 20 年时间内的有关公众参与城市规划的理论及思想基础的发展进行

---

① 赵民，李萱. 2002. 关于城市规划法中设定刑事法律责任的探讨[J]. 城市规划汇刊，(1)：34－36.

② 郑文武，魏清泉. 2007. 提倡设立城市规划的刑事责任制——一些国家和地区城市规划实践的启示[J]. 城市规划，31(3)：47－50.

③ 王兴平. 2000. 听证制度与城市规划[J]. 规划师，16(6)：106－107.

④ 王学锋. 2005. 城市规划行政许可公开化与听证制度的实施[J]. 规划师，21(3)：10－12.

⑤ 王郁，董黎黎，李烨洁. 2010. 民主的价值与形式——规划决策听证制度的发展方向[J]. 城市规划，34(5)：40－45.

⑥ 郑卫. 2011. 我国城市规划冲突管理机制的缺陷——以上海市春申高压线事件为例[J]. 城市问题，(1)：83－88.

⑦ 何丹，赵民. 1999. 论城市规划中公众参与的政治经济基础及制度安排[J]. 城市规划汇刊，(5)：31－34.

⑧ 陈锦富. 2000. 论公众参与的城市规划制度[J]. 城市规划，24(7)：54－57.

⑨ 罗小龙，张京祥. 2001. 管治理念与中国城市规划的公众参与[J]. 城市规划汇刊，(2)：59－62.

总结①。龙元从哈贝马斯等交往理论对城市规划公众参与理论进行分析②。郭建等分别从法学③和伦理学④两个角度阐释城市公众参与的理论基础。第三,公众参与体系的设计。王登嵘在分析我国社会阶层分化及其空间分异对公众参与的影响后,认为科学的公众参与在于公众的差异性,采用差别化的公众参与形式与机制,组织不同的公众参与到适合的城市规划环节中,并设计了一个公众参与城市规划的体系:按照发展战略与建设控制引导两个层面构建的公众参与垂直体系和五种社区类型构建的公众参与水平体系⑤。杨新海等针对城乡规划许可(规划许可申请前、规划许可过程中和规划许可决定公示和规划许可决定后)和规划评估(规划评估前、规划评估中和规划评估后)中的公众参与形式进行了较为详细的探讨⑥。第四,结合案例进行实证分析。戚冬瑾以中国大陆和香港的两个城市规划公众参与案例,由参与的结果差异深入地分析了两地有关公众参与的体制差异,指出公众参与的阶段性和复杂性⑦。赵民教授从厦门市"PX项目"事件出发,分析了我国城市规划建设决策中的公众参与问题,认为政府行政管理模式必须从传统的单向"管治型",转向现代化的公共"治理型",应将包括城市规划"公共参与"在内的社会过程纳入法制轨道,从而切实推进"民主执政"和"依法执政"⑧。李晨以深圳蛇口地区法定图则公共意见为例,提出了需要完善公众参与的法律制度、建立公众参与的决策机制和组织结构等⑨。此外,近年,许多学者强调城市规划公众参与的程序建设⑩⑪⑫,例如重视新加坡对于公众在规划图则过程中的全面参与等技术方式。

2)区域规划管理及其体制

(1)规划管理机构

L.芒福德曾经指出,"如果区域发展想做得更好,就必须设立有法定资格的、有规划和投资权利的区域性权威机构"。严重敏较早对我国跨区域规划展开研究,提出建立跨区域规划管理组织,全面协调地区间利益⑬。宁越敏教授在分析长江三角洲都市连绵区形成机制的基础上,提出为落实跨行政规划的制定及实施,在长江三角洲内建立跨行政区的管理机构十分重要,可以考虑先建立各种职能管理局,然后逐步过渡到综合职能的

---

① 孙施文,殷悦. 2004. 西方城市规划中公众参与的理论基础及其发展[J]. 国外城市规划,(1):15-20.

② 龙元. 2004. 交往型规划与公众参与[J]. 城市规划,28(1):73-78.

③ 郭建,孙惠莲. 2004. 城市规划中公众参与的法学思考[J]. 城市规划,28(1):65-68.

④ 郭建,孙惠莲. 2007. 公众参与城市规划的伦理意蕴[J]. 城市规划,(7):56-61.

⑤ 王登嵘. 2006. 城市规划公众科学参与论[C]//中国城市规划学会. 中国城市规划年会论文集(中册). 北京:中国建筑工业出版社:327-334.

⑥ 杨新海,殷辉礼. 2009. 城市规划实施过程中公众参与的体系构建初探[J]. 城市规划,33(9):52-57.

⑦ 戚冬瑾,周剑云. 2005. 透视城市规划中的公众参与——从两个城市规划公众参与案例谈起[J]. 城市规划,29(7):52-56.

⑧ 赵民,刘婧. 2010. 城市规划中"公众参与"的社会诉求与制度保障——厦门市"PX项目"事件引发的讨论[J]. 城市规划学刊,(3):81-86.

⑨ 李晨. 2010. 探讨法定图则公众参与的事件过程和发展途径——以深圳市蛇口地区法定图则公共意见处理为例[J]. 城市规划,34(8):73-78.

⑩ 魏立华. 2007. 城市规划向公共政策转型应澄清的若干问题[J]. 城市规划学刊,(6):42-46.

⑪ 王勇,李广斌. 2010. 程序正义视角下的城乡规划公共利益实现初探[J]. 规划师,24(2):50-55.

⑫ 孙施文,朱婷文. 2010. 推进公众参与城市规划的制度建设[J]. 现代城市研究,(5):17-20.

⑬ 严重敏,周可瑜. 1995. 关于跨行政区区域规划若干问题的思考[J]. 经济地理,15(4):1-6.

管理机构[①]。张京祥教授指出，必须切实加强区域规划实施的组织领导，逐级建立区域规划管理机构加强宏观管理；建立区域规划的实施制度，综合运用行政、经济、法律、政策、技术等各种实施手段[②③]。国内著名区域规划专家胡序威先生针对日益增加的跨区域协调问题及规划体制冲突，提出在国家和省市两级政府设立综合性的规划委员会，统一负责规划的综合协调管理和实施[④]。刘健指出，市镇联合体为地域单元的区域化地方城市管理机制则是法国城市规划管理的另一主要特点[⑤]。朱文华认为，为了实现城市之间、城市与区域之间的协调发展，建议设立城市规划的综合协调机构，如国家城市规划委员会[⑥]。其中，关于城市群规划管理机构方面，荣玥芳提倡建立跨区域的规划管理机构[⑦]。牛慧恩提出在我国三大都市圈地区分别设置由中央政府和有关地方政府代表组成的“规划办公室”，作为常设的区际协调机构，该机构在对都市圈的综合规划工作负责的同时，负有受理有关地方政府对区际利益冲突的申诉进行调查、组织协商和提出协调意见的职责，国务院授权其对区域内的区际利益冲突进行协调与仲裁[⑧]。对此，邹兵提出异议，认为，在珠三角城镇群协调发展规划中，不要过于强调机构的行政权威，不宜通过建立强有力的行政机构来解决城镇协调问题，应尽量避免新设机构对现有行政体制带来过大的冲击[⑨]。

（2）规划管理机制

田莉主张强化跨城市、跨区域的规划管理权限：第一，在各行政区划政府的上一级建立更大的规划委员会或政府机构来统一管理城市和区域内的各种规划与开发事宜；第二，区域内的各个地方政府进行横向合作，建立跨地区的专门委员会以协调和处理区域内资源开发、基础设施建设、生态环境控制等规划和建设问题；第三，建立跨行业或跨系统的规划委员会来综合处理区域规划、城市总体规划、城镇体系规划等诸多的复杂问题[⑩]。许海贤认为，以往编制的城镇体系规划由于实施主体的缺位、重城轻乡的管理模式和相关规划实施政策的缺失，导致规划失效。结合发达地区规划实践，他提出规划管理体制变革的构想：一是以乡镇联盟（区域性机构）进行统一规划、统一建设、统一招商，并可延伸到环卫等基础设施和公共服务领域；二是强化规划垂直管理，规划管理权上收至县或地级市这一层面；三是建立跨区域增长管理等实施机制联盟，其职能不限于经济领域的合作，可以广泛延伸到水资源管理、基础设施等领域[⑪]。陶希东认为，在具体都市圈规划机制的选择过程中应遵循三个基本原则：一是跨越省级单元越多、跨界矛盾越大，越宜采取集权规划体制；二是经济越发达，越宜采取均权或分权型规划体制；三是市场化程

---

① 宁越敏，施倩，查志强. 1998. 长江三角洲都市连绵区形成机制与跨区域规划研究[J]. 城市规划，22(1)：16－21.

② 张京祥，吴启焰. 2001. 试论新时期区域规划的编制与实施[J]. 经济地理，21(5)：513－517.

③ 张京祥，芮富宏，崔功豪. 2002. 国外区域规划的编制与实施管理[J]. 国外城市规划，(2)：30－33.

④ 胡序威. 2006. 中国区域规划的演变与展望[J]. 地理学报，61(6)：585－592.

⑤ 刘健. 2004. 法国城市规划管理体制概况[J]. 国外城市规划，19(5)：1－5.

⑥ 朱文华. 2003. 谈我国城市规划管理体制改革[J]. 规划师，19(5)：7－12.

⑦ 荣玥芳. 2003. 都市圈规划编制体系研究[J]. 城市规划汇刊，(4)：78－84.

⑧ 牛慧恩. 2004. 国土规划、区域规划、城市规划——论三者关系及其协调发展[J]. 城市规划，28(11)：42－46.

⑨ 邹兵. 2005. 城镇密集地区规划[J]. 城市规划，29(11)：35－37.

⑩ 田莉. 2001. 论我国城市规划管理的权限转变——对城市规划管理体制现状与改革的思索[J]. 城市规划，25(12)：30－35.

⑪ 徐海贤. 2006. 发达地区县(市)域城镇体系规划的变革研究[J]. 城市规划，30(11)：36－40.

度越高，越宜采取均权或分权型规划体制①。

（3）规划立法

严重敏是国内较早提出区域规划立法问题的学者之一，指出国外成功的区域规划尤其是跨行政区规划，都是通过立法作为实施的强大后盾。针对国内行政区经济的现状，加强区域规划法制化建设是提高跨行政区区域规划组织管理效率的必由之路②。宁越敏指出，跨省级行政区的区域规划及相应的管理机构若没有相应的立法保证，将难以贯彻实施和有效运作，这也是过去建立的一些跨省市机构不得不消失的原因之一③。胡序威先生也指出，迫切需要通过立法赋予区域规划在资源的市场配置过程中具有一定权威性和约束力的法定地位。应改变区域城镇体系规划只作为依附于城市总体规划的陪衬地位④，尽早制订区域规划法或国土与区域规划法，并对现行的《城市规划法》和《中华人民共和国土地管理法》(简称《土地管理法》)进行某些相应的修改，使三者相互衔接、协调整合⑤。樊杰⑥、方创琳⑦、陈雯⑧、张京祥⑨、王晓东⑩、喻玲⑪等国内学者也不断呼吁加强区域规划立法工作。但牛慧恩对此有不同意见，认为，在当前规划之间相互“打架”、“掣肘”的情况下，片面强调区域规划的法制化是不足取的⑫。

（4）规划管理模式

罗小龙、沈建法在对苏锡常都市圈规划实施评价的基础上，指出协调性规划内容难以把握，都市圈规划缺乏有效的编制、审批、实施、管理和监督的机制是都市圈规划效果不理想的主要原因⑬。邹兵以珠江三角洲城镇群规划为例，分析了城镇群规划实施受到的外部环境因素制约，指出了城镇群规划在自身工作定位及与其他部门规划的关系，与现有规划体系的衔接，规划实施调控的对象、方式、手段与机制方面所面临的诸多难题⑭。张京祥从区域管治的角度，提出了城镇密集地区三层区域管理系统的设想：第一层是进行大范围的区域性协调（多个大都市区联合的层面）；第二层是提供地区范围的多种服务（大都市区层面）；第三层是地方政府提供的所有其他服务（市/县、镇层面）⑮。在《全球化世纪的城市密集地区发展与规划》一书中，张京祥等探讨了城市密集地区规划的演化阶

① 陶希东．2008．中国跨界都市圈规划的体制重建与政策创新[J]．城市规划，32(8)：36－53．

② 严重敏，周可瑜．1995．关于跨行政区区域规划若干问题的思考[J]．经济地理，15(4)：1－6．

③ 宁越敏，施倩，查志强．1998．长江三角洲都市连绵区形成机制与跨区域规划研究[J]．城市规划，22(1)：16－21．

④ 胡序威．2002．我国区域规划的发展态势与面临问题[J]．城市规划，26(3)：23－26．

⑤ 胡序威．2006．中国区域规划的演变与展望[J]．地理学报，61(6)：585－592．

⑥ 樊杰．1998．对新时期国土(区域)规划及其理论基础建设的思考[J]．地理科学进展，17(4)：1－7．

⑦ 方创琳．1999．国外区域发展规划的全新审视及对中国的借鉴[J]．地理研究，18(1)：7－16．

⑧ 陈雯．2000．我国区域规划的编制与实施的若干问题[J]．长江流域资源与环境，9(2)：141－147．

⑨ 张京祥，吴启焰．2001．试论新时期区域规划的编制与实施[J]．经济地理，21(5)：513－517．

⑩ 王晓东．2004．对区域规划工作的几点思考[J]．城市规划，28(4)：65－69．

⑪ 喻玲，殷洁．2010．论经济区划与区域规划的法制化[J]．经济地理，30(5)：728－731．

⑫ 牛慧恩．2004．国土规划、区域规划、城市规划——论三者关系及其协调发展[J]．城市规划，28(11)：42－46．

⑬ 罗小龙，沈建法．2005．“都市圈”还是都“圈”市——透过效果不理想的苏锡常都市圈规划解读“圈”都市现象[J]．城市规划，29(1)：30－35．

⑭ 邹兵．2006．我国城镇群规划实施面临的困境与发展趋向——由珠江三角洲城镇群规划引发的思考[J]．城市规划，30(1)：47－54．

⑮ 张京祥，沈建法，黄钧尧，等．2002．都市密集区区域管治中行政区划的影响[J]．城市规划，26(9)：40－44．

段和方式:由“基于科层制管理体系的规划组织方式”到“基于自由市场机制的规划组织方式”,再到“基于组织间网络的规划组织方式”①。罗小龙主张建立层级尽可能少的网络式扁平化区域管理机构②,并以苏锡常为例,提出了多中心城市区域管治应在垂直方向、水平方向和虚拟空间上不断完善,逐渐形成多中心城市区域网络性的管治体系③。作为我国首部规范区域空间开发的地方性法规,《珠江三角洲城镇群协调发展规划实施条例》是我国区域空间管治法制化、民主化、科学化进程中的一次成功探索④。该条例明确了城乡空间管理中各级政府和部门的事权,并通过“三大阶段,十项制度”建立了协调高效的区域城乡管理新架构,在规划编制阶段,建立省域规划和市域规划协调制度,协调编制过程;在规划实施阶段,通过分级、分类的空间管治制度、区域协调发展的共同制度,以及具有区域性影响的建设项目规划选址管理制度等,共同实施规划;在规划监督阶段,利用年度实施报告制度、动态监控信息系统、规划督察员制度等监督规划实施。并且在各个阶段均通过协调会议制度、公众参与制度等保障协调任务的落实。陶希东在分析美国特别区政府类型和功能的基础上,认为特别区政府能够提供区域性、专业化、多元化的公共服务,其在跨界治理中发挥重要作用。鉴于此,他提出,在长三角、京津唐等成熟区域率先引入跨界“特别规划区”的跨界治理新单元⑤。

(5) 规划过程管理

越来越多的学者强调区域规划是动态的规划过程。如崔功豪等人认为,规划的编制不是静态的而是一个循环的过程⑥。方创琳提出,规划本身就是一个过程,即不存在起始状态和终极状态,为了提高规划实施效果,要建立并运行规划编制与实施全过程控制系统,包括回诊、会鉴、检讨、纠错、报废与置换等追踪监控,以适应区域与城市动态变化的要求⑦。张京祥提出规划管理重点应由自上而下强制型规划转向双向互动互求、协商型规划转变,即通过咨询、讨论、谈判、交流、参与等措施,在正式的规划途径之外,开辟一条不完全是官方的意见交流和协商行动的渠道,通过制定公平准则,建立公开的规划体系,广泛吸收各种利益集团(政府、部门、社团、企业等)参与规划的全过程,以寻求解决区域发展中的各种利益冲突的方法和途径,制定出一个透明度高、可信度强、满足全社会愿望的区域规划(契约),这一点对我国传统的区域规划编制思维的改造是有重要意义的,虽然这个过程可能意味着大量的时间与精力耗费,但却是使区域规划由图纸走向实施的重要保障⑧。互动互求、协商型规划,其内涵之一就是倡导区域规划的公众参与,对此,许多

---

① 张京祥,殷洁,何建颐. 2008. 全球化世纪的城市密集地区发展与规划[M]. 北京:中国工业建筑出版社:71-76.

② 罗小龙,罗震东. 2002. 城市管治及其本土化研究中的若干问题思考[J]. 规划师,18(9):15-18.

③ 罗小龙,张京祥. 2003. 苏锡常多中心城市区域的城市竞争与管治模式的概念设计[C]//顾朝林. 城市管治. 南京:东南大学出版社:253-266.

④ 房庆方,蔡瀛,宋劲松,等. 2007. 建立协调高效的区域城乡规划管理新架构——《珠江三角洲城镇群协调发展规划实施条例》带来的变化[J]. 城市规划,31(12).:9-14.

⑤ 陶希东. 2010. 美国“特别区”政府之经验与启示研究——兼论中国设置跨界功能区的基本思路[J]. 城市规划,34(10):77-82.

⑥ 崔功豪,魏清泉,陈宗兴. 1999. 区域分析与规划[M]. 北京:高等教育出版社.

⑦ 方创琳. 2002. 论区域与城市发展规划编制与实施的一体化[J]. 城市规划,25(4):15-18.

⑧ 张京祥,吴启焰. 2001. 试论新时期区域规划的编制与实施[J]. 经济地理,21(5):513-517.

学者也强调这点，如沈玉芳教授指出，新一轮区域规划需要不同阶层（包括中央、地方政府、企业和个人）、不同职能部门、不同利益团体和专业人员（指真正的专家而不是政府一般工作人员）的共同参与、协商和议决，才能真正实现区域规划的原本含义和初衷①。由于公共信息不充分、失真和不对称严重影响到规划决策的科学性，所以需要通过公众参与来促进区域规划决策过程的公开化、民主化②。

3）简要评析

从上述对中国区域与城乡规划管理体制研究成果的梳理中，我们可以看出中国规划管理体制改革的复杂性。这种复杂性不仅是因为规划管理体制改革受到地方经济发展水平、地方行政管理水平、规划管理队伍素质等内在因素的影响，而且其还要受国家相关法律法规完备程度、国家—社会关系变迁、行政体制乃至政治体制等外部环境的制约。

（1）重视规划管理体制改革的根植性，对外来理论在中国的实际应用进行评估

改革开放以来，国外学说如潮水般涌入中国，规划领域也不例外。借鉴国外先进的规划管理经验是推动中国规划管理体制改革的一条捷径。在实践中，伴随着行政性分权、市场化分权和社会分权，我国的规划管理体制变革与西方存在着某些趋同性。如规划管理科学化、法制化和民主化，建立规划督察员制度等。但由于规划管理体制所根植的背景不同，任何国家的规划体制都不可能成为我国规划管理体制改革“临摹”的范本。福柯（Michel Foucault）曾指出，假如想脱离当代的现实而去构想、制订出有关某种社会、思想、文化的整体方案，这种做法是危险的③。法兰克福学派创始人之一霍克海默（Max Horkheimer）曾指出，传统理论的运用总是与特殊历史语境联系在一起，“传统理论概念实际是将科学从其历史语境割裂出来后产生的看法，它将理论缩小为一个没有历史的封闭自足系统，它不但产生自己，也产生对象。它所追求的永恒的逻各斯或永恒的真理都不过是一种经过伪装的乌托邦”④。社会理论绝不是没有时代的，解释不只意味着一个理解过程，而且也意味着一个具体的历史过程。任何国外的规划理论都有其应用的前提条件及与之相匹配的“土壤”，在解决中国实际问题时，这些学说可能面临“水土不服”的问题，甚至会出现“南橘北枳”的现象。因而，在引入西方规划理论时，首先应对这些理论在中国的适应性进行预评估。当这些理论运用到中国具体实践后，具体产生了哪些绩效，出现了哪些问题，更应进行及时的评估。在此基础上，方可提出外国学说中国化的“变种”，以此适应中国的“土壤”。

（2）关注行政体制改革，推动规划管理体制改革的相关研究

城乡规划管理作为行政管理的一部分，只有在现行行政体制、政治体制的许可下才能正常运行。任何制度改革其实质都是一个制度选择的问题，用一种规则替换现行规则。根据规则所处位置、抽象程度与影响力，布坎南（J. M. Buchanan）将规则（制度）分为元规则、一般规则与专门规则⑤。元规则是最高层次的规则，它是一种规定如何制定、如何选择一般规则的规则。当前城乡规划管理许多根本性问题的解决，需要对较高级次

---

① 沈玉芳.2006.当代西方区域规划研究的主要流派及对我国的思考[J].世界地理研究，15(3)：22－28.

② 王欣，吴殿廷.2004.区域规划中信息不对称问题初探[J].地域研究与开发，23(2)：6－8.

③ 陈嘉明.2006.现代性与后现代性十五讲[M].北京：北京大学出版社：191.

④ 张汝伦.2003.现代西方哲学十五讲[M].北京：北京大学出版社：316.

⑤ 詹姆斯·M.布坎南.2008.宪法秩序的经济学与伦理学[M].朱泱，等译.北京：商务印书馆：35－36.

的规则甚至元规则做出调整和选择。一方面，在当下中国，不对规划管理的“元规则”进行适度调整，规划管理的许多涉及根本性的制度问题将得不到真正的解决。最典型的是城乡规划公众参与，近20年来规划学界持续呼吁，实践也做出了大量探索，但在整个社会参与缺少必要制度支撑的情况下，规划公众参与现状仍不容乐观，或者说没有实质性的突破。另一方面，新世纪中国进入了制度创新的发展阶段，出台了《行政许可法》、《中华人民共和国物权法》(简称《物权法》)等一系列法律，并对《城市规划法》进行了较大修订。依据这些法的精神，应进一步地深入研究如何改进规划管理的运行机制。

(3) 推动横向规划管理整合，加强规划管理的社会化研究

近半个世纪，西方国家公共行政走出了一条由“科层制治理”到“新公共管理”，再到“后新公共管理”(Post-New Public Management)，从“理性建构”到“社会建构”的治理变革之路。对于我国现阶段而言，规划管理改革面临着双重任务：完善规划管理的科层运行机制和超越规划管理的科层制。对照韦伯(Max Weber)现代官僚制精神，中国规划管理存在理性精神阙如、人治等诸多不足，亟须以合理划分上下级规划事权为切入点，理顺、完善我国规划科层管理的运行机制，同时，又要超越规划管理的科层制，推动规划管理的社会化。近20年，规划管理的“集权”与“放权”改革都没有超越“一元”主导规划机制的模式，规划垂直管理实质是一元主导规划的强化①。在利益多元化和利益博弈常态化的现实语境下，亟须加强横向政府规划管理的整合和规划管理社会化研究，推动规划管理由“管制型”向“治理型”转变。

1.4 研究方法与框架

1.4.1 研究方法

本书研究主题涉及公共管理学、政治学、城乡规划学、城市地理学、社会学、制度经济学等学科领域，具有高度的综合性和交叉性特点。基于本研究所探讨的核心议题，本书除采用了文献研究法、实证分析、演绎和归纳相结合的方法之外，还采用如下几种研究方法：

(1) “过程—事件”分析方法。将中国规划管理体制变迁具体嵌入到行政管理体制，乃至整体制度变迁的环境中，通过对行政管理体制变迁大事件的历时性追踪，解析规划管理体制变迁的过程、特征及其机制。

(2) 比较分析法。将我国规划管理体制、行政管理体制放置全球公共管理范式转型的场景中，通过中西公共管理范式的比较，解析中国规划管理体制变迁轨迹、变迁差异性，并分析规划管理存在问题的严重性及其体制根源。比较分析法还被运用于规划公众参与等分析之中。

(3) 访谈调查法。通过作者对各级政府官员、公务人员的深入访谈，梳理出了鲜为人知的基层政权、规划管理权力的真实运作图景，从而为本书提供了大量鲜活的写作素材，

① 郭湘闽. 2006. 走向多元平衡——制度视角下我国传统旧城更新规划机制的变革研究[M]. 北京：中国建筑工业出版社：98-103.

并为立论提供强有力的支撑。

(4)“背景迁移”的比较方法。“背景迁移”比较法基于甲地背景、甲地手段、乙地背景和乙地手段四个变量，通过对甲地的“手段—背景”关系和乙地的“手段—背景”关系的分析，探讨“甲地手段”移植到乙地后乙地必须进行“土壤”改良的途径。中国规划管理体制机制创新需要借鉴西方公共管理的成功经验和理念，但简单的理论移植可能会带来“水土不服”，这就要求西方理论运行“土壤”与中国现实“土壤”相比对，从中寻找中国规划管理体制变迁的合理化路径。

1.4.2 分析框架

紧扣研究的核心议题，基于研究对象界定、相关研究进展综述，在公共管理范式转型及其中国实践分析之上，从解释视角、批判视角、规范视角对中国城市群规划管理体制变迁过去、现实及其未来进行分析、探讨。规划管理从属于行政管理，只有在行政规则许可的范围内运行，规划才有效。如果不对规划赖以运行并受其改变的行政制度给以应有的关注，就无法对规划管理体制变迁给予充分的理解。因而，本研究首先将新中国成立以来规划体制机制变迁放置我国整体社会制度变迁的大背景之中，来解析中国规划体制机制变迁的基本特征及动力机制。其次，将规划管理体制嵌入到行政管理体制、政治体制之中，深入剖析规划管理存在的主要问题及其产生的体制根源。最后，基于全球公共管理范式转型及其背后所蕴含的深层次人文价值，结合中国大国转型的具体国情，探讨城市群规划体制机制变革的基本方向和路径。

本书的分析框架如图 1.1 所示。

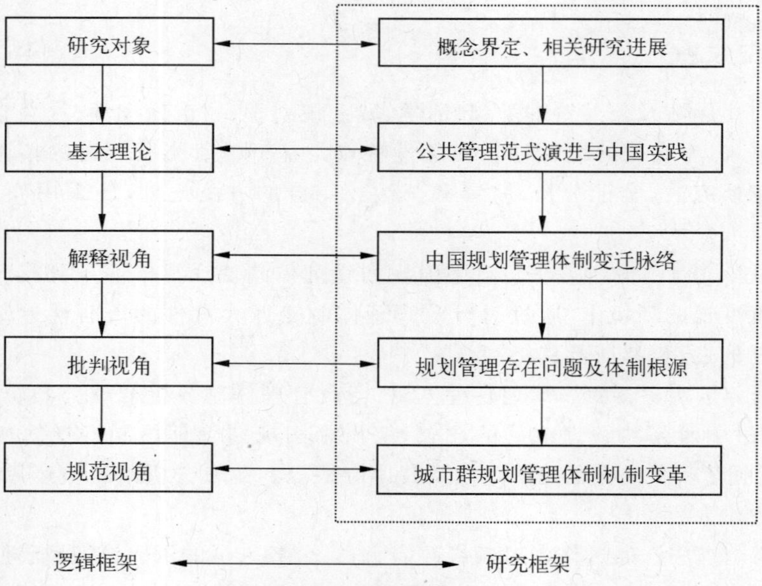

图 1.1 分析框架建构

2 公共管理范式演进与中国实践

2.1 传统区域主义下的科层制治理

2.1.1 传统区域主义

1）区域主义思想渊源

区域主义或称地区主义(Regionalism)，是20世纪尤其是第二次世界大战后兴起的一种区域合作的理论和实践的总称，是伴随着区域组织的大量产生和区域合作实践的发展而产生出的一种意识形态或社会思潮。根据时间维度，学术界将其划分为1980年代前的传统(旧)区域主义和1980年代后的新区域主义。以疆域为界的合作思想渊源极深，自古有之。如，古希腊历史学家修昔底德的《伯罗奔尼撒战争史》就记述了古希腊12个部落结成联盟合力抗敌的故事。在中国战国时期，大思想家苏秦曾提出“合纵”战略，即联合“天下之士，合从相聚于赵，而欲攻秦”，他游说六国诸侯，要六国联合起来西向抗击强大的秦国，以求六国共存共荣。到近现代，区域主义受到盖迪斯(Geddes)、芒福德(Mumford)等人的区域思想所影响。20世纪，区域主义的兴起有着深刻的时代背景。① 凯恩斯主义上台，为区域主义实践提供了一个重要前提。1930年代初，世界经济大危机爆发宣告西方长期奉行的自由放任的市场经济终结，强调国家干预的凯恩斯主义逐渐成为西方国家执政的主导理念。二战后，凯恩斯主义被更多的国家采用，世界主要资本主义国家纷纷进入国家垄断资本主义阶段，越来越多的国家运用权威国家从区域的角度来解决实际问题和推行福利国家建设。② 冷战背景下兴起了区域主义第一波浪潮。二战后，尤其是五六十年代，冷战开始，面对两个阵营的对峙，除了美苏两个国家之外，任何一个国家都不可能单独依靠本国的力量在国际舞台上发挥作用。许多新兴的独立国家，为了摆脱两极世界格局的控制，更好地发展自己，主动与邻近国家加强团结，由此逐渐形成了广泛的区域合作联盟，如欧洲共同体、东南亚国家联盟、非洲统一组织、阿拉伯国家联盟等。这些区域性合作组织有的是综合型的，有的是军事联盟型的，有的是功能型的。③ 传统区域主义实践来自美国大都市区政府改革的推动。二战后，美国城市化逐渐进入成熟阶段，城市化出现广域分散化和局域集中化趋势，形成由若干大、中、小城市在一定空间聚集的城市地区。因此人们面临一个新的课题:在一个国家之内，若干区域(城市)应如何进行有效的合作，以增加公共物品和服务的供给效率。在这一时期，“巨人政府论”这一改革思路曾一度在美国学术界占重要地位。遵循这一理论框架，在美国，一个大都市区或大都市带内若干城市政府通过协商，各区域政府让渡一定权力出来而组建“大都市区政府”。大都市区政府的核心理念是“一个区域，一个政府”，即通过建立统一的权威型大都市政府来解决因行政管理“碎化”而导致的区域公共物品供给“集体行动困境”问题。

2）传统区域主义内涵

传统区域主义本质是强调一种理想的科层制治理，即以单一、权威的区域性政府取代地方政府，主张一元化的区域治理组织模式，“强制性整合”的整体格局，即以权力为中轴的计划、组织、人事管理、指挥、协调、控制。区域内具有唯一的决策中心，有一个统一的区域政府机构。它可以是内部有若干小单位相互包容和相互平行的一个政府，也可以是一个双层政府结构体制，即一个正式的区域政府组织和大量的地方单位并存，它们之间存在着明确的职能分工。传统区域主义主张管辖区域的合并、兼并有助于政府规模的合理化，促使资源不足的地方政府获得发展，允许公民充分参与公共事务的决策，进而有效地促进经济发展、均衡地方财政以及提供跨域服务等。

3）传统区域主义实践

（1）区域规划繁盛

从规划的角度，凯恩斯主义将西方区域规划带进了一个历史鼎盛时期。区域规划作为国家干预社会经济的重要手段，在凯恩斯国家干预主义思想统摄社会的背景下，以对落后地区的开发、整治为重点，全面推进福利国家建设的区域规划在西方发达国家普遍开展。如，美国在1960年代先后颁发了一系列旨在促进全国特别是落后地区经济发展的法案；1961年颁布的地区再开发法案，1965年颁布的公共工程和经济开发法案和阿巴拉契亚区域发展法案等。英国1960年代陆续对英格兰北部等落后地区开展旨在降低失业、发展经济的开发规划，并于1970年代初设立了“区域经济规划委员会”；1963年法国政府专门设立了领土整治机构，以均衡化为目标，运用法律、行政、经济等手段先后有计划地开发整治了罗纳河流域、北阿尔卑斯山区以及濒临大西洋的阿基坦地区。西德在战后广泛制定了复兴法和州规划法，并于1965年颁布了联邦《区域规划法》、1975年通过了《联邦区域规划大纲》；1962年日本的“一全综”以地区间均衡发展为目标，采取据点开发的战略方针。在此阶段，从区域的层面来解决大都市社会问题的都市区地区规划实践在西方国家也大量展开。如1944年艾伯格隆比编制了大伦敦规划。艾伯格隆比吸收了霍华德分散主义思想和盖迪斯的区域规划思想，采纳了恩温卫星城建设模式，将伦敦城市周边较大地域作为整体进行规划考虑，其最大贡献在于将霍华德、盖迪斯和恩温的思想融合在一起，在一个比较广阔的范围内进行特大城市规划，为舒缓现代城市压力提供了典型的成功案例。大伦敦规划思想及其措施对后来的哥本哈根城市地区规划、华盛顿城市地区规划、莫斯科城市地区规划以及巴黎城市地区规划等产生了深远的影响。

（2）大都市区政府——单中心治理体制

为了解决大都市区碎化(Fragmentation)政府组织结构的外部性，自1930年代以来，以美国为代表的西方国家推动了大都市区政府实践，他们认为，大都市区内过多的独立行政单位是提高政府公共服务效率和实现均衡发展的主要障碍，在每个大都市区尽可能只有一个政府机构，应采用单中心治理机制，从结构途径去研究区域治理机制，主张实行政府合并(Consolidator)，赞成通过区域合并、城市对郊区兼并等方式，建立大都市区政府，这样有助于政府规模的合理化，促使资源不足的地方政府获得发展，并允许公民充分参与公共事务的决策，进而有效地促进经济发展、均衡地方财政以及提供跨域服务等。在欧美主要城市和地区，“大都市区政府”实践经历了两个主要阶段：

第一个阶段始于19世纪中后期，众多的北美城市正面临着工业化以及城市化的巨大挑战，许多市政设施和服务都无法跟上人口膨胀后的需求。为了更好地统一规划市政服务和管理，一些主要城市求助于成立“区域型”政府，以解决公共服务问题。包括费城、旧金山和纽约在内的美国一些主要城市建立了市郡联盟(City-County Consolidation)的区域政府。在1898年,纽约市宣布其周边的4郡20市合并成现在的"大纽约市",标志着北美历史上第一波"区域政府合并"达到了高潮。但由于在美国政治思想中根深蒂固的"小政府"传统以及市郊社区和政府强大的经济、政治势力,这样的大规模市郡合并并没有在很多地区推广。如,在1896年波士顿选民就否决了建立一个联合的"大波士顿市"的提议。在美国式的民主中,"巨人政府"与传统的"管制最少的政府乃是最佳政府"的理念背道而驰。一个庞大的政府可能拉开了管理机构与居民之间的距离。过于庞大的"巨人政府"还有可能忽视辖区内一些弱势群体或者种族群体的经济与文化需求,不能做到社会与经济资源的公平分配(Savitch, et al)①。

第二个阶段为二战后,各类"综合型"和"特别区"(Special District)在美国大行其道,全国范围内出现了将近五万个主管学校、供水、图书馆、公园等公共服务的"特别区"政府,在数量上甚至超过了市、郡、县等各级地方政府的总和。这种"碎化"的政府结构造成了同个地域内不同政府的职责不清、重复征税、各行其政,十分不利于经济发展、用地规划和环境保护以及地域间的协调发展②。期间,田纳西州的纳什维尔(Nashville)、佛罗里达州的杰克逊维尔(Jacksonville)和印第安纳州的印第安纳波利斯(Indianapolis),城区和市郊政府都进行了大规模的合并,建立了统一机构、统一管理的大区域政府。在加拿大,多伦多、维尼培格和蒙特利尔这三个大城市都成立了省级区域政府来管理城市的发展和服务。多伦多在1954年把所辖地区划分成四个分区,成立了市和区域两级统筹管理的政府。经过40多年的发展,这四个分区在1998年合并成了现在的"大多伦多市"。在蒙特利尔,"都市社区"管理机制为本地区的污水处理、垃圾排放、环境保护和交通网络等社会服务设施提供了大区规划,统一协调各部门资源,统一制定一系列的政策法规,避免了政府机构的重复设置和资源的浪费③。但总的来说,二战后通过合并、兼并等形成的"区域型"政府在美国没有大范围地流行,"巨人政府"受到了越来越大的抵制。据不完全统计,在过去100多年中,有超过85%的政府合并提议被选民否决④。

2.1.2 科层制治理

1) 科层制

科层制又称官僚制。马克斯·韦伯将科层制视为法理型统治的最典型、最纯粹的表现形式,并认为,科层制是最为合理的统治形式。"从纯粹技术上看可以达到最高的完善程度,在所有这些意义上是实施统治形式上最合理的形式"⑤。按照通行的解释,科层制

---

① Savitch H V, et al. 2010. Beyond the rhetoric: lessons from Louisville's consolidation[J]. The American Review of Public Administration, January(40):3-28.

② Lawrence L M, Jeannie H S. 2011. City-county consolidations: promise versus performance[J]. State and Local Government Review, 43(2):157-177.

③ Bonnie Lindstrom. 2010. The metropolitan mayors caucus: institution building in a political fragmented metropolitan region [J]. Urban Affairs Review, September 1(46):37-67.

④ Leland S, Thurmaier K. 2005. When efficiency is unbelievable: normative lessons from 30 Years of city-county consolidations[J]. Public Administration Review, 65(4), 475-489.

⑤ 马克斯·韦伯. 1997. 经济与社会(上卷)[M]. 林荣远,译. 北京:商务印书馆:248.

指的是一种权力依职能和职位进行分工和分层，以规则为管理主体的组织体系和管理方式①。强调集权主义，以精确、稳定、有纪律、严肃紧张和可靠为准则，在既定的章程和规则的约束范围内，通过职务等级而形成的权威来实现集体行动形式②。在现代社会中，科层制被广泛运用于政府、学校、教会、军队等等。彼得·布劳和马歇尔·梅耶在《现代社会中的科层制》中断言："在当今社会，科层制已成为主导性的组织制度，并在事实上成了现代性的缩影。除非我们理解这种制度形式，否则我们就无法理解今天的社会生活。"③

2）科层制组织特征

科层制具有如下特征：① 金字塔形的纵向等级权力结构。"所有岗位的组织遵循等级制度原则，每个职员都受到高一级的职员的控制和监督"④。科层制中的权力按职务的阶梯方式根据规章而固定地确立，从而形成固定的等级制度。② 官员们根据契约受命，即建立在自由选择之上。这是现代科层制的本质⑤。③ 以专业化和部门化为基础的分工，通过权威体系实现协作——"把为实现组织的目标所必需的日常工作，作为正式的职责分配到每个工作岗位"⑥。劳动的明确分工有可能为每一个特定的岗位雇佣受过专门训练的专家，并使每一个人有效地履行各自的职责。④ 以法制为基础的目标设定和活动组织。科层制的组织活动是"由一些固定不变的抽象规则体系来控制的，这个体系包括了在各种特定情形中对规则的应用"。组织中的任何成员都要严格遵循一套抽象的规章制度，组织成员职务的运作受规则的约束。⑤ 标准化的非人格化的运作程序与理念。官僚制依据普遍的规则与法定化的程序进行管理。在处理公务时，要求将私人关系和公务关系严格分清，严格排除私人感情。⑥ 基于绩效的人事选拔与晋升制度。官员职务的升迁依据年资或政绩，或二者兼而有之，取决于上司的评价。⑦ 官员个人生活和公共身份的割裂。不存在任职人员对职务的任何意义上的私人占有，职务所规定的权力不允许被作为谋取个人利益的手段，而只是用来保障其履行职务所赋予的职责⑦。

3）科层制治理特点

20 世纪以来，以专业分工、等级制和非人格化为特征的"科层制"快速发展，并成为支配公共行政的普遍组织形式。这种以职能为中心设置部门和等级制的组织结构，具有高效、便于控制等优点。韦伯（Max Weber）坚信，"推进官僚制度的决定性理由一直是超过其他组织形式的纯技术优越性……精确、速度、细节分明……减少摩擦、降低人和物的成本，在严格的官僚制治理中这一切都提高到最佳点"⑧。科层制治理具有如下特点：① 一元的治理主体。治理需要权威，在科层制治理下，权威唯一主体来源于政府。② 单向度的权力运作路径。科层制权力路径所遵循的是权力的集中，权力按职务的阶梯方式根据规章而固定地确立，每一级都在更高一级的管理、控制和监督之下。运用政府的政治权

① 朱国云. 1995. 科层制与中国社会组织管理模式[J]. 管理世界，(5)：207－208.
② 马克斯·韦伯. 1997. 经济与社会（上卷）[M]. 林荣远，译. 北京：商务印书馆：293－296.
③ 彼得·布劳，马歇尔·梅耶. 2001. 现代社会中的科层制[M]. 马戎，等译. 北京：学林出版社.
④ 马克斯·韦伯. 2004. 韦伯作品集——支配社会学[M]. 康乐，等译. 桂林：广西师范大学出版社：25.
⑤ 侯钧生. 2006. 西方社会学理论教程[M]. 天津：南开大学出版社：127.
⑥ 马克斯·韦伯. 2004. 韦伯作品集——支配社会学[M]. 康乐，等译. 桂林：广西师范大学出版社：22.
⑦ 侯钧生. 2006. 西方社会学理论教程（第二版）[M]. 天津：南开大学出版社：126.
⑧ 文森特·奥斯特罗姆. 1999. 美国公共行政的思想危机[M]. 毛寿龙，译. 上海：上海三联书店：37.

威，以权力为中心，通过发号施令、制定政策和实施政策，对社会公共事务实行单向度的、强制性的管理，保证大规模组织的控制与协调，维护正常的社会秩序。③ 线性的信息传递。科层制呈现自上而下指令和自下而上汇报两条线性沟通。科层制强调信息（指令、各种任务等）自上而下的传递，身处等级结构中最高决策层的人，并不真正了解政策执行的情况。最了解政策执行情况的人通过组织内自下而上的信息通道逐级地传输。尽管这对于分解任务和处理自上而下的指令来说也许是一种有效率的结构，但是在处理自下而上的信息传输时，却有可能造成大量的超载或阻塞问题。因此，"官僚制既承受真实信息短缺之苦，也遭受虚假信息泛滥之害"①。

4）对科层制的批判

韦伯在创制理性官僚制的同时，又对理性化（Rationalizaticn）发展的后果抱有深深的忧虑。深受（工具）理性统治的社会正变成"铁的牢笼"，"没有人知道将来会是谁在这铁笼里生活；没人知道在这惊人的大发展的终点会不会又有全新的先知出现；没人知道会不会有一个老观念和旧理想的伟大再生；如果不会，那么会不会在某种骤发的妄自尊大情绪的掩饰下产生一种机械的麻木僵化呢，也没有人知道，因为完全可以，而且是不无道理地，这样来评说这个文化的发展的最后阶段'专家没有灵魂，纵欲者没有心肝；这个废物幻想着它自己达到了前所未有的文明程度'"。② 法兰克福学派第一代领军人物霍克海默（Max Horkheimer）、阿多诺（T. W. Adorno）等人对理性官僚制、工具理性展开了彻底的、全方位的批判。在他们看来，技术和官僚制是工具理性的两个变型，前者控制自然，后者控制人。"被彻底启蒙的世界却笼罩在一片因胜利而招致的灾难之中，……人类没有进入真正的人性的状态，反而深深地陷入了野蛮之中"③，这就是启蒙的悖论。工具理性化最终将导致人被理性"奴役"。针对现代官僚制的批判，主要集中在以下几个方面：

① 官僚主义。科层制组织内部等级森严、权力集中，上下级之间缺乏有效的相互沟通，特别是缺少自下而上的监督，而缺乏制衡的权力极可能导致上层的专断和下层的逢迎，进而导致官僚主义的产生。这既会妨碍组织成员创造性和自主性的发挥，又会使组织事务的处理变得呆板、繁琐并进而导致形式主义、文牍主义。

② 社会理性的困境。现代科层化是理性化的结果，通过理性化，人们追求可控制的外部环境，增进自己的自由。但理性的扩张又将人类推向另一种"险境"——价值和意义的丧失。科层制就是使自己越来越"非人化"。科层制犹如一只巨大的铁笼和精密的机器，将人固定于其中，成为其附属品和零件。它从公务中排除爱、恨和各种纯个人的感情，尤其是那些非理性的、难以预测的感情。

③ 反民主。波普诺认为，科层制会导致寡头政治——由极少数人统辖这个组织。掌握公共权力的官僚组织在社会中形成了一个独立的利益群体，官吏阶层总是在维持并扩张自己的行政地位和权力，以拥有知识、经验以及保密为借口而暗中为自己及其利益集团谋取特殊的利

---

① 戴维·毕瑟姆. 2005. 官僚制[M]. 长春：吉林人民出版社：59.

② 韦伯. 1987. 新教伦理与资本主义精神[M]. 于晓，陈维纲，译. 北京：三联书店：143.

③ 霍克海默·阿多诺. 2003. 启蒙辩证法[M]. 渠敬东，曹卫东，译. 上海：上海人民出版社：1.

益，从而形成“文官专政”①。理性的“行政国”必然热衷于等级压制，偏离对社会的最主要价值(社会公平与民主)的维护，缺少人本主义的终极关怀，因而根本不具有合法性。

④ 组织的僵化。科层制的僵化、繁文缛节、低效和难以接近，难以适应社会环境的变化②；随着工业化社会向后工业社会或信息社会的转变，科层制的弊端日益显露。在奥斯本(David Osborne)与盖布勒(Ted Gaebler)合著的《再造政府》一书中，科层制被形容为“在超音速客机时代的豪华邮轮——庞大、笨拙、昂贵，并且极难转向”③。对官僚制的批判在1970年代石油危机、财政危机以来达到顶峰。

2.1.3 中国实践：从“传统统治”到“建设中的科层制”

1）传统官僚政治体制

但在韦伯看来，“科层制”乃是指现代社会实施合法统治的行政组织，是一种高度理性化的组织机构的“理想类型”。西方近代资本主义是建立在法理型统治之上的一种“理性国家”，它的基础是有技术专长的官吏阶级和合理性的法律，而科层制便是西方资本主义法理型统治的一种特殊表现形式，确切地说是其中一种最典型、最纯粹的表现形式。同时，韦伯指出，尽管一些东方文明国家(如埃及、中国)也具有科层制的某些精神气质，但绝非是“理想类型”的科层制，因为它们缺少训练有素的官吏阶级和合理性的法律。“如果一种统治的合法性是建立在遗传下来的制度和统治权力的神圣的基础上，并且也被相信是这样的，那么这种统治就是传统型的”④。在传统型统治(老人政治、原始家长制、世袭制和封建制)中，统治者是依据传统遗传下来的规则确定的，统治者具有终身的权力，而且可以将这种权力不断传给自己的后裔。统治者不是上司，而是主人。统治者与其他成员的关系不是事务上的职务职责，而是奴仆的个人忠诚。人们服从的不是章程，而是由传统决定的统治者所任命的个人。韦伯认为，无论是哪种传统型统治都阻碍着合理性的发展。

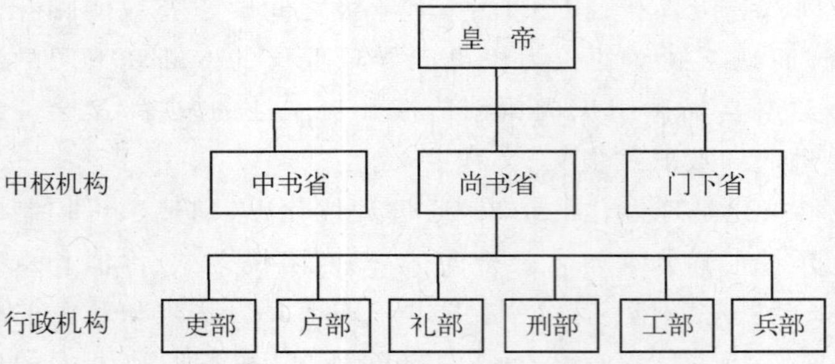

图 2.1 唐代“三省六部制”结构图

在中国唐朝时期中央政府就已经形成了庞大的政治官僚组织结构——三省六部制。所谓“三省”是中书、尚书、门下三省；六部包括吏、兵、户、刑、礼、工等部(图 2.1)。“帝制中国的政治系统，拥有一个不受限制的政治中心。这个政治中心具有不断地对社会经济生活实施干预的潜在可能与

① 魏娜. 2002. 官僚制的精神与转型时期我国组织模式的塑造[J]. 中国人民大学学报，(1)：87－92.

② Michel Crozier. 1964. The Bureaucratic Phenomenon[M]. Chicago: University of Chicago Press.

③ David Osborne, Ted Gaebler. 1992. Reinventing Government: How the Entrepreneurial Spirits Transforming the Public Sector[M]. New York: Penguin Books, LTD.

④ 马克斯·韦伯. 1997. 经济与社会(上卷)[M]. 林荣远，译. 北京：商务印书馆：251.

倾向性"①。在封建社会中,"中国人的思想活动乃至他们的人生观,都拘囚锢蔽在官僚政治所设定的樊笼中"②,"中国传统政治文化以封建主义的专制政治制度为依托,以维护封建帝制和君权为核心的专制主义和君主主义为主线,以经世致用为基本致思取向,以道德和政治的互渗为基础,国家权力对全社会广泛侵入和覆盖,形成了极富中国特色的泛政治主义传统,即全能主义政治"③。"传统社会的官僚制最大的特征是全社会成员锁定在专制主义的严密等级中。这种与其称为官僚制不如说是官僚政治体制,与现代官僚制精神相去甚远"④。在一次岭南大讲坛的公众论坛上,吴思先生将传统中国官僚政治体制称为"官家主义"。所谓的官家主义是指"围绕着官员个人建立了潜规则体系,围绕着衙门建立了部门法规,围绕着皇帝建立了王法,这三个主体各有各的立法定规的空间,合起来形成的整体就叫官家主义"⑤。在他看来,这种"权力说了算"的官家主义在中国具有极大的时空"穿透力",迄今还深刻影响着中国政治和社会的日常生活。

2）全能主义政治

1949 年以后,新中国逐渐形成与计划经济相适应的高度集权的政治体制。国内外学者普遍认为,改革开放前毛时代的国家是一种典型的全能主义国家模式(Andrew Walder,1986)。邹谠从国家与社会的关系将全能主义(Totalism)政治定义为:"政治机构的权力可以随时地无限制地侵入和控制社会每一个阶层和每一个领域的指导思想。全能主义政治指的是以这个指导思想为基础的政治社会","这个社会中个人或集体的自由和权利没有受到道德、民意、法律、宪法的保障。他们的自由活动范围的大小和内容,是政治权力机构决定的"。⑥ 党国一体、党政一体、政社一体和政企一体是全能主义国家四个典型特征。维克多·尼(Victor Nee)曾对此有过精彩的描述:"在中国人民公社(由公社行政部门、生产大队、生产小队组成)中,最令人惊奇的是在国家和社会之间缺少明晰的组织边界,尽管公社行政是国家组织的最低一层(从形式上看),但实际的国家边界无法清楚地划出,公社经由村社组织——民兵、党支部、大队、小队、农会、妇联、共青团等各种正式和非正式的关系联系起来。这些组织均非村庄内部自发形成,而是由国家嵌入的,以保证对村庄的控制;人民公社的准军事组织形式依从的是国家权力的逻辑。"⑦

3）建设中的现代科层制

1978 年,中国改革源自于政治改革。邓小平指出,"只搞经济体制改革,不搞政治体制改革,经济体制改革也搞不通,……我们所有的改革最终能不能成功,还是取决于政治体制改革"⑧。俞可平指出,中国整个改革开放源自 1978 年的一场政治改革,没有这一政治改革,就不可能有随后的经济体制改革,那种认为中国的改革主要限于经济领域是有

---

① 金耀基. 1991. 中国发展成现代化国家的困境:韦伯学说的一面[J]. 二十一世纪,(2):3-5.

② 王亚南. 1981. 中国官僚政治研究[M]. 北京:中国社会科学出版社.

③ 伍俊斌. 2006. 国家与社会关系视野中的中国市民社会建构[J]. 福建论坛(人文社会科学版),(1):50-55.

④ 王强. 2000. 全球行政改革浪潮与中国行政现代化:从官僚制的角度思考[J]. 江苏社会科学,(2):58-63.

⑤ 吴思. 2008. 中国历史演进中的官家主义和潜规则[EB/OL]. 2008-03-25. http://news.qq.com/a/20080325/001560.htm.

⑥ 邹谠. 1994. 二十世纪中国政治:从宏观历史与微观行动的角度看[M]. 香港:牛津大学出版社:3-7.

⑦ 唐逸. 1999. 中国的理性思维[J]. 战略与管理,(2):103-111.

⑧ 邓小平. 1993. 邓小平文选(第三卷)[M]. 北京:人民出版社:164.

偏见的。在中国,政治体制改革对经济发展的作用要比西方国家大得多。他还指出,1978年以来的中国政治改革在很大程度上是一种治理改革,而不是许多西方学者理解的政治体制改革,这种改革不涉及基本政治框架的变动,是一种以政府治理或政府管理体制为重心内容的改革。这种治理体制改革的路线图是:从一元治理到多元治理、从集权到分权、从人治到法治,从管制政府到服务政府、从党内民主到社会民主①。

自1978年以来,中国在政府管理体制方面的改革取得了一系列进步,并将建立现代科层制作为其行政体制改革的基本价值取向。但对照现代官僚制精神,中国行政体制的内在文化存在许多缺陷。这些缺陷包括:① 理性精神的阙如。在历史上,中国民众普遍缺少理性之光普照,理性思维受制于权力等级与道德信仰体系所显现出的不成熟,严重阻碍着行政组织的效率化、自觉化和科学化②。在当下,民众的理性思维依然严重匮乏。② 家长制余风犹在。谁赋予权力就向谁负责。在现行的官员任命制下,上下级政府在某种程度上是"主子/奴仆"之间的关系。权力只限于向事实上的权力来源负责,而不屑于向抽象的人民主权的神坛献祭。下级政府官员向上级政府官员表示"效忠"和出示"政绩"。③ 法治理念艰难植入。现代官僚制中的一切人员都要依法办事,任何人都不能超越法律行事。家长制的余风极易拥抱人治。无论是乡镇政权"非正式运作"③、"非程式化"④,还是弥漫于整个社会的"潜规则","只能做不能说"成为当代中国科层制组织进行非制度化运作的一种常态,有时也成为上下级政府之间的一种默契和共识⑤。整体而言,"中国目前还处于一个人治与法治交替并行的时期"⑥。④ 现代契约观念淡漠。中国行政组织中广泛存在的是隐形契约——非正式的理解和约定俗成,隐形契约强调的是人与人而非人与规则的关系,它在取得个人的、局部的、即时的效率时却消解了行政组织的整体效率,同时也摧毁了行政组织作为公共性存在的依据。鉴于此,有学者认为中国行政管理尚处于从传统向现代过渡阶段⑦,换言之,当前中国科层制治理还掺杂着许多传统统治的成分。

2.2 新自由主义下的新公共管理

2.2.1 新自由主义

1) 新自由主义的兴起背景

新自由主义有广义和狭义的理解⑧。广义的新自由主义(Broad Sense of Neo-Liber-

---

① 俞可平.2008.中国治理变迁30年(1978—2008)[J].吉林大学社会科学学报,48(3):5-17.

② 邹谠.1994.二十世纪中国政治:从宏观历史与微观行动的角度看[M].香港:牛津大学出版社:3-7.

③ 孙立平,郭于华.2000."软硬兼施":正式权力的非正式运作的过程分析[G]//清华大学社会学系.清华社会学评论特辑.厦门:鹭江出版社.

④ 欧阳静.2009.运作于压力型科层制与乡土社会之间的乡镇政权:以桔镇为研究对象[J].社会,29(5):39-63.

⑤ 周雪光.2008.基层政府间的"共谋现象"——一个政府行为的制度逻辑[J].社会学研究,(6):1-21.

⑥ 蔡定剑.2008.依法治理[M]//俞可平.中国治理变迁.北京:社会科学文献出版社:142.

⑦ 王强.2000.全球行政改革浪潮与中国行政现代化:从官僚制的角度思考[J].江苏社会科学,(2):58-63.

⑧ 刘迎秋.2009.国际金融危机与新自由主义的理论反思[J].经济研究,(11):12-21.

alism)通常是指1970年代以来发展较快并先后成为主流经济学重要组成部分的多种新兴经济学分支和思想流派之理论观点和政策主张的总和,包括奥地利学派、芝加哥学派、理性预期学派、新制度学派、公共选择理论、产权经济理论等等。狭义的新自由主义(Narrow Sense of Neo-Liberalism),则特指以哈耶克(Friedrich Von Hayek)、弗里德曼(Milton Friedman)等为代表的经济理论、政策主张和社会思潮(文中的"新自由主义"均指"狭义新自由主义")。新自由主义经济思潮是1930年代后在反凯恩斯主义的过程中逐渐形成和发展起来的当代西方经济学说。在《新自由主义简史》一书中,戴维·哈维(David Harvey)指出,作为一项化解资本主义社会秩序危机的潜在方案,以及一项疗治资本主义疾病的方案,长期以来新自由主义潜伏于公共政策中①。

新自由主义的兴衰均源于危机②。1929—1932年资本主义世界经济危机对古典自由主义经济学形成了巨大的冲击,古典自由主义经济学的统治地位被凯恩斯主义所取代。然而,仍有少数经济学家坚持自由主义经济的信条与凯恩斯主义对抗,主张回到自由放任的市场经济,反对国家干预。到了1970年代,特别是1974—1975年的经济危机以后,资本主义国家普遍出现了失业与通货膨胀并存的"滞胀"局面。在突如其来的"滞胀"面前,凯恩斯主义几乎陷入完全束手无策的地步。在这种情况下,曾经长期游走在思想和政治边缘的自由主义思想起死回生,以哈耶克和弗里德曼为代表的新自由主义思潮开始进入主流社会。

"撒切尔新政"和"里根新政"标志着新自由主义从思潮转变成为政府政策的开始。1979年5月3日,玛格丽特·撒切尔(Margaret Thatcher)在其当选为英国首相前夕的一次演讲中,明确提出"30年的试验分明已经失败",必须抛弃凯恩斯主义(Rachman,2009)。这就等于向世人公开宣布她"别无选择"地接受了哈耶克的政策思想,彻底表明了她的政治主张及其新政指向。1981年1月20日,罗纳德·里根(Ronald Reagan)在其当选美国总统后的第一次就职演说中也曾明确提出:"在当前这场危机中,政府不能解决问题,政府本身就是问题。"他还公开声称:"尽管我们的纳税负担相当沉重,但还是跟不上公共开支的增长……目前所处的困难与政府机构因不必要的过度膨胀而干预直接相关,美国已经深受凯恩斯主义之害,必须恢复市场的权威。"(Reagan,1981)在英国,打击一系列阻碍竞争性活动的社会团体力量、大幅度削减社会福利、国有企业私有化、降低税收、吸引外资等一系列政策措施出台。在美国,实施了"沃尔克休克疗法",在政治上压制劳工等社会组织,在经济上紧缩货币供给、降低税率、压缩政府开支和减少财政赤字,大幅度放松管制。"华盛顿共识"不仅将新自由主义推向"历史的高台",也将新自由主义推向全球治理理念的最高点。"华盛顿共识"(Washington Consensus)是指一整套针对拉美国家和东欧转轨国家的、新自由主义的政治经济理论。1989年,由美国国际经济研究所牵头,在美国财政部的支持下,通过联合国际货币基金组织和世界银行等机构,在华盛顿召开了一次旨在解决拉美国家经济衰退的国际研讨会。会后,美国国际经济研究所高级研究员约翰·威廉姆森(John Williamson)将会议取得的收获进行了总结与概括,并称其为"华盛顿共识"。"华盛顿共识"推出十项政策:① 加强财政纪律,压缩财政赤字,降低

① 哈维.2010.新自由主义简史[M].王钦,译.上海:上海译文出版社:23.

② 刘迎秋.2009.国际金融危机与新自由主义的理论反思[J].经济研究,(11):12-21.

通货膨胀率，稳定宏观经济形势；② 把政府开支的重点转向经济效益高的领域和有利于改善收入分配的领域（如文教卫生和基础设施）；③ 开展税制改革，降低边际税率，扩大税基；④ 实施利率市场化；⑤ 采用一种具有竞争力的汇率制度；⑥ 实施贸易自由化，开放市场；⑦ 放松对外资的限制；⑧ 对国有企业实施私有化；⑨ 放松政府的管制；⑩ 保护私人财产权。"华盛顿共识"集中体现了哈耶克等人新自由主义的政策主张。此后，从前苏联解体后新成立的国家到如新西兰等老牌社会民主制和福利国家，几乎所有国家都接受了某种形式的新自由主义，松绑、私有化，国家从许多社会供给领域中退出。至1990年，新自由主义作为话语模式已居霸权地位①。2008年席卷全球的金融危机导致新自由主义神话的破灭。

2）新自由主义的基本理念

作为政治经济实践理念，新自由主义认为："通过在一个制度框架内——此制度框架的特点是稳固的个人财产权、自由市场、自由贸易——释放个体企业的自由和技能，能够最大程度地促进人的幸福。国家的角色是创造并维护一种适合于此类实践的制度框架。例如，国家要确保货币的质量和信誉，还必须建立必要的军队、国防、治安和法律组织和职能以确保个人财产权，并在需要时用武力保证市场的正常运转。除此之外，在那些不存在市场的领域（土地、水、教育、医疗保健、社会安全或环境污染等领域），如果有必要的话，国家也要着手建立市场。政府在市场（一旦建立起来）中的干预必须被控制在最小的限度。"②新自由主义强调亚当·斯密的"看不见的手"，重视市场及其自组织的功能和调节作用，主张限制或取消政府干预经济生活，是一个具有明显"市场原教旨主义"（Market Fundamentalism）倾向的政策思想流派。

（1）小政府和去政府

新自由主义主张回到亚当·斯密的时代，在经济上实行权力下放，减少管制，减少政府在社会服务上的花费，减少税收，实行小政府。哈耶克以个人主义出发，强调维护人的自主。这种自由包括政治自由、思想自由和经济自由。其中，经济自由是自由的基础。实现经济自由的途径是实行市场经济，让市场机制充分发挥调节作用，让人们在市场上进行自由竞争。市场经济就是一种由个人主义出发而形成的，能保证人的自由的"自然秩序"，是一种最符合人性的经济制度。同时，哈耶克对计划经济、社会公正等词非常憎恶，认为这将引导人们走向一条"通往奴役之路"，他认为社会正义是"海市蜃楼"的幻象和"准宗教性质的迷信"，是一种"破坏性力量"，"社会公正的概念纯属无稽之谈，它只会唤起头脑清醒者应当避免的幻象"③，"分配的公正不但要求取消个人自由，而且要求贯彻一套不容争议的价值，换言之，实行一种严密的极权统治"（哈耶克，2007）。诺齐克认为，合理的国家应该是一种"最小国家"，即管事最少、最低限度的类似于"守夜人"式的国家。这种国家的职能只是保障个人权利免受侵犯和相关契约的履行，其活动空间被限制在个人权利给它留下的范围中。

---

① 哈维. 2010. 新自由主义简史[M]. 王钦，译. 上海：上海译文出版社：3.
② 哈维. 2010. 新自由主义简史[M]. 王钦，译. 上海：上海译文出版社：2.
③ 哈耶克. 2007. 哈耶克文选[M]. 冯克利，译. 南京：江苏人民出版社：520.

（2）私有化论

随着现代市场经济的发展，为什么发生交易的讨论逐渐让位给如何降低交易成本以大幅度提升市场效率的讨论。在这种情况下，以科斯（R. H. Ccase）为代表的产权理论应运而生。科斯一改传统主流经济学的分析视角，首次提出并分析了产权，特别是私有产权对于交易边界的确定及其对于降低交易成本、提升市场效率的意义（Coase，1960）。在他们看来，私有制是人们"能够以个人的身份来决定我们要做的事情"，私有化是市场化的本质要求。

（3）公共产品供给市场化论

与主流经济学关于政府提供公共物品的理论逻辑不同，弗里德曼等人从市场充分竞争及其效率的角度，着力分析和阐述了关于公共物品及其服务（包括教育、公共卫生以及社会保险等等）市场化的可能性和现实性的理论观点与政策主张（弗里德曼，1982）。这些理论观点和政策主张均带有明显的"去政府"倾向。

2.2.2 新公共管理

1）新公共管理的产生背景

20 世纪 70 年代末 80 年代初，一场声势浩大的政府改革浪潮——新公共管理（New Public Management，NPM）运动——在世界范围内掀起。新公共管理，"既指一种试图取代传统公共行政学的政府治理理论，又指一种不同于传统官僚制的新型公共行政模式，还指在西方公共行政领域的政府改革运动"①。新公共管理运动既是新自由主义由思潮走向政府施政的结果，又是新自由主义理念在公共行政管理上的具体实践。新公共管理又有"管理主义"（Pollitt）②、"企业化政府"（Osborne and Gaebler）③、"后官僚制模式"（Barzelay）④、"以市场为基础的公共行政学"（Lan Zhiyong，Rosenbloom）⑤等不同的称谓，但核心都是基于新自由主义理念对政府进行改革⑥。休斯（O. Hughes）在《公共行政与管理》一书中指出，"自从 80 年代中期以来，发达国家的公共部门管理已发生了转变，曾经在本世纪的大部分时间中居于支配地位的传统公共行政管理的那种刻板、层级官僚体制形式逐步转变为一种灵活的、以市场为基础的新公共管理形式。后者并不是一种改革事务或管理方式的微小变化，而是政府作用以及政府与公民社会关系的一种深刻变化。传统的公共行政在理论与实践上都已受到怀疑。新公共管理的采纳意味着公共部

---

① 王定云，王世雄. 2008. 西方新公共管理理论综述与实务分析[M]. 上海：上海三联书店：1.

② Pollitt C. 1993. Managerialism and the Public Services: Cuts or Cultural Change in the 1990s[M]. 2nd ed. Oxford: Blackwell.

③ Osborne D, Gaebler T. 1992. Reinventing Government: How the Entrepreneurial Spirit Is Transforming the Public Sector from the Schoolhouse to Statehouse, City Hall to the Pentagon [M]. Reading, Mass: Addison 2 Wesley.

④ Barzelay M, Armajani B J. 1992. Breaking Through Bureaucracy: a New Vision for Managing Government [M]. Berkeley: University of California Press.

⑤ Lan Zhiyong, Rosenbloom David. 1992. Editorial: public administration in transition [J] Public Administration Review, 52(6): 535 - 537.

⑥ Politt C, Bouckaert G. 2011. Public Management Reform: a Comparative Analysis, New Public Management, Governance and the Neo-Weberian State [M]. 3rd ed. London: Oxford University Press.

门管理领域中新范式的出现”①。

2）新公共管理的基本原则

在《再造政府》中，奥斯本和盖布勒指出，“新公共管理”模式包含以下十项基本原则：① 起催化作用的政府：掌舵而不是划桨；② 社区拥有的政府：授权而不是服务；③ 竞争性政府：把竞争机制引入到提供服务中去；④ 有使命的政府：改变按章办事的组织；⑤ 讲究效果的政府：按效果而不是按投入拨款；⑥ 受顾客驱使的政府：满足顾客的需要，而不是官僚政治需要；⑦ 有事业心的政府：有收益而不浪费；⑧ 有预见的政府：预防而不是治疗；⑨ 分权的政府：从等级制到参与和协作；⑩ 以市场为导向的政府：通过市场力量进行变革。英国学者克里斯托弗·胡德(C. Hood)将新公共管理内涵及特征刻画为七个方面内容：向职业化管理的转变、标准与绩效测量、产出控制、单位的分散化、竞争、私人部门管理的风格、纪律与节约(参见表 2.1)②。

表 2.1　新公共管理的原则

序号	原则	内涵	经典判断
1	公共部门向职业化管理的转变	积极的、可见的、高层指定人员的自主控制，“自由管理”	责任要求对行动进行清晰的责任分配，而不是权利扩散
2	明确的标准与绩效测量	对目标、指标、成功的定义，最好用量名表达，尤其对职业化服务来说	责任要求对目标进行清晰的陈述；效率要求对目标严格审查
3	更加强调产出控制	资源分配和奖励与绩效相关；集中的科层人事管理的解体	需要着重于结果而不是程序
4	公共部门单位的分散化	原有“整体式”单位的解体，U 型管理系统分解为以不同产品为中心的合作单位，单位控制的预算分散化，采用“一臂之距”方式对待其他单位	需要创造出易管理的单位，区分提供和生产利益，通过公共部门内外部的契约或特许安排获得效率
5	公共部门内更多的竞争	专项项目合同和公开招标程序	把竞争作为降低成本和提高标准的关键

3）新公共管理的核心内涵

1980 年代初期澳大利亚和新西兰之所以引入新公共管理是为了替代并挑战“旧公共行政”，后者被认为是代表了中央集权的、总体性的大政府模式。倡导全世界的政府和公共部门不仅要缩减，而且要按照组建私有部门的原则进行彻底重构③④。新公共管理的核心内涵如下：

(1) 以顾客为导向，奉行顾客至上的全新价值理念。新公共管理完全改变了传统模式下政府与公众之间的关系，政府不再是发号施令的权威官僚机构，而是以人为本的服

① Owen Hughes. 1998. Public Management and Administration: an Introduction [M]. 2nd ed. New York: ST Martin's Press.

② Hood C. 1991. A public management for all seasons[J]. Public Administration, 69(1):3－19.

③ Wright V. 1994. Reshaping the state: the implications for public administration[J]. West European Politics, 17(3):102－137.

④ Self P. 2000. Rolling Back the State. Economic Dogma and Political Choice [M]. New York: St Martin's Press.

务提供者。强调以市场取代政府提供回应性服务，满足公民（顾客）的不同需求。它通过引入市场机制、公民参与管理、公共服务提供的小规模化等措施，给公民（顾客）提供"以脚投票"即自由选择服务机构的机会，征求他们对公共服务的意见和要求，并测量其满意程度。

（2）治道变革。新公共管理主张政府在公共行政中应该只是制定政策而不是执行政策，政府应该把管理和具体操作分开。传统政府低效的一个重要原因就是忙于划桨而忘了掌舵，做了许多做不了、做不好、舍本求末的事情。彼得·德鲁克（P. F. Drucker）指出，"任何想要把治理和实干大规模地联系在一起的做法只会严重削弱决策的能力。任何想要决策机构去亲自实干的做法也意味着干蠢事"①。

（3）引入竞争机制。"新公共管理"主张用市场的力量来改造政府，在公共部门中引入市场机制，在公共部门与私人部门之间、公共部门机构之间展开竞争，以缩小政府规模，提高公共物品及服务供给的效率。

（4）重视效率追求。追求效率是公共行政的出发点和落脚点。新公共管理在追求效率方面主要采取三种方法：实施明确的绩效目标控制、重视结果和采用私营部门的管理手段。

（5）改造公务员制度。一是推行临时雇佣制、合同用人制等新制度；二是废弃公务员价值中立原则。强调公务员与政务官之间存在着密切的互动和渗透关系。

（6）创建有事业心和有预见的政府。新公共管理认为"政府必须以收费来筹款，通过创造新的收入来源以保证未来的收入"。

4）对新公共管理的批判

对新公共管理的主要批评概括起来有如下五个方面。

（1）公共性丧失。用企业管理的理念替代公共部门的管理将导致公共性的丧失。离开了公共性，公共管理就失去了自己的方向和宗旨，失去了合法性的基础。"公共行政在本质上是以民主宪政为基石、强调追求人民主权、公民权利、人性尊严、社会公正、公共利益、社会责任等多元价值"②。因此，从这个意义上说，新公共管理在价值层面上产生了公共行政的合法性危机。

（2）平等、民主等价值的弱化。以"3E"（经济、效率和效益）为追求目标，而民主社会的基本价值（自由、民主、平等、公正等）则被抛在一边③。西方学者指出，在向后福特、后民主转变以来，经济发展模式被市场导向所取代，公民和基层组织的地位被边缘化，其权利被市场精英所取代④。

（3）政府规避责任。新公共管理主张引入市场竞争机制，把公共服务交给私人部门或其他非营利组织，这意味着政府逃避应有的责任，破坏了政府与公民社会的关系，背离了民主社会的基本价值。

（4）"顾客"的不当隐喻。将公民降低为顾客或消费者，忽视了公民与顾客的内在差

---

① 彼得·德鲁克. 2009. 管理的实践[M]. 齐若兰，译. 北京：机械工业出版社.

② 张成福. 2001. 公共行政的管理主义：反思与批判[J]. 中国人民大学学报，(1)：18－19.

③ 陈振明. 2000. 评西方的"新公共管理"范式[J]. 中国社会科学，(6)：73－82.

④ Vincent Béal. 2011. Urban governance, sustainability and environmental movements: post-democracy in French and British cities[J]. European Urban and Regional Studies, 19(4): 404－419.

别。公共消费者不仅是“顾客”，更是国家的所有者和主人，不同的角色有不同的需求（见表 2.2）。将政府与公民之间关系简约成生产者和消费者是不恰当的①。

表 2.2 民众的分类、真实角色和需求

分类	角色	需求
消费者	服务的使用者	易理解的服务；快捷的、简易的、一次性服务
公民	对服务内容的投票者，评价服务内容的实然状态和应然状态	高效的服务；关注他们表决后政府需要处理和解决的问题
纳税人	为服务筹资的征费缴纳者	便宜的、有效益的和物有所值的服务

（5）政府腐败滋生。政治领导人有可能选择那些认同其政治目标或具有相同、相似政治立场的高层文官担任各部门及机构的头头。这种高层文官的政治任命违背了文官制度的基本精神，破坏了文官在政治上保持中立的传统，从而导致政治腐败以及权力的滥用。

（6）政府管理“碎化”。新公共管理运动在革除官僚制效率低下、反应迟钝等弊端的同时，又带来公共管理组织过于复杂化。传统官僚体制中固有的组织“碎化”问题在新公共管理改革中日益扩散和放大。克里斯滕森（Tom Christensen）等指出，“新公共管理改革把纵向专业化或结构性放权与对‘单一目标组织’原则的广泛运用或横向专业化结合起来，产生出一个支离破碎的系统”②。这种“碎化”越来越遭到学者和实践家们的批评③。马丁·米诺格（Martin Minogue）等人批评了西方国家大量存在的管理分权、“机构化”和“公司化”的问题④，“撒切尔时期公共行政改革在引入竞争机制的同时，严重忽视了部门之间的合作与协调，造成了碎化的制度结构”⑤。

2.2.3 中国实践：从“社会主义市场经济”到“政府企业化”

1）中国市场化改革

1978 年，中国启动了一场史无前例的改革。经济领域的市场化、政治领域的分权化和对外关系的全球化（或国际化）推动了中国整体转型。在经济领域，从 1980 年代的“有计划商品经济”到 1992 年“市场经济”、从 1980 年代“分田到户”、农产品市场交易到 1990 年代的国有企业改革、乡企改制，再到 1990 年末的住房、医疗、教育等市场化改革，国家大幅度放松对经济的管制，“竞争价格机制接管了从中央向地方下放的权力，成为推动经济重构的核心步骤”⑥。总的来看，在经济领域，改革开放以来，“私有”成分和市场力

① 周晓丽. 2005. 新公共管理：反思、批判与超越——兼评新公共服务理论[J]. 公共管理学报，(1)：43 - 48.

② 克里斯滕森，拉格雷德（Christensen Tom，Lgreid Per）. 2009. 超越新公共管理：平衡控制与自主的渐增复杂性[J]. 胡辉华，译. 公共行政评论，(1)：1 - 29.

③ 蔡立辉，龚鸣. 2010. 整体政府：分割模式的一场管理革命[J]. 学术研究，(5)：33 - 43.

④ 马丁·米诺格，查里斯·波里达诺，大卫·休莫，等. 2002. 超越新公共管理（上）[J]. 北京行政学院学报，(5)：93 - 96.

⑤ Sylvia Horton，David Farnham. 1999. Public Administration in Britain [M]. Great Britain Macmillan Press，LTD：251.

⑥ 大卫·哈维. 2010. 新自由主义简史[M]. 王钦，译. 上海：上海译文出版社：149.

量在不断增加，行政权力在资源配置领域大幅度"退出"。在政治领域，从1980年代开始，中央大幅度下放政治管理权和经济管理权。1984年7月20日，中央书记处决定改革干部管理制度，采用"下管一级"的行政管理体制，实质扩大了地方自主性。

与西方财政联邦主义相比，中国行政性分权更关注对地方政府的财政激励。自1980年推出了"划分收支，分级包干"的财政体制改革方案后，在经历1983年、1985年和1988年三次频繁变动后①，1994年推出了具有常态化的"分税制"改革，这被钱颖一和温格斯特（B. R. Weingast）称为"市场维护型联邦主义"（Market-Preserving Federalism）财政体制②③④。财政体制制度化、常态化意义重大。地方无需再担心中央通过"三年一小变、五年一大变"的财政体制改革而占用自身创造的财政资源。地方产生了一个较为确定的收益预期，从而使地方政府将更多的注意力集中在地方经济发展上。放权让利改变了原先上下级政府之间的"忠诚/命令"单纯式的激励机制，使之朝着"忠诚/命令＋忠诚/政绩"的混合式激励机制方向发展。

对外开放使中国吸引了大量国外资金。可以说，没有市场化取向的改革，中国经济的今日成就很难想象。关于中国市场化改革，有学者称之为"有中国特色的私有化"道路。哈维称之为"国家操纵的市场经济"、"有中国特色的新自由主义"，是将新自由主义的某些要素（私有化等）与权威主义相结合的一个产物⑤。

2）地方政府企业化

受新自由主义思潮及其中国化的影响，1990年代中后期以来，中国行政管理改革越来越向新公共管理理念靠近，最典型的是"政府企业化"。一方面，对地方财政收入的强烈需求使经济增长成为地方政府的首要目标；另一方面，以经济建设为中心的要求和现行的政绩考核机制，又使地方经济增长与地方政府官员的晋升紧密联系在一起。由此形成所谓的"压力型体制"。压力型体制的一般逻辑是"为了完成经济赶超任务和各项指标，该级政治组织把这些任务和指标层层量化分解，下派给下级组织和个人，责令其在规定的时间内完成，然后根据完成的情况进行政治和经济方面的奖惩"⑥。在实践中，压力型体制往往以"目标责任制"为手段，利用科层制的组织结构推行其所设定的各项任务（如招商引资等），从而给地方政府（尤其是县、乡等基层地方政府）巨大压力。"目标管理责任制"是将上级党政组织所确立的行政总目标逐次进行分解和细化，形成一套目标和指标体系，以此作为各级组织进行"管理"（如考评、奖惩等）的依据，并以书面形式的"责任状/书"在上下级党政部门之间进行层层签订。目标管理责任制是以指标体系为核心，以责任体系为基础，以考核体系为动力，辐射形成目标管理网络，以期获得最佳行政效能

---

① 张闫龙. 2006. 财政分权与省以下政府间关系的演变[J]. 社会学研究，(3)：39－63.

② Weingast B R. 1995. The economic role of political institutions: market-preserving federalism and economic growth [J], Journal of Law, Economics and Organization, 11(1)：1－31.

③ Qian Yingyi, Weingast B R. 1997. Federalism as a commitment to perserving market incentives [J]. The Journal of Economic Perspectives, 11(4)：83－92.

④ Qian Yingyi, Weingast B R 1996. China's transition to markets：market-preserving federalism, Chinese style [J]. Journal of Policy Reform, (1)：149－185.

⑤ 大卫·哈维. 2010. 新自由主义简史[M]. 王钦，译. 上海：上海译文出版社：137－139.

⑥ 欧阳静. 2009. 运作于压力型科层制与乡土社会之间的乡镇政权：以桔镇为研究对象[J]. 社会，29(5)：39－63.

的一套综合管理方法①。在压力型体制与目标管理责任制下，政府官员的选拔机制被称为"政治锦标赛"②③。压力型体制、目标管理责任制和锦标赛体制不仅加剧了地方政府之间的竞争，也加剧了地方政府企业化。由1990年代初地方政府大办开发区、招商引资，到1990年代末以来地方政府大张旗鼓地经营城市、批租土地，地方政府企业化越来越明显。从医疗卫生领域的市场化改革到城市道路、公交、给水等公共服务的市场化，新公共管理理论大量被应用于中国实践。"地方政府实际上已经成为'超级的企业'：既拥有一般企业无法获得的公共资源(土地、环境、公共设施等)，又拥有企业所不具有的行政权力、制定竞争规则的权力(如税收政策、城市规划)以及规避风险的特权"④。

3）政府企业化后果

在急速转型的当代中国，社会虽充满活力但又危机四伏。这一矛盾状况与新自由主义、新公共管理在中国的实践密切关联在一起。一方面，市场化、分权化和全球化不仅提高了地方政府的经济意识、竞争意识，而且在"压力型体制"下，地方政府在经济发展的诸多方面展开了激烈的竞赛，客观上推动了区域经济的发展。新公共管理要素植入中国实践后，有利于打破政府对公共资源的垄断，客观上也提高了地方政府驾驭市场、管理社会的能力和效率。早在1990年代，戴慕珍(J. C. Oi)通过对苏南和山东农村的研究，指出，"在经济发展过程中，地方政府具有公司的许多特征，官员们完全像一个董事会成员那样行动，这种政府与经济结合的新制度形式，我称之为地方法团主义，……我所说的地方法团主义是指一个地方政府协调其辖区内各经济事业单位，似乎是一个从事多种经营的实业公司"⑤，并认为，企业化地方政府是中国经济发展的主要动力⑥。国内学者丘海雄等人对此做过系统的总结⑦。但另一方面，由于中国现代官僚制不足、社会力量孱弱等原因，新自由主义、新公共管理在中国实践也带来了比西方国家更尖锐、更复杂的社会矛盾。

首先，社会"断裂"。新自由主义中国化不仅重塑了地区结构，也重塑了社会阶层结构。孙立平指出，自1990年代以来，中国社会形成了两极分化，并不断加剧，地区之间、城乡间差距迅速持续扩大，地区发展不平衡和社会平等公正问题日益彰显，中国出现了"断裂社会"现象⑧。

其次，腐败问题严重。杨善华、苏红指出，市场经济转型背景下的乡镇政权由从"代

---

① 王汉生，王一鸽. 2009. 目标管理责任制：农村基层政权的实践逻辑[J]. 社会学研究，(2)：61-93.

② 周黎安. 2007. 中国地方官员的晋升锦标赛模式研究[J]. 经济研究，(7)：36-50.

③ 刘剑雄. 2008. 中国的政治锦标赛竞争研究[J]. 公共管理学报，(3)：24-29.

④ 张京祥，吴缚龙. 2004. 从行政区兼并到区域管治——长江三角洲的实证与思考[J]. 城市规划，(5)：25-30.

⑤ Oi Jean. 1992. Fiscal reform and the economic foundations of local state corporatism in China[J]. World Politics，45(1)：101-102.

⑥ 戴慕珍. 1997. 中国地方政府公司化的制度化基础[C]//甘阳，崔之元. 中国改革的政治经济学. 香港：牛津大学出版社：245-247.

⑦ 丘海雄，徐建牛. 2004. 市场转型过程中地方政府角色研究述评[J]. 社会学研究，(4)：24-30.

⑧ 孙立平. 2004. 失衡——断裂社会的运作逻辑[M]. 北京：社会科学文献出版社：1-7.

理型政权经营者"到"谋利型政权经营者"转变①。在自上而下治理失效和自下而上治理"无门"的情况下，地方政府及其官员在"谋利型政权"的演变中不再仅仅为地方百姓"谋利"，同时也在为自身"牟利"。伴随着市场化改革，社会资本不断增加，权力"俘获"资本的数量也越来越多。

再次，带来了"转型陷阱"。在政府企业化过程中，权力与私有资本存在"庇护/被庇护"关系，进而形成了各种伙伴关系或增长联盟(Growth Coalitions)，进而形成一种相对稳定的体制。吴敬琏先生将这种体制称为"权贵资本主义"(或官僚资本主义)②，吴思先生将之称为"官家主义"，而孙立平教授将之称为"混合型体制"。这种体制最大的特点是权力和市场(或资本)的联姻。孙立平教授指出，当前中国社会面临着被这种"混合型体制"长期锁定的"转型陷阱"。所谓转型陷阱，就是"在改革和转型的过程中，形成的既得利益集团、既得利益格局，阻止进一步变革的过程，要求维持现状，希望将某些原来看作是具有过渡性特征的体制性因素定型化，形成最有利于其利益最大化的混合型体制"③。

最后，公共服务普遍匮乏。改革开放之前，囿于城乡二元户籍制度，农民几乎不享有住房、医疗等国家提供的社会福利，被长期置于社会福利之外。自 1985 年的城市改革开始，政府采用了"卸包袱"的方式推行公共服务市场化改革，使原本就严重不足的公共服务更是雪上加霜，尤其是 1990 年代中后期推行教育、医疗等市场化改革。中国国内有评论家认为，中国走出了一条"无公共化的市场化"④。由于政府职能的"缺位"、"越位"，经常会发现种种看似非常悖论的现象：完全应该是市场主导作用的领域却是被政府所包办(如招商引资)，而完全应该是政府使用公共财政的行为却简单地推向了市场(例如公共医疗、基础教育和福利性住房等)⑤。

4）问题的根源：新自由主义之过？

改革开放以来，在引入新自由主义某些要素 30 多年后，中国已成为世界上收入最不平等的国家之一。收入的严重不平等又是产生社会各类矛盾的主要根源。从 1997 年到 2007 年，中国的劳动者报酬占 GDP 的比重从 53%下降至 39%，企业利润占 GDP 的比重则从 21%上升至 31%，政府预算内的财政收入从 11%上升至 20%以上，若加上土地出让收入等，大口径的预算收入(预算外收入)接近 30%⑥。关于中国收入不平等产生机制，国内外学者给予了多元化的解释。许多学者指出政策是导致区域间收入不平等的最关键因素(Kanbur, et al, 2005; Wang, 2007)；有学者认为市场化是导致区域间收入不平等的决定性机制(Li, et al, 2010)。陈光金的研究结果表明，中国收入不平等的成因是复杂的，市场化机制扮演着主要的角色，非市场的结构——制度因素也发挥着不可忽视的作

① 杨善华，苏红. 2002. 从"代理型政权经营者"到"谋利型政权经营者"——向市场经济转型背景下的乡镇政权[J]. 社会学研究，(1)：17－24.

② 吴敬琏. 2012. 谨防权贵资本主义作乱[EB/OL]. 2012－04－01. http://talk.ifeng.com/online/management/detail_2012_04/01/13607291_0.shtml.

③ 孙立平. 2012. 走出转型陷阱[N]. 经济观察报，2012－02－27(46).

④ 笑蜀. 2012. 阉割了公共化的市场化，难免返祖[N/OL]. 2012－08－08. http://www.dfdaily.com/html/63/2012/8/8/839301.shtml.

⑤ 张京祥，罗震东，何建颐. 2007. 体制转型与中国城市空间重构[M]. 南京：东南大学出版社：213.

⑥ 戴志勇. 2012. 如何改良我们的分配[N]. 南方周末，2012－10－25(F29).

用，还有一些因素所起的作用则具有混合性质①。陈志武用权力差异来解释地区差异，认为，大、中、小城镇之间以及地区间的国民收入差距，应当用中国的权力等级差异来解释，换言之，在区域这样的结构性因素背后起作用的实际上还是权力的差异。矛头所指主要不是掌握权力的个人通过权力寻租获得特殊收入从而导致收入不平等的行为，而是国家权力通过控制和调配资源而造成不平等的问题。陈刚则研究了腐败与收入不平等关系，得出中国的腐败显著地扩大了城镇内部和农村内部居民的收入不平等，但其对城乡收入不平等的影响是不显著的；针对城镇部门的研究还发现，腐败主要是扩大了高收入组和低收入组居民间的工薪收入和转移性收入不平等②。王小鲁将非法收入、违规违纪收入、按照社会公认的道德观念其合理性值得质疑的收入，以及其他来源不明的收入，统称为“灰色收入”。他指出，“在初次分配领域，灰色收入导致要素配置的扭曲，直接影响效率和未来经济发展。在再分配领域，灰色收入造成国民收入的逆向再分配，把本该用于低收入居民的资金通过非正当途径转移到权力相关者手中，进一步扩大了收入差距和分配不公”③。在当下，因纯粹的市场机制导致的收入不平等，绝大多数老百姓还可以容忍，但由于特权、腐败而造成的收入不平等是几乎所有老百姓所无法容忍的。王小鲁团队研究结果显现，2008 年中国灰色收入 5.4 万亿元，占当年 GDP 的 18%。王小鲁认为，“腐败和非正常情况下的收入分配，是最不公平、最不公正的一部分收入。老百姓的不满主要是对贪污腐败、钱权交易、巧取豪夺的不满”④。

为什么新自由主义、新公共管理在中国的实践应用造成了比西方国家严重得多的负面后果？其根源是理论运行的平台不同。西方新自由主义、新公共管理实践是建构在宪政民主的基石上，而新自由主义中国化是建构在非宪政民主的土壤上。在西方，通过政党竞争、领导人选举等民主机制，国家与社会经历了二三百年的长期博弈。作为这种长期博弈的一个结果就是形成了当今“权责对等”的宪政民主国家。新自由主义在要求西方国家“小政府”、限制政府权力的同时，也提出公共产品市场化而为政府卸下责任，实现政府新的“权责对等”。但对于从几千年专制统治走出来的当代中国，距离宪政民主国家尚比较遥远，政府的权力太大而承担的责任又太小。秦晖用“尺蠖效应”来解释中国当代重大社会问题产生的根源。他认为，近 20 多年来，中国政策频繁调整，政策一“右”，老百姓的福利就收缩，但自由却难以扩大。一讲“小政府”，政府官员就推卸了责任，但权力却依然难以限制；一讲“大政府”政府就扩大权力，但责任却仍旧难以追问。“右手”大动，公共资产就快速“流失”；换上“左手”，老百姓的私产就受到侵犯，但公共财富仍然看守不住。无论政策向“左”还是向“右”，都只朝着一个方向——当权者利益增进——移动，类似于“尺蠖”，故将这种现象称为“尺蠖效应”⑤。在现行的体制下，“扩权容易问责难，卸责容易限权难”，使得“放权让利”的改革变成了“弃责争利”，公共服务部门放弃服务责任，

---

① 陈光金. 2010. 市场抑或非市场：中国收入不平等成因实证分析[J]. 社会学研究，(6)：86－117.

② 陈刚，李树，吕惠娟. 2012. 中国的腐败与城镇居民收入不平等——基于收入来源的分解分析[J]. 制度经济学研究，(1)：113－131.

③ 王小鲁. 2007. 灰色收入拉大居民收入差距中[J]. 中国改革，(7)：9－12.

④ 冯禹丁. 2013. 收入分配：一份报告引起的讨论[N]. 南方周末，2013－01－03(B19).

⑤ 秦晖. 2008. 尺蠖效应与改革的调整[EB/OL]. 2008－02－21. http://news.sina.com.cn/pl/2008－02－21/121114987352.shtml.

利用公共资源大肆"创收",同时却凭借垄断权力排除来自民间的竞争①。除了低工资、低福利的传统优势外,通过人为压低人力、土地、资金和非再生资源的价格,以不许讨价还价、限制乃至取消许多交易权利等办法"降低交易成本",以压抑参与,漠视思想、信仰和公正,刺激物欲来促使人的能量集中于海市蜃楼式的单纯求富冲动,从而显示出无论自由市场国家还是福利国家都罕见的惊人竞争力②。据此,秦晖推论,中国如今社会公正的缺失和福利保障的缺乏并非"新自由主义"所造成的。尽管从西方国家近 20 多年新自由主义实践来看,收入不平等确有所扩大,但如同"国家"与"国家"有别(宪政民主国家与非宪政民主国家),西方的"市场化"与中国的"市场化"是存在区别的。在过去 20 多年里,不受制衡的权力和不受约束的资本形成了耦合,并成为中国社会的两大压迫性力量。在中国,利用各种特权从市场化过程中攫取大量的社会财富,通过"俘获"权力,资本持续高速地创造出来史无前例的利润,这些是西方新自由主义实践所没有的。

2.3 新区域主义下的后新公共管理

2.3.1 新区域主义

1)新区域主义的兴起背景

(1)管理碎化与日趋严峻的区域公共议题

行政管理的"碎化"自现代科层制的发展就已经开始出现,并伴随着新公共管理而进一步凸显出来。过细的分工不仅导致了行政业务之间、政府各部门之间、各地方政府之间、垂直部门与地方政府之间、各行政层级之间的分割,形成了"碎化"的分割管理模式,而且导致部门林立、流程破碎而难以适应对公众的需求作出快速、及时的回应。新公共管理运动在革除官僚制效率低下、反应迟钝等弊端的同时,又进一步强化了"机构裂化"、"管理分割"③。全球化时代下,管理碎化又导致大量区域公共问题的涌现。民族国家或地区诸多的传统"内部"公共问题与公共事务变得越来越"外部化"和"无界化",跨国或跨区域的"区域公共问题"大量兴起,并呈现复杂性、多元化和规模化态势。区域公共问题的大量涌现,使区域内的单一主体无法单独应对各类公共性事务,日益呼唤区域内政府间开展一系列双边或多边协作为基本内容的区域合作与治理。新区域主义倡导区域间的开放性、介入性、包容性、合作性,对区域合作治理的推进作用明显。

(2)全球竞争与城市区域的兴起

1990 年代以来,西方资本主义国家普遍完成了向服务型政府角色的转变,同时治理权限向下面的区域转移,城市间以联盟的形式竞争,导致城市群的兴起和区域性组织的兴起,形成了新的制度竞争优势。在全球竞争日益激烈的环境下,传统意义上单一的城

---

① 秦晖. 2008. 共识破裂,改革争论的激化[EB/OL]. 2008-02-21. http://news.sina.com.cn/pl/2008-02-21/121114987351.shtml.

② 秦晖. 2009. "低人权优势"惊人竞争力[EB/OL]. 2009-07-14. http://view.news.qq.com/a/20090714/000036_2.htm.

③ 蔡立辉,龚鸣. 2010. 整体政府:分割模式的一场管理革命[J]. 学术研究,(5):33-43.

市中心已经不能满足竞争的需要，区域被视为协调资本主义社会经济生活的一种最先进形式和竞争优势的重要来源①。整合区域优势，充分利用城市以及周边地区的资源互补，组织动员区域内部力量和培育竞争优势（Scott；Scott，Storper；Jonas，Ward）②③④。这种新形式的区域发展迫切要求一种既能有机整合区域资源，又能避免大政府弊端的合作治理模式。这种模式就是"新区域主义"。其强调区域不可或缺的价值，以形成新的制度竞争优势，进一步突出区域在全球竞争中的地位和作用（Frisken，Norris）⑤。"区域主要作为经济、文化、政治组织的回归"是全球化时代的一个必然结果⑥。近 30 年，西方国家在郊区城市化后，出现了城市再中心化现象，大都市经济景观日趋复杂化。传统区域"中心—外围"理论认为，"中心"的发展是建立在"外围"丧失发展机会的基础之上。与这种零和博弈观点不同，绝大多数学者认为中心与外围应该是一种"复杂的互补关系"，协作是实现共同繁荣的关键⑦。

2）新区域主义的基本主张

（1）全新的区域观念

"新区域主义"理论将区域化视作一种社会建构的、动态的、历史的发展过程。赫特纳等人提出"区域性"（Regionness）概念，并将其划分为五个层次："区域空间"（元区域）、"区域复合体"（作为社会体系的区域）、"区域社会"（区域公民社会）、"区域共同体"（一种行为主体）和"区域国家"（一种制度化的政治实体）⑧。赫里尔把区域主义观念分为五种依次递进的类型，即区域化、区域意识与认同、区域国家间合作、国家推动的区域一体化和区域内聚体等⑨。区域一体化是一个社会构建（Social Con-Struction）的过程⑩，是政治空间尺度重构的结果⑪。新区域主义使区域研究出现了制度转向（Institutional Turn）、文化转向（Cultural Turn）、关系转向（Relational Turn）、尺度转向（Scalar Turn）四个维度

① Stoper M. 1997. The Regionl World: Territorial Development in a Global Economy[M]. New York: the Guilford Press.

② Scott A J. 2001. Industrial revitalization in the ABC municipalities, Sao Paulo: diagnostic analysis and strategic recommendations for a new economy and a new regionalism [J]. Regional Studies, (7): 1 - 32.

③ Scott A J, Storper M. 2003. Regions, globalization, development [J]. Regional Studies, 37(6 - 7): 579 - 593.

④ Jonas A E G, Ward K. 2007. Introduction to a debate on city-regions: new geographies of governance, democracy and social reproduction [J]. International Journal of Urban and Regional Research, 31(1):169 - 178.

⑤ Frisken F, Norris D F. 2001. Regionalism reconsidered [J]. Journal of Urban Affairs, 23(5): 467 - 478.

⑥ 殷为华，沈玉芳，杨万钟. 2007. 基于新区域主义的我国区域规划转型研究[J]. 地域研究与开发，26(5): 12 - 15.

⑦ Wallis A D. 1994. Evolving structures and challenges of metropolitan regions[J]. National Civic Review, 83(1):40 - 53.

⑧ Bjrn H, Fredrik S D. 2000. Theorising the rise of regionness [J]. New Political Economy, 5(3):457 - 473.

⑨ Andrew Hurrell. 1995. Regionalism in the theoretical perspective[M]//Louise Fawcett, et al(eds). Regionalism in World Politics. Oxford: Oxford University Press: 37 - 73.

⑩ Hettne B. 2003. The new regionalism revisited [M]//Soderbaum F, Shaw T M(eds.). Theories of New Regionalism. New York: Palgrave Macmillan: 22 - 42.

⑪ Jessop B. 2003. The political economy of scale and the constructionof cross-border micro-regions [M]// Soderbaum F, Shaw T M(eds). Theories of New Regionalism. New York: Palgrave Macmillan: 170 - 196.

的变化①。

(2) 竞争与合作融合

新区域主义试图超越“国家干预”和“市场调节”的两难选择，认为解决区域问题应该综合应用竞争与合作两种机制，其目的是在地方政府、社会公众及非政府组织之间建立起区域战略伙伴关系(Regicnal Strategy Partership)，将区域政策的重点放在“区域内部力量”的组织动员和竞争优势的培育上，放在大都市区域协作与政治机构建设之上②。新区域主义是通过不同类型行动者之间的互动来营造区域治理的气氛与模式，将大都市治理看作是多种政策相关主体之间协商谈判的过程，而不是政府阶层的官僚行为或竞争。新区域主义关心的话题涉及区域议题的决策过程、区域间安排合作的协议以及当有必要时可藉由政府的力量来处理区域的问题③。政策的关键在于增强合作网络和集体的共识、行动和反应能力。

(3) 水平网络化治理

“治理意味着国家与社会还有市场以新方式互动，以应付日益增长的社会及其政策议题或问题的复杂性、多样性和动态性”④。新区域主义强调的“合作”是一种区域内外的开放性、综合性乃至包容性、自治性的合作。某些关键性的区域政务和公共服务可以通过区域内各级不同政府或者政府部门间的灵活协作来达到其最佳配置，或者由区域内各级不同政府自愿参与组成协调管理委员会来统筹规划区域内各项事务。这种不需要强制政府干预的政务管理强调了灵活的合作机制，以各级政府和政府部门的自愿参与为基础，把传统的纵向型政府管理变成了现代化的水平型合作网络，为解决区域问题、指导区域发展指出了一条新路。新区域主义将区域视为一个多层治理的机构网络。其中，“网络化”代表了不同层次权力组织之间彼此紧密的联系与互动，“多层”则是指不同层次权力组织间(特别是行政区之内的行政管理层级)不再是一种垂直的命令与服从关系，而是平等与协商的关系。

3) 新旧区域主义比较

事实上，无论是新区域主义还是旧区域主义，都强调区域主体间的相互依赖和协同关系，但从旧区域主义到新区域主义，是一条从“理性构造”到“社会建构”的话语变迁轨迹过程⑤。两者的不同在于⑥⑦：① 旧区域主义着眼于区域政府间组织，并以单一纬度的经济、政治或安全组织的形式出现，关注如何在国家—地方的科层关系中构建新的治理层级或新机构。而新区域主义强调在自愿的基础上，政府、私营部门和非营利部门积极

---

① 苗长虹. 2004. 变革中的西方经济地理学：制度、文化、关系与尺度转向[J]. 人文地理，(4)：68－76.

② 苗长虹. 2005. 从区域地理学到新区域主义：20世纪西方地理学区域主义的发展脉络[J]. 经济地理，25(5)：593－599.

③ Hamilton D K. 2004. Developing regional regimes: a comparison of two metropolitan areas[J]. Journal of Urban Affairs, 26(4)：455－477.

④ Kooiman. 1999. Social-political governance: overview, reflection and design[J]. Public Management, 1(1)：67－92.

⑤ 全永波. 2012. 基于新区域主义视角的区域合作治理探析[J]. 中国行政管理，(4)：78－81.

⑥ 郑先武. 2007. “新区域主义”的核心特征[J]. 国际观察，(5)：58－64.

⑦ 全永波. 2012. 基于新区域主义视角的区域合作治理探析[J]. 中国行政管理，(4)：78－81.

参与区域项目①，关注“市场驱动的”、自发的跨区域力量及其组织。② 旧区域主义受“主体哲学”影响，注重于区域内部的、相互临近的地方协作和整合，对外相对封闭，新区域主义一般不强调区域合作成员的地理临近性，开始出现一种超越传统地理范围的、以多层次区域间关系为特征的、跨大陆或大洋的“区域间主义”(Interregionalism)(主体间哲学)。与之契合的是，治理理论由单方主导的“官僚制统治”转向互惠共享的“合作型治理”；旨在打破理性官僚制内部结构的封闭性，将建构重点放在政府与非政府组织对话、沟通、协商的机制层面。跨行政区协作是新区域主义的重要内容②。③ 合作性。新区域主义视角下的“合作”区别于旧区域主义所倡导的“协作”。协作的目的是明确且单一的理性经济人行动，而合作是过程导向的社会性行动。协作在根本性质上是被动和“他治”的，而合作是真正“自治”导向的③。新区域主义所倡导的合作是对旧区域主义的质的超越(表 2.3)。

表 2.3 传统区域主义与新区域主义的比较

比较内容	传统区域主义	新区域主义
思想渊源	理性建构 主体哲学	话语建构 主体间哲学
治理理念	科层制治理 单中心治理 强调政府权威	多元治理 多中心网络化治理 强调平等协商合作
政府间关系	上下层级政府是“命令—执行”关系，协作关系 横向政府间信息阻隔	自主与平等，上下层级政府是合作关系 网络化的信息沟通
区域管理机构	建立绝对权威的区域政府，对区域进行统一管理	基于共同努力利益，通过各种伙伴关系，建立多层治理的地区联盟
区域成员权责	科层体系给区域内成员带来相应的责任和义务	通过平等协商，达成权力配置、责任分配、成本分摊、利益分配等契约和分工
区域开放程度	区域边界清晰，刚性区域 对外具有相对较强的封闭性	区域边界模糊，弹性、开放区域 强调合作疆域的不确定性和治理的多层级性

2.3.2 后新公共管理

1）后新公共管理的兴起背景

1990 年代后期，英国、美国、澳大利亚、新西兰、挪威等国家先后推行了明显区别于“新公共管理”改革的第二轮政府改革，用来矫正新公共管理改革中出现的管理“碎化”等

---

① Hettne B. 2003. The new regionalism revisited [M]//Soderbaum F, Shaw T M(eds). Theories of New Regionalism. New York: Palgrave Macmillan: 22-42.

② 罗小龙，沈建法，陈雯. 2009. 新区域主义视角下的管治尺度构建——以南京都市圈建设为例[J]. 长江流域资源与环境，(7)：603-608.

③ 张康之. 2008. 行政伦理的观念与视野[M]. 北京：中国人民大学出版社：361-365.

问题。各国对这轮改革的具体模式称谓不一，如英国称之为合作政府（Joined-Up Government）、整体政府（Holistic Government），美国称之为协同政府（Collaboration Government）或网络化政府（Net-Worked Government），加拿大称之为水平政府（Horizontal Government），澳大利亚与新西兰则冠以联合政府（Connecting Government）、全面政府（Whole-of-Government）的名称。西方学者将此轮基于新公共管理批判上的政府改革统称为"后新公共管理"改革①。国际著名公共行政学家克里斯滕森等人指出，新公共管理带来两类改革后果：一是导致纵向上中央控制削弱；二是带来横向上管理碎化，并认为横向的管理"碎化"比纵向上中央权威下降更为严重②。后新公共管理的兴起在很大程度上源自碎化的管理困境。新公共管理运动加剧并放大了传统官僚制固有的管理"碎化"。整体政府是应对"新公共管理"治理危机的矫治和调试③。传统官僚制基于专业分工、功能分割等理念，造成了"碎化"的政府管理弊端。"新公共管理"引入竞争机制、追求绩效的改革实践，强化了政府管理"碎化"的制度缺陷。希克斯指出了"碎化"的如下表现④：① 政府部门之间相互推诿责任，让其他机构来承担后果甚至代价。② 项目之间互相冲突。一些机构的政策目标互有冲突，或者尽管执行同一政策目标，但它们在运作时却互相对立。③ 重复执行或建设同一项目，导致浪费并使服务对象感到不适应。④ 缺乏沟通，导致不同的机构或专业缺乏恰当的干预或干预结果不合理。⑤ 不同政府机构在对社会的需要做出反应时各自为政。一些机构认为，可以在不与其他机构沟通协调的情况下独自解决问题，但最后却并没有真正满足社会需求。⑥ 广大公众由于不知道到哪里去获得最合适的服务而常常无法获得服务。后新公共管理旨在强化政府权威、通过多元协调合作，弥合新公共管理缺陷。在综合评述了相关文献的基础上，克里斯托夫·波里特（Christopher Pollit）指出整体政府的内涵：排除相互破坏与腐蚀的政策情境；更好地联合使用稀缺资源；促使某一政策领域中不同利益主体团结协作；为公民提供无缝隙而非分离的服务⑤。澳大利亚"联合政府报告"（the Connecting Government Report）给整体政府定义为：整体政府是指公共服务机构为完成共同目标而实行的跨部门协作，以及为解决某些特殊问题组成联合机构⑥。

2）后新公共管理的改革取向

曾保根在《评"后新公共管理"运动的改革取向》一文中，从价值取向、机构设置、权力调适、信息技术和行政文化等五个维度对后新公共管理的改革取向进行了如下总结⑦。

（1）价值重构：从单维取舍向多维共融

新公共管理运动把"3E"（Efficiency，Economy and Effectiveness）作为其改革价值取

---

① 克里斯滕森，拉格雷德（Christensen T，Legreid P）. 2006. 张丽娜，袁何俊，译. 后新公共管理改革——作为一种新趋势的整体政府[J]. 中国行政管理，(9)：83－90.

② 克里斯滕森，拉格雷德（Christensen T，Lgreid P）. 2009. 胡辉华，译. 超越新公共管理：平衡控制与自主的渐增复杂性[J]. 公共行政评论，(1)：1－29.

③ 袁方成，盛元芝. 2011. 对新西兰"整体政府"改革的理解[J]. 政治学研究，(5)：107－114.

④ Perri 6. 2002. Towards to Holistic Governance：the New Reform Agenda[M]. New York：Palgtave：46.

⑤ Christoppher Pollit. 2003. Joined-up government：a survey [J]. Political Studies Review，(1)：135.

⑥ Halligan J. 2004. Regeneration in an international contex[J]. Australian Journal of Public Administration，64 (2)：38－46.

⑦ 曾保根. 2010. 评"后新公共管理"运动的改革取向[J]. 国家行政学院学报，(3)：47－51.

向的“金科玉律”。在价值层面，新公共管理在效率与民主两大价值取向之间进行单维取舍，弱化了公平、公正、公民参与等民主价值，与民主行政理念相悖，因而陷入了公共行政合法性的认同危机。在实践层面，新公共管理实践产生了更多的社会不平等现象。后新公共管理改革在认同新公共管理“效率”价值观的同时，对其进行了反思与超越，在改革进程中更加强调政府的公共利益与公共责任，更加注重政府的代表性、回应性和公民导向等蕴涵。强调政府公共服务政策制定中的代表性，注重公共服务供给过程的公民参与性，凸显公共服务职能的高度回应性。

（2）机构重组：从机构裂化到整体协同

新公共管理运动在扬弃官僚制（科层制）僵化的等级式组织结构弊端的同时，又走向了另一个反面。新公共管理将政府权力下放到下级组织，试图打破部门之间因条块分割而造成的“部门中心主义”，并建立了大量独立化、分散化的公共服务执行结构，这却使组织机构之间日益缺乏彼此整合与协作，产生了组织机构的裂化，政府组织结构变得更为碎片化，进而导致执行机构与横向部门数量剧增，造成了沟通不畅与协调不力的现实困境。如鲁宾·巴特勒（Robin Butler）所言：“在整个公共部门，各部和它们的执行局之间变得互不相干，根本没有真正意义上的合作决策机制。”①后新公共管理改革尝试通过强化横向与纵向之间的协调和合作，建立一种跨越组织界限、将整个社会治理组织联合起来的新型网络组织，通过将中央与地方政府、公共部门、私人组织以及各种社会团体等机构联合起来实施整体治理战略，最终构建一个以“公民”为中心的无缝隙政府。“首先是可以减少政策之间互相拆台的情形，其次是可以更好地利用短缺资源，再次是通过将某一特定政策领域的利益相关者聚合在一起产生合作，最后是向公民提供无缝隙的而不是碎化的公共服务”②。

（3）权力调适：从注重分权到适度集权

许多推行新公共管理改革的国家进行了长期结构性分权改革，削弱了中央政府部门的控制能力。克里斯滕森等指出，“平衡控制与自主的问题上，新公共管理对后者的偏好打破了这一平衡”③，“结构分解潜在地意味着中央控制能力的下降、权威性降低，下属单位特别是面向市场的单位不太在乎政治上的考虑”④。在后新公共管理等先锋改革国家普遍认为，拥有一个相对强大的中央政府是公共部门实现更好合作的前提条件。英国前首相布莱尔（Tony Blair）于 2002 年坦言：“我不会为拥有一个强大的中心去道歉，特别是在将提供更好的公共服务作为一个（政府）焦点的情况之下。”⑤为了适度集权，通常做法有：① 设立联合性机构，弥合政府组织界限。如成立新内阁或部委委员会，部际、部内或

---

① Rhodes R A W. 2002. The governance narrative: key findings and lessons from the ESRC's whitehall programme [J]. Public dministration, 78(2): 351.

② Christopher Pollit. 2003. Joined-up government: a survey [J]. Political Studies Review, (1): 34 - 39.

③ 克里斯滕森，拉格雷德（Christensen Tom, Lgreid Per）. 2009. 胡辉华，译. 超越新公共管理：平衡控制与自主的渐增复杂性[J]. 公共行政评论，(1)：1 - 29.

④ Christensen T, Legreid P. 2002. New Public Management: the Transformation of Ideas and Practice [M]. Aldersho: T Ashgate.

⑤ David R, Martin J S. 2007. Autonomization of the state: from integrated administrative models to single purpose, organization [R/OL]. 2007 - 05 - 16. http: //www. sog-rc27. org/Paper/scancor Dave-Richards. doc.

局际合作机构、府际委员会、核心机构，联合小组、高层网络组织、特别工作小组、跨部门计划或项目。② 强化纵向层级的等级控制。通常做法是中央对下属机构实施更多控制。如，澳大利亚建立了“联合中心”(Center Link)，新西兰在“协同”改革中也包含了十分明显的等级控制成分。

(4) 信息技术再造：从有限开放到信息共享

“没有高度发展的电子化政府，就无法跨越政府的层级鸿沟，也无法将数量庞大的行政机构和单位用电脑连接起来，以便向民众提供整合性的服务”①。信息技术再造被认为是弥合政府组织裂化、促成部门合作的有效方式。政府机构内部纵向和横向的信息障碍与部门之间的纵向壁垒结合在一起，严重影响了信息的充分共享。树立牢固的信息共享理念，创建有效的信息沟通渠道，通常的做法是，建立各种各样的电子门户系统，允许重要的信息及时传送给合作伙伴。若需要加入这些电子门户系统，每个组织都必须认同一个信息共享协议书，保证共享除了最敏感信息之外的所有信息。

(5) 文化重塑：从彼此竞争到相互信任

价值重构、机构重组、权力调适以及信息技术再造并不足以实现“后新公共管理”的改革目标，行政文化重塑也不可或缺。信任是实现跨部门合作的基础，“有了这个基础，整个组织体系才能成为一个信息交流畅通、知识共享充分、相互合作默契、集体行动高效、创造力完全展现的社会存在物”②。在跨部门合作中，合作伙伴面临的主要挑战是克服因网络伙伴拥有不同行政文化和价值观念而产生的不信任感。这种差异不仅存在于私人和非营利伙伴之间，也存在于政府部门及其伙伴之间。缺乏信任，组织之间就缺乏合作的基石，跨部门合作也就成为泡影。增强彼此间相互信任一般有以下两种途径：第一，柔性的约束理念，注重培养组织之间的共同价值观、集体感以及相互信任等合作理念；第二，刚性的制约机制。倡导完善和健全的、以“结果导向”为目标的绩效评估体系。

3）后新公共管理的基本主张

(1) 基本内容

佩里·希克斯(Perri 6)指出，以往行政管理改革都是围绕功能而建立的。由于没有真正超越组织设计中的功能性原则，因而过去的公共管理改革都非尽善尽美。他在对功能性组织模型反思和批判的基础上，提出了一种替代功能性组织模型的整体政府理论，即在公共部门的主要功能与服务领域之间进行横向协同与整合，以解决跨界性公共问题③④。希克斯通过对英国政府机构之间的合作、协调和整合的主要做法和经验进行总结，并根据其中央集权化程度和战略反应性策略进行分类，提出了一个整体政府理论的创新矩阵(表 2.4)。

---

① 彭锦鹏. 2005. 全观型治理：理论与制度化策略[C]. 政治科学论丛：23.

② 阿尔文·托夫勒. 2006. 未来的冲击[M]. 蔡伸章，译. 北京：中信出版社：77.

③ Perri 6. 1997. Holistic Government [M]. London: Demos: 38 - 42.

④ Perri 6, Diana Leat, Kimberly Seltzer, et al. 2001. Governing in the Round: Strategies for Holistic Government[M]. London: Demos: 60 - 61.

表 2.4 希克斯整体政府理论的创新矩阵

	中央集权式的协调	地方分权式的协调
战略性的	地方个案管理者:顾客界面与信息管理的整合	整体预算与采购:部门间主义
应对性的	更少的,更集权的机构;限制机构的成本	协同服务生产:跨产业

据此,希克斯总结了整体政府理论的九大基本内容。① 部门间主义:主要包括部门间的工作伙伴、部长间团队及类似的跨越组织边界进行协同工作的传统策略。整体政府就是要激发部门间的活力,扩大其影响。② 跨功能合作:跨机构和专业进行协同工作以解决职能交叉性问题和提供整合服务的跨功能合作模式。③ 以网络为中心的协调机制:整体政府整合机构,进行协同运作的核心机制。④ 中央集权化及增设机构扩展其职责:整体政府是对过度分权化所产生的问题的一种矫正和对适度集权化的理性回归。⑤ 限制机构转嫁成本的能力:整体政府是要从根本上遏止成本转嫁问题,以提高政府自身综合解决问题的能力。⑥ 协同服务生产方式。⑦ 个案管理者。⑧ 信息管理与跨组织边界整合。整体政府以现代信息技术为基础,使跨组织界面进行整合成为可能。⑨ 整体预算与采购①。

(2) 组织模式

英国学者汤姆·林(Tom Ling)对西方各国"后新公共管理"改革的实践与经验进行了理论总结,提炼出一种最佳实践的"合作政府"组织模式(图 2.2)。该组织模式包括"内、外、上、下"四个"联合"子集:"内"旨在构建新的组织结构形式以实现组织内部的合作,其"联合"途径包括新的组织文化、价值观念、信息管理、人员培训等;"外"旨在创建新的跨组织工作方式以实现组织之间的合作,其"联合"途径包括分享领导权、共同预算、融合性结构、联合团队等;"上"旨在建立新的责任和激励机制以实现组织目标的责任承担,其"联合"途径包括以结果为导向的目标分享、绩效评估、公共服务协议等;"下"旨在创新服务供给方式以实现顾客参与的公共服务供给过程,其"联合"途径包括联合磋商/参与、

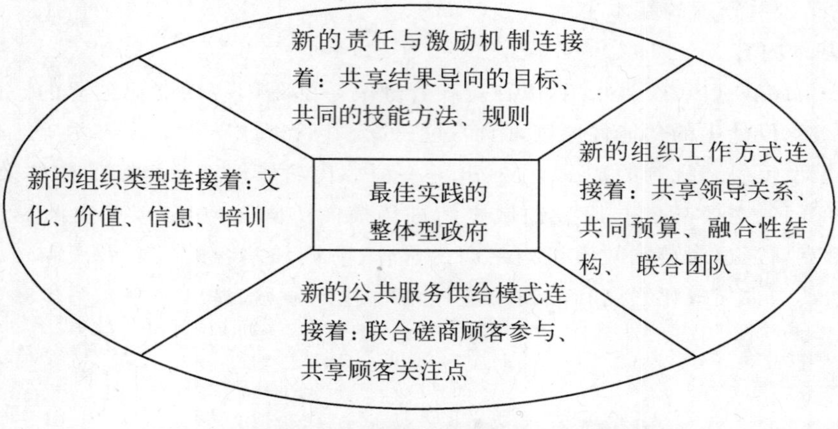

图 2.2 汤姆·林最佳实践的整体型政府组织模式

① 曾维和.2012.后新公共管理时代的跨部门协同——评希克斯的整体政府理论[J].社会科学,(5):36-47.

共享顾客关注点、共享顾客界面等①。

(3) 整合模式

整合是整体政府最本质的内涵。整合是多维度的，从整合的对象看，既包括政府间整合，又包括政府、非政府、企业和社会之间的整合。从整合的内容看，既包括管理理念、文化的整合，又包括权力、信息、资源、业务流程等方面的整合。整体政府首先体现的是对组织结构整合。组织结构整合实质是通过现代科学技术手段，将集中管理、分层结构传统管理模式转变为以扁平化和网络化管理模式为特征的新型管理体系②。从组织结构的角度看，整体政府是一种新型的组织设计或结构重组，它强调打破部门界限，打破分割管理模式中分散化、功能分割、各自为政的管理和服务方式，强调将专业分工、层级节制的金字塔组织结构转变为以流程为中心的由多个工作团队或节点组合而成的扁平化网状结构(图 2.3)。其次体现的是信息等整合。在整体政府模式中，信息将突破传统职能(条条)和层级(块块)分割的权力壁垒，实现相互流动、交叉流动，并且通过资源整合与共享实现资源配置最优，形成随需应变的业务流程和跨部门协作的工作环境。各部门在具有相对独立性的同时，又是各个流程上的工作团队或节点，通过信息流实现了跨部门之间的业务协同，实现了全程的互联互通，最终形成了网状层级结构(图 2.4)，一个相互协作的有机整体。在这个整体中，既注重目标之间的冲突，尽力做到目标之间的统一，又注重通过互动和资源共享达到目标与实现方式的统一，在确保目标一致的前提下发展多样化的目标实现方式。

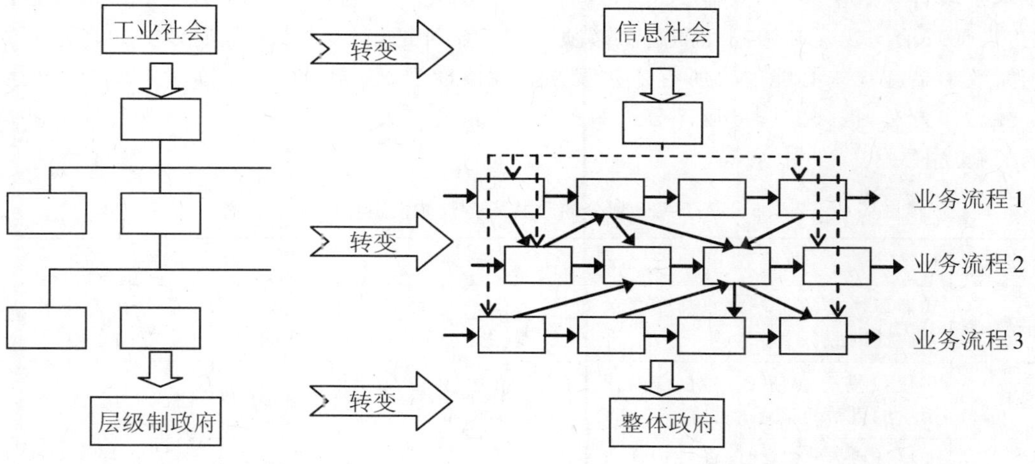

图 2.3 政府组织结构整合——从层级制政府到整体政府

① Tom Ling. 2002. Delivering joined-up government in the UK dimensions, issues and problems [J]. Public Administraion, (4): 625-642.

② 蔡立辉，龚鸣. 2010. 整体政府：分割模式的一场管理革命[J]. 学术研究，(5): 33-43.

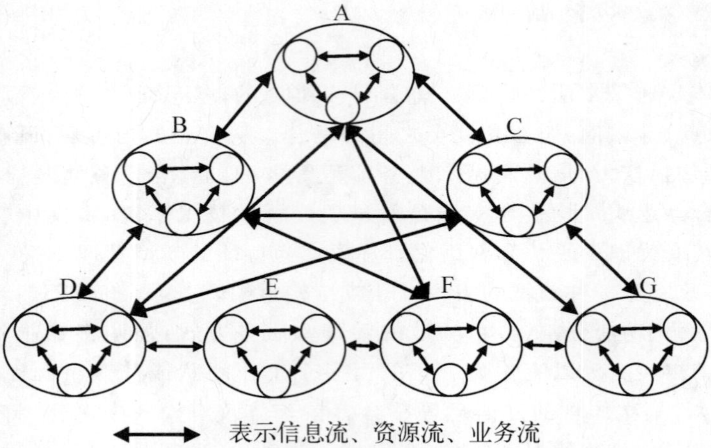

图 2.4 整体政府模式下的网状层级结构

(4) 运作机理

与新公共管理把政府的服务对象一律看成顾客不同，整体政府把政府服务对象具体划分为消费者、公民、纳税人三大类，且它们的角色和需求迥异(表 2.5)。希克斯认为，消费者、公民和纳税人的不同需求容易使顾客的效率、效能与公民的政治价值之间陷入冲突，如高效率的服务未必就是便宜的服务。这些冲突不能运用新公共管理的原则、方法、技术手段等来解决经济、效益、效能之间的平衡发展。因为这些问题不仅是一个经济问题，也是政治问题。政治问题的解决必须通过政治性的解决方式才能奏效，同时，单一化国家政治措施也未必能解决所有公共服务的政治性问题。因此，主张通过整体政府的整合性运作方法，把公共服务运作分为服务、治理和公民关系三个维度，以寻找解决这些问题的新途径。

表 2.5 基于民众划分的公共服务整体性运作的三个维度

分类	服务	治理	公民关系
消费者	我需要快速的、简易的、高质量的和一次性的服务	我不关心原材料，只是关注服务	如果我得到劣质服务我就会抱怨，但是我通常选择最好的东西
公民	我仅仅需要我所关心的，能够派上用途的且尊重隐私权的服务	公开的、协同的和做正确的事情	给我更多的发言权
纳税人	保持低成本，不浪费，且给那些真正需要的人们	保持精益求精	不要花费太多，不要给特殊利益者太多的权力

4) 后新公共管理的缺陷

从官僚制到后新公共管理，对比公共管理范式各种理论观点(表 2.6)可以看出，后新公共管理是西方国家在行政改革道路上对“新公共管理”理论批判和继承基础上形成的新型政府改革模式。在现实社会条件下，公共管理目标的实现既不能靠相互隔离的政府及部门，也不能靠成立新的“超级部门”；既不能靠单一的政府主体，也不能靠单一的市场或社会主体。唯一可行的就是围绕公共管理目标，在保留部门的前提下实行跨部门协作，实行公私部门之间、政府与非政府组织之间、中央与地方之间的协作。后新公共管理希冀"通过横向和纵向协调的思想与行动以实现预期利益"。其最终目的在于提升政府能力,提高政府绩效,以满足多方位、多元化的社会公众需求①。但后新公共管理改革也存在如下两个问题:第一,大政府问题。后新公共管理在一定程度上又回归"大政府",通过跨部门合作把各类组织机构整合成一个更为庞大的机构,这容易造成结构臃肿,形成了更大的"部门主义",在实践中产生新的协调与合作问题。第二,产生协同管理中的责任困境。跨部门组织在整个共享责任的结构与协作链条中,合作伙伴容易形成表面上的责任共享,在形式上各方都负有责任,而在实质上却很容易出现责任混乱,结果导致无人完全负责。以整体政府理论为主要内容的协作性公共管理还具有较大的发展空间。如美国阿格拉诺夫等人所言:"协作是一个复杂的过程,协作性公共管理的研究才刚刚开始。"②

表 2.6 公共行政范式的理论观点比较

	传统官僚制	新公共管理	后新公共管理
兴起时间	1980 年代以前	1980—2000 年	2000 年之后
基础理论	官僚制理论,古典管理理论	新制度经济学,现代管理理论,公共选择理论	公共价值管理理论,协同理论,网络治理理论,整体政府理论,无缝隙政府理论
管理理念	公共部门形态的管理	私人部门形态的管理	公私合伙/央地结合
运作原则	功能性分工	政府功能部分整合	政府整合型运作
组织形态	层级节制	直接专业管理	网络式服务
核心关怀	依法行政	运作标准/绩效指标	满足公众需求
成果检验	注重投入	注重产出	注重结果
权力运作	集权	分权	重新集权/扩大授权
组织结构	功能分开	机构裂化	协作与整合
财务运作	公务预算	竞争	整合型预算
运作资源	大量运用人力	信息科技	网络治理
公共服务提供	政府单独提供、等级制的部门或专业机构	主张民营化,但也包含公共机构	重新政府化但并非完全政府化、选择具有实效的(公共部门、私营企业、社会团体以及为顾客有更好的选择而不断增加的成员)
关键目标	政治输入、官僚组织监督下的服务	管理投入和产出、确保经济及顾客需求的回应	有效处理公众最关注的问题,实现公共价值,从服务传送向系统维持扩展
服务传递	等级制或自我规制的专业组织	私营部门或严格限定的公共机构	多选择的菜单,根据实际进行弹性选择

① 袁方成,盛元芝. 2011. 对新西兰"整体政府"改革的理解[J]. 政治学研究,(5):107-114.

② 罗伯特·阿格拉诺夫,迈克尔·麦圭尔. 2007. 协作性公共管理:地方政府新战略[M]. 李玲玲,鄞益奋,译. 北京:北京大学出版社:178.

续表 2.6

	传统官僚制	新公共管理	后新公共管理
关键推力	权威及强大的规范强加的规则和指导意见	个人及组织的目标激励	互相认同所驱使的共同使命感、互相学习的承诺
公共利益界定	由政治家、专家来界定，很少征求民众的意见	个体偏好的加总，在时间中表现为资深政治家或管理者对消费者偏好的捕捉	个人和公共的偏好（源于公众商议），经由一个符合的互动过程反映个体与公众之偏好
政府服务项目	政府提供大量服务	强化中央政府掌舵能力	政策整合解决公众生活问题
管理者的目标	对政治决定作出回应	与绩效目标达成一致	对公民/服务的使用者的偏好作出回应
管理者的角色	确保规则和程序遵守	协助绩效目标的制定与完善	在网络中扮演掌握方向的积极角色，提供与保持系统的整体能力
责任模式	通过组织机构向上级政治官员负责，并通过他们向议会负责	通过绩效合同向上负责，有时通过市场机制向顾客负责	对多方负责 ——作为政府监督者的公民 ——作为服务使用者的顾客 ——作为资金来源者的纳税人
公众角色	限于选举中的投票，并且对所选代表施压	限制的——顾客满意度调查除外	关键的——多方面的参与（顾客、公民、利益相关者）
时代特征	政府运作的逐步探索改进	政府引入竞争机制	政府制度与公众需求高度整合

2.3.3 中国实践：从“大部门改革”到“区域公共管理”

1）大部门体制改革

（1）背景和目标

大部门体制改革简称“大部制改革”。胡锦涛总书记在中国共产党第十七次代表大会的报告中明确指出，要“加大机构整合力度，探索实行职能有机统一的大部门体制，健全部门间协调配合机制”。这表明，打破分割、强化整合、构建整体政府，已经引起了党和政府的高度重视，并成为当代我国行政改革的重要内容。“大部门体制，或者大部制，就是在政府部门设置中，将那些职能相近、业务范围雷同的事项，相对集中，由一个部门统一进行管理，最大限度地避免政府职能交叉、政出多门、多头管理，从而达到提高行政效率、降低行政成本的目标”①。大部制改革具有深刻的、多重因素：“着力解决机构重叠、职责交叉、政出多门等问题，建设服务型政府是大部制改革的内在基本动因；进一步消解经济社会发展中的体制性障碍，推动科学发展，促进社会和谐，更好地维护人民群众的根本利益，是大部制改革的外部驱动因素”②。“实行大部门体制的实质，在于实现职能有机统一，……将职能相同相近的部门，重组为一个职能更宽、管理范围更广的大部门，使相关

① 汪玉凯. 2007. 冷静看待“大部制”改革[N]. 中国经济时报，2007-12-10.

② 龚常，曾维和，凌峰. 2008. 我国大部制改革述评[J]. 政治学研究，(3)：99-105.

职能由一个大部门负责，统一协调管理相关领域的事务"①。理顺部门之间的权责关系，构建决策权、执行权、监督权既相互协调又相互制约的权责体系②。健全部门间协调机制，建立合作型政府、"协同政府"、"整体政府"③。2013 年 3 月，中国按照"大部制"改革的思路，启动了自改革开放以来第七次国务院机构改革，相继撤销了铁道部、卫生部、人口和计划生育委员会、药监局、食品安全委员会办公室、质检总局、工商总局、广电总局、新闻出版总署，组建国家铁路局和中国铁路总公司、国家卫生和计划生育委员会、国家食品药品监督管理总局、国家新闻出版广播电影电视总局。按照原国家发改委主任马凯的话说，这次"大部制改革"的目的是逐步解决政府职能越位缺位、职责交叉、权责脱节、争权诿责、机构设置不够合理、低效等一系列问题④。针对这次国务院机构改革，国家行政学院竹立家教授指出，"机构改革最困难的就是理清政府权力清单，清楚界定政府的基本职能和权力，政府的归政府，市场的归市场，社会的归社会。一方面是放权，也就是下放权力，下放到下一级部门；一方面是削权，也就是权力转移，向社会转移"⑤。由此可见，中国大部制改革不仅仅是一个简单的机构整合问题，还是一个如何限制政府权力的问题。这一点与西方国家的后新公共管理存在明显的差异。

（2）地方改革实践

按照精简统一效能的原则和决策权、执行权、监督权既相互制约又相互协调的要求，围绕职能转变和理顺职责关系，2008 年国务院机构改革以整合组建工业和信息化部、人力资源和社会保障部、住房和城乡建设部、交通运输部、环境保护部为标志，拉开了新的历史阶段我国政府大部门体制改革的帷幕。一些地方政府也启动了大部制改革的探索实践，形成了一些道路各异、特色鲜明的经验模式：一是"单部门突破"的成都模式。从 2005 年开始，对原有相近的机构进行合并、撤并，组建了"大农业"（农业委员会）、"大林业"（林业和园林局）、"大水务"（水务局）、"大交通"（交通委员会）等大部门。二是"两集中"的镇江模式。2004 年，镇江市政府明确提出进驻行政服务中心的各部门行政审批职能向一个处室集中，部门行政服务处向行政服务中心集中。有学者指出，镇江模式仅仅注重相似公共服务机构的职能集中、事项与人员到位，未能真正体现各种行政权力相互协调的诉求⑥。三是"机构整合"的随州模式。自 2000 年开始，随州市将职能基本相近的机构采用合并设置，比如，外事、侨务和旅游部门合并，设立"外事侨务旅游局"。职能衔接较紧的机构采取挂牌设置，职能交叉的机构能不单设的尽可能不单设。④"权力整合"的顺德模式。顺德模式按照决策权、执行权、监督权三权分制为基本原则，结合行政机构合并，促进行政权力整合，在县级市政府单元，将原有的 41 个党政部门合并为 16 个，并以政府限权和向社会放权结合的方式，调整公共管理权力的配置。

---

① 沈荣华. 2008. 积极稳妥地探索实行职能有机统一的大部门体制[N]. 光明日报，2008 - 02 - 28.

② 张创新，崔雪峰. 2008. 大部制改革与小政府模式辨析[J]. 中国行政管理，(5)：36 - 38.

③ 周志忍. 2008. 大部制：难以承受之重[J]. 理论参考，(5)：40 - 41.

④ 马凯. 2013. 现行行政体制存在问题，争权诿责现象较多[N/OL]. 2013 - 03 - 10. http://news.qq.com/a/20130310/000749.htm.

⑤ 王姝. 2013. 朱镕基曾描述机构改革阻力：没一位部长主动放权[N/OL]. 2013 - 03 - 02. http://news.qq.com/a/20130302/000421.htm.

⑥ 龚常，曾维和，凌峰. 2008. 我国大部制改革述评[J]. 政治学研究，(3)：99 - 105.

（3）大部制改革中存在的问题

石亚军、于江通过对2008年国务院五大部委（工业和信息化部、人力资源和社会保障部、住房和城乡建设部、交通运输部、环境保护部）大部制改革调研后，指出，由于缺乏系统性理论研究、部门利益作祟等原因，五大部委改革未能实现预期目标①：改革没有触动部门利益，反而被部门利益所钳制。政府职能的转变呈现改虚不改实、换汤不换药的弊端。政府部门之间的权力配置处于一种严重不均衡的状态，造成强势部门垄权并严重钳制行政权力的相互协调和制约。在随州市大部制改革过程中，2000—2008年期间出现了机构反弹的困局，多出了九个市直机构②。也就是说，随州市的大部制改革没能跳出改革开放以来中国历次行政管理体制改革的怪圈：行政机构的"精简—膨胀—再精简—再膨胀"的"黄宗羲定律"。对此，有学者认为，如果没有政治体制改革的推进，真正的大部制也许很难确立③。

2）区域公共管理

1980年代以来，以分权让利为主线的市场化改革在充分调动地方政府发展经济和参与市场竞争积极性的同时，也导致了地方政府间的恶性竞争，产业同构、地区封锁层出不穷，产生了一系列"霍布斯丛林"和"公用地悲剧"的问题。区域公共问题的日趋严重已成为区域经济一体化发展的最主要障碍。而在行政区行政的治理模式下，各地方政府往往囿于局部的地方利益，对区域公共事务和公共问题采取"不作为"的态度。从现行的行政体制层面看，由于缺乏超越各地方政府的区域性合法性权力，在区域公共事务的管理上出现权力真空和治理盲区，难以达到区域公共事务的有效治理，更何况各地方政府都寄希望于"搭便车"，即都不想付出治理成本，却坐享治理绩效，结果必然是区域公共物品供给持续性不足、"诸侯经济"、地方保护等现象丛生。加之中央政府与地方政府之间存在严重信息不对称，中央政府获得信息的成本巨大，使得中央政府在协调各地方政府冲突时，往往缺乏足够的信息收集量而处于"理性无知"的局面，于是区域公共物品的供给、区域公共问题的解决仍主要依赖于地方政府。更有甚者，一些地方政府往往借机维护地方利益，不惜损害区域整体利益，这不仅致使区域公共问题难以有效解决，而且会侵害区域经济一体化内在的互利互惠原则，造成区域公共问题持续滋生的恶性循环。

传统的政府治理形态，是基于行政区划的刚性约束而产生的行政区行政模式。伴随着区域公共问题的大量兴起，行政区行政模式日益暴露出它内在的局限和缺失，必须呼唤一种与之相辅相成的新的政府治理形态——区域公共管理④。区域公共管理实质上是政府治理方式上的制度变迁，即打破原有行政区行政的制度安排，重塑利益格局的制度演变过程。在这一过程中，始终贯穿着不同利益主体的博弈，从而最终形成新的制度——相关因素充分博弈后的契约格局，面对大量区域公共问题，政府治理需要从"行政

① 李梦娟. 2008. 湖北随州七年探索大部制改革：机构整合是关键[N]. 民主与法制时报，2008-02-24.

② 石亚军，于江. 2012. 大部制改革：期待、沉思与展望——基于对五大部委改革的调研[J]. 中国行政管理，(7)：52-55.

③ 汪玉凯. 2007. 冷静看待"大部制"改革[N]. 中国经济时报，2007-12-10.

④ 杨爱平，陈瑞莲. 2004. 从"行政区行政"到"区域公共管理"——政府治理形态嬗变的一种比较分析[J]. 江西社会科学，(11)：23-31.

区行政"向"区域公共管理"演进①。

2.4 公共管理范式沉浮及其在中国实践的反思

2.4.1 公共管理范式沉浮

二战后，从"现代官僚制"到1970年代末的"新公共管理"，再到1990年代末的"后新公共管理"，西方国家走出了一条从"统治"到"治理"、从"理性建构"到"话语建构"的公共管理范式转变。是什么推动西方国家公共管理范式的变革？公共管理范式的转变本质是西方国家"政府—市场—社会"三者持续互动、不断重构的产物，其范式转变受"政府—市场—社会"三者变迁关系所支配。20世纪六七十年代，西方国家社会运动此起彼伏，1970年代福利国家制度危机使凯恩斯主义退出了历史舞台，在新自由主义、后现代主义思潮的影响下，西方国家掀起了第一波政府改革浪潮——新公共管理运动，推动西方公共管理由"科层制"向"新公共管理"转变。伴随着新公共管理实践，政府权力和职能被大大压缩，而市场和公民社会的自主性得到前所未有的张扬。新公共管理运动的重大贡献之一是将政府从垄断性公共服务的"神坛"上拉了下来。20世纪末，因长期管理"碎化"而导致大量区域公共问题、因长期结构性放权而导致中央政府调控弱化问题日益突出，在此背景下，以英国、新西兰为代表的西方国家掀起了二战后第二波政府改革浪潮——后新公共管理，旨在增加纵向的整合和控制、强化横向的协作和协调，并由此推动西方公共管理由"新公共管理"向"后新公共管理"转变。在此过程中，政府尤其是中央政府的权威得到了适度加强。同时，西方国家"后新公共管理"转向与新自由主义在这些国家的衰败存在内在的一致性。基于新自由主义的新公共管理实践带来了社会不平等和更大、更多的社会矛盾和冲突。社会不平等以及由于管理过于复杂化而引发的混乱也成为推动向"后新公共管理"范式转向的主要原因。

尽管"后新公共管理"通过机构合并、强化纵向层级控制等措施，主张适度集权，但"后新公共管理"绝不是对科层制下"大政府"的回归，而是基于"新公共管理"基础上的公共管理变革。克里斯滕森等指出，在平衡"控制"与"自主"的问题上，二战后科层制更多强调控制，新公共管理偏好"自主"，而后新公共管理则朝着更多"控制"的方向倾斜，但仍然没有恢复到"旧公共行政"的状态。在西方国家，在政治上和行政上改变结构性放权状态是很困难的。后新公共管理更多地沿着横向的维度前进，试图在"控制"与"自主"复杂性关系中找到新的平衡点②。总的来看，从"官僚制"到"新公共管理"，再到"后新公共管理"，尽管看似西方国家在"控制"与"自主"之间、在"适度集权"与"适度分权"之间左右摇摆，但这绝不是简单的反复，而是从一种平衡走向另一种平衡的过程，是通往"善治"的过程。是什么力量保障西方公共管理在左右摇摆中不断保持前行，通向"善治"？这就是法

---

① 金太军.2007.从行政区行政到区域公共管理——政府治理形态嬗变的博弈分析[J].中国社会科学，(6)：53-65.

② 克里斯滕森，拉格雷德(Christensen Tom，Lgreid Per).2009.超越新公共管理：平衡控制与自主的渐增复杂性[J].胡辉华，译.公共行政评论，(1)：1-29.

治下的民主制度。民主制度是最好的纠错机制，契约国家与市民社会之间长期博弈、互动是推动西方国家公共管理范式转变的根本力量。

2.4.2 中国治理实践反思

当代中国脱胎于长达二千多年的宗法社会。在这种社会中，家国同构是其基本特征，国家政治结构是家族制度的政治化延伸。家长和君主帝王拥有至高无上的无限权威。在这种社会中，个人对共同体的人身依附和共同体对个人人身的严密监控交织在一起。在这种社会中，通常只有权贵自由，而缺少百姓自由①。1978 年改革开启中国建设现代国家之路，并推动由"传统"向"现代"中国社会全方位转型。在《中国治理变迁 30 年》一书中，俞可平指出，"民主、法治、公平、责任、透明、廉洁、高效、和谐"是中国走出"恶政"通往"善治"的总体改革目标②。但他同时指出，中西方治理存在显著差别，中国治理改革是基于"路径依赖"之上的增量改革，"既强调创新与变革，又注重保持和发扬传统的政治优势，而不是简单地割裂传统"，"中国是一个有两千多年人治传统的国家，建设民主法治国家将是一个相当漫长的过程。在这一过程中，人治仍将发挥重要的作用，在许多公共治理活动中，人治的作用甚至继续重于法治"③。时至今天，"官本位"、"权力至上"的思想仍然充斥于整个中国社会，权力的一枝独大仍然是当代中国社会的一个最显著的特征。

(1)"现代性不足"应该是中国行政管理体制改革必须给予首要关注的对象

从"管理制"到"新公共管理"、"后新公共管理"，在西方公共管理范式转变中，现代官僚制始终是改革的基石，改革并没有从根本性扬弃官僚制，"是一场按照官僚制的科学化、技术化的思路对官僚制进行修补和校正的工作，是在一些枝节问题上对官僚制的调整"④。"中国行政由于传统的惯性及其他历史原因，总体上仍处于官僚化不足阶段，因而最重要的任务不是别的，而是在适宜的范围内，建构现代型的官僚制"⑤。正由于现代性的不足，导致许多西方理论"嫁接"到中国现实土壤中却结出许多西方所没有或比西方更甚的"苦果"。如，新自由主义、新公共管理在中国的 20 多年的实践，由于缺少对权力的有效制约，导致许多资本对权力的依附，进而使权力与资本结盟越做越大，最终将中国社会拖进"转型陷阱"的危险境地。当代，中西方社会转型存在本质性的差异，中国转型是"传统"向"现代"的转型，而西方发达国家是"现代"向"后现代"转型。中西方社会转型的差异决定了对西方公共管理许多先进理论不能采用简单的"拿来主义"，否则会出现一些极具中国"特色"而又"似是而非"的现象。正如新公共管理在中西方实践表面看来具有诸多相似或相近之处，但实际上却是貌合神离。因而，中国行政管理的变革必须重视现实起点——官僚制不足。

(2) 重启政治改革，放权于民，植入民主要素

中国当代官僚制不足的最大特征就是公权力没有受到有效制约。孙立平指出，"最

---

① 秦晖，金雁. 2010. 田园诗与狂想曲——关中模式与前近代社会的再认识[M]. 北京：语文出版社：344－345.

② 俞可平. 2008. 中国治理变迁 30 年(1978—2008) [J]. 吉林大学社会科学学报，48(3)：5－17.

③ 俞可平. 2008. 中国治理变迁 30 年[M]. 北京：社会科学文献出版社：21.

④ 张康之. 2001. 超越官僚制：行政改革的方向[J]. 求索，(3)：32－36.

⑤ 王强. 2000. 全球行政改革浪潮与中国行政现代化：从官僚制的角度思考[J]. 江苏社会科学，(2)：58－63.

近这些年，权力过度的膨胀是整个社会当中的共识，解决权力制约的问题已是当务之急"①，"尽管思想家们大多同意德行和信仰仍然具有重要作用，但他们更愿意相信，人性的弱点决定了没有国家理性和对权力的有效限制，国家向善和良好秩序的建立只能是一种愿望"②。在西方民主国家，"权力每启动一次，就有无数的闸门同时被启动，每一扇闸门都要鉴定这次权力的实施属于良性或恶性，然后才决定是否'放行'"③。缺少约束的权力和不受制衡的资本已成为当代中国社会两大根本的压迫性力量。这一切又主要源自中国政治体制改革的严重滞后，在经济体制改革的同时，没有同步推进民主化进程，没有培养出能够有效制衡权力和资本的第三股力量。这个力量就是与国家既相对立又密切联系的公民社会。与其他非民主机制相比，民主机制具有强大的自我纠错功能，从而能够实现点滴改良，而不会陷于暴政的死循环④。近10年，中国公众权利意识开始觉醒，利用网络等新型传媒平台，民众参政议政意识高涨，在此背景下，国家应加速向社会可控式放权，促进社会力量的发育，逐步推进民主制度的建设。"没有公民社会，民主和法治国家将顶不上多少作用"⑤。没有公民社会和民主体制对公权力的制约，善治终将是一场虚幻，而"恶政"也将接续着两千多年来的中国帝制循环，难以真正跳出"历史兴亡周期律"。

---

① 孙立平．2012．重启改革难在如何走出转型陷阱[EB/OL]．2012-04-08．http://view.news.qq.com/a/20120408/000006.htm.

② 张旅平，赵立玮．2012．自由与秩序：西方社会管理思想的演进[J]．社会学研究，(3)：23-46．

③ 刘瑜．2009．民主的细节[M]．上海：上海三联书店：13．

④ 刘瑜．2009．民主的细节[M]．上海：上海三联书店：14．

⑤ 拉尔夫·达仁道夫．2000．现代社会冲突[M]．林荣远，译．北京：中国社会科学出版社：36．转引自：张旅平，赵立玮．2012．自由与秩序：西方社会管理思想的演进[J]．社会学研究，(3)：23-46．

3 中国规划管理体制变迁脉络

对于尚处于从“传统”向“现代”急速转型的当代中国而言，任何重大的社会变革在很大程度上取决于我们如何认识、理解和评价“过去”和“当下”。离开了对“历史”和“当下”的深度考量，任何变革的方案都可能导致“最危险的传统复辟”①或“最激进的乌托邦狂欢”。中国城市群规划管理体制，乃至城乡规划管理体制变革需要尊重历史的厚重，“强调历史深度，对过程进行历时性追踪”，需要扎根于当下中国现实情境，探索一条符合中国逻辑的规划管理体制渐进改良之路。城市群规划是区域规划的一种类型，而中西方区域规划又是在城市规划的基础上逐渐发展起来的。因而，对城市群规划管理体制的探究首先离不开对城市规划管理体制变迁的历时性分析。以 1978 年为分水岭，将中国城乡规划管理体制变迁分为两个时期，对其变革脉络进行梳理。

3.1 1978 年前城市规划管理体制回顾

在《中国城市建设史》一书中，董鉴泓教授在综合考虑经济、政治与城市规划的基础上，将 1949—1978 年中国城市规划发展历程划分为三个阶段：城市建设的恢复与城市规划的起步（1949—1952 年）、城市规划的引入与发展（1953—1957 年）和城市规划的动荡与中断（1958—1978 年）②。受资料限制，我们重点从管理机构设置和规制建设两个方面对 1949—1978 年城市规划管理体制进行论述。

3.1.1 城市规划工作起步阶段（1949—1952 年）

1）管理机构

1949 年新中国成立后，中共的工作重心从“夺取政权”向“巩固政权”、从“乡村土改闹革命”向“城市建设、发展经济”转变。城市建设的迅速恢复成为这一时期的主要特征。1949 年 10 月，在政务院财经委员会计划局下设立基本建设处，主管全国的基本建设和城市建设工作，随后各城市相继调整或成立了城市建设管理机构，如北京、重庆等城市建立了都市计划委员会，成都成立了市政建设计划委员会，济南成立了城市建设计划委员会等，这些城市还成立了公用局、市政局或建设局，一些中小城市也成立了城市建设局，分管城市各项市政设施的建设和管理工作③。在全国，1952 年 8 月，中央政府成立建设工程部，主管全国建筑工程和城市规划及建设工作，并专设城市建设处。1952 年 9 月，建工部召开全国第一次城市建设座谈会，会议提出城市建设要根据国家的长期计划，针对不同城市有计划有步骤地进行新建或改建，加强规划设计工作和统一领导。会议决

① 陈嘉明. 2006. 现代性与后现代型十五讲[M]. 北京：北京大学出版社：191.
② 董鉴泓. 2004. 中国城市建设史（第三版）[M]. 北京：中国建筑工业出版社：402 - 414.
③ 董鉴泓. 2004. 中国城市建设史（第三版）[M]. 北京：中国建筑工业出版社：404.

定从中央到地方建立健全城市建设管理结构：① 中央在建筑工程部内部成立城市建设局；② 各大区的财委（计委）的基本建设局（处）管理城市建设工作；③ 各城市建立健全城市建设机构；④ 在39个城市设置城市建设委员会，委员会下设规划设计机构和监督检查机构。

2）管理规章

新中国成立初期，针对各地古文物盗窃猖獗、损毁古文物时常发生现象，1950年7月政务院发布《关于保护古文物建筑的指示》，对保护古文物提出四点指示。1951年2月18日中共中央向党内通报《中共中央政治局扩大会议决议要点》，明确了城市建设的基本方针："在城市建设计划中，应贯彻为生产、为工人阶级服务的观点。"1951年8月中央财政经济委员会出台《基本建设工作程序暂行办法》，对全国建设工程设计、施工等进行规范（表3.1）。

表3.1　1949—1952年城市规划大事件

时间	大事件	主要内容	类型
1949-10-21	政务院财经委员会成立，计划局下设基建处，主管全国基本建设和城市建设	—	—
1950-07	政务院发布《关于保护古文物建筑的指示》	对保护的对象、措施给予指示	规范性文件
1950-11-21	政务院公布《城市郊区土地改革条例》	—	法规性文件
1951-02-18	《中共中央政治局扩大会议决议要点》	在城市工作中，明确了城市建设的基本方针："在城市建设计划中，应贯彻为生产、为工人阶级服务的观点。"	规范性文件
1951-08	中央财政经济委员会出台《基本建设工作程序暂行办法》	对建筑设计、施工等作出规定	规范性文件
1952-08-07	成立了国家建设工程局	—	—
1952-09	中央财政经济委员会召开了新中国第一次城市建设座谈会	会议决定从中央到地方建立和健全城市建设管理机构，统一管理城市建设工作；开展城市规划工作，提出了有重点地进行城市建设的方针，要求39个城市成立建设委员会	—

3.1.2　城市规划工作引入阶段（1953—1957年）

1）管理机构

"一五"计划的实施迎来了新中国城市规划的第一个春天。"一五"期间，为了配合苏联援助的156个重点工程项目建设，处理好与原有城市的关系，中国急需建立城市规划体系。鉴于城市规划底子薄和当时的国际关系，中国城市规划引入了"苏联模式"。1953年，中共中央指示，重要的工业城市必须抓紧制定城市总体规划草案。1954年，全国城市建设会议要求“完全新建的城市与工业建设项目较多的城市，应在 1954 年完成城市总体规划设计”。

为了加强重点建设城市的城市规划工作，1953 年建工部城市规划局设立城市规划处。1953 年 9 月，中共中央下发《关于城市建设中几个问题的指示》，要求各地加强城市规划设计工作，加强对城市建设的领导，建立和健全大区财委的城市建设局（处）及工业建设比重较大城市的城市建设委员会，并于 1956 年成立了城市规划学术委员会。重点城市的规划，一般由国家和地方城市规划设计部门组成工作组，在苏联城市规划和市政专家指导下进行编制。

2）管理规章

新中国成立初期的我国城市规划编制办法沿用苏联一整套编制程序和方法，经过两年的实践，城市规划在内容和进度上都难以符合中国当时国情。在此情况下，国家建委组织力量，开始着手编制一部中国城市规划技术性法规。1956 年，国家建委颁发《城市规划编制暂行办法》，该办法分 7 章 44 条。这个暂行办法实施了 24 年，对统一我国城市规划设计程序与方法，推动城市规划工作起到良好的作用（表 3.2）。但由于时代的局限性，《暂行办法》也存在很多问题，如，规划设计体系没有跳出苏联规划的框架，“就城市论城市”，等等。

表 3.2　1953—1957 年城市规划大事件

时间	大事件	主要内容	类型
1953 - 03	国家建筑工程部设城市建设局，设立城市规划处，主管全国的城市规划工作	—	—
1953 - 05	国家计委成立基本建设办公室，下设城市建设、设计、施工三个组	—	—
1953 - 09	《中共中央关于城市建设中几个问题的指示》	要求加强城市规划设计工作，加强对城市建设的领导，建立和健全大区财委的城市建设局（处）及工业建设比重较大城市的城市建设委员会	规范性文件
1954 - 06	国家建筑工程部召开了第一次城市建设会议	明确提出“城市规划是国民经济计划的继续和具体化”	—
1954 - 08	国家建筑工程部城市建设局改为国家建筑工程部城市建设总局	—	—
1955 - 04	城市建设总局升格为国务院直属	—	—
1955 - 11	成立国家建设委员会	原国家计委城市建设计划局归国家建委，改名为城市建设局，负责全国城市建设计划的综合安排，制定城市建设的政策、规章、条例，组织规划的审批等	—

续表 3.2

时间	大事件	主要内容	类型
1956-05	国务院撤销城市建设总局,成立城市建设部,内设城市规划局	城市规划局负责对城市方面的政策研究和城市规划设计等业务工作	—
1956-07	国家建委颁发《城市规划编制暂行办法》	新中国第一部重要的城市规划立法	部门规章
1956	国家建委颁发《区域规划编制和审批暂行办法》	新中国第一部重要的区域规划立法	部门规章
1956-05-08	国务院常务会议通过了《关于加强新工业区和新工业城市建设工作几个问题的决定》	明确了区域规划工作的性质和任务	法规性文件

3.1.3 城市规划工作中断阶段(1958—1978年)

1)城市建设的"大跃进"

1958年5月,中共八大二次会议,正式通过了"鼓足干劲、力争上游、多快好省地建设社会主义"的总路线。同年6月,国家计委在《第二个五年计划要点》中提出,五年超过英国,十年赶上美国。之后,中共全面发动了"大跃进"运动,导致了全国上下高指标、瞎指挥、浮夸风和共产风为主要标志的"左"倾错误严重泛滥。建设追求大规模,并提出了名目繁多的全党全民"大办"、"特办"的口号。在这种形式下,建工部提出了城市建设的"大跃进"。1958年青岛城市规划会议提出"用城市建设的大跃进来适应工业建设的大跃进"和"快速规划"方法。1960年桂林城市规划会议则提出,"在10—15年左右时间内,把我国城市基本上建成为社会主义现代化城市",会后有些地方提出"苦战三年,基本改变城市面貌"和"三年改观、五年大变、十年全变"的口号①。1957—1960年3年内,全国净增城镇人口3124万人,设市城市增加了199个,"大跃进"期间各地制定的城市总体规划,其远景规模也都是"跃进"型的,许多中小城市都制定了百万人口以上的规划②。

2)城市规划工作的停滞

城市建设的"大跃进"导致了城市布局、建设的完全失控。在1960年11月第九次全国计划会议上,李富春副总理宣布了"三年'一五'计划"。1961年1月,国家提出"调整、巩固、充实、提高"的八字方针,大量压缩"大跃进"期间盲目进城人口,撤销部分市镇建制的决策。同年12月,全国设计革命领导小组认为,城市规划"只考虑远景,不照顾现实,规模过大",又一次否定了城市规划。城市规划工作每况愈下,1964年,中央决定基本建设工作归国家经委领导,经委取消了城市规划设计研究院,将局院合并为规划局,编制从400人压缩至100人,1965年,三届建委成立,城市规划局又被压缩为30人,而且限定

① 李兆汝,曲长虹. 2006. 规划岁月:几度春暖秋凉——访城市规划界的老前辈曹洪涛[N/OL]. 中国建设报, 2006-08-08. http://www.chinajsb.cn/gb/content/2006-08/08/content_193123.htm.

② 侯丽. 2010. 对计划经济体制下中国城镇化的历史新解读[J]. 城市规划学刊,(2):70-78.

"只搞调查研究，不领导规划业务"①。1964 年开始，中共提出"三线建设"，在中国中西部地区的 13 个省、自治区进行一场以战备为指导思想的大规模国防、科技、工业和交通基础设施建设。1964 年 8 月，国家建委召开一、二线企业搬迁会议，提出要大分散、小集中，少数国防尖端项目要"靠山、分散、隐蔽"。在城市建设上采取的是一种"不要城市、不要规划的分散主义"手法②。1966 年开始的"文革"十年动乱将国家拖入了"否定一切打倒一切"的无政府主义状态，城市规划成为"革命"的对象被"革掉了"，全国许多城市规划机构被撤销、人员下放，至 1973 年全国留在城市规划岗位上的人员仅有 700 来人③。

3）城市规划工作的恢复

1973 年 9 月国家建委城建局在合肥市召开了部分省市的城市规划座谈会，讨论了《关于加强城市规划工作的意见》以及《关于编制与审批城市规划的暂行规定》、《城市规划居住区用地规划指标》等三个文件。这是"三年不搞"以来城市规划工作的一次新的启动。1974 年国家建委下发《关于编制和审批城市规划工作的暂行规定》、《城市规划居住区用地控制指标》(试行)。但由于"文革"尚未结束，恢复的规划机构和出台的相关规划管理文件并没有发挥应有的作用。1976 年唐山大地震后，为尽快进行灾后重建工作，国家建委城建局规划人员全部出动，并请上海规划院和沈阳规划院支援，在清华大学吴良镛和中国科学院地理研究所胡序威等同志的协助下，共 60 多位规划人员吃住在抗震棚内，于年底完成了唐山市重建的总体规划，1977 年 5 月国务院即批准实施。1978 年 3 月，国务院召开第三次城市工作会议，做出了"认真搞好城市规划工作"的决定。1978 年 8 月在兰州成立了第二届城市规划学术委员会，距第一届已有 22 年(表 3.3)。

表 3.3　1958—1978 年城市规划大事件

时间	事件	主要内容
1958－02	撤销城市建设部和国家建委	建工部下设城市建设局，主管全国城市规划和建设工作
1959－05	建工部设区域规划处	—
1960－02	城市规划和区域规划从城市建设局划出，成立了城市规划局	—
1960－09	建工部城市规划局及其设计院被划归国家基本建设委员会领导	—
1960－11	第九次全国计划会议宣布了"三年不搞城市规划"	全国城市规划机构撤并
1961－01	撤销国家基本建设委员会，城市规划局及其设计院被划归国家计委领导，下设城市建设设计局	—

① 李兆汝，曲长虹. 2006. 规划岁月：几度春暖秋凉——访城市规划界的老前辈曹洪涛[N/OL]. 中国建设报，2006－08－08. http://www.chinajsb.cn/gb/content/2006－08/08/content_193123.htm.

② 董鉴泓. 2004. 中国城市建设史(第三版)[M]. 北京：中国建筑工业出版社：413.

③ 李兆汝，曲长虹. 2006. 规划岁月：几度春暖秋凉——访城市规划界的老前辈曹洪涛[N/OL]. 中国建设报，2006－08－08. http://www.chinajsb.cn/gb/content/2006－08/08/content_193123.htm.

续表 3.3

时间	事件	主要内容
1962-05	国家计委党组《关于加强基本建设管理问题的报告》	提出三个建设管理规定：关于编制和审批基本建设设计任务书的规定（草案）；关于加强基本建设计划管理的几项规定（草案）；关于基本建设设计文件编制和审批办法的几项规定（草案）
1964-04	城市建设设计局被划归国家经济委员会领导，改名为城市规划局	—
1966	“文化大革命”开始	城市规划与建设几乎终止，城市规划管理处于无政府状态
1971-06	北京召开城市建设会议	—
1972-12	恢复北京城市规划管理局	—
1972-05	国家计委、建委、财政部出台《关于加强基本建设管理的几项意见》	强调城市的改建和扩建要做好规划，经过审批，纳入国家计划
1972-12	国家建委成立城市建设局	—
1973-09	国家建委城建局在合肥召开了城市规划座谈会	讨论了《关于加强城市规划工作的意见》以及《关于编制与审批城市规划的暂行规定》、《城市规划居住区月地规划指标》等三个文件
1974	国家建委下发《关于编制和审批城市规划工作的暂行规定》和《城市规划居住区用地控制指标》（试行）	由于“文革”动乱，这些文件并未得到真正执行
1978-03	国务院召开第三次城市工作会议，制定《关于加强城市建设工作的意见》文件	对城市规划、旧城改造等工作作出规定
1978-04	国家计委、建委、财政部出台关于试行加强基本建设管理几个规定的通知	对1972年出台的《关于加强基本建设管理的几项意见》进行修订，强调基本建设要加强计划管理

3.2 1978年后城市规划管理体制变迁

城乡规划管理体制是规划机构设置、职权划分和运行规则及其法律保障等方面所构建的各种制度的总称。城乡规划管理是行政管理的重要组成部分，其体制改革也是行政管理体制改革的一部分。“从公共行政学的角度，权力是行政管理的核心要素，所谓行政管理实际是权力按照一定目标的运用和行使，在这个意义上讲，行政管理改革的中心内容是对权力进行重新配置”。从“统治”到“治理”，从“一元管制”到“多元治理”，国家已不是权力的唯一中心。公权力的配置既可以是行政系统内部上下级政府之间的权力配置，又广泛地涉及处理公共事务、社会事务中政府与非政府之间的权力配置。综上分析，下文将从三个方面对1978年以后中国城乡规划管理体制变迁进行阐述：① 行政系统内部的城乡规划管理权力调整，主要是指中央政府与地方政府之间、上下级地方政府之间的纵向规划权力配置问题;② 城乡规划管理的社会化、民主化,主要是指在政府与非政府之间城乡规划管理权力配置问题;③ 城乡规划管理的法制化,城乡规划管理的法制化是将各级政府之间规划权力配置、政府与非政府之间的权力配置以正式制度的形式确定下来。

3.2.1 规划管理权限调整

根据上下级政府规划事权及其运作机制,将改革开放以来行政系统内的城乡规划管理权力变动分为如下三个阶段:① 规划集中统一管理阶段(1978—1989 年);② 规划管理权力下放阶段(1990—2003 年);③ 规划管理适度集中阶段(2004 年至今)。

1）规划集中统一管理阶段(1979—1989 年)

改革开放后,各地城市规划管理机构逐步得以恢复,规划管理工作又重新得到了加强。该时期城市规划的定位是"国民经济计划的延续和具体化,是国民经济计划在空间上的落实"。城市规划管理机构设置、运作模式与该时期高度集权的行政管理体制相一致,基本上沿用了集中统一的规划管理模式。主要体现在如下三方面:① 权力高度集中,形成了一种以中央政府权力为中心,以行政命令为主导的自上而下单向式的管理模式,地方积极性受到严重束缚。② 国民经济和社会发展计划是编制城市规划最重要的依据。③ 行政手段是调节各种矛盾的主要途径①。规划集中统一管理在 1984 年出台的建国第一个城市规划基本法《城市规划条例》中也有充分体现。该条例第十九条规定:"城市总体规划实行分级审批:直辖市的城市总体规划,由直辖市人民政府报国务院审批;省和自治区人民政府所在地城市、其他人口在一百万以上的城市的总体规划,由所在省、自治区人民政府审查同意后,报国务院审批;其他城市的总体规划,报省、自治区、直辖市人民政府审批;市管辖的县城、镇的总体规划,报市人民政府审批。"

这种集中统一的规划管理模式影响极其深远。如北京市目前仍然采用高度集中的城市规划管理体制。北京市城市规划委员会是北京市的城市规划行政主管部门,由原首都城市规划委员会、北京市城市规划管理局合并而成。主要职能是规划研究、规划审批和规划实施的监督管理。城市总体规划、分区规划、重要地段的控制性规划,由市规委负责编制;道路、交通、市政设施规划的编制和审批集中在市规委管理;规划区内的较小面积的详细规划由区规划分局负责组织编制,但区规划局没有规划审批权(即最后的决策权),须报市规委审批;建设项目的批后管理是市规委在审批建设工程后,将《建设工程规划许可证附件》及建设工程总平面图转至区规划局,由区规划局进行建设项目的监督检查工作。区规划分局由所在区人民政府和市规划局双重领导,即区实施行政领导,市局实施业务领导。

2）规划管理权力下放阶段(1990—2003 年)

从公共管理学的角度,权力是行政管理的核心要素,行政管理实际上是权力的运用和行使。在这个意义上讲,行政管理改革的中心内容是权力的重新配置。自 1980 年代中后期,中央政府开始了大规模的行政性分权,主要涉及三个内容:① 扩大地方政府经济管理权限,在计划投资、信贷、外汇、进出口、税收、价格、引进外资等方面先后给地方政府下放了一大批管理和审批权。② 扩大地方政府的干部管理权限,干部管理权限由以前的各级下管两极改为各级下管一级。1984 年 7 月 20 日,下放干部管理权限,采取"下管一

---

① 宋小冬,许健. 1999. 权限下放的挑战——关于上海城市规划管理体制的讨论[J]. 城市规划汇刊,(6):14 - 18.

级”的新体制，扩大了地方的干部人事任免权和政治自主性。③ 扩大地方政府财政管理权限，1980 年在“分灶吃饭”口号下，推出了“划分收支，分级包干”的财政体制改革方案。此后，在经过了 1985 年、1988 年和 1994 年几次大的调整后，确立了现行的中央和省区间分税体制。尽管行政性分权主要是指中央政府与省级政府之间行政权力的重新配置，但由于省级以下政府同样面临类似中央政府的压力，造成省级以下政府也普遍采用自上而下行政性分权来调动其辖区内地方政府的积极性和主动性。权力的重新配置必然涉及组织机构的重新调整。1980 年初期，中国进行了一次较大规模的、自上而下的“精兵简政”的行政机构改革。“精兵”是指精减人员、实行岗位责任制；“简政”是指根据分工合理、职责分明、机构精干、提高效率的要求，撤销重叠机构，合并业务相近机构。

伴随行政性分权，很多城市采取了由局部试点到逐步放权的措施，主动赋予了区(县)一级比较大的规划管理权力，调动了基层政府的积极性，推动了城市建设的发展。以上海市为例，1980 年代后期，在广东省取得改革开放的初步成功后，中央政府逐步地向上海市下放经济管理权限。在“开放浦东”的国家战略提出后，为了加快上海市的经济发展，迅速改变城市的落后面貌，上海市政府向区、县政府下放了经济管理权、财权，包括城市规划管理在内的城市建设管理权限也跟着下放。比较重要的规划放权发生在 1988 年 6 月和 1992 年 5 月，以市政府文件的方式阐明向区、县政府“简政放权”的做法。到 1995 年，经市人大批准，颁布了修订后的《上海市城市规划条例》，以地方法律的方式进一步明确了分级管理体制。经调整后，除少数重要地段的建设项目许可申请须由市规划局批准外，大多数土地开发、房屋建设项目的许可申请(即“一书二证”)由区、县规划部门批准。同时，一般地区的详细规划也由区、县政府组织编制，报市规划局批准。但总体规划、分区规划、重要地段的详细规划、全市性的道路、交通、市政设施规划的编制和审批仍集中在市规划局管理。区县规划分局人事任免由区县政府决定，市规划局对其无人事干预权；市规划局对区县政府批准的“一书二证”也不具体干预，只在特殊情况下经行政复议程序行使否决权。由此形成了“两级政府，三级管理”的规划管理体制。所谓的“两级政府”是指市政府和区(县)政府，“三级管理”是指市、区(县)、街道(乡镇)管理模式。在上海的示范下，国内一批大城市也先后建立起“两级政府，两(三)级管理”的规划管理体制，并以法规文件的形式规定下来。

广州市也采用类似上海的规划管理分权模式。1998 年，广州市委、市政府提出了深化城市规划管理体制改革的方案。深化管理体制改革的目标是：完善区“两级政府、三级管理、四级网络”的城市管理体制，区规划分局由所在区人民政府和市规划局双重领导，即区实施行政领导、市局实施业务领导。在统一规划审批、统一管理法规、统一业务领导的原则下，明确市、区两级城市规划的管理权限和责任。市城市总体规划、中心发展区分区规划、市发展地区控制性规划，由市规划局负责编制；辖区内的区属单位小区详细规划、建制镇(村)和一般地区建设项目的详细规划，由区规划分局负责编制，报市规划局审批；根据市、区总体规划要求编制的区属小区和一般地区建设项目的修建性详细规划，由区规划分局审批；此外，区分局可审批辖区内除国道、省道、铁路和规划宽度 40m 以上的主干道临街建筑及重点地段外的各类建设工程。区分局审批的规划、用地、报建和查处违法建设案必须在 7 天内报市规划局备案，如违反规划法规和要求，市规划局有权随时否决，区规划分局必须重新审定。

3）规划管理适度集中阶段（2004 年至今）

自 1990 年代中后期以来，伴随着市场经济的扩张和大量国际资本涌入中国，沿海地区最先掀起了开发区建设热潮。以苏州为例，至 2000 年年底，建立了 5 个国家级开发区、10 个省级开发区。几乎每个乡镇都建立了"工业区"，甚至出现"一镇多园"的现象。进入新世纪，沿海部分省市这种以"以招商引资为先导、以开发区建设为载体、以发展外向型经济"为标志的发展模式，在取得阶段性成功后，迅速被中西部省市所复制，由此在全国掀起一场开发区建设热潮。然而，全国性的开发区盲目建设不仅带来巨大的土地浪费、效益低下①②，也带来严重的社会问题（如农民失地、失业、群体性事件）和生态问题。仅以土地为例，据国土资源部提供的资料，1996 年至 2003 年的七年间，中国耕地面积已由 19.5 亿亩（1 亩≈666.7m^2）减少到 18.5 亿亩，7 年减少了 1 亿亩，平均每年约减少 1429 万亩，中国人均耕地下降至 1.43 亩，不足世界平均水平的 40%③。2004 年中央对全国近 7000 个开发区进行清理时，仅开发区新上项目占用土地面积就达 7400 万亩，其中有 40%是开而不发，造成大量土地闲置，同时大批良田被彻底毁掉④。开发区建设失控，成为该时期规划管理由此前的适度分权走向适度集权的直接动因。

2002 年 5 月，国务院下发《关于加强城乡规划监督管理的通知》（国发〔2002〕13 号），指出，"一些地方不顾当地经济发展水平和实际需要，盲目扩大城市建设规模；……要严格控制建设项目规模，坚决纠正贪大浮夸、盲目扩大城市占地规模和建设规模"，"大力加强对城乡规划的综合调控，……市一级规划的行政管理权不得下放，擅自下放的要立即纠正。……设区城市的市辖区原则上不设区级规划管理机构，如确有必要，可由市级规划部门在市辖区设置派出机构"。同年 8 月，建设部等九部门联合下发"关于贯彻落实《国务院关于加强城乡规划监督管理的通知》的通知"（建规〔2002〕204 号），再次强调，"城市各类开发区以及大学城、科技园、度假区的规划等必须符合城镇体系规划和城市总体规划，由市城乡规划部门统一管理。市一级规划的行政管理权擅自下放的要立即纠正"。并要求建立健全规划实施的监督机制、建立行政纠正和行政责任追究制度等。建设部及其城乡规划司等相关领导也指出，一些城市区级政府或开发区独立行使或变相独立行使规划管理权的现象仍然较为普遍，对市辖区和各类开发园的规划管理，必须上收到市级规划管理部门统一管理⑤⑥。自此之后，各省（区）、市已陆续收回下放开发区的规划管理权限，并实行设区城市规划垂直管理体制，将区级规划管理部门改为由市级规划管理部门统一管理，领导班子成员由市规划管理部门任命。

为了进一步加强规划集中统一管理，在建设部的推动下，全国各地对城乡规划管理运作机制进行改革，其中影响较大的是建立省市规划委员会制度和城乡规划督察员制度。自 2003 年贵州省推出了城市（城乡）规划委员会制度后，全国各地几乎都设立了省、

① 何书金，苏光全. 2000. 开发区闲置土地的数量、分布与利用潜力[J]. 地理科学进展，19(4)：343－350.

② 王兴平，崔功豪. 2003. 中国城市开发区的空间规模和效益研究[J]. 城市规划，27(9)：6－11.

③ 欧阳方兴. 2004. 耕地面积 7 年减少 1 亿亩，专家提四大措施遏止[N]. 经济日报，2004－5－18.

④ 作者不详. 2012. 争建开发区热潮，已经成为毁灭资源，外资对中国进行制度性掠夺的一种方式[EB/OL]. 2012－07－28. http://bbs.tianya.cn/post-worldlook－518192－1.shtml.

⑤ 仇保兴. 2004. 当前我国城市规划管理体制改革的若干重点[J]. 规划师，20(1)：5－9.

⑥ 李晓龙，门晓莹. 2004. 城乡规划管理体制改革探索[J]. 规划师，20(3)：5－8.

市两级城乡规划委员会，在发达地区的县级市也设立了城乡规划委员会，负责审议、协调城乡规划制定、修改、实施和监督。自2006年住建部启动城乡规划督察员试点工作以来，住建部已下派7批城乡规划督察员，部派督察员进驻城市总数将达103个，督察员总数达到116名，基本覆盖由国务院审批总体规划的城市①。无论是建立规划委员会制度，还是派驻规划督察员制度，都旨在加强规划垂直管理。

但在现实中，规划垂直管理的作用是有限度的。以苏州为例，地市级规划主管部门为苏州市规划局，县级市规划主管部门有常熟市规划局、张家港市规划局、昆山市规划局、吴江市规划局（2012年9月吴江撤县建区，成为苏州市吴江区）和太仓市规划建设局（下设规划管理科）。地级市规划主管部门的苏州市规划局与其所辖县级市规划主管部门之间关系几乎是平行设置，县级市规划主管部门的领导人选、财务、人员工资、规划管理执法等各自独立，市局充其量仅是规划业务指导。在地理范围上苏州市区包括姑苏区（为原金阊区、平江区、沧浪区合并而成）、苏州工业园区、苏州高新区（虎丘）区、苏州吴中区、苏州相城区、苏州吴江区。但在规划权限上，苏州市下设各区规划权限非常不平衡。苏州工业园区规划建设局高度独立，在很大程度上游离于苏州市规划局。苏州高新区（虎丘区）规划分局尽管权限比苏州工业园区要小得多，但与姑苏、吴中、相城三区相比，具有很大的自主性。对于撤县建区的吴江区，为保障平稳过渡，其规划行政在三年内不会发生大变化，仍将保持高度的独立性。从苏州市规划监察支队职能设置上可以看出苏州市下设各区规划权限的大小。苏州市规划监察支队规定：对苏州市市区（工业园区除外）实施规划监察和按管理权限依法查处违法建设。其主要职责有：负责对已取得建设工程规划许可证的建设工程项目进行跟踪督查；负责对规划部门已受理行政许可申请或者已经规划部门批准的在建项目，未按规划设计或者许可条件建设的违法建设进行立案、调查、取证，并提出处理意见；参与市局、吴中区、相城区建设工程项目的竣工规划核实工作②。

3.2.2　规划管理模式变革

1）治理理念下的行政管理模式变革

从总体上看，1980年代中国行政系统内部上下级政府之间规划管理权力调整和再配置，没有超越1978年之前在行政体制内"集权—分权"、行政机构数量的增减和机构之间的分合（分开与合并）的传统做法，没有从根本上走出"一统就死、一放就乱"的怪圈，也没有打破政府提供公共物品和服务的垄断。因而，城乡规划管理体制改革必须突破行政权力在中央与地方之间上下移动和机构简单撤并的传统思路和做法。自1990年代以来，围绕"政府职能"和"管理模式"，中国行政管理体制先后经历了两次大的改革：以"政企分开"为重点的政府职能转变和以"建设服务型政府"为目标的政府管理模式变革。前者强调向市场分权，重构"政府—市场"关系；后者着重向社会还权（分权和赋权），旨在重构"国家—社会"关系。在时间节点上，市场化分权先于社会化分权的改革。

（1）以"政企分开"为重点的政府职能转变

1992年，邓小平"南方谈话"打破了市场经济"姓资姓社"的意识形态禁锢。同年10

① 张际达. 2012. 住房城乡建设部派出第7批城乡规划督察员[EB/OL]. 2012-9-27. http://www.mohurd.gov.cn/bldjgzyhd/201209/t20120927_211490.html.

② 作者不详. 2011. 规划监察支队工作职责[EB/OL]. 苏州市规划监察支队，2011-07-28. http://www.szghj.gov.cn/szghjczd/infodetail/?infoid=3257383c-c248-47ff-87d8-1731604cbcbb.

月12日，在中国共产党第十四次全国代表大会上，时任国家领导人的江泽民提出，我国经济体制改革的目标是建立社会主义市场经济体制，使市场在社会主义国家宏观调控下对资源配置起基础性作用。1993年11月14日，中国共产党第十四届三中全会通过了《中共中央关于建立社会主义市场经济体制若干问题的决定》，该决定提出转换国有企业经营机制，建立现代企业制度；培育和发展市场体系；转变政府职能。转变政府职能，说到底是解决政府应该管什么(管理的幅度)，管到什么程度(管理的程度)和应该怎样管(管理的方式)的问题。自上一阶段行政性分权后，国家逐步认识到，提高经济效率，搞活企业，关键不在于行政权力是集中中央还是分散于地方，而是要激活经济发展的微观主体——企业，将生产经营的权力真正交给企业，将企业培养成自主经营、自我管理、自负盈亏和自我发展的市场主体。

(2) 以"建设服务型政府"为目标的政府管理模式转变

自2000年以来，伴随社会问题(如社会公正问题、地区差异问题、公共服务长期严重短缺问题)不断显现和公民的主体意识、权利意识、参与意识的日益增强，传统"重权力、轻权利，重限制、轻责任，重支配、轻服务"的"管制"模式越来越不适应社会管理的要求，为了改变长期以来"门难进、脸难看、事难办"的官僚作风和抵制"权力部门化、部门利益化"现象，客观要求推进行政管理模式由以"管制"为主导向以"服务"为主导的方向转变。21世纪初，建设服务型政府成为我国行政改革的目标，最先在学术界达成一致共识①②，并很快上升为国家行政管理体制改革的目标。2004年12月21日，温家宝总理在中央党校省部级主要领导干部"树立和落实科学发展观"专题研究班结业式上，首次公开提出了"建设服务型政府"的政府建设目标③；在《2005年政府报告》中，再次明确提出"建设服务型政府"，并得到了全国人民代表大会的批准，这意味着"建设服务型政府"作为政府管理模式转变的目标已上升到国家层面。而推动行政管理社会化，打破行政对公共服务的垄断，是建设服务型政府的一项重要内容。凡公民、社会组织能够自主决定，市场竞争机制能够有效调节，行业组织或者中介机构能够自律管理的事项，政府都应该主动退出。

作为行政管理的有机组成部分，城乡规划管理随行政管理体制的变革而变革。2004年，住房与城乡建设部副部长仇保兴曾指出，对于城乡规划管理，需要打破城乡规划管理主管部门的行政垄断，打破封闭式规划编制、规划实施和规划监督，"规划审批、管理和调控的过程要从行政手段为主，转向依法治理、相互制约和全民参与"，"城市规划的编制让渡给专家、公民，城市规划的实施让渡给企业，城市规划的实施监督让渡给社会"。④ 从城乡规划编制，到规划实施和监督，规划编制业务的市场化、城市规划管理的社会化、城市规划实施的市场化推动城乡规划管理体制的变迁。

2）市场导向的城乡规划编制与实施

(1) 规划编制的市场化

1990年前后，对原地方政府所属的规划设计单位实行改制。规划设计单位的改制目

① 刘熙瑞. 2002. 服务型政府——经济全球化背景下中国政府改革的目标选择[J]. 中国行政管理,(7):5-7.
② 吴敬琏. 2003. 建设一个公开、透明和可问责的服务型政府[J]. 领导决策信息,(25):20-21.
③ 温家宝. 2004. 深化行政管理体制改革加快实现政府管理创新[J]. 国家行政学院学报,(1):4-8.
④ 仇保兴. 2004. 城市经营、管治和城市规划的变革[J]. 城市规划,28(2):8-22.

标是多元的：① 打破政府在规划编制领域的行政垄断。将规划设计单位从行政事业编制中剥离出来，实行自主经营、自负盈亏的“企业化”管理，改变了以往规划的编制中因政府垄断所造成的管理低效和官僚主义。② 提高规划编制质量。规划设计单位改制意味着规划设计单位以完全“市场人”的身份参与竞争，在市场中谋生存、寻发展，并逐步向国外开放，从而在国内逐步建立起规划编制市场。对利益的追求成为企业最主要的目标，规划设计单位必须不断提高规划设计质量才能在市场上立足，政府则通过“市场采购”的方式购买规划公共服务，从而提高公共物品供给效率。③ 培养规划编制队伍，促进中国城市规划事业的发展。通过市场竞争，迫使企业不断提高自身素质，培养市场需要的人才。

（2）规划实施的市场化

1990 年代初，西方新自由主义和新公共管理思潮在中国迅速蔓延。至 1990 年代中后期，“城市经营”理念已成为许多沿海城市政府的主导管理理念。如，大连市自 1992 年率先开展城市经营实践，主张转变“政府包揽、垄断经营”的基础设施经营体制和管理方式，提倡开放作业，引入市场竞争机制，鼓励各种所有制成分的企业参与区域性基础设施的管理和经营。进入 21 世纪，城市经营受到学者和地方政府大力追捧，城市经营在全国各地城市大行其道。城市经营是运用市场经济的手段，对城市自然生成资本（如土地）与人力作用资本（如路、桥）及其相关延伸资本（如路、桥冠名权）等进行集聚、重组和营运，最大限度地盘活存量，吸引增量，走出一条“以城建城、以城兴城”的城市建设的市场化之路①②。“最好的政府，用市场机制与非政府组织合作等方式提供最大的公共服务”③。

陈岩松、王巍较全面地总结了国内城市政府经营城市的一些具体做法④：① 把城市作为最大的国有资产来经营，使土地资源、基础设施和城市空间在资产运作中增值，提升城市功能，扩大经营容量，树立独特的城市形象，创造良好的投资环境，实现经济效益、社会效益和环境效益的协调统一。② 用市场经济的观念重新认识、审视城市建设和发展，通过对城市各项资源、资本的科学运营，最大限度地盘活存量，吸引增量，实现城市存量资源和增量资源效益最大化，进而增强城市经济实力和综合竞争力。③ 成立城市国有资产经营公司，在国有资产管理委员会授权下，行使国有资产出资人的权利，通过有形资产的经营增值、无形资产的变现和城市品牌的升值，为城市建设聚集资金。④ 建立土地储备、招标、拍卖制度，通过土地有偿使用，增加土地收益，走以地生财、以地兴城的路子。⑤ 除市政公用管网由政府控制外，将建设系统各行业向非国有经济开放，采取特许经营方式，转让路、桥、给排水、污水处理、燃气等基础设施的经营权，吸引外资和社会资金。⑥ 把城市交通、供水、煤气、热力和污水处理等市政公用事业从政府职能中剥离出来，组建城建国有资产经营有限公司，以法人身份独立参与市场竞争，发挥城市基础设施的潜在效能。⑦ 成立城建投资开发总公司，对城建资金进行归集和管理，通过参与城建项目投资、管理和开发经营，滚动发展。⑧ 盘活和优化现有城市基础设施的存量资产，采用转让—经营—转让（TOT）方式，将部分或全部资产采用转让、入股、拍卖、使用权出让、经营权转让等方式运作，以吸引社会资

① 张炜，董敏. 2001. 城市经营与城建投资体制改革初探[J]. 城市发展研究，8(3)：33－36.

② 刘维新，张红. 2001. 城市经营、土地储备与土地金融[J]. 中国房地产金融，(10)：6－11.

③ 郝铁川. 2002. 从“统治”到“治理”——一种新的社会管理理论评价[N]. 文汇报，2002－06－07(11).

④ 陈岩松，王巍. 2002. 关于城市经营的研究与思考[J]. 城市规划，26(2)：80－85.

金。供水、供气、供热企业，除国家法律法规明确规定外，吸引各种成分参与经营；城市公共客运交通，通过出让交通线路经营权，吸引社会资金参与经营；出租汽车通过竞标取得经营权。⑨ 对城市的开发权、使用权、广告权、冠名权、特许经营权等无形资产进行招标拍卖，发挥无形资产的效益。⑩ 按照谁投资、谁经营、谁受益、谁承担风险的原则，采用建设—经营—转让(BOT)方式建设经营城市基础设施。对城市道路、供水、排水、供气、供热、公共客运交通、园林绿化、公共厕所、污水处理、垃圾处理等设施的建设及建成后的运营，实行公开向社会招标，中标者成为投资主体，对项目的策划、资产筹措、建设实施、管理运营、债务偿还和资产的保值增值，实行全过程负责，并享有一定期限的收益权。⑪ 大型的城市基础设施项目通过发行股票、债券方式进行融资。⑫按照"政企分开、政事分开、建管分开、管养分开"的思路，转变"政府包揽、垄断经营"的市政公用事业经营体制和经营方式，开放作业市场，引入竞争机制，鼓励各种所有制成分的企业经政府特许，参与市政公用事业的管理和经营。走专业化、企业化经营的路子。⑬将市政、园林、环卫养护作业推向市场，通过公开招标和企业承包的办法，承担养护作业任务。

(3) 典型案例：长沙市环路建设开发有限公司①

1997 年长沙市人民政府批准组建长沙市环路建设开发有限公司。长沙市环路建设开发有限公司严格按企业模式运作，实行统一业主、统一建设、统一融资、统一招商、统一经营的操作模式，严格遵循工程项目法人制、招投标制、监理制、材料统一采购制、质量终身责任制，并按项目设立子公司，通过借壳上市从资本市场筹集资金。1998 年，长沙市环路公司将自己有稳定收益的优质资产成功地置换了在深圳上市的"湘中意"的亏损概念部分，通过控股湖南投资股份有限公司，顺利实现了借壳上市，使长沙环路建设有了稳定的资金来源。除此之外，他们积极争取银行贷款支持，他们以城市道路桥梁的收费权获得金融机构的支持，其中国家开发银行已陆续投入 16.9 亿元、建设银行投入 6.3 亿元。加快城市基础设施建设和市政公用产业的市场化进程可以长沙市公交公司为例。1998 年该公司实行公交公司股份制改革，广泛筹集资金，1998 年新增的 190 辆客车全部来自社会资金。同时该公司以部分净资产和无形资产与上海巴士实业公司等联合成立长沙巴士股份有限公司，一次引入资金近 2000 万元，扭转了公交长期只亏不盈的局面，首次实现盈利 399 万元。同时，长沙市对城市道路、自来水公司、液化气公司也推行市场化改革，实现"以地养路"、"以水养水"、"以气养气"等方法，使公用事业摆脱了困境，也大大减轻了政府的包袱。

3) 社会导向的城乡规划管理民主化

(1) 城乡规划管理模式转变

2007 年中共十七大报告提出，"要健全民主制度，丰富民主形式，拓宽民主渠道，依法实行民主选举、民主决策、民主管理、民主监督，保障人民的知情权、参与权、表达权、监督权"，"人民依法直接行使民主权利，管理基层公共事务和公益事业，实行自我管理、自我服务、自我教育、自我监督，对干部实行民主监督，是人民当家作主最有效、最广泛的途径"。2007 年 10 月 28 日颁布了《城乡规划法》，初步建构了城乡规划管理社会化的制度框架。从"城市规划"到"城乡规划"，从忽略公众角色到重视公众声音，这是我国城乡规划民主化、科学化的重大进步，也是我国公众参与民主形式法制化、程序化的重要进展。

---

① 陈先枢. 2001. 经营城市——城市发展的必由之路[J]. 现代城市研究，(5)：4-7.

在此，以 1989 年版《城市规划法》与新版《城乡规划法》中公众参与内容比较，来进一步说明。1989 版的《城市规划法》仅仅在其第 28 条中规定："城市规划经批准后，城市人民政府应当公布。"2007 年版《城乡规划法》有 10 条关于城市规划公众参与的相关规定（表 3.4）。1989 年《城市规划法》仅对公众知情权作出原则规定，而 2007 年《城乡规划法》对公众知情权、参与权、表达权和监督权都作出了明确的规定，并对公众权利的实现途径和方式作出了原则性规定。同时，《城乡规划法》第 58 条和第 60 条对违反规划公开化和公众参与行为的法律责任给予了原则性界定。

表 3.4 《城市规划法》与《城乡规划法》中关于公众参与内容的比较

<table>
<tr><th colspan="2">《城市规划法》</th><th colspan="2">《城乡规划法》</th></tr>
<tr><th>相关条文内容</th><th>公众权利</th><th>相关条文内容</th><th>公众权利</th></tr>
<tr><td rowspan="10">第 28 条 城市规划经批准后，城市人民政府应当公布</td><td rowspan="10">知情权</td><td>第 8 条 城乡规划组织编制机关应当及时公布经依法批准的城乡规划。但是，法律、行政法规规定不得公开的内容除外</td><td>知情权</td></tr>
<tr><td>第 9 条 任何单位和个人……有权就涉及其利害关系的建设活动是否符合规划的要求向城乡规划主管部门查询。
任何单位和个人都有权向城乡规划主管部门或者其他有关部门举报或者控告违反城乡规划的行为。城乡规划主管部门或者其他有关部门对举报或者控告，应当及时受理并组织核查、处理</td><td>参与权
监督权</td></tr>
<tr><td>第 16 条 ……规划的组织编制机关报送审批省域城镇体系规划、城市总体规划或者镇总体规划，应当将本级人民代表大会常务委员会组成人员或者镇人民代表大会代表的审议意见和根据审议意见修改规划的情况一并报送</td><td>表达权</td></tr>
<tr><td>第 22 条 ……村庄规划在报送审批前，应当经村民会议或者村民代表会议讨论同意</td><td>表达权</td></tr>
<tr><td>第 26 条 城乡规划报送审批前，组织编制机关应当依法将城乡规划草案予以公告，并采取论证会、听证会或者其他方式征求专家和公众的意见。……组织编制机关应当充分考虑专家和公众的意见，并在报送审批的材料中附具意见采纳情况及理由</td><td>表达权</td></tr>
<tr><td>第 40 条 ……修建性详细规划、建设工程设计方案的总平面图予以公布</td><td>知情权</td></tr>
<tr><td>第 46 条 省域城镇体系规划、城市总体规划、镇总体规划的组织编制机关，应当组织有关部门和专家定期对规划实施情况进行评估，并采取论证会、听证会或者其他方式征求公众意见。组织编制机关应当向本级人民代表大会常务委员会、镇人民代表大会和原审批机关提出评估报告并附具征求意见的情况</td><td>表达权</td></tr>
<tr><td>第 48 条 修改控制性详细规划的，组织编制机关应当对修改的必要性进行论证，征求规划地段内利害关系人的意见……</td><td>表达权</td></tr>
<tr><td>第 50 条 （法定）修建性详细规划……确需修改的，城乡规划主管部门应当采取听证会等形式，听取利害关系人的意见……</td><td>表达权</td></tr>
<tr><td>第 54 条 监督检查情况和处理结果应当依法公开，供公众查阅和监督</td><td>监督权</td></tr>
</table>

从规划编制、实施到监督的各个主要阶段，《城乡规划法》都对城乡规划管理的社会化作出原则性的规定，包括[①]：① 在规划编制阶段，要求组织编制机关应当先将城乡规划草案予以公告，并采取论证会、听证会或者其他方式征求专家和公众意见，并在报送审批的材料中附具意见采纳情况及理由。② 在规划实施阶段，要求城市、县人民政府城乡规划主管部门将法定的修建性详细规划、建设工程设计方案的总平面图予以公布。变更规划条件且获批准的，应当将依法变更后的规划条件公示。③ 在修改控规、详规和建设工程设计方案的总平面时，城乡规划主管部门应当征求规划地段内利害关系人的意见。④ 在规划实施监督阶段，任何单位和个人有查询、举报或控告违反城乡规划行为的权力。进行城乡规划实施情况的监督后，监督检查情况和处理结果应当公示，供公众查阅和监督。

（2）案例分析：城市总体规划编制阶段的公众参与

① 公众参与南京市城市总体规划编制

2007 年南京开展了新一轮城市总体规划修编工作。总体规划修编工作分三阶段进行：2007 年 3 月至 2008 年 6 月为前期准备阶段，主要开展城市发展战略研究及相关专题的研究组织工作；2008 年 6 月至 2009 年 4 月为纲要阶段，完成总体规划的纲要成果内容，并通过部、省论证审查；2009 年 4 月至 8 月为成果阶段，根据部、省联席会对纲要成果提出的修改意见，对成果进一步完善和深化。南京市按照“政府组织、部门合作、专家领衔、公众参与、科学决策”的方针组织城市规划的公众参与工作。与传统公众参与模式（以往通过规划成果公示告知、规划批后发布接受监督、举办城市规划展览进行宣传教育等）不同，本次南京市推动公众参与规划旨在变“事后”参与到全过程参与，强调参与前置：变“专家参与”到“多角色参与”、变“被动参与”到“主动参与”、变“形式参与”到“内容参与”[②]。引导城市规划参与由过去的“教育执行阶段”逐步转向“权利代表阶段”。

② 公众参与深圳市城市总体规划编制

2006 年启动的深圳新一轮城市总体规划修编工作，将公众全过程主动积极参与规划作为一项重要内容，努力引导公众参与的目标和模式由“咨询公众”到“共同决策”的根本性转变。深圳城市总体规划公众参与的过程设计为三个阶段[③]：

第一阶段：民意调查。该阶段是公众参与的发动、宣传和普及阶段，也是全面广泛收集民意的重要阶段，旨在掌握公众对总体规划的关心程度、关注重点以及对规划编制的意见和建议等，通过学校与家庭联动调查、行业协会与企业联动调查、媒体与公众互动调查、特定人群抽样调查、网络普遍性调查、短信随机性调查等六种途径展开。

第二阶段：咨询讨论。该阶段针对民意调查阶段收集的社会关心的重点、热点问题进行开放式沟通和交流，主要以公共论坛或专题研讨的形式展开，邀请相关领域的技术专家、政府部门代表、市民代表参加，动员电视、报纸、广播和网站等媒体进行深度

---

① 全国人大常委会法制工作委员会经济法室，等. 2008. 中华人民共和国城乡规划法解说[M]. 北京：知识产权出版社：41.

② 徐明尧，陶德凯. 2012. 新时期公众参与城市规划编制的探索与思考——以南京市城市总体规划修编为例[J]. 城市规划，36(2)：73 - 81.

③ 邹兵，范军，张永宾，等. 2011. 从咨询公众到共同决策——深圳市城市总体规划全过程公众参与的实践与启示[J]. 城市规划，35(8)：91 - 96.

报道。

第三阶段：成果公示。该阶段为规划成果报批前的公众意见征询阶段，又可以分为规划纲要、初步方案、送审成果和批复文件等多个阶段的公示。通过城市规划展厅、报纸、网络、电视等多种途径，将总规修编的各阶段成果内容向社会发布，征求市民意见。

南京与深圳城市总体规划公众参与比较见表3.5。

表3.5 南京与深圳城市总体规划公众参与比较

规划阶段		南京	深圳
规划修编前期（民意调查）	活动组织	市规划局组织了“2007南京城市规划市民意见咨询活动”	市规划局组织了“人人参与规划、共建和谐深圳”为主题的活动
	组织目的	收集市民对2001年版规划的实施评价意见及其对新一轮城市总体规划修编的意见和建议	全面广泛收集民意，分析公众需求
	组织动员	《南京日报》、《金陵晚报》设置多个版面进行公众参与规划宣传； 在规划展览馆制作展板； 规划局网站进行相应内容宣传	通过报刊、电视、电台、网络、电话等方式进行公众参与规划宣传； 发放《公众参与深圳城市总体规划修编宣传彩页》
	组织形式	成立“规划进社区活动工作组”展开全面咨询、调查	建构各种民意信息收集平台；家庭学校联动开展问卷调查；协会企业联动开展问卷调查
	参与主体	主要是规划等政府部门、普通公众、各界专家学者及专业人士	规划等政府部门、普通公众、各行业协会、各非政府组织与社会团体、企事业单位、各界专家学者及专业人士
	参与方式	现场问卷调查； 在南京城市规划网展开网络调查； 在调查之前，已将“技术型”的规划内容“转译”为老百姓能懂的信息	电视：深圳卫视的《城市对话》栏目中开辟题为“公共政策制定与公众参与”节目； 电台：深圳电台开设以“规划和谐、和谐规划”为主题的公众参与规划的话题讨论； 报纸：《市民论坛》栏目连续数周开展总规修编公众参与的系列话题讨论； 电话：开设“规划与公众”热线电话；开设“规划与公众”短信平台； 网络：在深圳城市规划网上开设了“公众参与总规修编”的专栏；建立了电子邮件接收平台； 问卷调查：对普通市民、行业企业、特殊群体（残疾人等）展开问卷调查或抽样调查
	意见处理	建立数据库；形成专门咨询意见分析报告	专门开发了基于大型数据库的“公众参与民意收集系统”，对各种途径收集来的民意进行录入、分类、统计和分析

续表 3.5

规划阶段		南京	深圳
规划纲要阶段	活动组织	市规划局牵头，与南京师范大学联合成立课题组设计纲要阶段的问卷调查；对调查员进行培训	市规划局
	组织目的	对新一轮规划方案提意见和建议	开放式讨论、多方利益协调和平衡
	组织动员	通过展示材料，以宣传海报形式在10个目标社区人流比较集中的广场、健身场地、菜市场门口、小区门口、社区居委会门口等地方进行一周时间的宣传	动员电视、报纸、广播和网站等媒体
	组织形式	进入社区调查	公共论坛、专题研讨
	参与主体	市民、专家学者	主要为政府相关部门、专家学者
	参与方式	问卷调查。调查之前已将“技术型”的规划内容“转译”为老百姓能懂的信息	会议、网络
	意见处理	建立数据库；形成专门咨询意见分析报告	理性辩论
规划成果草案阶段（成果公示阶段）	活动组织	市规划局	市规划局联合市区相关政府
	组织目的	对规划成果草案提意见和建议	
	组织动员	通过媒体做好宣传和信息发布工作； 召开公众意见征询新闻通气会； 组织“规划进社区团队”到各区县进行现场宣传动员	通过现代传媒宣传动员
	组织形式	在前两个阶段经验上，组织形式逐步多元化	报刊、电视、电台、网络、电话等方式
	参与主体	规划局、市民、专家学者	规划局、社会各界
	参与方式	市规划局对成果草案进行一个月的公示； 规划局召开专题内容的说明和答疑会； 在市规划建设展览馆进行市民咨询、解释等工作； 发放大量信封，市民用书面形式表达意见； 开设专门的电话，接受市民咨询、听取市民意见； 通过传真、电子邮件、网络等收集意见	在各区政府办公场所设置多个展示地点； 在300个社区设立规划成果公示栏； 采用了热线电话、短信平台、电子信箱、官方网站、信件邮寄、现场填表、媒体发布等多种手段进行问卷调查
	意见处理	依据意见内容进行分类；并对公众意见按采纳、予以考虑和给予解释三种方式进行处理	针对公众建议采用“已有表述”、“采纳”、“部分采纳”、“不采纳”、“解释说明”五种方式进行处理，并建立意见反馈、回应机制

3.2.3　规划管理法制进程

城乡规划法制是城乡规划管理机构、权力配置和运行机制的制度化形式。城乡规划法制建设既是城乡规划工作开展的基础，也是城乡规划作用得以发挥的基本保障。1978年以来中国城乡规划法制建设工作不断完善，具体见表3.6。

表3.6　1978年以来中国城乡规划法制进程

时间	事件	内容	备注
1979-03-12	国务院成立城市建设总局；开始起草《城市规划法》	城市建设总局直属国务院，由国家建委代管	—
1980-10-05	国家建委在北京召开了全国城市规划工作会议。参加会议的有各地建委和城市规划、城市建设部门领导，高等院校、设计科研单位的代表和专家学者	讨论制定了《城市规划法(草案)》，研究了今后城市规划工作的方针、政策和措施	—
1980-12	国务院批转《全国城市规划工作会议纪要》下发全国实施	第一次提出要尽快建立中国的城市规划法制	—
1980-12	国家建委正式颁发了《城市规划编制审批暂行办法》和《城市规划定额指标暂行规定》	这两个规章的颁布实施，为城市规划的编制、审批和指标管理提供了基本依据	部门规章
1984-01-05	国务院颁布了《城市规划条例》，共分7章55条，从城市分类标准，到城市规划的任务、基本原则，从城市规划的编制和审批程序，到实施管理与有关部门的责任和义务，都作了较详细的规定	这是新中国成立以来城市规划领域第一部行政法规，对城市规划起到了综合指导的作用。在《城市规划条例》颁布实施后，许多省、市、自治区相继制定和颁发了相应的条例、细则或管理办法	行政法规
1987-10	建设部在山东省威海市，召开了全国第一次城市规划管理工作会议	—	—
1988	建设部在吉林召开第一次全国城市规划法规体系研讨会，提出建立包括有关法律、行政法规、部门规章、地方性法规和地方规章在内的城市规划法规体系	—	—
1989-12-26	全国人大常委会颁布了《中华人民共和国城市规划法》	为各地的城市规划编制、审批、实施等管理提供了法律依据。1990年4月1日施行，《城市规划法》施行后，《城市规划条例》同时废止	法律
1990	建设部颁发《关于抓紧划定城市规划区和实行统一的"两证"的通知》	城市规划的实施管理	—
1990-02-23	建设部颁发《关于统一实行建设用地规划许可证和建设工程规划许可证的通知》(建规〔1990〕66号)	城市规划的实施管理规章	部门规章
1991-08-23	建设部、国家计委共同颁发《建设项目选址规划管理办法》(建设部、国家计委建规〔1991〕583号)	城市规划的实施管理。强调建设项目选择和布局与城市规划密切结合	部门规章

续表 3.6

时间	事件	内容	备注
1991-09-02	建设部颁发了《城市规划编制办法》(建设部令第 14 号),1980 年颁布《城市规划编制审批暂行办法》同时废止	城市规划编制管理	部门规章
1992-01-21	国务院批转建设部《关于进一步加强城市规划工作的请示》,强调各级人民政府要进一步加强对城市规划工作的领导,逐步建立、健全各级城市规划管理机构	城市规划管理体制	法规性文件
1992-06-03	建设部发布《城建监察规定》(建设部令第 20 号)	—	部门规章
1992-11-06	建设部颁发了《城市国有土地使用权出让转让规划管理办法》(建设部令第 22 号)	城市规划实施管理规章	部门规章
1993-06-29	发布《村庄和集镇规划建设管理条例》(国务院令第 116 号)	—	行政法规
1994-08-15	建设部发布《城镇体系编制审批办法》(建设部部长令第 36 号)	城市规划编制管理规章,对城镇体系规划编制组织、编制内容、审批等进行规定	部门规章
1995-06-08	建设部发布《城市规划编制办法实施细则》(建规〔1995〕333 号)	城市规划编制管理规章	部门规章
1995-01-23	建设部发布《开发区规划管理办法》(建设部令第 41 号)	—	部门规章
1995-06-29	建设部发布《建制镇规划建设管理办法》(建设部令第 44 号)	—	部门规章
1996-05-08	《国务院关于加强城市规划工作的通知》(国发〔1996〕18 号)	加强对城市规划工作的领导,规划管理权必须由城市人民政府统一行使,不得下放管理权,加大执法力度,保障城市规划实施	法规性文件
1997-10-27	建设部发布《城市地下空间开发利用管理规定》(建设部令第 58 号)	—	部门规章
2000-02-14	建设部发布《村镇规划编制办法》(试行)(建村〔2000〕36 号)	—	规范性文件
2000-04-06	建设部发布《县域城镇体系规划编制要点》(试行)(建村〔2000〕74 号)	—	规范性文件
2002-05-15	《国务院关于加强城乡规划监督管理的通知》(国发〔2002〕13 号)	强化城乡规划对城乡建设的引导和调控,健全城乡规划建设的监督检查	法规性文件
2002-08-02	建设部等九部委发布《国务院关于加强城乡规划监督管理的通知》(建规〔2002〕204 号)	加强规划集中统一管理,建立健全规划实施的监督机制、规范城乡规划管理行政行为、建立行政纠正和行政责任追究制度等 12 项内容	规范性文件

续表 3.6

时间	事件	内容	备注
2002-08-29	建设部印发《近期建设规划工作暂行办法》、《城市规划强制性内容暂行规定》的通知(建规〔2002〕218号)	—	规范性文件
2002-12-26	《建设部关于加强国有土地使用权出让规划管理工作的通知》(建规〔2002〕270号)	—	规范性文件
2003-02-28	建设部《关于加强省域城镇体系规划实施工作的通知》(建规〔2003〕43号)	—	规范性文件
2003-09-02	建设部《关于进一步加强与规范各类开发区规划建设管理的通知》(建规〔2003〕178号)	要求严格规范开发区的设立和扩区、强化开发区的规划管理、查处各类违法违规行为	规范性文件
2005-10-28	《城市规划编制办法》(建设部令第146号),1991年《城市规划编制办法》废止	对城市规划编制组织、内容等作出规定	部门规章
2006-09-19	国务院发布《风景名胜区条例》(国务院令第474号)	加强对风景名胜区的规划、保护、利用和管理	行政法规
2007-10-28	第十届全国人大常委会通过《城乡规划法》,自2008年1月1日起实施	—	法律
2008-04-22	国务院发布《历史文化名城名镇名村保护条例》(国务院令第524号)	加强对风景名胜区规划、保护、利用和管理	行政规章
2010-12-01	《城市、镇控制性详细规划编制审批办法》(建设部令第7号)	—	部门规章

1）城乡规划法制起草准备阶段(1978—1988年)

1978年以前,城市规划法规的主要表现形式是“中央文件”、“会议纪要”等形式,人治痕迹较重。1979年3月,国家建委和城建总局在总结城市规划历史经验教训的基础上,经过调查研究,开始起草《城市规划法》草案。1980年12月,国务院批转《全国城市规划工作会议纪要》下发全国实施,提出要尽快建立我国的城市规划法制,改变只有人治、没有法治的局面。同时国家建委正式颁布了《城市规划编制审批暂行办法》和《城市规划定额指标暂行规定》两个部门规章。这两个规章的颁布实行,为城市规划的编制和审批提供了法律和技术的依据。1984年,国务院颁发了《城市规划条例》,这是新中国成立以来,城市规划专业领域第一部综合性的基本法规。1988年,建设部在吉林市召开了第一次全国城市规划法规体系研讨会,提出建立以《城市规划法》为核心的包括有关法律、行政法规、部门规章、地方性法规和地方规章在内的城市规划法规体系。这次会议为推动我国城市规划立法工作、制定城市规划立法奠定了基础。

2）城乡规划法规不断完善阶段(1989—2007年)

1989年12月26日第七届全国人民代表大会常务委员会第十一次会议通过《城市规

划法》，1990 年 4 月 1 日起正式施行。以后的十几年时间，随着城乡规划法的配套规章、技术标准和技术规范建设，以及城乡规划相关法规和行政法规的颁布和实施，以《城市规划法》为核心的城乡规划法规体系基本建立（图 3.1）。从管理性质的角度，将此阶段建立的城乡规划法规分为行政规范性文件和技术规范性文件两类①。

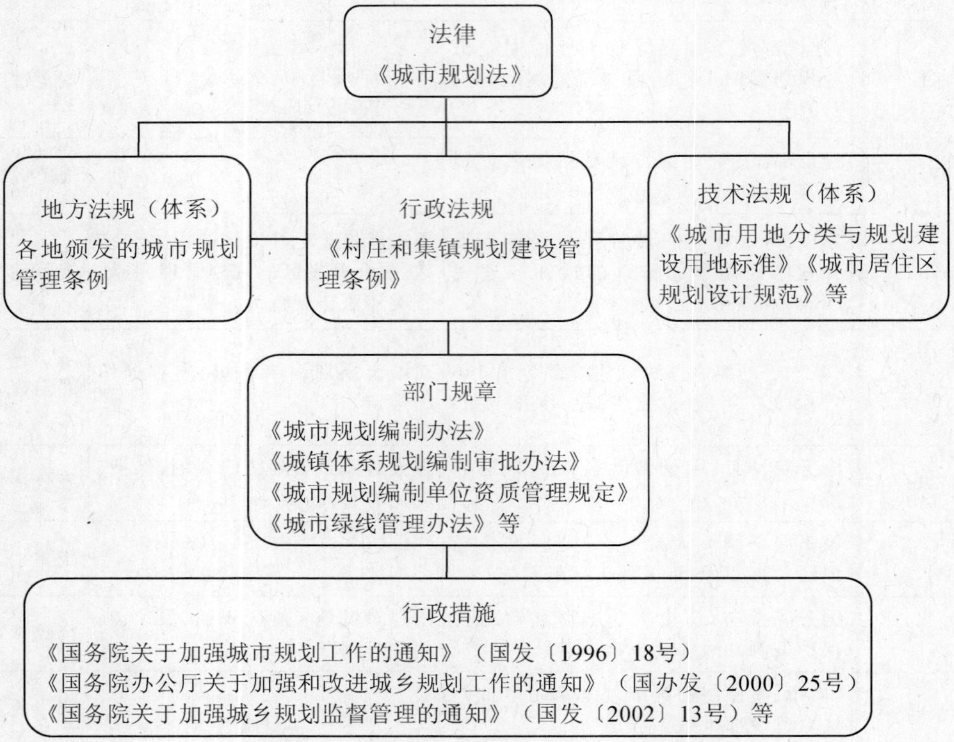

图 3.1　以《城市规划法》为基础的法规体系

（1）行政规范性文件

第一层面：国家法律——《城市规划法》，确立城乡规划在国家系统中的基本地位以及空间规划体系的基本框架。

第二层面：行政法规——国务院颁布的有关城乡规划的规范性文件，如《城市规划条例》《村庄和集镇规划建设管理条例》《风景名胜区条例》等（具体见表 3.6）。

第三层面：部门规章——建设部等国务院相关部委颁布的有关城乡规划的规范性文件，如建设部颁发的《城市规划编制办法》，建设部、国家计委共同颁发《建设项目选址规划管理办法》，等等。

第四层面：地方法规——根据上位的规范性文件和城市自身发展的特点，由地方颁布的规范性文件，如各省、市、自治区的城乡规划条例等。

上述四个层面的行政规范性文件所涉及的规划管理大致包括以下四个部分：

第一部分：规划的编制和审批，明确空间规划的基本系列和非基本系列，以及各主要

① 陈晓丽. 2007. 社会主义市场经济条件下城市规划工作框架研究[M]. 北京：中国建筑工业出版社：40－41.

规划类型的主要任务、内容、审批的规定和要求。

第二部分：规划实施管理、明确实施管理的基本制度以及管理程序，管理对象包括城市土地用途管理、建筑工程规划管理、市政工程规划管理、特殊地区的建设规划管理、历史保护的规划管理、规划实施的监督检查、公共环境的规划管理等等。

第三部分：规划行业管理，主要针对规划市场准入的咨询机构资质、规划师注册制度等的规定。

第四部分：规划行政实施保障，规定针对上下级政府之间的行政监察监督系统的构成和基本程序。

（2）技术规范性文件

第一层面：国家技术规范——针对全国规划系统的行政管理需要和规范行业技术所制定的，由强制性技术标准和指导性技术标准两部分构成。强制性技术标准对于规划行政过程中重要的政务信息收集方法、行业内部的分类技术等采用国家统一标准。如《城市用地分类标准》等；指导性技术标准对于专业的编制技术要点、重点的工程技术指标采取全国标准，如《城市地下空间规划规范》等。

第二层面：地方技术规范——各省、直辖市、自治区在符合国家的强制性标准和基本的标准框架前提下，根据地方的自然条件、社会经济发展和城市发展集体情况而制定的技术规范。

3）城乡规划法制体制初步建立（2008 年至今）

以《城乡规划法》的颁布实施为标志，城乡规划法规体系基本建立（图 3.2），为城市规划行政和城市规划运作提供法定依据和法定程序（图 3.3）。

随着改革的深化，一系列新制度如土地有偿使用制度、投资体制的改革、分税制等，带来城市发展动力的多元化和利益群体的分化。《城市规划法》形成于我国经济体制改革初期，内容上难以适应政府职能转变，对规划管理、操作程序、监督检查、法律责任规定得较少、较笼统。一方面，伴随着不同价值取向和行为方式的利益主体对利益的追求，城乡规划管理制度不适应经济体制改革的发展，使规划在制定和实施管理中不能十分有针对性地保护资源、环境、自然和历史文化遗产，以及社会弱势群体的利益。另一方面，监督机制不完善，不适应决策的科学化和民主化的发展。《城市规划法》比较注重对行政权力和管理手段的维护，而对政府部门实施监督制约和对公民、法人以及社会组织的保护性规定薄弱。在规划编制的组织上，强调单一的政府行政部门责任，没有将公众参与、多部门参与作为法定程序；规划决策限于一个相对封闭的机制。据此形成的规划管理体制，使编制和实施规划的职能主要集中在城市政府，而立法机关、上级政府、社会公众对规划工作这一行政权力缺乏有效的监督，对地方政府的违法行为缺少法定的纠正能力。第三，《城市规划法》对违法行为的处罚规定较为原则，现行可操作性差，不利于维护规划的严肃性。该法主要针对违法建设行为本身提出纠错规定，对违法行为人的处罚仅涉及由单位给予行政处分；特别是对政府的违法行为，若非涉及经济犯罪，基本上构不成法律责任。这样的法律制度，为规划决策提供了很大的随意性空间。《城市规划法》中把“法治”理解为“法制”，对行政权力的行使只注重授权而没有控权，社会权利没有得以体现。例如根据《城市规划法》第 34 条规定：“任何单位和个人必须服从城市人民政府根据城市

法律

《中华人民共和国城乡规划法》(2008－01－01)

法规

行政法规
《村庄和集镇规划建设管理条例》(1993－11－01)
《风景名胜区条例》(2006－12－01)
《历史文化名城名镇名村保护条例》(2008－07－01)

法规性文件
《国务院关于加强城市规划工作的通知》(1996－05－08)
《国务院关于加强城乡规划监督管理的通知》(2002－05－15)

省级地方法规
《江苏省城乡规划条例》(2010－07－01)
《江苏省村镇规划建设管理条例》(2004－07－01)
《江苏省风景名胜区管理条例》(2004－05－01)
《江苏省历史文化名城名镇保护条例》(2002－03－01)

市(县)级地方法规
《苏州市城乡规划条例》(2011－01－01)
《苏州市风景名胜区条例》(2009－10－01)
《苏州市城市绿化条例》(2005－12－01)
《苏州市古建筑保护条例》(2003－01－01)

规章

部门规章
与规划编制审核相关
《城市规划编制办法》(2006);《城市规划编制办法实施细则》(1995);《历史文化名城保护规划编制要求》(1994);《城市总体规划审查工作规则》(1999);《城镇体系规划编制审批办法》(1994);《建制镇规划建设管理办法》(1995);等
与规划实施管理相关
《建设项目选址规划管理办法》(1991);《城市国有土地使用权出让转让规划管理办法》(1993);等
与规划监督检查相关
《建设行政处罚程序暂行规定》(1999－02－03);《城建监察规定》(1996);等

地方规章
《苏州市历史文化名城名镇保护办法》(2003－06－01)
《苏州市古村落保护办法》(2005－06－08)
《苏州市城市管线规划管理办法》(2004－07－22)
《苏州市拆除违法建筑实施办法》(2001－01－09)
《苏州市城市管理相对集中行政处罚权实施办法》(2011－03－01);等

规范性文件

国家部委
《关于贯彻落实〈国务院关于加强城乡规划监察管理的通知〉的通知》(建规〔2002〕204 号);《建设部关于加强国有土地使用权出让规划管理工作的通知》(建规〔2002〕270 号);《关于加强省域城镇体系规划实施工作的通知》(建规〔2003〕43 号);等

省级政府
《中共江苏省委、江苏省人民政府关于进一步加强城市规划工作的意见》(苏发〔2000〕17 号);《关于严格控制和加强规划变更管理的通知》(苏建函规〔2008〕626 号);《关于印发〈江苏省城市规划公示制度(2009)〉的通知》(苏建规〔2009〕218 号);《关于贯彻实施〈江苏省城乡规划条例〉的指导性意见》(苏建规〔2010〕180 号);等

市(县)级政府
《苏州市城乡规划管理实施办法》(苏府〔2002〕55 号);《苏州市城市规划若干强制性内容的暂行规定》(苏府〔2003〕64 号);《苏州市城市规划公示制度实施细则》(苏规办〔2005〕15 号);等

图 3.2　中国城乡规划法律构成

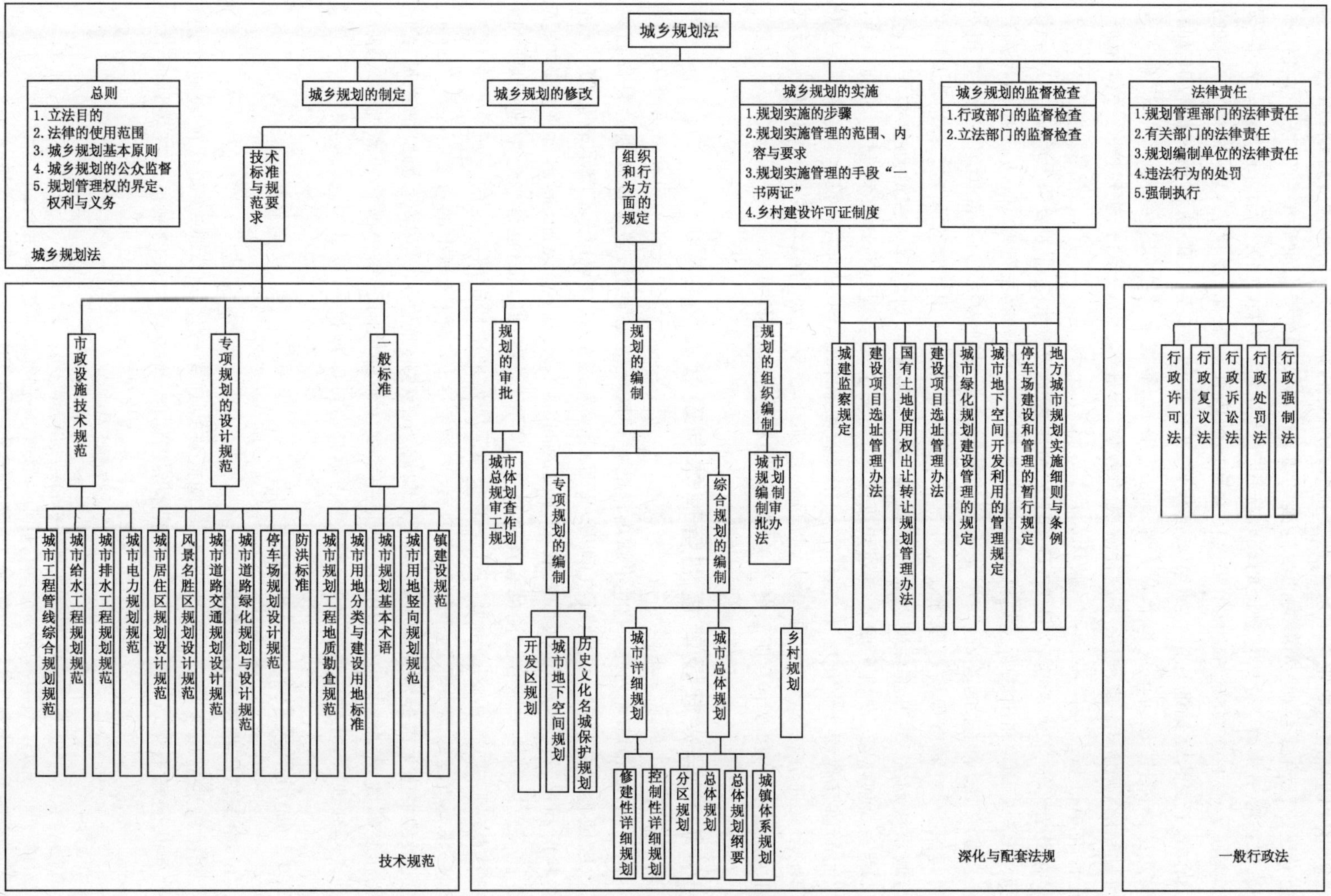

图 3.3　城乡规划法的构成与配套法律的关系

规划作出的调整用地决定”，实际上是禁止“以权利制约权力”①。在这一时期，虽然有法，但是未建成法治社会，是人治向法治过渡的阶段。在2004年修改后的新宪法中，将保护人权、保护私有财产，对私有财产的征收征用进行补偿、赔偿，建立社会保障体系等，都写入了宪法。在2007年颁布的《中华人民共和国物权法》(简称《物权法》)中对私有产权的保护作出了更为详细的规定。如第4条规定：“国家、集体、私人的物权和其他权利人的物权受法律保护，任何单位和个人不得侵犯。”第32条规定：“物权受到侵害的，权利人可以通过和解、调解、仲裁、诉讼等途径解决。”第66条规定：“私人的合法财产受法律保护，禁止任何单位和个人侵占、哄抢、破坏。”

在此背景下，2007年10月28日第十届全国人民代表大会常务委员会第三十次会议通过《中华人民共和国城乡规划法》，行政工作的核心在于依法行政，依法行政是我国建设社会主义法治国家的关键。《中华人民共和国城乡规划法》作为一部国家法律，对相对人利益保护、对城市规划管理行政公开、公众参与等方面作出了诸多规定。《中华人民共和国城乡规划法》突出城乡规划的公共政策属性和城乡规划综合调控的地位和作用，建立了城乡规划体系，严格了城乡规划修改程序，完善了城乡规划行政许可制度，强调对行政权力的监督制约并强化法律责任。《中华人民共和国城乡规划法》的颁布实施，标志着中国城乡规划法制体制的初步建立，将进一步强化城乡规划的综合调控作用，加强对国家机关工作人员和政府及所属各有关部门行政行为的监督检查。

3.3 城市群兴起及其规划管理体制现状

在中国，城市群规划是21世纪新出现的一种区域规划类型，随区域规划的复兴而兴起。“区域规划是针对一定地域空间内，根据区域发展的资源禀赋、环境承载能力、经济社会状况和比较优势，针对区域发展中存在的问题，综合研究、设计、制定旨在促进区域经济社会发展和国土综合整治的总体部署”②。同时，城市群规划也是当前中国区域规划的主要表现形式之一，这是由城市群在国家和区域发展中地位所决定的。城市群是国家参与全球竞争与国际分工的全新地域单元，是国家主体功能区划中的重要开发区和优化开发区，是中国未来经济发展中最具活力和潜力的核心增长点，是中国加快推进城镇化进程和统筹城乡发展的主体空间形态，是一系列生态环境问题集中激化的高度敏感地区和重点治理地区，在中国区域经济发展中占据核心战略地位③。

3.3.1 城市群及其规划发展历程

1）中国城市群的兴起和发展

新中国成立以来，根据规划主题，我国区域规划先后经历了1950年代的农业区划、1980年代的国土规划、1990年代的城镇体系规划和2000年以来的城市地区规划四个阶

① 左金风.2009.改革开放30年来城市规划法治的发展评述[J].求实，(11)：52－53.

② 刘卫东，金凤君，刘彦随，等.2011.2011中国区域发展报告[M].北京：商务印书馆：214.

③ 方创琳，姚士谋，刘盛和，等.2011.2010中国城市群发展报告[M].北京：科学出版社：8－11.

段①。中国城市群的真正发育始于1980年代，至今大致经历了三个阶段：1980年代城市群萌芽阶段、1990年代城市群发育阶段、2000年以来城市群快速发展阶段②。

(1) 1980年代城市群萌芽阶段

1980年代的行政性分权，不仅扩大了地方的自主权，同时中央也允许地方政府间可通过横向联合搞区域共同开发。1980年7月中央政府发布了《国务院关于推进经济联合的暂行规定》，1981年全国人大五届五次会议进一步提出了充分发挥城市的中心作用，逐步形成以城市特别是大中城市为依托的、不同规模的开放式、网络式的经济区。1986年国务院出台了《国务院关于进一步推动横向经济联合若干问题的规定》。到1995年全国已建立起各层次、各类型的区域经济合作组织达100多个。根据地域综合，大致分为四类经济协作类型：省(区)际间经济协作区(如环渤海经济区)、省毗邻地区经济协作区(如淮海经济区)、省内经济协作区(如辽宁中部经济协作区)和城市间经济协作。区域之间的合作首先是各区域城市之间的合作，我国最早形成的一批城市群就是以城市为中心的区域合作组织演变而形成的。

以长三角城市群发展为例，1982年12月国务院成立了上海经济区规划办公室，直属国务院，由国家计委代管，原国家经贸委牵头试图构建以上海为中心的长江三角洲经济圈，包括上海、苏州、无锡、常州、南通、杭州、嘉兴、湖州、宁波、绍兴等10个城市。按国务院意图，通过区域规划和相应的协调，建立长江三角洲经济圈主要目的在于解决地区间、部门间的矛盾，培育市场、解放生产力。这是国内首次通过依托大中城市，力图打破条块分割、地区封锁，建立跨省市综合性经济区的尝试。为配合长江三角洲经济圈建设，上海经济区规划办公室先后编制和协助实施了《上海经济区发展战略规划》、《上海经济区钢铁工业中长期发展纲要》、《沪宁杭地区国土规划纲要》、《太湖流域地表水污染综合防治规划》、《上海经济区港口中长期规划》。这一阶段最大特点在于由中央政府行政手段推动区域整合，漠视地方政府的利益诉求。到1988年6月国家计划委员会撤销上海经济区规划办公室，并于同年7月宣告"上海经济区"解散③。

(2) 1990年代城市群发育阶段

区域合作使城市群的形成成为可能，但真正促使城市群形成和发展的还是各级各类开发区和产业集群的兴起和发展④。进入1990年代，伴随着市场化、全球化和区域交通便捷化，中国城市发展进入了黄金时代，城市功能不断完善，用地不断扩张，对外辐射不断增强。到1990年代末，我国已经形成长江三角洲城市群、珠江三角洲城市群和京津冀城市群。同期，中原城市群、长株潭城市群、山东半岛城市群、武汉城市群、辽东半岛城市群等处于发育萌芽时期。

(3) 2000年以来城市群快速发展阶段

进入21世纪，区域城市化和城市区域化交织发展成为中国区域发展的最突出特点之一。"十五"期间(2001—2005年)，国家首次提出引导城镇密集区有序发展。国家在城

---

① 李广斌.2010.利益博弈视角下的区域规划转型[M].南京:南京大学出版社.

② 方创琳,姚士谋,刘盛和,等.2011.2010中国城市群发展报告[M].北京:科学出版社:56-64.

③ 李广斌,王勇,谷人旭,等.2008.由冲突到合作:长三角区域协调路径思考[J].江淮论坛,(4):5-11.

④ 方创琳,姚士谋,刘盛和,等.2011.2010中国城市群发展报告[M].北京:科学出版社:60.

镇化发展战略提出“有重点地发展小城镇，积极发展中小城市，完善区域性中心城市功能，发挥大城市的辐射带动作用，引导城镇密集区有序发展”。“十一五”规划纲要中提出，“要把城市群作为推进城镇化的主体形态，逐步形成以沿海及京广京哈线为纵轴，长江及陇海线为横轴，若干城市群为主体……高效协调可持续的城镇化空间格局。已形成城市群发展格局的京津冀、长江三角洲和珠江三角洲等区域，要继续发挥带动和辐射作用，加强城市群内各城市的分工协作和优势互补，增强城市群的整体竞争力。具备城市群发展条件的区域，要加强统筹规划，以特大城市和大城市为龙头，发挥中心城市作用，形成……新城市群”。“十二五”规划纲要中提出，“……以大城市为依托，以中小城市为重点，逐步形成辐射作用大的城市群，促进大中小城市和小城镇协调发展。……东部地区逐步打造更具国际竞争力的城市群，在中西部有条件的地区培育壮大若干城市群”。截至 2010 年，已形成分散东中西地区 23 个大小不等、规模不一、发育程度不同的城市群。具体为：长三角城市群、京津冀城市群、珠三角城市群、海峡西岸城市群、辽东半岛城市群、山东半岛城市群、长株潭城市群、武汉城市群、中原城市群、江淮城市群、哈大长城市群、环鄱阳湖城市群、晋中城市群、成渝城市群、南北钦防城市群、关中城市群、天山北坡城市群、兰白西城市群、滇中城市群、黔中城市群、呼包鄂城市群、银川平原城市群、酒嘉玉城市群(图 3.4)①。

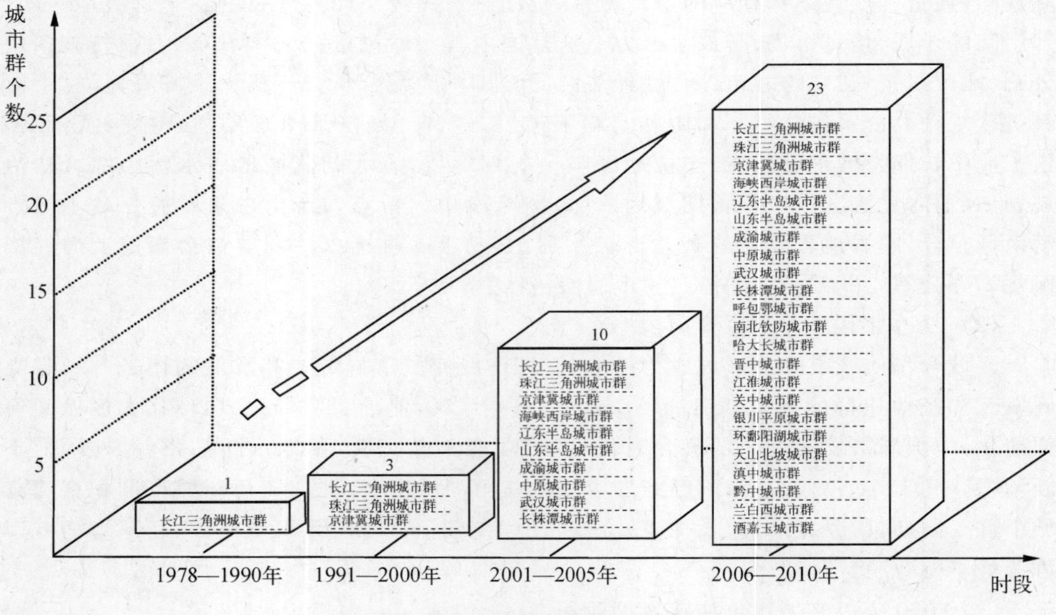

图 3.4 中国城市群演变历程示意图

2）中国城市群规划发展历程

珠江三角洲作为中国最先改革开放的地区，在历经 10 年快速发展后，出现了土地利用粗放、生态环境恶化、城市无序竞争等一系列发展中问题。针对这些问题，1994 年 12

① 方创琳，姚士谋，刘盛和，等. 2011. 2010 中国城市群发展报告[M]. 北京：科学出版社：179 - 225.

月广东省政府作出了开展珠江三角洲经济区规划的决定。经济区规划分为环境规划、基础设施规划、产业发展规划、城市群规划、社会发展规划等五个专题，其中，城市群规划由广东省建设委员会牵头组织编制，1995 年年中完成。这是中国首次编制的以“城市群”冠名的规划。进入新世纪，城市群（都市圈）规划编制进入高峰阶段。2001 年，江苏省提出以南京、苏州、无锡、常州、徐州为中心的都市圈发展战略，随后由江苏省建设厅牵头组织编制了《苏锡常都市圈规划（2001—2020）》、《南京都市圈规划（2002—2020）》、《徐州都市圈规划（2001—2020）》；2004 年，河南省政府启动了《中原城市群规划》编制工作，湖南省政府启动了《长株潭城市群规划》编制工作，并在 2008 年进行修编。2004 年 11 月国家发展与改革委员会同时启动了长三角、京津冀两大城市群区域规划编制工作。同年，建设部编制完成了珠三角城市群区域规划编制工作。长三角、珠三角、京津冀三大城市群规划编制工作将中国城市群规划发展推向历史的高潮。在此背景下，近年，各省区纷纷启动了城市群、都市圈规划的编制工作。

3.3.2 城市群规划管理体制现状

1）规划编制主体

由于城市群规划是一种非法定系列的区域规划，《城乡规划法》没有就城市群规划管理作出规定。从已有规划实践来看，对于跨省区的城市群规划，规划编制主体有三种情况：① 国家发展与改革委员会主导。如，“十一五”期间，国家发改委主导编制了长三角（《长江三角洲地区区域规划（2009—2020）》）、珠三角（《珠江三角洲地区改革发展规划纲要（2008—2020）》）、京津冀三大城市群规划。② 建设部主导。如，《珠江三角洲城镇群协调发展规划（2004—2020）》。③ 由城市群中心城市所在省独立编制。如，《南京都市圈规划（2002—2020）》、《徐州都市圈规划（2001—2020）》。对于省内的城市群规划，规划编制主体主要存在两种情况：① 省政府委托省建设厅负责编制，如《山东半岛城市群总体规划（2006—2020）》、《滇中城市群规划（2009—2030 年）》；② 省政府委托省发展与改革委员会牵头组织编制，如《长株潭城市群区域规划（2008—2020 年）》、《中原城市群总体发展规划纲要（2006—2020）》（表 3.7）。

2）规划批复机构

对于跨省区的城市群规划，规划审批或批复机构存在两种情况：① 由国家发改委牵头组织编制的城市群规划往往由国务院进行批复，如《长江三角洲地区区域规划（2009—2020）》、《珠江三角洲地区改革发展规划纲要（2008—2020）》；② 对于由某一省编制的城市群规划往往由负责编制的省政府给予批复，如《南京都市圈规划（2002—2020）》、《徐州都市圈规划（2001—2020）》。对于省内的城市群规划，规划批复机构也存在两种情况：① 对于重点地区的区域规划由国务院批复，如《长株潭城市群区域规划（2008—2020）》；② 其他由省政府批复，如《中原城市群总体发展规划纲要（2006—2020）》、《山东半岛城市群总体规划（2006—2020）》、《滇中城市群规划（2009—2030）》，等等。

3）规划实施机构

从城市群规划实施机构来看，存在两种情况：① 省政府建立常设机构负责规划实施及其管理。如，珠三角城镇群规划建构了规划管理办公室，负责规划实施、管理和监督；滇中城市群规划的实施管理是在“滇中经济区规划建设协调领导小组”的架构下，成立“滇

表 3.7 国内部分城市群规划编制和实施管理

地区	名称	类型	范围	批准时间	批复机构	编制机构	实施管理措施
东部地区	珠江三角洲城镇群协调发展规划(2004—2020)	跨市	广州、深圳、珠海、佛山、江门、中山、东莞、惠州市区、惠东县、博罗县、肇庆市区、高要市和四会市	2006-07-28	广东省人大常委会	建设部和广东省人民政府	(1) 建立常设机构——珠三角城镇群规划管理办公室,负责规划实施 (2) 制定《广东省珠江三角洲城镇群协调发展规划实施条例》 (3) 推行保障城镇群协调发展的共同制度 (4) 建立规划实施的检测及机制
	长江三角洲地区区域规划(2009—2020)	跨省	上海、南京、苏州、无锡、常州、镇江、扬州、泰州、南通、杭州、宁波、湖州、嘉兴、绍兴、舟山、台州16个地市	2010-05-24	国务院常务会议审议通过	由国家发改委牵头组织编制	(1) 2省1市负责实施 (2) 国家发改委对规划实施监督、检查
	苏锡常都市圈规划(2001—2020)	跨市	江苏省苏州、无锡和常州3个地市	2002-01	江苏省人民政府	江苏省建设厅牵头编制	(1) 由省人民政府统一组织实施 (2) 建立苏锡常都市圈常设协调机构,内设专家咨询委员会 (3) 各市城乡规划主管部门进行实施管理,省政府协调
	南京都市圈规划(2002—2020)	跨省	江苏省南京、镇江、扬州3市全部、淮安市南部;安徽省马鞍山、滁州、芜湖3地市全部	2002-12	江苏省人民政府	江苏省建设厅牵头组织编制	(1) 由省人民政府组织实施 (2) 涉及江苏省部门,由各市城乡规划主管部门进行实施管理,省政府协调
	山东半岛城市群总体规划(2006—2020)	跨市	济南、青岛、淄博、烟台、东营、威海、潍坊、日照等8个地市和邹平县(行政区划属滨州市)	2007-07-04	山东省人民政府	山东省建设厅牵头编制	(1) 由省人民政府组织实施 (2) 各市城乡规划主管部门进行实施管理,省政府协调
	浙中城市群规划(2008—2020)	跨市	金华、衢州、丽水等11县(市、区)	2011-11-13	浙江省人民政府	浙江省建设厅与金华市人民政府联合	—

续表 3.7

地区	名称	类型	范围	批准时间	批复机构	编制机构	实施管理措施
中部地区	长株潭城市群区域规划(2008—2020)(修编版)	跨市	长沙、株洲、湘潭 3 市	2008 - 12 - 22	国务院批复	湖南省发改委牵头组织编制	(1) 组建长株潭城市群“两型社会建设综合配套改革试验区”领导协调委员会 (2) 省统筹、市为主、市场化,强化省级事权的协调管理 (3) 建立省政府与长沙、株洲、湘潭市政府之间的协商机制 (4) 建立分级协调与监督机制
	中原城市群总体发展规划纲要(2006—2020)	跨市	郑州、洛阳、开封、新乡、焦作、许昌、平顶山、漯河、济源共 9 地市,14 个县级市、33 个县、340 个建制镇	2006 - 03 - 16	河南省人民政府	河南省发改委牵头组织编制	(1) 中原城市群协调发展领导小组下设办公室,其职能由省城镇化领导小组办公室承担,负责全面协调和规划实施 (2) 建立 9 市和省直有关部门联席会议
	武汉城市圈总体规划纲要(2007—2020)	跨市	武汉、黄石、鄂州、孝感、黄冈、咸宁、仙桃、潜江和天门	2008 - 09 - 10	国务院批复	湖北省发改委及武汉城市圈领导小组办公室	(1) 武汉城市圈领导小组办公室负责规划编制和实施 (2) 拟成立区域性的综合管理委员会 (3) 拟组建武汉城市圈建设专家咨询委员工作会议制度
西部地区	滇中城市群规划(2009—2030)	跨市	昆明、曲靖、玉溪、楚雄彝族自治州	2011 - 08 - 03	云南省人民政府	云南省住房与城乡建设厅牵头组织编制	(1) 在“滇中经济区规划建设协调领导小组”的架构下,成立“滇中城市群规划管理办公室”负责规划实施。办公室为常设机构,设在省住房和城乡建设厅 (2) 拟制定《滇中城市群规划实施条例》 (3) 推行保障城镇群协调发展的共同制度 (4) 由“滇中城市群规划管理办公室”向各地级市派驻规划督察员,以监督规划实施
	关中城市群建设规划(2006—2020)	跨市	西安、咸阳、宝鸡、渭南、铜川、杨凌区 5 市 1 区及其所辖 54 县(市、区)	2008 - 08 - 04	陕西省人民政府	陕西省建设厅	(1) 由省人民政府组织实施 (2) 实行分区差别考核政策
	呼包鄂城市群规划(2010—2020)		呼和浩特、包头、鄂尔多斯	2012 - 03 - 01	内蒙古自治区人民政府	内蒙古自治区住房与城乡建设厅牵头组织编制	—

中城市群规划管理办公室”负责规划实施、管理和监督;《中原城市群总体发展规划纲要(2006—2020)》是在城市群协调发展领导小组下设办公室,其职能由省城镇化领导小组办公室承担,负责全面协调和规划实施;《长株潭城市群区域规划(2008—2020)》实施及其管理则归口长株潭城市群“两型社会建设综合配套改革试验区”领导协调委员会统一领导。② 组织实施及其管理机构不明确。很多城市群规划的实施没有明确管理机构。

4) 规划法律保障

2006 年 7 月 28 日,广东省第十届人民代表大会常务委员会通过了《广东省珠江三角洲城镇群协调发展规划实施条例》,这是我国出台的第一部关于城市群规划的地方性法规,也是对区域规划立法工作的一次尝试。该条例共 21 条,对城镇群规划法律地位、各级政府规划事权、规划管理机构、管理程序等作出了规定。2007 年 9 月 29 日经湖南省第十届人民代表大会常务委员会通过了《湖南省长株潭城市群区域规划条例》,对各级政府的规划事权、规划管理机构、规划实施管理、规划监测等作出了规定。为了推进滇中城市群规划实施,云南省有关部门正在拟定《滇中城市群规划实施条例》。

3.4 结论和讨论

3.4.1 规划管理机构:从“混乱”逐步走向“有序”

芒福德(1961)曾说,“真正影响城市规划的是深刻的政治和经济变革”①。为了简化,我们以 1978 年改革开放为界将中国规划体制变迁分为前后两个阶段。实质在改革开放之前 30 年中,规划事业几经曲折、饱受辛酸。从“一五计划”的辉煌开端到“大跃进”、“人民公社运动”,再到“十年文革”,中国城市规划事业从短暂的“第一个春天”步入到“三年不搞城市规划”、“十年文革”被“流放”的“冰点”。新中国成立后的 30 年期间,主管规划管理机构遭受频繁调整,理性不足而混乱有余。以中央层面规划管理机构为例,1949—1960 年,主管城市规划的机构先后经过 11 次大的调整或变更。1960 年至“文革”结束期间,政策更是朝令夕改,城市规划及其管理工作几乎全面停止。改革开放后,城市规划工作得以恢复和发展,迎来了一个又一个“春天”。在中央层面,主管全国城市规划的机构设置相对稳定。1979 年中共中央批准成立国家城市建设总局,直属国务院,由国家基本建设委员会代管。1982 年 5 月 4 日,由国家城市建设总局、国家建筑工程总局、国家测绘总局和国家基本建设委员会的部分机构,与国务院环境保护领导小组办公室合并,成立城乡建设环境保护部。1988 年 3 月 28 日城乡建设环境保护部被撤销,机构被拆分为建设部,原所属的环境保护部门被分出成立国家环境保护总局,直属国务院。2008 年 3 月,国务院启动大部制改革,撤销建设部,组建住房和城乡建设部,下设城乡规划司,主管全国城市规划和管理工作。纵观改革开放以来中国城乡规划管理工作,我们可以看到一幅清晰的路线图:从中央到地方都建立了对应的城乡规划管理组织结构;从《城市规划法》到《城乡规划法》,经过改革开放 30 多年以来的建设,以法律为核心,从中央到地方出台了大量城乡规划法配套法规、规章和技术规范,初步建立了城乡规划法规体系和空间规

① 张京祥,罗震东,何建颐.2007.体制转型与中国城市空间重构[M].南京:东南大学出版社:162.

划体系；从规划管理权力运行的角度，伴随着行政性分权和市场化改革，规划管理出现了由"集权"向"分权"、由政府封闭式垄断管理向规划管理社会化方向总体演进的趋势。但在城市群等区域规划管理方面的建设相对缓慢，如主管机构不明确、缺少制度层面的保障等等。这种现状尽管存在多种原因，但与中国城市群兴起及其规划实践时间较短存在密切关联。

3.4.2 规划权力运行：从"人治"逐步走向"法治"

通俗讲，"人治"就是少数人甚至是一个人"说了算"的社会政治体制。"人治"与"法治"相对应，法治是指依据法律来统治的社会体制，强调法律至上，在法律面前人人平等，任何人都必须服从法律的约束。封建社会是一个典型的人治社会。因中国有两千年封建历史，人们在谈"人治"的时候，往往与封建主义联系在一起。秦晖等人指出"人民公社运动"、"文革动乱"是封建思想和人治泛滥所致：毛泽东"与宗法农民结盟改造小资产阶级农民，与农民的宗法性结盟改造农民的'私有性'的道路，即与社会主义民主革命的方向背道而驰的道路。正是这条道路把中国引向了封建主义泛滥的'文革'深渊"①。原《人民日报》副主编周瑞金先生曾指出，改革开放是对社会主义传统体制的自赎和自我拯救，说明了"靠马克思加秦始皇"，走暴力专政的道路不通②。俞可平指出，"中国是一个有着两千多年人治传统的国家，十年'文革'最惨痛的教训之一，就是我们必须从人治走向法治"③。改革开放以来，中共开始强调"依法治国"，推动从"人治"向"法治"转变，并取得了很大进步。但时至今日，"文革"和封建的思想幽灵还在中国上空徘徊，以至于 2012 年 3 月 14 日原国家总理温家宝在答中外记者会上指出，"粉碎'四人帮'以后，我们党虽然作出了若干历史问题的决议，实行了改革开放。但是'文革'的错误和封建的影响并没有完全清除"④。

在规划领域，在人治泛滥的时期，规划管理自然很难摆脱人治的严重干扰。在 2006 年"城市规划：实事求是回顾五十年"专访中，规划事业的老前辈曹洪涛先生指出，在 1960 年代前后国家经济困难时期，许多地方大兴"楼堂馆所"，浪费建设资金 20 多亿，这是地方领导的责任，但"板子"往往打在规划身上⑤。改革开放后，通过规划管理机构设置、立法等，规划管理逐步摆脱"人治"，在向"法治"方向迈进中取得巨大进展。但短短 30 多年的建设，很难从根本上革除两千年来"人治"的文化陋规。尽管改革开放以来，城市规划在法治方面取得长足进步，但从"人治"到"法治"的治理道路仍然比较漫长，规划的"长官意识"在许多地方仍然比较盛行。

3.4.3 规划权力配置：从"集权"逐步走向"分权"

权力配置是行政管理体制的核心。改革开放以来，改革以"分权"为中心，先后经历

---

① 秦晖，金雁. 2010. 田园诗与狂想曲——关中模式与前近代社会的再认识[M]. 北京：语文出版社：345.

② 周瑞金. 2008. 以思想新解放推动改革新突破[R/OL]. 2008-08-30. http://news.ifeng.com/opinion/special/nanfangjianghua/detail_2012_01/16/12007363_0.shtml.

③ 俞可平. 2008. 中国治理变迁 30 年(1978—2008)[J]. 吉林大学社会科学学报，48(3)：5-17.

④ 崔东. 2012. 在十一届全国人大五次会议记者会上温家宝总理答中外记者问[EB/OL]. 2012-03-14. http://media.people.com.cn/GB/17391686.html.

⑤ 李兆汝，曲长虹. 2006. 城市规划：实事求是回顾五十年[N/OL]. 中国建设报，2006-08-08. http://www.chinajsb.cn/gb/content/2006-08/08/content_193123.htm.

了从行政性分权、市场分权，再向社会分权的发展历程，与之对应的是行政管理体制改革的三个阶段：1980 年代以“简政分权”为重点，上下级政府间关系调整为主线的行政管理系统内部改革；1990 年代以“政企分开”为重点，以“政府—市场”关系调整为主线的政府职能转变；2004 年以来以“管理社会化”为重点，以“国家—社会”关系调整为主线的政府管理模式转变。期间，城乡规划管理体制改革大体与行政体制改革同步：随着行政性分权，1980 年代后期规划管理下放规划事权；伴随“政企分开”和市场化，1990 年代出现了规划设计院改制和规划编制市场竞争、规划实施市场化运作和城市经营；伴随行政管理模式变革，2004 年以来规划管理出现社会化趋向，强调公众参与规划，强调应打破政府对规划管理的行政垄断。无论在规划层面，还是在整体改革的层面，中国在分权内容上存在时间上的先后次序，即行政性分权最早，市场分权次之，最后才是向社会分权。

与市场分权和社会分权有所不同，1990 年代以来，规划领域的行政性分权出现了由适度分权向适度集权转变，即 2004 年以来强调规划垂直管理。规划垂直管理在现实中的运作情况我们暂不作讨论(参见第 4 章论述)。目前规划垂直管理与中国“扩权强县”、“扩镇强权”的体制改革是否相容？这一问题值得深入思考。改革开放以来，以中央政府为权力的发散源，通过行政性分权、向市场分权和向社会分权，不断调整上下级政府关系、政府与市场关系和国家与社会关系。“分权”客观上削弱了中央政府宏观调控能力。1978 年至今，尽管分权构成了改革的基本主线，但期间国家并没有忽视国家能力建设，在一些领域采取垂直管理(中央政府垂直管理、省垂直管理)，加大了集权的幅度。如自 2000 年以来，国家先后在工商、税务、海关、质监、交通、司法等行政执法部门逐步实行了省垂直管理，实现人财物统一管理。在城乡规划、国土等领域，普遍将管理权上收到市级政府。由此推动规划管理由先期的分权到适度集权转变。但城乡规划管理普遍实行市垂直管理与“扩权强县”、“扩权强镇”的分权大趋势是否相容？早在 1992 年，浙江省对 13 个经济发展较快的县(市)进行扩权，扩大基本建设、技术改造和外商投资项目的审批权。1997 年进一步在萧山和余杭等县级政府试行部分地级市的经济管理权限。2002 年又将 313 项审批权下放给绍兴、温岭和慈溪等 17 个经济强县(市)的政府，把地区一级的经济管理权限直接下放给县(市)级政府。从 2007 年起，浙江又实行强镇扩权战略，选定 141 个省级中心镇，赋予部分县级经济社会管理权限。在浙江“扩权强县”后，江苏等全国大部分省(区)从 2002 年起先后开始“扩权强县”改革。无论是“扩权强县”，还是“扩镇强权”都旨在通过向下深度分权，扩大县、镇基层政府的自主权，调动基层政府的积极性和能动性。根据公共选择学派的理论，分权和地方自治能提高公共物品的供给效率。具有公共政策属性的城乡规划，其主要职责是提供公共物品和服务①。规划垂直管理与“扩权强县”、“扩镇强权”的改革之间存在着不相容性，具体表现为：从“省直管县”后，市县平级不再有行政隶属关系，市和县各自成为独立的利益主体；在政府退出企业生产后，规划成为政府存留为数不多的有效调控工具之一，规划管理权力上收不利于县级行政单元的发展。在沿海等发达地区，许多重点镇的常住人口都突破小城镇的概念，达到小城市甚至是中等城市的规模。如，被誉为“中国丝绸之都”的苏州盛泽镇，2011 年城市建成区面积 32 km^2，常住人口约 35 万；被誉为“中国电器之都”的浙江柳市镇，镇区常住人口突破了

① 徐巨洲. 2002. “城市经营”本质是对公共物品和公共服务的管理[J]. 城市规划，26(8)：9 - 12.

30 万。面对如此众多新崛起的县域范围内的小城市，由市、县统一规划事权将不利于这些城市的规划、建设和管理。

3.4.4 规划管理模式：从"管制"逐步走向"治理"

行政管理的直接目的是维护社会秩序。从现代管理理念来看，行政管理既是一种对社会的管制，更是一种对社会的服务。改革开放以来，中国的行政管理出现了从"全能政府"向"有限政府"、从"统治型政府"向"治理型政府"、从"管制型政府"向"服务型政府"总体改革的趋势。在此转变过程中，"管制"内涵发生了根本的变化。传统管制和现代管制存在如下区别①：① 在管制的出发点和落脚点上，传统管制的出发点和落脚点主要是约束广大社会群众行为，使其不致危及统治阶级的统治秩序；现代管制是为了保证社会公平，保护广大群众不受少数不法分子侵害，促进社会发展。② 从管制的依据上，传统管制尽管有时也有法律法规可循，但这种法律法规并不能保证体现公民意志，有时甚至还抛开法律法规而为所欲为；现代管制依据于一套完整的法律和法规，而法律和法规是通过严密程序制定的，它体现的是公民的意志。③ 在管制内容上，传统管制没有严格的范围，内容随意，以致把不该管、管不好也管不了的事纳入自己的管制范围。现代管制有固定的范围，内容明确。④ 在管制程序上，传统管制没有固定的程序，常常体现出随意性；现代管制有固定的程序和方式方法，一切"循规蹈矩"。⑤ 在管制的后果上，传统管制没有严格的后果责任机制，纠错机制与补救机制也不完善，当公民受到不应有的管制时，常常处在无能为力的状态；现代管制承担着后果责任，并且有一套纠错机制、补救机制和后果追究机制。

进入 1990 年代，伴随着市场经济的确立，中国开始了以"转变政府职能"为重点的行政管理体制改革。转变政府职能的中心任务是政企分开，把生产经营权力真正交给企业，实现由过去用"行政权力配置资源"的方式向由"市场配置资源"的方式转变。政府干预是防范市场失灵，提供公共物品和服务是政府的主要职责之一。规划是一种政府行政行为，规划管理是行政管理的重要组成部分。伴随着政府职能的转变和政府理性的回归，规划的主要职责是提供公共物品。但在 1990 年代，中国深受新自由主义和新公共管理思潮的影响，大力提倡公共物品供给市场化。规划领域率先推进市场化改革，具体为：① 1980 年代末至 1990 年代中期，规划设计院改制将规划设计单位从原先的规划主管机构下的事业单位剥离出来，推行企业化和规划成果的商品化，并鼓励中外合资、民营等多种所有制规划设计企业并存和平等竞争。② 1990 年代中后期以来的公共物品供给市场化，城市基础设施建设领域出现了许多"公私伙伴关系"等城市增长机器（Urban Growth Machine）。进入新世纪，受治理理念的影响，中国政府管理理念发生了较为深刻的变革，其核心打破政府对公共服务的行政垄断，推动政府管理由"一元治理"向"多元治理"演化。具体到规划领域，即通过公众参与，推动规划管理社会化，推动规划管理由"封闭式"向"开放式"转变。

3.4.5 公共管理改革："中国"与"西方"简要比较

规划管理隶属于行政管理，规划管理体制是行政管理体制的有机组成部分。按照布

---

① 刘熙瑞. 2002. 服务型政府——经济全球化背景下中国政府改革的目标选择[J]. 中国行政管理，(7)：5－7.

坎南(J. M. Buchanan)对规则的划分，行政管理体制与规划管理体制之间的关系是元规则和专项规则之间的关系①。元规则的变动一般要求专项规则随之改变。改革开放以来，规划管理体制大致上随行政管理体制变动而变动，且两者改革基本同步。改革开放以来，尽管中国行政体制改革的初始条件与西方同时代的行政管理体制改革存在很大差异，中国行政改革的基点是"全能政府"，欧美等西方国家新公共管理运动起点是现代官僚制，但在改革开放以来中国行政体制改革、规划体制改革中可以看到诸多新公共管理、后新公共管理的身影(表 3.8)。

表 3.8 西方公共管理范式转变与中国行政、规划管理体制改革比较

西方公共管理范式		中国行政管理体制改革	中国规划管理体制变革
新公共管理(1980—2000 年)	(1) 小政府： ①"去中心化"和多中心 ② 向地方分权，强化地方自治 ③ 向社会分权，社会自我管理	(1) 有限政府、政府企业化： ① 政府企业化 ② 行政性分权；"扩县强权" ③ 政府职能转变，政企分开(1990 年至今) ④ 政府管理模式转变，打破行政垄断(2004 年至今)	(1) 从单中心到多中心： ① 规划管理行政性分权(1990—2003 年) ② 规划管理社会化(2000 年至今) ③ 阳光规划(2004 年至今)
	(2) 私有化：出售国有企业等	(2) 计划经济体制到市场经济体制： ① 有计划的商品经济 ② 社会主义市场经济 ③ 国有企业、乡镇企业改制(1990 年代)	(2) 市场化： ① 规划与市场结合(1990 年至今) ② 规划编制市场化(1990 年至今) ③ 规划实施市场化(1990 年末至今)
	(3) 公共产品供给市场化：医疗等	(3) 公共产品供给市场化： ① 教育产业化(1993 年) ② 医改市场化(1994 年) ③ 道路等基础设施市场化	(3) 城市经营： ① 土地经营 ② 公共物品供给市场化
后新公共管理(2001 年至今)	整体政府理念	大部制改革(2004 年至今)	区域治理理念(2000 年至今)
	问题导向而非功能导向来设置机构	综合管理与协调，避免政府职能交叉、政出多门	问题和任务导向设置机构
	强化中央政府权威	通过部门合并，组成超级大部的政府组织体制	加强规划垂直管理
	组建、强化核心的协调部门：首相办公室、内阁小组等	区域协调委员会 区域协调领导小组	省市规划委员会 城市群或都市圈规划管理办公室
	地方政府协同治理	从行政区行政到区域公共治理	地方政府合作，协同
	强化社会角色，多中心网络治理	从管制到服务；从管理到治理	多层次网络治理

① 王勇，李广斌. 2010. 程序正义视角下的城乡规划公共利益实现初探[J]. 规划师，24(2)：50－55.

改革开放以来，尽管中国行政管理、规划管理出现了与西方公共管理趋同的现象，如政府职能大幅度收缩（西方国家是小政府，中国则是从“全能政府”向“有限政府”演进）、市场化（私有化、公共物品供给市场化）、公共管理社会化等。但在将西方公共管理某些元素嫁接到中国现实土壤的过程中，在许多领域并没有产出与西方同样的效果，在一些领域反而出现了比西方更甚的社会后果，如权钱结盟、社会断裂、政府行为异化等社会问题。这都源自于中西方改革的初始条件不同，源自于中西方在发展阶段、制度和文化背景存在巨大差异。这再次说明，尽管包括西方国家公共管理改革可以给我们诸多启示和借鉴，但对于尚处于快速转型的发展中大国，情况要复杂得多，确实没有任何一个国家可以给我们提供完整的经验与范本。中国规划管理在内的行政管理体制改革仍需根植于本国特殊的国情和整体环境，立足于中国历史和现实，去寻求中国管理体制改革的渐进之路。

4 规划管理存在问题及体制根源

从公共行政学的角度看，整体发展环境变迁实质是围绕“权力重构”为核心的整体制度变迁过程，权力重构推动包括规划在内的行政管理体制的变革。这需要我们跳出“规划管理”来看规划管理体制的变迁路径，即将规划管理体制变迁嵌入到更大的场景之中来考察，从行政管理体制变迁、整体制度变迁的高度，来探寻中国规划管理体制变革的“实然”和“应然”的逻辑。

作为新世纪兴起的一种新型的空间规划类型，城市群规划在中国实践较短，其管理尚处在一种探索阶段。从建立一个理想的、合理的规划体系的角度考虑，上位规划的实施都需要下位规划来具体落实和有序推进。作为宏观层面的城市群规划，其实施和管理不太可能“另起炉灶”，重新构造一套独立的规划管理体系。城市群规划在很大程度上需依靠现行城乡规划管理及其体制来推动其运行。因此，本章对中国城市群规划管理问题的分析也包括了对现行城乡规划管理问题的分析，下文将从规划管理机构、权力运行等方面进行解析。

4.1 规划事权不清，城市群规划管理缺位

4.1.1 规划事权不清

一般理解，规划是政府行为，是政府的一项职责。“一级政府，一级规划，一级事权”。政府事权，是指管理事务的权力，即一级政府在公共事务和服务中应承担的任务和职责①。合理划分各级政府事权是现代官僚制一个突出特点。在现代国家政治体制中，政府的事权一般是由国家立法机构通过明确的法律尤其是宪法授予并受相应约束。规划事权是政府事权的一种，是政府在区域与城乡规划管理领域实施，由区域与城乡规划的主体（规划的编制、决策和执行者）、对象（规划工作内容）及手段（服务管理方式）组成的行政行为。规划什么、控制什么、引导什么，是政府规划事权的主要体现。规划事权存在着上下级政府之间、政府不同部门之间、地方政府与社会之间三种关系。作为行政管理手段的规划，伴随着政府管理职能和模式的转变，规划事权变得越来越复杂。

1）纵向政府间规划事权不清，规划的“地方主义”

“职责同构”是当前我国纵向府际关系的一个显著特征。所谓“职责同构”是指不同层级纵向政府间在职能、职责和机构设置上的高度统一性。“职责同构”是我国政府间纵向关系问题存在的“主要体制性原因”②。改革开放以来，尽管行政性分权在一定程度上改变了政府间纵向关系，但作为单一制的中央集权国家没有发生根本变化，各级政府之

① 邵莉，周东. 2012. 面向规划事权的济南城乡统筹规划体系[J]. 规划师，28(4)：46－51.

② 朱光磊，张志红. 2005. “职责同构”批判[J]. 北京大学学报（哲学社会科学版），(1)：101－112.

间事权划分以上级决定为主，多依靠政策调整，缺乏必要和足够的协商与统筹，且变更随意性比较大[①]。同时，法律对各级政府事权的划分过于原则，各级政府之间事权交叉重叠、支出责任重点不明确，缺乏比较合理、规范、可操作的具体规定和细致划分。宪法对中央和地方政府职责范围只作出了原则性规定，《中华人民共和国地方各级人民代表大会和地方各级人民政府组织法》（简称《地方组织法》）等法律对上下级政府事权也缺少明确的解说。除了少数事权如外交、国防等部门主要属于中央政府外，各级政府的职责并没有明显区别，高度重叠交叉，地方政府拥有的事权几乎全是中央政府的事权延伸或细化，以致形成了同一事务各级政府"齐抓共管"的局面[②]。地方政府几乎完全是中央政府的翻版，每一级地方政府都是一个"缩微版的中央政府"[③]。

公共物品和服务的供给是政府存在的合法性源泉。但在公共物品供给方面，各级政府之间事项划分相互交叉冲突，缺乏规范性，导致政府职责的越位、错位[④]、相互"掣肘"，难以协调[⑤]。规划作为政府的一项事权，伴随着政府职能的转变，规划的地位和作用在不断上升。规划职责是提供物质性的公共物品[⑥]。但"公共物品"中"公共"的层次性和地域性决定了"公共物品"有全国性的公共物品、区域性的公共物品和地方性的公共物品之分。从理想的角度看，从中央政府到乡镇基层政府，应按照公共物品的"公共性"程度对应划分各级政府事权及其规划权责。具体规划领域，在理顺各级政府公共物品和服务供给权责的情况下，按照"一级政府、一级规划、一级事权"的原则，下位规划不得违反上位规划，各级政府规划权责不能超越其行政辖区，也不能超越法定的行政事权[⑦]。但在现实中，由于纵向政府间职责同构导致了各级政府规划事权不清，并由此引发了不同空间层次规划间、上下级政府规划间的冲突。在法定城乡规划体系中，城镇总体规划违反城镇体系规划、控制性详细规划违反城镇总体规划的现象时有发生。在非法定系列规划中，尤其是城市群规划、城市战略规划，规划事权尤为混乱，超越政府行政边界行使规划编制事权经常发生。纵向政府规划事权不清导致了由不同层级政府编制的规划间不衔接和相互"打架"。在"地方主义"盛行的区域竞争环境中，上下级政府规划间的协调问题尤为突出。地方主义出现后，区域规划面对的是"棋子"会自己走动的"一盘棋"，其"通盘棋"的考虑设想又受到来自地方政府机会主义行为的严重挑战[⑧⑨]。分权让利后的地方政府实际上具有一定独立的财权和事权，不同于过去仅仅是被动地执行中央政府的各种决议，而是"具有行为能力的"经济人，可以像一个个子公司那样实施自己的行为。不同层

---

① 薛刚凌.2005.论府际关系的法律调整[J].中国法学，(5)：46-56.

② 宋立.2007.各级政府事权及支出责任划分存在的问题与深化改革的思路及措施[J].经济与管理研究，(4)：14-21.

③ 刘祖云.2007.政府间关系：合作博弈与府际治理[J].学海，(1)：79-87.

④ 宋立.2007.各级政府事权及支出责任划分存在的问题与深化改革的思路及措施[J].经济与管理研究，(4)：14-21.

⑤ 周振超.2005.打破职责同构：条块关系变革的路径选择[J].中国行政管理，(9)：103-106.

⑥ 徐巨洲.2002."城市经营"本质是对公共物品和公共服务的管理[J].城市规划，26(8)：9-12.

⑦ 李兆汝.2008.一级政府、一级规划、一级事权[N/OL].中国建设报，2008-04-23.http://www.chinajsb.cn/gb/content/2008-04/23/content_241738.htm.

⑧ 华晨.2002.城市竞争[J].城市规划，26(1)：55-57.

⑨ 王勇，李广斌.2002.生态位理论及其在小城镇发展中应用[J].城市问题，(6)：13-16.

级政府间形成了明显的财务、事务边界，地方政府可以自由地在这个边界内经营和进行管理，并且对经营的失败和赢利承担责任。在政绩的激励和约束下，地方政府经营的边界实际上就是行政辖区边界。地方政府的权力边界和固有的行政区边界相互强化意味着“地方主义”的出现，而信息不对称强化了“地方主义”。为了各自的利益，下级政府有选择地执行上级政府规划的各种安排，对自身有利的就执行，对自身不利的尽力回避之。各种城市群规划、都市圈规划，“尽管名目不一，各有侧重，但其内容多大同小异，导致大量工作重复，资源浪费，各搞各的，互不协调，甚至各不认账，严重影响规划的科学性、实用性和权威性”①。由不同层级政府牵头编制，看似各自独立，却又互相交织；看似无所不包，实际操作中则是泾渭分明，深深印着“地方主义”的烙印。这种规划管理块块分割现象被吴良镛院士形象地称为“诸侯规划”。如果规划仅仅作为政府决策的参考或充当咨询报告之类的信息源，在不考虑规划成本的前提下，规划多做一些，甚至彼此不协调，关系也不是很大，政府领导层或主要决策者在决策过程中可以汲取其中有用的部分，或从中再去进行必要的平衡。然而，如果规划本身就已经是决策或是要执行的政策，甚至被赋予了特殊的法律效力，那么，规划之间的相互矛盾和彼此冲突带来的问题就严重了②。当对于同一个空间，不同规划作出了各自不同的规定时，这让基层政府无法推动规划实施，规划管理更是无所适从③。

2）政府部门间规划事权不清，规划的“部门主义”

规划事权不清不仅存在于上下层级政府之间，也广泛地存在于政府部门之间。空间规划事权被广泛地分割在建设规划、国土、发改委等部门。空间规划事权的部门分割不仅带来同一层级政府不同类型规划间的不协调，而且使空间管理总体处于“九龙治水”的格局。进入新世纪，区域城市化和城市区域化交织发展成为中国区域经济发展的一个显著特点。伴随着以城市群为重点的区域规划的兴起，以城市群规划为重点，在国家层面，建设部、国土资源部和国家发改委展开对大尺度空间规划的管理事权的争夺（表 4.1）。三大部门对空间规划的争夺现象从中央、省区延续到市县层面。

表 4.1　当前不同部委对区域规划编制权限的分割与争夺

部委	规划依据	规划类型	典型案例
建设部	《城市规划法》 《城乡规划法》	城市型区域规划、城市群规划、都市圈规划	城市群规划（如珠三角城市群、山东半岛城市群）或都市圈规划（如南京都市圈、徐州都市圈）
国土资源部	《中华人民共和国土地管理法》	土地利用规划、国土规划	在深圳和天津两市开展市域国土规划的试点
国家发展和改革委员会	《国民经济和社会发展规划编制条例》；《国务院关于加强国民经济和社会发展规划编制工作的若干意见》（国发〔2005〕33 号）	跨省（区、市）区域规划、城市群规划、都市圈区域综合规划	长株潭城市群区域规划、武汉城市圈和中原城市群规划、长三角和京津冀都市圈等区域综合规划

① 胡序威. 2006. 中国区域规划的演变与展望[J]. 地理学报，61(6)：585－592.

② 牛慧恩. 2004. 国土规划、区域规划、城市规划——论三者关系及其协调发展[J]. 城市规划，28(11)：42－46.

③ 李广斌，王喜，王勇. 2006. 我国区域规划存在问题及其对策思考[J]. 地域研究与开发，25(5)：13－16.

三大部门对大尺度空间规划争夺有其深刻的时代背景。① 市场经济不断深化和政府从直接干预企业领域退出后，空间及其相关的区域政策在政府宏观调控中的地位越来越重要。同时伴随区域经济的崛起，城市群在国家经济和社会发展中的地位越来越突出。② 伴随市场改革，“计划”的成分在不断萎缩，发改委主导下的“国民经济与社会发展计划”多转向指导性的发展规划。在宏观调控发生“空间转向”的背景下，过去只重视发展规划的国家发改委也开始向空间规划延伸，推动由“计划”到“规划”的职能转变。2005年，在《中共中央关于制定国民经济和社会发展第十一个五年规划的建议》中首次将“国民经济与社会发展计划”改为“国民经济与社会发展规划”。“‘计划’让位于‘规划’，凸显政府更加注重发挥市场对资源配置的基础性作用”，“由计划向规划转变是我国由计划经济向市场经济转变过程中又一个历史坐标。规划的特点就是从具体、微观、指标性的产业发展计划向宏观的国家空间规划转化”。[①] ③ 进入新世纪，区域一体化全面提速，伴随着城乡统筹发展等战略的提出，建设部主导下的“城市规划”开始向“城乡规划”转变，规划的范围从原先的“城市”到“城乡规划全覆盖”。如，2003年，浙江省就提出了“城乡一张图，规划全覆盖”的思路，推行县(市)域行政区全覆盖的总体规划。2006年4月，浙江省建设厅发布了《浙江省县市域总体规划编制导则(试行)》，为各地的规划编制工作提供指引。2006年9月，浙江省政府转发了《省建设厅等部门关于加快推进县市域总体规划编制工作若干意见》。2005年，临近的江苏省提出“使每一块土地都列入规划，不留空白……实现规划覆盖全省城乡整个空间”[②]。此后不久，苏州等发达地区的县市基本实现了规划全覆盖。这种全覆盖的规划在原有城市总体规划基础上向外延展至“市域总体规划”，基本上属于区域规划的一种类型。④ 国土资源部主导下的土地利用规划内容不断延展。新一轮的自上而下的土地利用规划在原有规划的基础上增加了国民经济和社会各项建设对土地需求的预测，对农林牧、工矿、城乡建设、交通水利等基础设施和生态保护用地进行统筹安排，同时还增加了因地制宜进行分区管治的内容，使其向空间系列的区域规划进一步靠拢。

2004年11月国家发改委启动了长三角和京津冀都市圈区域规划编制工作，此后由国家发改委牵头组织编制的国家层面的区域规划有数十个。国家发改委曾草拟了规划编制条例，试图将城市规划和土地利用规划作为专项规划，纳入国家完整的规划体系，以便在规划编制过程中加强规划之间的衔接与协调[③]，但因其内容与《城市规划法》和《土地管理法》有矛盾，至今未获国务院批准。在地方层面，由省(区)发改委牵头组织编制的城市群规划有《长株潭城市群区域规划》、《武汉城市圈总体规划纲要》、《中原城市群总体发展规划纲要》等等。自2000年以来，由建设规划部门组织跨行政区的城市群规划有《珠江三角洲城镇群协调发展规划》、《山东半岛城市群总体规划》、《南京都市圈规划》、《徐州都市圈规划》、《浙中城市群规划》，等等。无论是发改部门编制的城市群规划，还是建设部门编制的城市群规划，一落地又归国土部门管理。

---

① 陈二厚，刘铮，王立彬. 2005. 从计划向规划转变：中国经济社会发展三大信号[N/OL]. 2005-10-10. http://news.sina.com.cn/c/2005-10-10/16577131977s.shtml.

② 钟建. 2005. 江苏省委书记李源潮提出：以规划全覆盖统筹城乡[J]. 城市规划通信，(23)：6.

③ 王军，唐敏. 2005. 规划编制的“三国演义”[J]. 瞭望新闻周刊，(45)：24-28.

三大政府部门对空间规划事权争夺又将带来规划之间的冲突，加剧空间管理的"无政府主义"[①]，主要表现如下：① 部门规划之间的冲突。虽然我国已建立了包括城市规划、区域规划和国土规划组成的空间规划体系，但总体看，三大规划不同程度地存在规划体系不健全、规划的实施缺乏有力的制度保障等问题，特别是三大规划之间的地位和关系还不明确，缺乏系统衔接和有效协调，存在着相互分割、各自为政的情况。② 加剧空间管理的"无政府主义"。三大部门对空间规划的争夺实质是对部门权力与利益的争夺，这种争夺深深地打上"部门主义"的烙印。规划"地方主义＋部门主义"让空间规划管理变得越来越复杂，并可能致使空间规划管理总体上处于一种"无政府"状态。这种因纵向事权重叠、横向职能不清而造成的多头规划管理体制最有可能导致"遇到责任绕道走，遇到利益齐伸手"的恶治。

如在长江三角洲地区，目前存在两套总体规划方案，一套是由国家发改委组织编制的《长江三角洲地区区域规划》，另一套是由建设部组织编制的《长三角城镇体系建设规划》。在发改委牵头组织编制的《长江三角洲地区区域规划》中，长三角城市群被划分为上海、杭州、南京三个次级城市群。而在建设部牵头组织编制的《长三角城镇体系建设规划》中，将长三角地区划分为四大次级城市群：一是以上海为中心、西起常州东到杭州的核心城市群；二是与之相接的东抵常州、西至合肥、马（鞍山）芜（湖）铜（陵）的南京城市群；三是把南缘拓至温州的宁绍甬城市群；四是由泰州、南通及盐城组成的苏中城市群[②③]（表 4.2）。

表 4.2 长三角地区相关规划比较

	长三角城镇体系建设规划（2007—2020）	长江三角洲地区区域规划（2009—2020）
牵头部门	建设部	国家发改委
规划定位	侧重解决人口、产业与城镇发展的协同关系，以及产业发展与资源环境约束之间的矛盾，是对产业结构整体升级与城镇组织模式的协同，以及区域重大基础设施进行的实体性和前瞻性的规划	深入实施国家区域发展总体战略，推动城乡区域协调发展，强化区域基础设施的共建共享，着力提高资源节约和环境保护水平，增强长三角地区综合竞争力和可持续发展能力。是指导长三角地区未来一个时期发展改革的纲领性文件和编制相关规划的依据
规划期限	2007—2020 年	规划期为 2009—2015 年，展望到 2020 年
规划范围	上海、江苏、浙江、安徽全部行政区域范围，陆域面积约 34 万 km^2 23 个城市	包括上海市、江苏省和浙江省，区域面积 21.07 万 km^2。统筹两省一市发展，辐射泛长三角地区 25 个城市
核心城市	除原先长三角 16 市外，新增加的城市有浙江的温州，江苏的盐城、连云港，安徽的芜湖、马鞍山、合肥、铜陵	规划以上海市和江苏省的南京、苏州、无锡、常州、镇江、扬州、泰州、南通，浙江省的杭州、宁波、湖州、嘉兴、绍兴、舟山、台州 16 个城市为核心区

① 胡序威. 2006. 中国区域规划的演变与展望[J]. 地理学报，61(6)：585 - 592.

② 作者不详. 2006. 长三角扩容的前前后后[N]. 江南时报，2006 - 03 - 31(14).

③ 魏梦杰. 2006. 发改委与建设部版本不一 长三角是否应该泛化[N]. 国际金融报，2006 - 04 - 06.

续表 4.2

	长三角城镇体系建设规划(2007—2020)	长江三角洲地区区域规划(2009—2020)
规划目标	三省一市协作共赢的空间政策,建设世界级城镇群的重点推进区,具有国际竞争力的世界级城市群,承载国家综合实力的核心区域,率先实现区域一体化发展的示范地区	建设亚太地区重要的国际门户、全球重要的现代服务业和先进制造业中心、具有较强国际竞争力的世界级城市群的战略定位和"一核九带"的区域发展空间布局
涉及城市群	四大次级城市群:一是以上海为中心、西起常州东到杭州的最核心城市群;二是与之相接的东抵常州、西至马(鞍山)芜(湖)铜(陵)宜(安庆)的南京城市群;三是南拓至温州的宁绍甬城市群;四是由泰州、南通及盐城组成的苏中城市群	形成以上海为核心,沿沪宁和沪杭甬线、沿江、沿湾、沿海、沿宁湖杭线、沿湖、沿东陇海线、沿运河、沿温丽金衢线为发展带的"一核九带"空间格局。建设上海都市区、南京都市圈、杭州都市圈

再如珠三角城市群,先后进行了三轮规划(表 4.3)。第一轮规划为广东省组织编制的《珠江三角洲经济区城市群规划》。为了解决经济快速发展所带来的土地资源、生态环境、区域性城市基础设施建设各自为政、部分城市呈"线状"畸形发展等矛盾,广东省委、省政府于 1994 年年底作出了开展珠江三角洲经济区规划的决定。经济区规划分为环境规划、基础设施规划、产业发展规划、城市群规划、社会发展规划等五个专题,其中珠江三角洲经济区城市群规划于 1995 年年中完成。规划的重点在于协调,协调区内城市之间、城市与乡村之间、区内相关部门之间、县市自身解决不了的矛盾等①。第二轮为建设部和广东省共同组织编制的《珠江三角洲城镇群协调发展规划(2004—2020)》,此轮规划以实施操作为导向深化了空间管制模式的内容:将规划区内分为九类政策性地区,按照监控力度的不同设定了监督型管制、调控型管制、协调型管制和一般型管制等四个级别的空间管制模式,全面覆盖到九类政策性地区②③。第三轮为国家发改委组织编制的《珠江三角洲地区改革发展规划纲要(2008—2020)》。从规划的主要内容来看,该规划更像是一个类似于国民经济社会发展规划,该规划中对"空间"的安排并不像前两轮规划那样有明显的要求,但是作为一个纲领性的规划,它成为指导珠江三角洲地区当前和今后一个时期改革发展的行动纲领和编制相关专项规划的依据。但由建设部牵头的规划和由国家发改委牵头的规划间不一致的内容如何解决、二者如何协调并相互配合,给规划执行者带来很大的困惑。

① 房庆方,杨细平,蔡瀛.1997.区域协调和可持续发展——珠江三角洲经济区城市群规划及其实施[J].城市规划,21(1):7-10.

② 房庆方,蔡瀛,朱国鸣.2005.联合规划和协调发展规划的实践——《珠江三角洲城镇群协调发展规划》简介及编制工作回顾[J].城市规划,(4):14-17.

③ 邹兵.2006.我国城镇群规划实施面临的困境与发展趋向——由珠江三角洲城镇群规划引发的思考[J].城市规划,30(1):47-54.

表 4.3 珠江三角洲三轮城市群规划概况

名称	规划期	规划范围	核心内容	主导部门
珠江三角洲经济区城市群规划	1995—2010 年	1994 年广东省政府确定的珠江三角洲经济区的范围，包括广州、深圳等共 25 市 3 县，总面积 4.16 万 km^2，人口 2065 万人	划定四区、确定城市等级结构、空间格局、相邻地区的协调	广东省
珠江三角洲城镇群协调发展规划	2004—2020 年	即珠江三角洲经济区，包括广州、深圳、珠海、佛山、江门、东莞、中山、惠州市区、惠东县、博罗县、肇庆市区、高要市、四会市，总人口 4230 万，土地总面积 41698 km^2，其中建设用地面积 6640 km^2	四类空间管制模式、九类政策区划分、突出近期行动计划	建设部 广东省
珠江三角洲地区改革发展规划纲要	2008—2020 年	以广东省的广州、深圳、珠海、佛山、江门、东莞、中山、惠州和肇庆市为主体，辐射泛珠江三角洲区域，并将与港澳紧密合作的相关内容纳入规划	强调规划区内社会经济发展的协调，重点深化经济体制改革，创新行政管理体制、社会体制改革等。其内容涵盖了产业发展、区域协调、环境保护、社会建设、体制创新等诸多方面，而且多为宏观层面的制度安排和战略导向	国家发改委

4.1.2 规划管理规制缺失

1）国家层面区域规划立法的缺失

在现代法治国家，国家的行政权力是法律授予的，行政机关的政策制定和管理职责是以法律，特别是行政法律为依据的。作为公共政策和管理手段的重要内容，区域规划的编制主体、内容、编制方式、实施手段等应该由相应的法律作出规定。但在我国，区域规划的实施并没有专门的律法等来保证。实际上，在一些国家，规划本身就是法律，规划一经批准，就是一部法。

在法国等欧洲大陆国家，区域规划的地位则是由明确的法典规定的。法国的法律规定，城市规划权力属于最基层的市镇，区域规划的权力则主要集中在中央、大区、省级政府，法国的“国土协调纲要”是协调全国的包括城市规划在内的几乎所有空间规划的区域规划，具有空间规划中最高的法律地位，地方政府在编制城市规划时必须执行这一规划，法国的规划法典规定：“如果没有可以实施的国土协调纲要，各自然区域和城市化后备区域不可用于城市发展。”各大区、省编制的区域规划一般也有相应的法律规定。

英国的相关法律规定，英国的规划权力属于地方议会或者议会间的联合，区域规划的制定一般采用联合规划委员会的方式，区域规划经过中央政府掌管规划的大臣批准之后即成为组成地区的法律文件，其委员会的组成方式、规划的程序、内容、核准的过程、委员会的职责等都有法律规定。不同的是，由于英国是英美法系国家，其法律规定往往是各种判例、法规甚至是习惯法的集合，不一定以法典的形式出现。

美国的规划立法主要是抓两头，一头是国家层面上，最早的如西部开发战略、田纳西河流域的整体开发战略等；另一头则直接下至居民点自身的发展和建设。无论在国家层面上的空间规划，还是小尺度的区域规划，在空间管制上，都具有很强的法律效应。

在日本，法律规定，城市规划的权力属于基层的市町村，区域规划的权力属于国家和都道府县，相应的有国土规划和都市区规划等不同的层面①。

德国的规划立法权力在联邦，而具体的规划编制则主要由州和各市完成，中央政府对于全国空间发展只是提出导则性的建议，如 1993 年的《国家空间秩序规划政策导向框架》和 1995 年的《国家空间秩序规划措施框架》等②③。

1980 年代以后，我国逐渐确立了以区域开发规划（包括国民经济和社会发展计划的相关部分和国土规划）、土地利用规划、城镇体系规划三大规划为核心，包括流域规划、交通规划、矿产规划、减灾防灾规划等在内庞大的区域规划系统④。尽管这些规划各有侧重，但都有一个共同的特征，试图从各自的技术角度来分析、预测和推动区域发展所谓科学合理的进程，但由于缺乏法定地位、规划在实施主体和对象界定权责划分、程序与规则设置等方面都缺乏法律依据，使区域规划的权威性和约束力不强。这一问题在处理协调事务的区域规划上反映得尤为突出⑤。

在国家层面，有据可查的全国性区域规划相关政策法规仅限于 1956 年国家建委颁发的《区域规划编制和审批暂行办法》及 1990 年的《城市规划法》、2008 年的《城乡规划法》中对城镇体系规划管理的相关规定，其他涉及区域规划方面的法规也仅在相关法律中体现（表 4.4）。我国的区域规划长期缺乏明确的法律保障体系。

表 4.4　我国涉及区域的主要规划体系

规划名称	规划法定依据	编制主体	批准机关
国民经济和社会发展计划	宪法	县级以上政府	同级人民代表大会
城乡规划	城乡规划法	县级以上政府或城市规划行政部门	国务院、省、地级市
土地利用总体规划	土地管理法	各级政府	国务院、省、地级市
矿产资源规划	矿产资源法	国土资源部	国务院
水资源规划（分流域规划和区域规划）	水法	县级以上水行政主管部门	重要江河由国务院批准，其他由地方同级人民政府批准
环境保护规划（包括污染防治、水土保持、防沙固沙等多项）	环境保护法、水土保持法、防沙治沙法等	县级以上环境行政主管部门	国务院或者同级地方人民政府
交通规划（包括铁路、公路、港口等）	铁路法、公路法、港口法等	铁道部及各级地方专业管理部门	国务院及各级地方政府

① 谭纵波．1999．日本城市规划行政体制概观[J]．国外城市规划，(4)：6－11.

② 曲卫东．2004．联邦德国空间规划研究[J]．中国土地科学，(2)：58－64.

③ 孙斌栋，殷为华，汪涛．2007．德国国家空间规划的最新进展解析与启示[J]．上海城市规划，74(3)：54－58.

④ 谢惠芳，向俊波．2005．面向公共政策制定的区域规划——国外区域规划的编制对我们的启示[J]．经济地理，25(5)：604－606.

⑤ 邹兵．2006．我国城镇群规划实施面临的困境与发展趋向——由珠江三角洲城镇群规划引发的思考[J]．城市规划，30(1)：47－54.

2004年国家发改委试图推行“三规合一”，将国民经济和社会发展规划、城市总体规划、土地利用规划整合到一个共同的空间规划平台上，但因时机尚未成熟，没有得到有关部门的支持。国家发改委也曾草拟了规划编制条例，试图将城市规划和土地利用规划作为专项规划，纳入国家完整的规划体系，以便在规划编制过程中加强规划之间的衔接与协调①，但因其内容与《城市规划法》和《土地管理法》有矛盾，至今未获国务院批准。时至今日，全国性的综合的区域规划法还没有提上议事日程。由于缺少法律保障，区域规划的组织编制、监督实施和协调职责主体不明确，既没有明确政府牵头编制规划的职责，又没有明确国家、省、市对应城市群规划管理部门的实施职责、管理程序及手段，严格意义上的区域规划还没有普遍展开，法定的审批程序没有形成，对违反区域规划的行为没有有效的处罚措施。一方面，没有相关的法律性文件规定在何种条件下、怎样的区域需要编制怎样的区域规划，以及区域规划的组织主体是谁、编制单位有何要求等内容；另一方面，对于规划编制所得的规划成果是否具有法律性也几乎不曾有过明文规定，在很多规划文本中我们经常会看到“本规划文本经×××审批后即具有法律效应”“图纸同文本具有同等法律效应”等字句，但由于缺乏外部的法律保障环境，仅凭规划文本上的主观判定，区域规划也仍旧没有摆脱法律地位缺失的困境。总的来看，区域规划工作还处于“人治”而非“法治”状态②。在区域规划法律地位缺失的背景下，作为近十年兴起的城市群规划、都市圈规划，国家层面的相关法规基本上处于空白。尽管“城市群规划属于空间系列规划”为多数学者接受，但建设部、国土资源部和国家发改委对大尺度空间规划事权的争夺，致使城市群规划一方面处于“多头管理”状态，另一方面又处于无人管理的状态，城市群规划编制的“三国演义”从国家层面一直延续至省市层面。如何界定城市规划与其他部门规划的关系，始终是一个难以回答又无法回避的问题。这种没有明确的归口管理机构又导致了城市群规划出现了“重编制、轻实施、无管理”的现状。

2）地方层面规划实施条例的尝试

相比全国而言，近十年省(区)在城市群规划管理方面取得了一些积极的进展。广东省、湖南省最早出台了地方性的区域规划法规，并明确了城市群规划管理和协调机构。但在现实中，城市群规划和实施仍然矛盾重重。

不可否认，在现阶段我国出台的各项法规文件也存在明显的部门倾向。正是认识到这一问题的敏感与复杂，《珠江三角洲城镇群协调发展规划(2004—2020)》完成后，由广东省建设厅牵头起草的法律性实施文件《广东省珠江三角洲城镇群协调发展规划实施条例》，经广东省人大常委会审议通过，于2006年11月1日起施行。规划成果以立法的形式保障规划的实施，明确规定了：① 珠江三角洲经济区现代化建设协调领导小组和珠江三角洲城镇群协调发展规划管理办公室的法定地位及其组成方式、职能与协调程序；②《珠江三角洲城镇群协调发展规划》的法定地位及其编制、审批与实施主体；③ 珠江三角洲经济区现代化建设协调领导小组、珠江三角洲城镇群协调发展规划管理办公室与地方政府在规划管理权限上的划分；④ 违反《广东省珠江三角洲城镇群协调发展规划实施

① 王军，唐敏．2005．规划编制的“三国演义”[J]．瞭望新闻周刊，(45)：24－28．

② 陈晓丽．2007．社会主义市场经济条件下城市规划工作框架研究[M]．北京：中国建筑工业出版社：88．

条例》的法律责任①。

但是，此次规划立法的是《广东省珠江三角洲城镇群协调发展规划实施条例》，而非“珠江三角洲区域规划条例”，更非“珠江三角洲区域协调发展条例”，对城镇群规划作用的定位也是协调各项规划。这可以理解为规划建设部门谋求提升城镇群规划地位所采取的一种谨慎务实的策略，也是为了在下阶段立法意见征询过程中能够减轻来自其他部门的挑战和压力。但由于出于利益平衡的考虑，对于众多实质性矛盾的刻意回避，在立法工作取得较快进展的同时也构成了这项工作本身的局限，使部门之间的权力之争由现在的规划层面上升到法律层面，造成区域协调中更为严重的问题②。

以湖南为例，2007 年 9 月 29 日湖南省第十届人民代表大会常务委员会第二十九次会议通过了《湖南省长株潭城市群区域规划条例》。该条例第一条指出，“为科学编制和有效实施长株潭城市群区域规划，……制定本条例”。第五条和第六条分别对长株潭三市和湖南省发改委在城乡空间管理中的事权作出总体性的规定。第八条提出，建立长株潭城市群区域规划编制、调整和实施协调会议制度，包括联席会议和专题会议制度。第十七条：“省人民政府应当建立长株潭城市群区域规划实施督察制度，监督长株潭城市群区域规划的实施。省人民政府应当建立长株潭城市群区域规划动态监控信息系统，对空间管治区域进行监测。”客观上讲，为了推动《长株潭城市群区域规划》的实施，湖南省从地方的层面推动城市群规划立法，具有很大意义。该条例试图从合理划分规划事权入手，提出了政策分区和分级管制、多层次协调的设想也具有很大的现实意义。但在实际推行中，受现行体制羁绊，规划实施及其管理矛盾重重，具体体现如下：① 长株潭城市群中各级政府在规划事权划分缺乏明确性和规范性，导致政出多门，实施与管理难以真正落实到具体机构。② 长株潭城市群规划实施及其管理涉及省发改委、长株潭三市多个职能部门尤其是建设规划部门之间关系，省发改委与长株潭三市建设规划部门的规划事权（尤其是规划审批、规划许可等方面的权限）如何进一步划分，又如何协调？这些问题尚没有具体明确的规定。③ 虽建立协调会议制度，但协调会的性质、人员构成、具体职责、决策程序与现行行政机构的关系等等问题，有待于进一步明确。《湖南省长株潭城市群区域规划条例》仅仅是一个纲领性的规定，如何具体推动规划实施与管理，需要进一步出台一系列辅助的文件、规章。

省区内的跨界城市群规划实施及其管理尚处于省级政府的统一管理之下，但跨省城市群规划一般空间疆域更大、行政主体更多、差异性更大（如长三角城市群规划），从而也更难以协调管理。目前，跨省区城市群规划管理基本处于缺位状态，既没有经济上的调控能力，也缺少政策上的权威性，跨区城市群规划往往处于无效的“空调”状态。

4.2 权力运作失范，规划实施的机会主义

权力运行是包括规划在内的行政管理的关键。规划作为政府的一项重要职能，规划

① 建设部，广东省人民政府. 2005. 广东省珠江三角洲城镇群规划条例[R].

② 邹兵. 2006. 我国城镇群规划实施面临的困境与发展趋向——由珠江三角洲城镇群规划引发的思考[J]. 城市规划，30(1)：47 - 54.

管理行政权力的总体运作受现行行政管理体制支配。因而，在解析当前规划管理运作之前，有必要简要交代规划运行的体制环境及在这一环境下权力运作的现实状态。

4.2.1 规划运行的体制环境

1）压力型体制和“地方无能”

（1）压力型体制

“压力型体制”是岳德常①、荣敬本等人（1998）用于描述基层政权（县乡两级）运作特点的概念，是指某一地方政府为了完成上级各项经济赶超任务和指标，该级组织以党委和政府为核心把这些任务和指标，层层量化分解，派给下级组织和个人，责令其在规定的时间内完成的治理机制。与之对应，上级政府对下级政府的考核机制、政绩评价机制也由此前的单纯“忠诚/命令”机制向“忠诚/命令＋忠诚/政绩”混合式激励机制转化。在这种压力型体制下，下级官员被动员起来不只是为了完成上级布置的任务，更是在为自己的政治前程竞争。周黎安教授将这种混合式激励机制称为“晋升锦标赛”②。周飞舟则将这种体制称为“锦标赛体制”，他指出，这种体制是由行政体制内生出来的，自“大跃进”时期就已存在。中央向地方放权，并通过各种动员手段推动地方政府展开各种经济竞赛。“中央是竞赛的发起人和目标、规则的制定者，地方则是参赛的运动员。跑在前面的、胜出的运动员不但会享受到更多的经济政策方面的偏向，更重要的是，地方政府的领导人会由此得到政治荣誉以及晋升”③。

（2）权责不对等

权责不对等是指由于“职责同构”造成各级政府权利与责任不对称的现象。从中央政府到乡镇，各级政府承担的职责并未因权利缩小而相应减少。自 1990 年代中后期以来，上下级政府权责不对等问题越来越突出。一般认为，1994 年分税制改革是一次财政集权化改革，导致“财权上移，事权下移”。在压力型体制下，权责不对等导致县乡基层政府面对难以承受之重。如四川省中江县一位乡镇领导抱怨：“乡镇政权就是一个无限责任公司。”（2009 年 8 月 5 日访谈）上下级政府之间事权和财权的不对称导致了“既要马儿跑，又不让马儿吃草”的基层政权运作体制，这很容易打破基层地方政府的财政收支平衡，进而造成地方政府（尤其是县乡政府）的财政危机。目前基层政府对“土地财政”的依赖很大原因归咎于这种体制④。

（3）“地方无能”

在采用“单一制”的中央集权的中国，地方政府的一切权力均来自中央授权，中央是权力的最高点。中央政府的权力可以“一竿子插到底”，对地方政权运作进行强制性干预。中央政府权力至高无上，又无所不在，只要愿意，国家权力可以将其触角伸向地方政权的各个角落。改革开放以来，中央政府通过行政性分权激励地方发展经济，但行政性分权并非法律分权，中央赋予地方政府的权力有被随时收回的可能。从这个意义上来看，在单

---

① 岳德常. 1997. 关于“压力型体制”的思考[J]. 经济社会体制比较，(6)：26－27.

② 周黎安. 2007. 中国地方官员的晋升锦标赛模式研究[J]. 经济研究，(7)：36－50.

③ 周飞舟. 2009. 锦标赛体制[J]. 社会学研究，(3)：54－77.

④ 王勇. 2009. 论“两规”冲突的体制根源——兼论地方政府“圈地”的内在逻辑[J]. 城市规划，33(10)：53－59.

一的中央集权制下，中央政府可以自由介入地方政权，地方政府权力是非常有限的。

2）信息不对称和“地方全能”

（1）信息不对称

信息不对称理论认为由于代理人对自己的行动或能力拥有私人信息，这样理性代理人便有可能利用信息优势，追求自身利益最大化，发生“逆向选择”和“道德风险”，损害委托人利益。在中国，人民是国家主权拥有者，人民是政治权力的委托者，中央政府是人民主权的总代理者，中央政府又按科层制的组织架构将政治权力委托给下级地方政府，从而形成上下级政府之间的“委托—代理”关系和中央集权体制。

这种具有科层制特点的中央集权体制强调“指令”自上而下的逐级传递和“信息”自下而上逐级传输。对于分解任务和处理自上而下的指令来说，这种信息传递也许是有效率的，但是在处理自下而上的信息传输时，却有可能造成大量的超载或阻塞问题。即“官僚制既承受信息短缺之苦，也遭受信息泛滥之害”①。一般而言，信息不对称问题越严重，代理人行为失范也越严重。中国采用中央—省（自治区、直辖市）—市—县—乡镇五级政府的政权架构，是世界上政府层级最多的国家之一。在权力方面，上级政府处于绝对优势；但在信息方面，地方政府处于绝对优势。中央政府获取地方政府行为信息主要有三种渠道：一是委托人亲自（或委派督察员）通过调查获取代理人行为信息，实现对代理人的监控。由省到市县再到乡，中央政府采集地方政府行为信息的成本将越来越高。二是代理人将自己的行为信息向委托人汇报，以便于委托人监管。但问题是上传的信息一般要经过层层“加工”和“再包装”，真实性难以保证。三是“第三方”揭发代理人违法违规行为。目前这种方式主要是指百姓上访和传媒揭露。但由于上访门槛太高、媒体不独立等原因，这种信息传递极其有限。由于上述原因，与其他科层制国家相比，中国上下级政府间信息不对称问题相对较为严重。

（2）机会主义

机会主义通常被描述为人们在任何情况下都利用所有可能的手段获取它自己的特殊利益的倾向。传统官僚集权体制是滋生机会主义的最佳政治土壤之一②。一方面，集权体制本质上体现了一种不对称的权力结构。上下级之间的权力不对称主要表现为上级是权力的优势方，下级是权力的劣势方，上级可以滥用权力，而下级则缺乏对上级的有效制约和监督机制。在这种情况下，上下级之间的权力博弈，上级的最优策略将是机会主义的行事，下级的最优策略也是机会主义的应付。

（3）“地方全能”

信息不对称下的机会主义泛滥又致使中国地方政府出现“地方全能”的倾向。面对上层政府的权力强势，下层政府会充分地利用信息不对称，与上层政府展开复杂的博弈。阎彬曾指出，1980 年代为了扩大在财政收入总额中所占的份额，在中央政府采取多种措施频频从地方财政“抽调”资金的情况下，地方政府也发明出一系列对付中央、上级政府

① 戴维·毕瑟姆．2005．官僚制[M]．长春：吉林人民出版社：59．

② 杨善华，苏红．2002．从“代理型政权经营者”到“谋利型政权经营者”——向市场经济转型背景下的乡镇政权[J]．社会学研究，(1)：18-24．

的办法[①]。一方面，地方政府可以利用信息不对称游离于中央政府管制之外；另一方面，在官员任命制下，地方政府长期游离于辖区公众的监督和制约。不受上下制约和监督导致地方政府"全能"的倾向。"从比较的视野来看，中国地方政府在国际上属于强地方政府的行列，相对于其他国家的地方政府而言，实际权力是非常大的"[②]。从中央到地方的放权，可以"放"出地方政府的积极性，也可以"放"出"地方主义"和大量"土皇帝"。

3）权力"非正式运作"

在上下层级政府权责严重不对称的压力型体制下，常规的权力运作方式显然无法应对不切实际的目标任务以及严厉的考核机制，更难以在"政治锦标赛"中胜出。面对不能承受之重，基层政府一般会充分利用信息不对称，各种非正式运行策略应运而生。如数据造假[③]、买税引税[④]、形式主义、基层共谋等。如在苏南新农村建设中就存在明显的形式主义：某些乡镇基层政府为应付上级检查，采用讨巧的方式对沿路（尤其是县级以上公路）所有能看到农房，将其对着路的房屋一面统一进行粉刷。赵树凯曾指出，"在应对自上而下的检查中，地方存在一种规律性现象：如果是省里来检查，市、县、乡、村都紧急动员起来，共同应付；如果是市里检查，县、乡、村则都紧急动员起来，共同应付。比如省里检查时，市里有关部门就会提前探听情况，向下边的县提供某些有关检查信息、应付方法的'公共服务'，当市里来检查时，县里有关部门就为乡镇提供这样的服务"[⑤]。周雪光用"基层间共谋"来表述上述现象，并指出基层政府间的共谋行为已经成为一个制度化了的非正式行为，这种行为是集权政治体制、压力型体制等现行制度环境的产物[⑥]。诸如此类的基层政权非正式运作在斯科特[⑦]、孙立平[⑧]、折晓叶[⑨]、欧阳静[⑩]等学者的著述中有大量论述。

作为韦伯笔下的最纯粹的法理型统治类型——官僚制，其核心特征之一是依法行政。"行政管理就是在法律规则限制内，并且根据一些得到团体制度许可的，甚至没有违忤团体制度的、可以普遍表明的原则，合理维护团体制度所规定的利益"[⑪]。但在中国当前，无论是基层政府"非正式运作"，还是省市政府的"跑步前进"，都表明权力运作充满随意性、变通性、个人性和短期性等特点。从基层政府的角度看，政权运行的"非正式运作"不仅仅是压力型体制下上下级政府权责失衡的无奈之举，更有中国上下几千年的官僚文化的历史传承，这种"非正式运作"从本质上没有跳出吴思先生的"潜规则"范畴。仅此一

① 阎彬.1991.正确处理中央与地方财政关系的关键——逐步实行分税制[J].财经研究,(4):23-28.

② 周振超.2006.条块关系:政府间关系的一种分析视角[J].齐鲁学刊,(3):144-147.

③ 罗兰.2012.经济增长"水分"误导宏观决策[N].人民日报(海外版).2012-12-08(02).

④ 李广斌,王勇,谷人旭.2005.我国中西部地区小城镇发展滞后原因探析[J].城市规划,29(10):40-44.

⑤ 赵树凯.2005.乡村关系:在控制中脱节——10省(区)20乡镇调查[J].华中师范大学学报(人文社会科学版),(5):2-9

⑥ 周雪光.2008.基层政府间的"共谋现象"——一个政府行为的制度逻辑[J].社会学研究,(6):1-21.

⑦ 斯科特·詹姆斯.2007.弱者的武器[M].郑广怀,等译.南京:译林出版社.

⑧ 孙立平,郭于华.2000."软硬兼施":正式权力的非正式运作的过程分析[G]//清华大学社会学系.2000.清华社会学评论特辑.厦门:鹭江出版社.

⑨ 折晓叶.2008.合作与非对抗性抵制——弱者的"韧武器"[J].社会学研究,(3):1-28.

⑩ 欧阳静.2009.运作于压力型科层制与乡土社会之间的乡镇政权:以桔镇为研究对象[J].社会,29(5):39-63.

⑪ 马克斯·韦伯.1997.经济与社会(上卷)[M].林荣远,译.北京:商务印书馆:243.

点，现有政权尤其是基层政权的运作逻辑与现代官僚制的理性化、制度化特征相去甚远。规划管理作为行政管理的重要组成部分，地方政府的“非正式运作”必然渗透和体现于规划管理现实之中。

4.2.2 规划管理的非规范运作

在上下层级政府权责严重不对称的压力型体制下，常规的权力运作方式显然无法应对不切实际的目标任务，以及严厉的考核机制，更难以在政治锦标赛中胜出。面对不能承受之重，基层政府一般会充分利用信息不对称，发明各种对应策略，各种非正式的权术由此应运而生。

对于城市群规划而言，从地方的角度出发，广东、湖南等少数省份出台了城市群规划实施的地方性法规，但后续的配套、辅助的地方性规章等没能及时跟进。从全国的角度出发，城市群规划在管理上存在整体制度上的缺失，依法行政无从谈起。对于城乡规划而言，以《城乡规划法》为核心法，初步建立了由国家法律、行政法规、地方法规、行政规章和地方性规章等组成的法律体系。作为上位的城市群规划，其实施依靠城乡规划来进一步落实。但现状城乡规划管理自身“百病缠身”，除了城乡规划管理制度建设有待不断完善外，当前城乡规划管理面临的最大问题是不依法行政。与“无法可依”相比，“有法不依”的现实危害性可能更大，因为，“有法不依”不仅架空了法律，也架空了中国百余年来追求法治的梦想。笔者近年累积的市、县、乡村的调研材料，可以揭示规划管理权力现实运行的非规范一面。

1）行政干预强烈

在城乡规划管理实践中，“长官意识”主导规划，规划管理中“法律至上”往往被“权力至上”所取代。“规划规划，纸上画画，墙上挂挂，不如领导一句话”。关系到城市发展方向和整体布局的总体规划，因不符合领导意志而频繁、随意调整和变更。当下，许多城市的规划委员会对外名义上是一个“半官方机构”，但实质上是由市长领衔、各部门领导官员所控制的官僚结构。在这个机构中，首长俨然变成了城市发展的“首席规划师”。一些地方政府领导为了追求政绩，盲目扩大城市规模，急功近利，造就了诸多劳民伤财的“政绩工程”、“形象工程”、“短命工程”，并由此造成规划的极大浪费。在现实中，规划通常是“短命”的。究其原因可能是多方面的，有经济社会发展的不确定性带来规划过时的原因、有规划决策者有限理性而导致规划不合理的原因，但首长干预是重要原因之一。“市长一换，规划一变”。只有在本届政府任期内能完成的项目，才是市长真正关注的。如，2000 年 7 月，江苏省第三次城市工作会议作出了建设南京、徐州和苏锡常三个都市圈的战略决策。时任领导提出三大都市圈战略旨在带动全省经济社会发展。然而 2002 年底领导换届后，重新提出了沿江开发战略的新思路，制定了沿江地区发展规划。尽管这一规划没有全面否定苏锡常都市圈规划中的城市群空间格局，但提出了新的城镇空间重组方案，将一些涉及苏锡常都市圈中的城市与苏中的城市进行了重组，规划了常泰、通虞等城市组团。伴随着江苏沿江规划的部分实施，南京等三个都市圈规划的实施遭冷落和搁浅。

在笔者有针对性的调查访谈中，地方官员针对地方首长干预规划的行为，有理解，也有无奈。

苏州市政府某部门A官员："按照现行的政绩观，一任领导，一种思路，一套规划，这都好理解。上一届领导所编制的规划可能是非常正确的，继任领导应该延续其规划并大力推动其实施，但最后的成绩算谁的？是上一任还是当前一届的无法界定。在这种情况下，继任者往往倾向于重新编制规划，并强力推进其实施，以此来确定其政绩边界。"(2013年1月12日访谈笔录)

苏州市A园区原某乡镇规划建设办公室X人员："规划管理最大的问题是随意性太大。譬如镇领导想对一块绿地进行开发，会找百姓就业、社会稳定等各种理由，让下面执行其意志。……然而，规划建设办公室没有规划审批、决策权。在程序上，镇领导认为要调整的控规必须经园区规划委员会讨论来决定。园区的规划体制具有很大的特殊性，园区为国家级开发区，又是中(国)新(加坡)合作开发的园区，园区规划管理游离于苏州市局，具有很大的独立性。园区规划委员对控规调整申请的决策有时采用不举手、不投票的形式，这在客观上导致了集体决策往往由一两个领导说了算。"(2012年12月8日访谈笔录)

苏州市B县级市Y官员："在现有体制下，我们国土部门工作很难做。国土部门(官员)风险很大，但由市长重点引进的项目如果落不了地，板子就落在国土部门上；控制性详细规划所出具的地块出让条件不符合项目要求，板子就落在规划管理部门上。"(2008年10月11日调研座谈记录)

2）政府自身违法

过去20多年，地方政府违背《城市规划法》、《城乡规划法》等法律法规的行为经常发生。如地方政府违法违规"圈地"、违法审批、越权审批等行为屡禁不止。一切为开发让路，"先上车，后买票"频繁发生。如，安徽省沿江某市一家日化有限公司40万吨日用品基地项目，建设时不经规划上马，直到次年竣工才颁发建设工程规划许可证。在其周边几个市的招商引资项目中，普遍存在先开工、后办理规划许可手续和边批边建的现象。不少房地产项目开发过程中，容积率随意调整，却不履行任何法定程序①。现任住房与城乡建设部副部长仇保兴曾直言，切实关系到百姓利益的控制性详细规划犹如一根橡皮筋，规划的弹性太大②。2012年11月3日，笔者在百度高级搜索"完整关键词"一栏中，输入"规划违规审批"，得出37.6万条网络搜索结果。在我们的调查过程中，发现政府违法很多是"唯上"、"唯商"的结果。当领导主要心思花在招商引资等政绩上，"唯上"在很大程度上又脱变为"唯商"，控规的审批管理则变成了"对单下菜"。

苏州某区规划分局J科员："按照法定的程序，在地块出让给具体项目之前，需要制定控规、土地出让条件，但在现实中往往出现'反向操作'的情况。但凡是领导或招商局重点引进的项目，领导或招商局会要求规划局按照指定开发商或企业的要求，针对性地制定或重新修编控规。这种反向操作现象普遍存在，并持续多年，尤其是在经济发展不景气的情况下，这种反向操作更为普遍。如果有其他企业参与地块竞争，一般由政府出面进行劝退。"(2012年12月22日访谈记录)

某编制中心K负责人："只要项目能提高城市的'品牌'效应，只要项目能大幅度提升周边土地价值的潜质，政府都有修改和调整控规的冲动，并尽可能满足开发商的要求。

① 聂扬飞，武晓波. 2010. 城乡规划岂能只在"墙上挂"[N]. 安徽日报，2010-12-09(B1).

② 仇保兴. 2004. 当前我国城市规划管理体制改革的若干重点[J]. 规划师，20(1)：5-9.

以苏州'秋裤'(苏州最新地标性建筑东方之门,笔者注)为例,其所在地块的控规一调再调。"(2012 年 12 月 22 日访谈记录)

苏州市 B 县级市 Y 官员:"2003 年在全市城市化工作会议上,市委市政府要求全市干部群众进一步解放思想,抢抓新一轮经济发展机遇,加快城市建设,实现跨越发展,三年再造一个新常熟,力争到 2006 年,城市建成区面积达 60 km^2,城市常住人口 60 万,城市化率达 60%,全市 GDP、税收等主要经济指标翻一番。但在此期间,最大的问题是建设用地指标短缺。根据我们国土部分不完全统计,全市各种违法用地约 1.5 万亩,其中既有早期乡镇企业历史遗留问题,也有新增的违法用地问题,这些违法用地主要是乡镇政府违法规划和建设。现有统计年鉴中,耕地数值具有很大水分,许多乡镇已将基本农田放至湖上、山上,甚至在沿江的滩涂上。"(2008 年 10 月 11 日调研座谈记录)

在国土、规划等领域,基层政府违法相当普遍。但在体制转型大背景下,早期的一些违法违规行为本身就是一种"悖论"。即一些早期城市建设规划上的违法违规做法逐步被中央政府认可,内化为现有规划管理体制的一部分,并作为成功经验而推广。

苏州市 C 县级市 Z 官员:"作为外向型经济发展的典型代表——'昆山模式',可以说是一种典型的制度创新。改革开放以来,昆山坚持'先干后说、多干少说甚至不说',从 1985 年办起了全国第一个自费开发区取得初步成功后,昆山就放开手脚大力兴建乡镇工业园区,在这 20 多年里,如果没有规划、国土最初的违法违规,就不可能有现在的'昆山模式'。昆山发展所走的,过去看是一条'违法'之路,现在回头看,却成为一条'创新'之路。"(2008 年 9 月 18 日调研座谈记录)

3)体制内共谋

行政分权后,上下级政府之间就陷入一场复杂的博弈之中。在上下级政府职责的压力型体制下,下级地方政府发明的诸多不规划的应对策略,其中就包括上下级政府共谋以应对更高一级政府的各种检查。规划作为一种行政行为,行政权力的"非正式运作"也广泛地渗透于规划管理权力运作之中。

苏州市某部门 N 官员:"2004 年,国家逐步加大对开发区整顿工作。自 20 世纪 90 年代苏州市(市域,笔者注)发展外向型经济以来,目前,苏州市是全国开发区密度最高的地区之一,不仅有 5 个国家级开发区,10 个省级开发区,许多县级市、市辖区还有很多县级开发区,乡镇'一园多区'现象也非常突出,甚至部分行政村都建立了'工业小区'。面对这种情况如何整顿?乡镇基层也要发展经济。在国家对开发区整顿的重压之下,乡镇开发区大多'换块牌子','整合'到省级以及以上开发区名下。对既成事实的东西,不可能真正地将其铲除。对于已转为城镇建设用地的土地,土壤结构遭受巨大破坏,几乎不可能再转变为农业用地。"(2007 年 7 月 30 日调研座谈记录)(2010 年昆山高新技术产业开发区、吴江经济开发区、常熟经济开发区升格为国家级开发区,2011 年 10 月张家港经济技术开发区、太仓港经济技术开发区升格为国家级开发区,2012 年 12 月,苏州吴中经济开发区晋升为国家级开发区。截至目前,包括原苏州工业园区、苏州高新技术开发区、昆山经济技术开发区、张家港保税区、苏州太湖国家旅游度假区,苏州市域国家级开发区共 11 个。笔者注)

苏州市 S 官员:"在现行的政绩考核机制下,GDP 和税收是'硬道理'。本级政府的政绩要依靠下面一层一层干出来。招商引资是所有基层政府工作的重中之重。在趋于白热化的招商引资竞争中，机遇稍纵即逝。边建边批、先建后批都是不得已。只要基层不'捅出大娄子'出来，我们一般不去制止，再说也没有这么多人手对全市进行规划监督。"(2008年11月3日调研座谈记录)

在国家对各级各类开发区治理整顿的大环境下，苏州乡镇工业园数量也随之发生变动。笔者在《苏州农村改革30年》一书中找到相关数据，"1992年，为解决'村村冒烟、处处办厂'的现象，结合小城镇建设，市委、市政府明确要求乡镇企业的建设要相对集中，建设乡镇企业小区。当年……全市有140多个乡(镇)完成小区规划设计工作，有117个乡(镇)工业小区进入实施阶段，有30多个乡(镇)工业小区初具雏形。……2000年后，苏州市乡镇企业小区发展更取得了长足进步"①。2001年苏州乡镇工业园区224个，但到2005年锐减为53个②，到2006年年底，苏州已建成各类乡镇企业园区200多个③。开发区治理整顿期间，长三角正经历一次经济高速增长期，外资大量涌入苏州，许多乡镇开发区发展势头迅猛，但数据的变化显示2005年乡镇工业园大批消失。实际上，苏州许多乡镇工业园区并未真正消失，为了规避政策，乡镇发明了"以租代征"等多种手段以应对国家调控政策而"潜伏"下来。按苏州市发改委X官员的话说："在征地问题上，基层政府往往是'碰到红线绕着走'。"④

在规划行政执法中，不积极行政往往受困于规划管理部门人手不足。

苏州市A园区原某乡镇规划建设办公室X人员："现在规划执法权都集中在A园区，我们规划建设办公室仅3人，成天在办公室处理上面安排下来的任务，没有时间去调查哪个地方建设存在违规。对于基层的违规建设，只有老百姓告上去的，园区规划执法部门才会通知我们去现场勘验。"(2012年12月8日访谈笔录)

苏州市D县级市原规划局局长："乡镇没有规划执法权。每年建设量这么大，规划局人手又不足，对违规违法的监督只能'抓大放小'。对重点建设的项目进行监管，其余就顾不上了。对于小的建设项目，'民不告，官不究'。只要老百姓不告到规划局，我们一般不会主动下去查。"(2012年11月24日访谈笔录)

4.2.3 规划实施的机会主义

"三分规划、七分管理"。城市群规划管理机构不明确、规划的地方主义、规划的部门主义、基层政权"非正式运作"等，都可能导致城市群规划在实施过程中"走样"，最终造成规划实施的低效。除上述因素外，规划实施低效率另一重要原因在于基层政府缺少足够的资金来推动规划实施。相比于小尺度的空间规划，城市群规划更具有宏观性、长远性、战略性的特征。要将城市群规划的种种"终极合理目标"转化为具体的、可操作的"行动"，需要地方政府相互协作，需要合理的财政体制保障基层政府推动规划实施。但在现行的财政体制下，县乡基层政府根本没有足够的财力推动规划实施。在这种情况下，鉴于压力型体制，对于上位规划，基层政府一般会有选择性地继续实施，有利的就去执行，不利的尽

① 王荣，韩俊，徐建明. 2007. 苏州农村改革30年[M]. 上海：上海远东出版社：126.

② 王荣，韩俊，徐建明. 2007. 苏州农村改革30年[M]. 上海：上海远东出版社：126.

③ 王荣，韩俊，徐建明. 2007. 苏州农村改革30年[M]. 上海：上海远东出版社：148.

④ 王勇. 2009. 论"两规"冲突的体制根源——兼论地方政府"圈地"的内在逻辑[J]. 城市规划，33(10)：53-59.

量规避之。当上位规划部分内容中符合本级政府意图和利益时，基层政府在有资金保障的情况下，推进规划实施。一旦上位规划与本级政府意图不符，出于对自身利益的维护，地方政府一般不会被动地听命于上位规划的“通盘”安排，由此导致了规划实施的机会主义。笔者以《苏锡常都市圈规划》中规划建设苏南国际机场为例，对此简要解析。

进入 1990 年代，以上海浦东开发为标志，国家区域开发开放的战略重心开始从珠江时代向长江时代转移。伴随着全球化和大量外资涌入，长江三角洲区域一体化开始加速。1992 年，在自愿的原则上，长江三角洲 14 个城市组建了“城市协作主任联席会”，旨在推动区域合作。进入新世纪，伴随着长三角区域一体化发展，城市区域化初见端倪。在此背景下，江苏省审时度势提出苏锡常等三大都市圈规划建设。对外，旨在通过三大都市圈建设提高江苏省在国家的竞争力；对内，旨在通过空间的重组推动“圈”内地方政府的合作。尤其是作为江苏省最精华的地区——苏锡常地区。苏锡常三市，行政平级、地域邻近、实力相当，长期以来各自为战，过度竞争带来诸多内耗。《苏锡常都市圈规划》总则指出，“……为适应日趋复杂的竞争环境和整合创新的迫切需要，苏锡常必须以都市圈的构建为手段，以产业和空间协调及区域组织制度创新为手段，实现苏锡常三市和江苏全省的共同发展”。规划重点是促进苏锡常三市空间发展、城镇布局、区域基础设施、生态环境保护等重大问题的协调。关于民用机场建设问题，《苏锡常都市圈规划》指出，“苏锡常客货航空运输近期（至 2005 年，笔者注）要立足于利用浦东、虹桥、禄口等国际机场。……同时要考虑未来发展需要，预留承担国际交流的都市圈新机场用地，其位置选择在无锡附近，要保持与禄口国际机场的合理距离”。

在《苏锡常都市圈规划》出台之前，苏锡常三市有各自的机场，分别是常州奔牛机场、无锡硕放机场和苏州光福机场。《苏锡常都市圈规划》出台不久，比邻苏锡常地区的上海虹桥机场功能定位发生重大变化。2002 年 10 月，上海虹桥国际机场的国际客货运职能转移到浦东机场，虹桥机场功能定位逐渐向国内化转变。这一变化对苏锡常高新技术产业、先进制造业的发展带来极大的负面影响，也让《苏锡常都市圈规划》编制的决策者始料未及。在新的形势下，江苏省开始提前筹划苏南国际机场的规划建设问题，提出，“首先重点建设常州奔牛（4D）省级干线机场；其次完善无锡硕放和苏州光福支线机场（4C），发展支线运输……根据需要和可能建设无锡新机场，适应苏锡常地区航空运输需求和地区经济发展需要”①。针对苏锡常三市机场现状，本着避免机场重复建设的初衷，江苏省选择了苏锡常地区内等级最高的常州机场作为都市圈中心机场。但在分权化、市场化、区域化的时代，江苏省这种区域利益最大化的设想并没有赢得苏州、无锡的积极响应。自 2003 年 8 月无锡硕放机场首先进行“增容”以来（详见表 4.5），在经过 10 年的扩建和增加新航班，目前“无锡硕放机场”已更名为“苏南硕放国际机场”，该机场客运航站楼 12 万 m^2，飞行区等级为 4E，是设计年旅客吞吐量 1000 万～2000 万人次的枢纽型国际空港。该机场开通直飞东京、大阪、首尔、济州、曼谷、新加坡、台北、香港、澳门等地航线。这种“只干不说”“干了再说”的做法是对地方政府落实上位规划的一个代表性诠释。由此可见，类似于城市群、都市圈这样的规划，更应该关注被协调城市之间的共识、信任及其在此基础

① 罗小龙，沈建法. 2005. “都市圈”还是都“圈”市——透过效果不理想的苏锡常都市圈规划解读“圈”都市现象[J]. 城市规划，29(1)：30－35.

上协调机制的建构，而这绝非简单的规划就可以解决并解决好的。

表 4.5　2002 年以来苏南硕放国际机场建设大事记

时间	事　件
2002 年	10 月 28 日上海虹桥国际机场所有国际与港澳地区航班全部转移到了浦东机场
2003 年	媒体报道苏州要建自己的货运机场，无锡也要兴建国际机场 8 月无锡硕放机场在原硕放军用机场基础上进行了改扩建，改建成军民合用
2004 年	2 月 18 日，无锡硕放机场宣布扩建后正式复航，开通民用航班 2 月 26 日苏州将"苏州机场"列入 2004 年重点前期项目计划，"苏州机场"被列入重点前期项目计划的第一项，欲将军用光福机场改建为民用机场
2006 年	无锡机场改扩建工程正式启动，并开通了香港和澳门两条地区航线
2007 年	9 月 28 日，无锡机场新航站楼正式投运
2009 年	4 月 9 日，无锡机场正式开通首条国际航线——无锡至大阪国际航线 11 月 29 日，无锡苏南国际机场集团有限公司挂牌。无锡机场集团致力于打造苏南国际航空发展建设平台
2010 年	11 月 20 日，苏南硕放国际机场有限公司揭牌成立 苏州城投公司成为机场公司的第二大股东，苏南硕放国际机场从此进入了省和无锡市、苏州市三方共同建设、合力发展的新时期。机场新名弱化"无锡"二字，启用"苏南硕放国际机场"这一名称 苏南硕放机场苏州城市候机楼同时正式启用
2011 年	1 月 6 日，苏州—无锡—香港陆空联运正式运作

4.3　权力制约失衡，规划权力异化

自改革开放城市规划工作恢复以来，城乡规划职能发展了几次大的转变，其地位越来越突出①。在计划经济时期，城市规划是国家经济计划的延续和具体化，到 1980 年代发生了很大的变化。1984 年《城市规划条例》提出，城市规划"是对一定时期内城市的经济和社会发展、土地利用、空间布局以及各项建设的综合部署、具体安排和实施管理"，规划发挥着参与决策、综合指导的作用。1990 年城市规划重要性得到进一步强化，城市规划是一项战略性、综合性很强的工作，是国家指导城市合理发展和建设、管理城市的重要手段。进入新世纪，温家宝总理在 2001 年 7 月全国城乡规划工作会议的讲话中对城市规划寄予厚望，将城市规划定位为"是城市建设和发展的蓝图，是建设和管理城市的基本依据"，是一项全局性、综合性、战略性的工作，涉及政治、经济、文化和社会生活等各个领域。到现阶段，"城乡规划是各级政府统筹安排城乡发展建设空间布局，保护生态和自然环境，合理利用自然资源，维护社会公正与公平的重要依据，具有重要公共政策的属性"②。社

① 杨保军. 2010. 城市规划 30 年回顾与展望[J]. 城市规划学刊，(1)：14－23.

② 全国人大常委会法制工作委员会经济法室，等. 2008. 中华人民共和国城乡规划法解说[M]. 北京：知识产权出版社：19.

会对规划的期望越来越高，规划在宏观调控、社会管理中的地位也越来越突出。

伴随着城乡规划地位的不断提升和房地产建设大潮，主管城市规划部门成为位高权重的实权部门，与中国其他实权部门类似，规划部门自然成为官员腐败的重灾区。从规划编制管理到规划实施管理和最后的监督检查，规划腐败都可能贯穿于每个环节。

4.3.1 规划管理权力异化的表现

1）规划编制阶段的权力异化

规划编制层面的权力异化主要表现在两个方面。

第一，"回扣"现象。自上世纪规划编制单位市场化改革以后，规划编制单位需要在市场中找生存。对企业化的规划编制单位而言，地方政府就是他们最大的客户。面对竞争日益激烈的规划市场，如何不断扩充自身业务市场和稳定现有市场，"搞定"这个特殊的客户就非常关键。从地方政府的角度看，编制什么样的规划，编制多少规划，选谁来编规划，花多少钱来编规划，通过什么方式给规划费用，等等，这些问题由地方政府说了算。在这种状态下，容易滋生地方官员在规划编制中"设租"、"寻租"。规划编制中的"回扣"现象较为普遍，"回扣"似乎成为规划市场中规划双方共同遵循的一套心照不宣的"潜规则"。由于"回扣"往往是按规划费用提成，故在规划费用的谈判桌上，负责规划编制牵头的政府官员不压价甚至有意提高规划设计费用的怪现象也偶有发生①。

第二，"假招标"现象。对于一些大型建设项目、大中城市规划编制设计，许多省市规定需要采取对外招标确定合适的规划编制单位。规范的规划公开招标应遵循如下程序：招标公告→应标单位资格预审→给符合应标单位发放招标文件→召开投标预备会→编制、递送投标文件→开标评标（资格后审）→中标→合同谈判与签订。但在实际规划招标过程中，经常出现"串标"或"围标"现象。"围标"是指几个规划设计单位相互约定，一致抬高报价进行投标，通过限制竞争，排挤其他投标人，使利益相关者中标，从而谋取利益的手段和行为。围标行为的发起者称为围标人，参与围标行为的投标人称为陪标人。围标成员达成攻守同谋，在整个围标过程中陪标人严格遵守双方合作协议要求以保证围标人能顺利中标，并对整个围标活动全过程保密。围标成功后，围标人按照事先约定支付陪标人相关费用或利益互换。从理论上讲，"围标"可以是在"发标"单位不知情的情况下进行，但在"潜规则"横行的现实中，"围标"也可能是在官员默许甚至是参与的情况下进行的。"围标"成功后，官员拿回扣的费用相应也越多。这样，"围标"后，规划设计费用在"围标人、个别官员、陪标人"之间进行分肥。更有甚者，在原重庆市规划局局长蒋勇、原长沙规划局副局长顾湘陵等人眼里，规划编制市场化俨然演变成官员自己的"个人垄断"或"家庭承包"，相关规划设计院成为他们敛财的工具。在平时，市场化的规划设计单位也非常注重与政府部门相关领导保持良好的关系，便于其事业"细水长流"。某规划设计公司负责人直言："我的主要任务之一就是跑项目。这个年头，拉关系就是在拉客户。项目给谁不给谁，还不是领导说了算。在苏州这样的发达地区，这种情况好一点，在中西部地区，规划设计市场则比较混乱。"（2012 年 8 月 16 日调研座谈记录）

---

① 王勇，李广斌. 2005. 市民社会涌动下小城镇规划编制中的公众参与[J]. 城市规划，29(7)：57－62.

2）规划实施阶段的权力异化

如果说规划编制阶段的权力异化仅仅是规划腐败的“小疾”，那么规划实施及其管理阶段显露出来的规划腐败则是规划领域内的“大病”。

表 4.6　中国城乡规划领域权力寻租典型案例

腐败案件	案发时间	职位	受贿金额(人民币，不完全统计)	主要寻租方式
袁锋腐败案	2003 年	原成都市市建委副主任袁锋，曾任市规划局副局长	3.5 万	滥用职权，玩忽职守，违规审批
徐俐腐败案	2003 年	原成都市规划局副局长	230 万	滥用职权，玩忽职守，违规审批
张志光腐败案	2005 年	原青岛市规划局局长	860 万	违规审批规划 为开发商提高建筑容积率
王政腐败案	2007 年	原重庆市渝中区副区长，曾任重庆沙坪坝区规划分局局长	966 万	违规审批规划，为开发商变更土地用途
郑维腐败案	2007 年	原重庆市渝中区区委副书记	120 万	违规审批规划 为开发商提高建筑容积率
陈明腐败案	2007 年	原重庆市沙坪坝区副区长，曾任重庆市规划局用地规划管理处处长	76 万	违规审批规划 为开发商提高建筑容积率
蒋勇腐败案	2008 年	原重庆市规划局局长	1700 万	提高容积率 调整土地性质 减少公共配套费用
梁晓琦腐败案	2008 年	原重庆市规划局副局长	1589 万	调整容积率 增加商业设施用地 减少公共服务设施用地
夏祥文腐败案	2011 年	原重庆市涪陵区规划局局长	180 万	违规审批规划 增大容积率
李德昭腐败案	2002 年	原昆明市规划局局长	337 万	调整容积率 将公益项目用地改为商业用地 违规审批规划
曾华腐败案	2007 年	原昆明市规划局局长	200 万	调整容积率 将公益项目用地改为商业用地 违规审批规划
胡星腐败案	2008 年	原云南省交通厅副厅长，曾任昆明市副市长(主管城市规划和建设)、市规划局局长等职	4029 万	土地拍卖违规操作 指挥下属违规审批规划、增大容积率等
太原规划局腐败窝案	2011 年	原太原市规划局副局长王凤玲、建管处处长梅刚等，涉案省市官员 60 余人	具体不详	随意更改建设项目容积率 违规审批规划

续表 4.6

腐败案件	案发时间	职位	受贿金额(人民币,不完全统计)	主要寻租方式
顾湘陵受贿案	2012 年	原长沙市规划局局长助理、副局长、长沙市市政局局长	受贿 2100 多万;4943 多万财产来源不明确	为开发商加快报建进度 为开发商提高建筑容积率 劝退竞拍
胡俊受贿案	2012 年	原上海市规划和国土资源管理局副局长	受贿 700 余万	违规审批规划 帮助行贿人承接规划设计项目

从表 4.6 可以看出,规划局长容易“出问题”是因为规划管理背后隐藏着巨大的商业机会和利润空间。在个别领导那里,“硬规划”成了“软面团”,想怎么改就怎么改。规划实施及其管理上的权力腐败既有规划管理层面上的制度漏洞,更有“有法不依”的执法层面问题。具体表现为:① 规划系统外行政力量干预带来规划腐败。从目前已曝光的规划腐败案件来看,规划系统外行政力量不当干预带来的规划腐败一般贪腐的数额均较大,如苏州市原副市长姜人杰案件和杭州市原副市长许迈永案件。两个案件的共同点在于两人案发前都分管城建、规划、房地产开发工作,姜人杰贪污受贿超过 1 亿元,许迈永贪污受贿近 2 亿元。又如,2011 年由一本游走于规划局和开发商之间的“中间人”行贿笔记引发的太原规划腐败窝案,牵连省市官员达 60 多人①。② 规划审批自由裁量权过大导致权力寻租。规划审批过程中的权力寻租行为主要利用自由裁量权,擅自修改控制性详细规划以达到权钱交易的目的。规划地块的性质、容积率、层高、绿地率、公建配套等被任意改变。更改地块性质、容积率等是近年国内规划系统腐败案中十分普遍的现象。如重庆腐败窝案、云南昆明市三任规划局腐败案。③ 规划审批环节设租。如海南三亚市规划局原局长曾清泉利用项目报建审批权,故意拖延时间,收受贿赂,两年时间擅自审批四个上亿资金的项目规划方案。

4.3.2 规划管理权力异化的根源

规划领域的权力腐败与其他领域的权力腐败一样,受多种因素影响,如历史文化因素等等。秦晖、金雁指出,“在许多情况下,‘人情’可以使人上天,可以使人入地,可以使理性沉沦、人格堕落、法制荡然、价值规律扭曲、权利义务颠倒。……‘人情膨胀’与‘人性萎缩’,是当代中国人格危机的集中表现”②。他们进一步指出,中国“人情文化”泛滥成灾,归根究底是因为中国没有走出 2000 多年来对权力依附的宗法社会文化,“一边是权力捉弄权利,一边是人欲横流”③。刘晓春指出,“公民意识不足,臣民色彩过浓;等级观念厚重,平等意识贫乏;公仆意识薄弱,官本位意识根深蒂固;特权思想严重,公平意识缺乏;德治传统历史悠久,法治进程滞后;等等:这些都是滋生腐败的主要的政治文化根源”④。马庆

① 涂重航. 2011. 行贿笔记牵出太原规划局窝案,涉 60 多名省市官员[N/OL]. 2011-04-27. http://www.chinanews.com/fz/2011/04-27/3000246.shtml.

② 秦晖,金雁. 2010. 田园诗与狂想曲:关中模式与前近代社会的再认识[M]. 北京:语文出版社:257.

③ 秦晖,金雁. 2010. 田园诗与狂想曲:关中模式与前近代社会的再认识[M]. 北京:语文出版社:270.

④ 刘晓春. 2009. 论腐败的政治文化根源[J]. 学术界,(5):151-155.

钰指出,"潜规则"的中国人情传统具有悠久历史和深厚土壤,以亲情重于理法为基本价值,以情谋私为目的,以血缘、乡缘、学缘、业缘为通道,以人情开道、旁门左道为基本交往方式,权力腐败有其深厚的文化底蕴①。但是,当代中国包括规划权力在内的大面积权力腐败主要原因是根本体制的重大缺陷,从而导致权力得不到有效监督和制约。在中共十八大关于推进政治体制改革领域,全国政协副主席李金华指出,"腐败问题归根结底还是体制和制度上的问题,在权力过分集中、缺少制衡机制的形势下,光依靠领导干部的廉洁、清明,很难真正遏制腐败现象的蔓延"②。中纪委原副书记刘锡荣在谈到对官员监督存在的问题时曾认为,"上级监督下级太远,同级监督同级太软,下级监督上级太难,组织监督时间太短,纪委监督为时太晚"③。没有对公权力形成真正有效监督的政体,很难说是正在走向"善治"之路。

1)"权力对权力"制衡的缺失

约翰·洛克的社会契约论、卢梭的"主权在民"为建构现代政治国家提供了理论范式。由于地理摩擦、公众数量、公共服务"搭便车"等诸多现实与客观条件制约,每个公民亲自参与国家立法、管理是不可能的,在此情况下,乌托邦式的直接民主制被代议制民主所取代,即在理性的指引和共同约定(契约)下,主权的所有者——国家全体公民,将具体管理国家的权力委托给一个特殊的机构——政府,由其来实现对国家的治理,形成了代议制民主政治下的委托代理关系。"主权在民"是民主政治下委托代理关系的基础前提。政府的合法性源自人民,政府拥有的一切权力无论是名义上还是实质上都来自人民权利的让渡。在政治委托代理关系下,人民是委托人,是国家的主人。关于中国国家和社会关系,曹正汉指出,中国治理体制的基本特征是治官权与治民权分设的"上下分治的治理体制"。中央政府通过对官员选拔、监督和奖惩,掌控治官权,具体的治民权则由地方官员行使④。实际上这种上下分治体制与中国两千年的"帝制"并无本质区别。有学者用"隐性契约"来描述中国国家与社会关系,如英国诺丁汉大学中国研究所教授郑永年认为,"中国不是一个契约社会,但政府与人民之间则有一种隐性的契约关系。政府保障基本社会正义和公平,而人民则接受政府的管治"⑤。刘祖云进一步指出,这种"隐性契约"主要存在于中央政府与人民之间,在"一切皆决于上"的纵向政府间关系结构中,必然会形成下级服从上级、地方服从中央的政治局面,而地方政府与其"辖区内的人民"之间,无论是表面上还是实质上,都没有确立真正的契约关系及其相应的担负⑥。

我们认为,在当代中国政治语境中,在信息如此变通、快捷的当前,地方官员再也不能轻视"辖区民意"。尽管社会力量还比较孱弱,但"民意"在地方治理中发挥越来越重要的作用。上下级政府、地方政府与辖区公民之间实质上存在强弱不同的双向委托代理关

---

① 马庆钰.2002.关于腐败的文化分析[J].中国人民大学学报,(6):85-90.

② 李金华.2012.推进政治体制改革从根源上遏制腐败[N/OL].2012-11-08.http://www.jishinet.com/html/News/2012/1110/1459.html.

③ 张海林,叶雨岑.2012.反腐十年之路:11名贪腐高官被判死刑立即执行[N/OL].瞭望东方周刊,2012-11-19.http://news.china.com/18da/news/11127551/20121119/17536672.html.

④ 曹正汉.2011.中国上下分治的治理体制及其稳定机制[J].社会学研究,(1):1-40.

⑤ 郑永年.2006.中国社会的利益博弈要求社会正义[N].联合早报,2006-12-05.

⑥ 刘祖云.2007.政府间关系:合作博弈与府际治理[J].学海,(1):79-87.

系(图 4.1)。

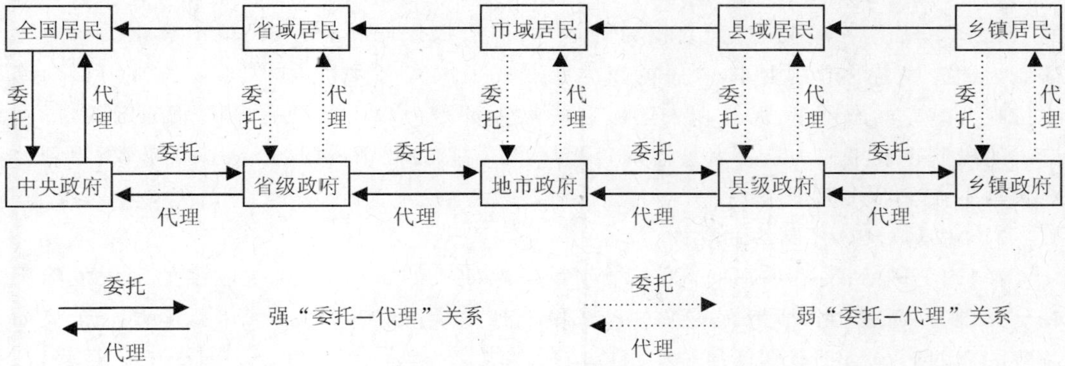

图 4.1　中国政治多层级“委托—代理”关系示意图

一种是上下层级政府间形成的强“委托—代理”关系。人民作为委托人,将权力的行使权委托给中央政府,中央政府又作为总的代理人,采用五级政府——“中央政府、省(自治区、直辖市)级政府、地(自治州)级政府、县(自治县)级政府、镇政府”的架构,将权力行使权委托给各级地方政府,从而形成纵向政府间层层委托代理关系。另一种是地方政府和辖区居民间形成的弱“委托—代理”关系。“为官一任,造福一方”,在道义上,地方政府应为辖区居民谋福祉,辖区居民是委托人,地方政府是代理人。但由于辖区居民尚不能通过“举手投票”对地方政府进行实质性的约束,与上下级政府间委托代理关系相比,地方政府与辖区居民之间的关系仅仅是弱“委托—代理”关系。在官员任命制下,权力只限于向事实上的权力来源负责,而不屑于向抽象的人民主权的神坛献祭。受信息不对称等因素影响,地方政府官员,尤其是政府“一把手”和部门“一把手”的权力很难得到上级政府的有效监督,而自下而上的监督又严重缺失。“主权在民”是现代民主国家的一项基本属性,而选举制度则是这一原则落实的保障和关键。在西方的民主国家,“主权在民”原则主要通过直接选举和全民公决具体体现,可以选举各级议员、地方长官乃至总统,可以就各级国家权力行使或重大事项投票表决,人民大众可以自下而上,亲身、直接地参与国家各个层面重大政治生活。但在中国,真正意义上的直接选举仅限于乡村最底层。权力的实际来源决定了地方官员更多的是“唯上”,而不是“唯下”。

孟德斯鸠指出,要防止滥用权力,就必须以权力制约权力,从而提出立法、行政和司法三权分立和相互制衡。但在中国当代,无论是执政党对国家政权机关的领导和监督,还是人大对政府和司法的监督,都是一种单向的权力监督。行政权和司法权被统一置于人大的监督之下,而立法权、行政权和司法权则被统一置于党的领导之下。各种权力之间不是一种分力和制衡的关系,而是一种领导和从属的关系,一切从属于中共领导①。以人大为例,尽管各级政府都有人大机构,但由于“人大”中人民主权的“虚位”,无法通过人大机关实行“权力对权力”的制衡。如学者所言:“如代表的筛选、代表权的使用范围一旦仅仅由官员来确定,或把人民代表弱化为安排退休功臣、荣誉公民的一种虚职,就使其民

① 俞可平. 2008. 中国治理变迁 30 年[M]. 北京:社会科学文献出版社:264 - 292.

意代表的真实性大打折扣，受制于既得利益的长官意志难免要被带进公共权力的运作中，从而使权力在使用方向上背离权力所有者人民的意志，异化为权力使用者谋取私利的工具。一旦领导干部违背公共权力的本性，以公权谋取私利，人民就由真正的权力主体变为徒有虚名的形式主体，人民的权力就变成了侵害人民利益的工具。"①在对群众路线持叶公好龙的态度下，民意和表达民意的喉舌都是由权力行使者单方面选定的，民间议政的机制也成了权力行使者意志的直接拷贝机制，在此情况下，公众参政议政、规划公众参与不流于形式都难②。

2）"权利对权力"制约的缺失

在《论美国的民主》一书中，托克维尔第一次使人们认识到，民主制度的最大危险不在于无政府，而在于它所拥有的绝对权威可能扼杀个人的自由。"无限权威是一个坏而危险的东西……当我看到任何一个权威被授以决定一切的权力和能力时……我都要说：这是给暴政播下了种子"③。"昔日的君主只靠物质力量进行压制；而今天的民主共和国则靠精神力量进行压制，连人们的意志它都想征服。在独夫统治的专制政府下，专制以粗暴打击身体的办法压制灵魂，但灵魂却能逃脱专制打向它的拳头，使自己更加高尚。在民主共和国，暴政就不采用这种办法，它让身体任其自由，而直接压制灵魂"④。为了防止"多数人暴政"，侵害个人权利自由，托克维尔在沿袭孟德斯鸠"三权分权"的基础上，提出了"以社会制约权力"的思想。他认为，在限制国家专制权力和多数暴政方面："以权力制约权力"的宪政体制固然必不可少，但一个相对自主的多元社会也是不可或缺的，它能对权力产生强有力的制衡。列宁提出了以"权利"制约"权力"的构想，认为，制约国家权力的主体是人民，制约的途径主要是"自下而上"的群众监督⑤。权力制衡权力的做法并非完美和十分可靠，对权力的监督和制约必须在国家之外寻找有效的制约力量，这个力量便是与国家既相对立又相密切的公民社会⑥。拉尔夫·达仁道夫（Ralf Dahrendorf）指出，"没有公民社会，民主和法治国家将顶不上多少作用""自由依旧是一根摇晃不定的风中芦苇"⑦。

改革开放以来，虽然公民、媒体对权力监督有一定的加强，但公民监督的制度化途径极其有限，主要依靠信访、举报等，其最终效果取决于各级党政领导和专门监督机关查处权力腐败和滥用行为的意愿和能力。在中国，新闻媒体受到政府的强烈钳制。现有的新闻管理体制更多地强调媒体的正面宣传和舆论导向功能，而非批判监督功能。权力往往通过对新闻媒体（尤其是报纸、广播、电视等传统媒体）的操纵，精心编制各种舆论的"共识"，达到对公众单向度的意识灌输和自上而下"规训"的目的。由于缺乏新闻法等媒体

---

① 吴建华，罗卜．2003．公共权力的异化和制约[J]．哲学研究，(9)：30-35.

② 李广斌，王勇，袁中金．2009．城乡规划管理体制改革的思考——基于政治中委托代理理论的视角[J]．经济体制改革，(2)：149-152.

③ 托克维尔．1993．论美国的民主[M]．何董良，译．北京：商务印书馆：289.

④ 托克维尔．1993．论美国的民主[M]．何董良，译．北京：商务印书馆：294.

⑤ 王志连，石磊．2001．以"权利"制约权力——列宁晚年时对社会主义国家权力制衡的探索[J]．社会科学研究，(3)：21-25.

⑥ 张旅平，赵立玮．2012．自由与秩序：西方社会管理思想的演进[J]．社会学研究，(3)：23-47.

⑦ 拉尔夫·达仁道夫．2000．现代社会冲突[M]．林荣远，译．北京：中国社会科学出版社：36.

生存和发展所需要的基本法律，媒体自由和舆论监督的正当性得不到法律的保障。

“官做到我这一级，就没有什么监督的了”。这是山东省泰安市原市委书记胡建学的一句“名言”。江西省原副省长胡长清则将现有的监督体系形象地比喻为“牛栏关猫，进出自由”。甘肃省宕昌县原县委书记王先民更是将反腐败称为“隔墙扔砖头，砸到谁谁倒霉”。这些贪官的言语和行为在一定程度上反映了某些领域内的权力运行的实际情况。潘维指出，在发达国家分权制衡越来越成熟之际，我国的公权力却出现了“封建化”趋势，一个书记一支笔，就成了一个小王国，没有权力制衡的政治体制是落后的政治体制，是腐败的直接原因，也是好人变贪官的制度根源①。“一切有权力的人都容易滥用权力，这是万古不易的一条经验。有权力的人们使用权力一直遇到有限界的地方才休止”②。绝对的权力必然导致绝对的腐败。权力监督制约的软弱无力导致不少地方和部门党政主要领导“一言堂”、“家长制”和个人专制现象频繁，以权谋私的腐败现象猖獗和滥用权力侵犯公民权利现象频发。在规划领域，规划审批等管理在很大程度上决定了开发商利润率。在对权力监督和约束多重闸门没有真正开启的情况下，一些位高权重、廉洁自律差的规划官员难免不“中枪”。在中国，权力腐败问题与其说是人性的缺陷，不如说是重大制度设计的缺陷。

4.4 规划封闭管理，管理社会化路行艰

1990 年代中后期，人们对城市规划有了新的认识，规划不仅是政府依法行政的过程，还是一项社会政治过程。进入新世纪，伴随政府职能和管理模式的变革，规划也提出了由“封闭式规划”向“开放式规划”转变。2004 年建设部副部长仇保兴曾指出，要打破规划的行政垄断，打破封闭式规划编制、规划实施和规划监督。在实践中，规划管理社会化主要体现在两个方面：一是建立城乡规划委员会制度；二是推动城乡规划公众参与制度建设。

4.4.1 规划委员会制度建设及其现实困境

1）建设初衷

作为中国各项体制改革的“实验田”——深圳，其规划体制改革也一直走在全国的前列。1998 年，深圳市在学习香港的基础上通过立法的手段，在国内首次成立了城市规划委员会制度。1998 年《深圳市城市规划条例》确立了以法定图则为核心的规划编制体系，通过地方立法正式确立了深圳市规划委员会的法定地位。依据《深圳市城市规划委员会章程》规定，规划委员会的主要职责是：“对城市总体规划、次区域规划、分区规划草案和城市规划未确定和待确定的重大项目的选址进行审议；下达年度法定图则编制任务，审批法定图则并监督实施；审批专项规划；审批重点地段城市设计；市政府授予的其他职责。”在深圳的示范下，上海、厦门等地，也相继成立了城市规划委员会。自 2003 年建设部和贵州省联合推行城市规划委员会制度试点工作以来，目前，我国几乎所有省会级城市及部分地级市都成立了城市规划委员会。专家学者也对城市规划委员会存在着较高的心理预期。

① 潘维. 2008. 治理腐败的原理[J]. 马克思主义研究，(1)：93－99.

② 孟德斯鸠. 1978. 论法的精神[M]. 张雁深，译. 北京：商务印书馆：154.

薛峰、周劲：改变过去从规划组织编制、审批到执行均由规划主管部门内部操作的体制，通过公众参与、更广泛的部门协调和严格的编制与审批程序来实现规划编制的科学化、规划决策的民主化和规划管理的法制化①。

邹兵、陈宏军：改变过去规划部门关起门来编制规划、关起门来审批规划的做法，倡导城市规划的社会化，推进规划决策的民主化和法制化进程②。

仇保兴：规划委员会"就是代表省政府对省域范围的城乡规划进行审批监督"，专家、学者在委员会中所占的比例一定要超过公务员，不要将规划委员会办成"官办机构"③。"规划审批、管理和调控的过程要从行政手段为主，转向依法治理、相互制约和全民参与"，"推行城市规划委员会制度，减少规划修编的随意性"④。

李晓龙、门晓莹："设立委员会重在解决有些地方领导随意决策、规划管理部门自由裁量权过大的问题，以强化城乡规划重大问题决策的科学性和民主性。"⑤

郑文武：集体决策，有利于城市规划的公平性、科学性，有利于规划的实施⑥。

尹茂林："设立城市规划委员会，能形成专家、政府与社会公众相互制衡、相互补充的科学化的城市规划运作体系，使城市规划和决策步入良性发展的轨道"；有利于规划谋断分离，使规划决策科学化；有利于规划公众参与，推行政务公开；有利于打破规划封闭运转状况，增强公众对规划的监督意识，确保规划的严格执行⑦。

刘丹、唐绍均，唐绍均：以城市规划委员会集体决策的方式取代过去行政首脑个人决策的方式，使城市规划正义与效率兼顾⑧⑨。

郭素君：城市规划委员会制度有利于个体决策向群体决策的转变；还权于民，权力体制外转移的一种努力，是专家、市民参与决策的一个平台；市政府与市人大之间权力横向转移的一个中间载体⑩。

由此可见，建立规划委员会制度不仅仅是为了解决领导随意干预规划，维护规划科学性、严肃性问题，最终目的是推动规划管理的社会化、规划决策的民主化。

2）建设类型

目前，建构规划委员会已成为国内外通用的做法，但规划委员会性质各异、功能多样（表 4.7）。郭素君根据规划委员会在不同城市地方立法获得的支撑以及在可操作层面规划（控制性详细规划）决策权限的差别，将规划委员会总结概括为三种类型⑪。

---

① 薛峰，周劲. 1999. 城市规划体制改革探讨——深圳市法定图则规划体制的建立[J]. 城市规划汇刊，(4)：59－61.

② 邹兵，陈宏军. 2003. 敢问路在何方？——由一个案例透视深圳法定图则的困境与出路[J]. 城市规划，27(2)：61－67.

③ 仇保兴. 2004. 当前我国城市规划管理体制改革的若干重点[J]. 规划师，20(1)：5－9.

④ 仇保兴. 2004. 城市经营、管治和城市规划的变革[J]. 城市规划，28(2)：8－22.

⑤ 李晓龙，门晓莹. 2004. 城乡规划管理体制改革探索[J]. 规划师，20(3)：5－8.

⑥ 郑文武. 2005. 论深圳市城市规划委员会制度的改进措施[J]. 深圳特区科技，(0)：323－325

⑦ 尹茂林. 2006. 中小城市实施城市规划委员会制度的思考[J]. 上海政法学院学报，(1)：109－111.

⑧ 刘丹，唐绍均. 2007. 论我国城市规划的审批决策以及城市规划委员会的重构[J]. 社会科学辑刊，(5)：90－93.

⑨ 唐绍均. 2008. 论我国城市规划审批决策体制的正义与效率[J]. 城市规划，32(2)：50－54.

⑩ 郭素君. 2009. 由深圳规划委员会思索我国规划决策体制变革[J]. 城市规划，33(3)：50－55.

⑪ 郭素君. 2009. 由深圳规划委员会思索我国规划决策体制变革[J]. 城市规划，33(3)：50－55.

表 4.7　国内外规划委员会类型及特点

	深圳	武汉	厦门	上海	南京	香港	美国(纽约)
机构性质	法定非常设非官方机构	法定非常设非官方机构	法定非常设非官方机构	法定非常设官方机构	非法定非常设机构	法定非常设非官方机构	法定常设非官方机构
是否有决策权(控规层面)	审批权(终审权)	审议权	审议权	审议权	无	审议权(其终审由行政长官和立法会共同决定)	审议权(其终审权在议会)
人员构成	公务员、专家、社会人士	公务员委员和专家委员	公务员、专家和社会人士(非公务员不少于1/2)	公务员委员和专家委员	公务员为主	政府部门负责人、官员、专家、社会人士	市长任命规委主席和6名成员、每个自治区(共5个行政区)各选1名代表,公众提倡1名(纽约为例)
主要功能	决策+咨询	审议+咨询	审议+咨询	协调+咨询	咨询	审议+咨询	立法咨询
决策方式	2/3以上多数表决通过	会议作出的决议必须获得与会委员2/3以上同意	半数通过审议,作为审批和决策的主要依据	讨论后主任决定	—	1/2以上多数表决通过	—
下属机构	发展策略委员会,法定图则委员会、建筑与环境委员会	常务委员会、控规—法定图则委员会、专家咨询委员会	发展委员会,法定图则委员会,建筑与环境委员会	专家委员会(3个)	—	都会规划小组委员会和乡郊及新市镇规划小组委员会	—
工作机构	秘书处	办公室	办公室	办公室	—	秘书处	—

续表 4.7

	深圳	武汉	厦门	上海	南京	香港	美国(纽约)
办公机构地址	规划局	规划局	规划局	规划局	—	规划署	—
会期	全体会议每季度两次，各专业委员会会议根据需要不定期召开	全体会议每年两次，常务委员会每月一次，其他专业委员会不定期召开	每季度	不定期	—	每个月第二个星期五举行	—
经费来源	无独立经费	—	政府拨款	无独立经费	无独立经费	独立经费	政府拨款
主要负责人	市长	市长	市长	市长	—	房屋及规划地政局常任秘书长	—
工作机构负责人	规划局长	规划局长	规划局长	规划局长	—	规划署副署长	—
成员数量	29人(14名公务员，15名非公务员)	51人(31名公务员，20名专家)	20人(8名公务员，11名非公务员)	约12人(均为行政领导)	—	40人(33名为非官方成员)	约10人(纽约为13人)
成员产生	政府任命和聘任	政府任命和聘任	政府任命	政府任命	—	政府任命和聘任	城市行政长官提名，立法机构批准
任期	5年	5年	5年	—	—	1—2年	5年

第一种是咨询协调机构：由市政府聘请有关专家与相关专业领导组成，主要对重大城市规划与建设决策提供顾问与咨询（或审议），会议的决议仅仅是行政决策的一个参考意见，对城市规划事务干预能力最弱，并且也未纳入政府的行政程序，是一个非法定性的机构，我国绝大多数规划委员会属于这种类型，比如南京市规划委员会（图 4.2 - A）。

第二种是法定的审议机构：在地方性法规中肯定了其作为一个法定组织，对城市规划和相关重大事务进行审议，在政府的行政序列中有明确的程序，其审议意见对政府作出决策影响较大，可操作层面规划的终审权在市人民政府和规划主管部门，比如武汉和厦门等，其性质表现为法定的审议机构（图 4.2 - B）。

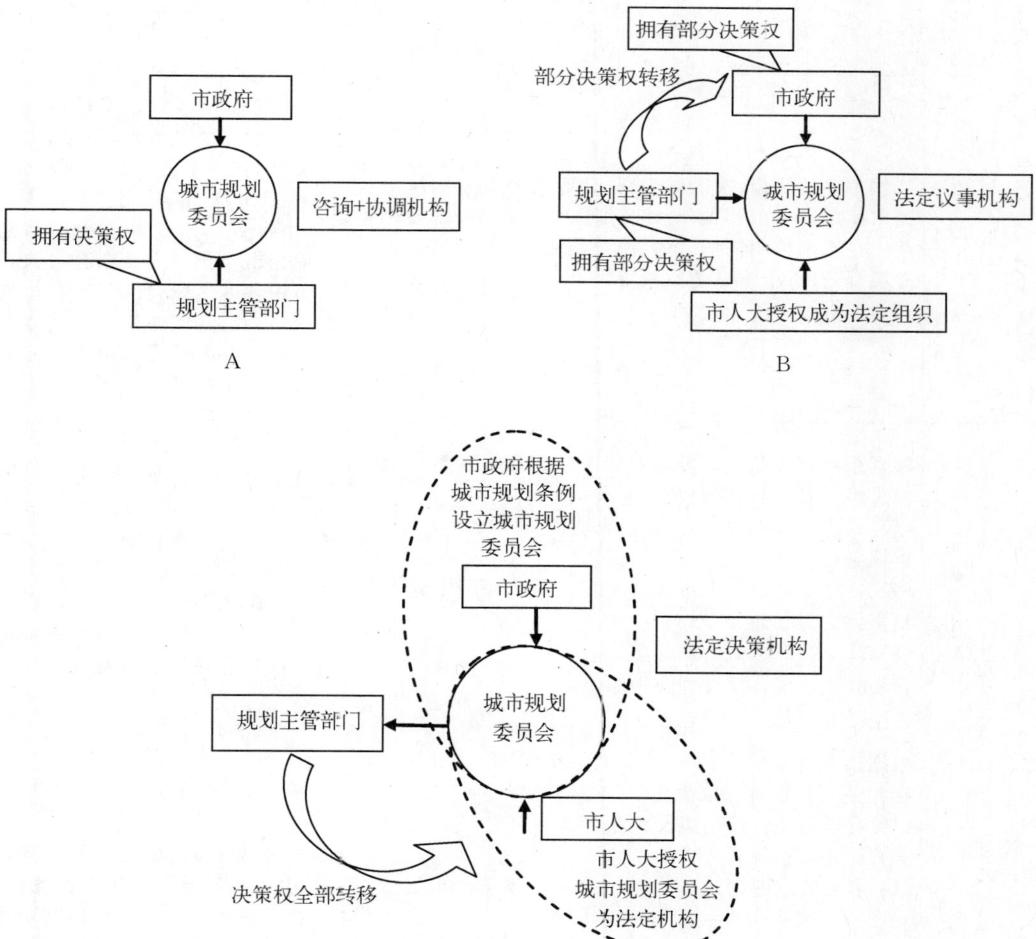

图 4.2 我国城市规划委员会的类型示意

第三种是法定的决策机构。规划委员会依法设置，发挥较强的管理决策能力，除了对需由上级部门批准的规划事务具有批前的审议职能外，还对许多城市规划事务具有明确的审批职能，所作出的决议不是决策参谋意见，而是代政府决策，必须加以执行，其性质表现为法定决策机构，比如对法定图则有决策权的深圳市规划委员会（图 4.2 - C）。

3）现实困境

（1）规划委员会的“官办”色彩浓厚

以深圳市城市规划委员会为例，按照《深圳市城市规划委员会章程》的有关规定，深圳市规划委员会根据审议项目类型的不同和工作分工，设立三个专业委员会：发展策略委员会、法定图则委员会和建筑与环境艺术委员会（表 4.8）。各专业委员会受市规划委员会委托，就各自的议事范围为市规划委员会提供审议或审批。各专业委员会的委员由市规划委员会聘任，任期五年。

表 4.8　深圳市规划委员会机构主要职责和人员构成

机构设置		主要职责	人员构成
深圳市规划委员会		对城市总体规划、次区域规划、分区规划草案和城市规划未确定和待确定的重大项目选址进行审议；下达年度法定图则编制任务，审批法定图则并监督实施；审批专项规划；审批重点地段城市设计；以及市政府授予的其他职责	由 29 名委员组成。委员包括公务人员和非公务人员，其中，公务人员不超过 14 名。设主任委员 1 名，由市长担任，设副主任委员 2 名，由常务副市长和主管城市建设的副市长担任。其余公务人员委员由各区区长、计划经贸口、文教卫口、农林口、城建口等代表组成。非公务人员委员由有关专家和社会人士组成
专业委员会	发展策略委员会	根据市规划委员会的委托对影响城市发展的重大决策提供审议意见。其主要职责是： (1) 对城市总体规划、次区域规划和分区规划草案提出审议意见； (2) 对城市规划未确定和待确定的重大项目的选址提出审议意见； (3) 对专项规划提出审议意见； (4) 市规划委员会授予的其他职责	发展策略委员会由 29 名委员组成。设主任委员 1 名，由市规划委员会副主任委员兼任。设副主任委员 2 名，由市规划委员会秘书长及副秘书长兼任。其他委员由有关专业主管部门行政或业务首长以及有关专家组成
	法定图则委员会	根据市规划委员会的委托审批法定图则，并对法定图则相关工作提供审议意见。其主要职责是： (1) 对规划主管部门提交的法定图则年度编制计划草案提出审议意见； (2) 审批法定图则或对指定由市规划委员会审批的法定图则草案提出审议意见； (3) 负责协调法定图则草案编制过程中各行业主管部门之间的意见分歧，及对社会公众的各类申诉作出裁决； (4) 负责监督法定图则的实施，并对已批准法定图则范围内的地块修改申请和对违反法定图则的建设行为申诉提出裁决意见； (5) 市规划委员会授予的其他职责	由 19 名委员组成，设主任委员 1 名，由市规划委员会秘书长兼任。设副主任委员 1 名，由市规划委员会副秘书长兼任。其他委员由市规划主管部门及有关部门的公务人员代表、有关专家和社会人士组成

续表 4.8

机构设置		主要职责	人员构成
专业委员会	建筑与环境艺术委员会	根据市规划委员会的委托，对城市设计与建筑设计方面的重大问题提出审议意见，其主要职责是： (1) 对城市设计与建筑设计方面的地方性技术规则、规定等的草案提出审议意见。 (2) 对单独编制的城市重点地段(主要指《深圳市城市规划条例》第三十一条规定的地段)的城市设计草案提出审议意见。 (3) 对城市景观具有重大影响的建筑物、构筑物等提出审议意见，主要包括：(a) 对景观有重大影响的高层建筑及公共建筑；(b) 标志性、纪念性或处于城市制高点的构筑物，如电视塔、纪念碑、跨海大桥等；(c) 旅游区和风景区内部及相邻地区的对景观有重大影响的建设项目。 (4) 对位于城市重点地段的环境工程项目提出审议意见，主要包括：城市广场、城市雕塑、城市小品、灯光工程、园林绿化工程等。 (5) 市规划委员会授予的其他职责	由 19 名委员组成。设主任委员 1 名，由市规划委员会秘书长兼任。设副主任委员 1 名，由市规划委员会副秘书长兼任。其他委员由城市规划、城市设计、建筑设计、雕塑、园林、文化艺术等方面的专家组成

从深圳市规划委员会的结构职能及人员构成来看(图 4.3)，无论在市规划委员会层面，还是在三个专业委员会层面，都由行政领导控制。市长担任市规划委员会主任委员，常务副市长和主管城市建设的副市长担任规划委员会副主任委员，市规划委员会秘书处是市规划委员会及其专业委员会的办事机构，在市规划委员会的领导下，由秘书长负责，处理市规划委员会及其专业委员会的日常事务，并由市规划主管部门领导或规划业务主管领导(通常为市规划局局长)担任市规划委员会秘书长。三个专业委员会中主任委员和副主任委员分别由规划主管部门领导或规划业务主管领导担任主任和副主任委员。

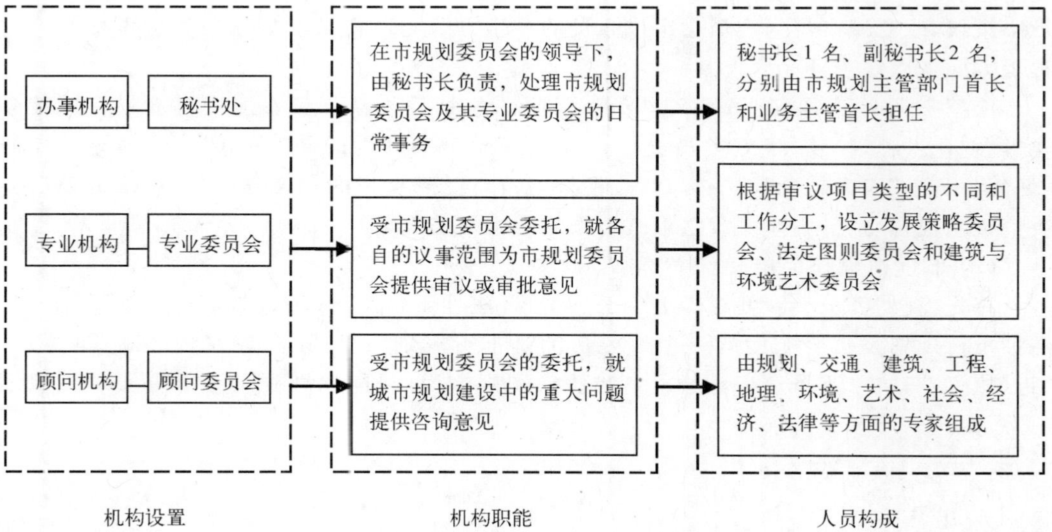

图 4.3 深圳市规划委员会结构职能

这样一个机构能否实现规划委员会制度建设初衷值得质疑。首先，在现有官员任命体制下，市长担任城市规划委员会主任，容易出现规划中的“长官意识”。其次，市规划委员会和三个专业委员会中非公务员身份的委员基本由政府来选定，这些委员基本都是来自企业等的社会精英，与政府存在千丝万缕的利益关联。再次，对于与政府没有利益关联的委员，出于各种原因考虑，与政府领导意志相悖的意见也不愿表达出来，有时即使表达，也孤掌难鸣，难以对规划决策产生实质影响（通过投票机制）。这样的规划委员会名义上是“半官方机构”、“非政府机构”，但其实质与政府机构并无本质区别，难以对权力形成制衡，难以对政府形成有效监督。

邹兵等以深圳法定图则为例，对深圳市规划委员会制度困境进行了较为深入的分析。法定图则是在借鉴香港规划经验基础上的创新，是指由城市规划主管部门每年根据城市总体规划、分区规划的要求编制，对分区内各片区的土地利用性质、开发强度、配套设施、道路交通和城市设计等方面作出详细规定。法定图则经市规划委员会审批后具有法律效力，任何单位和个人不得擅自更改。法定图则委员会的职责之一是负责监督法定图则的实施，并对已批准法定图则范围内的地块修改申请和对违反法定图则的建设行为的申诉提出裁决意见，但修改申请的最终审批意见由市规划委员会决定。具体的操作程序是：规划主管部门对法定图则修改申请进行初审→图则委员会审议，拟定初审意见及依据→市规划委员会讨论、投票、审批（1/2 票数同意）。邹兵等人研究发现，法定图则委员会对法定图则修改申请的审议意见与规划主管部门对法定图则修改申请初审意见高度一致。法定图则委员会受到政府强烈牵制，难以独立作出决策。他们进一步指出，由于规划委员会中非政府成员不独立，在法定图则审议中很难与政府成员形成对立的意见冲突，难以对政府决策构成制衡，也难以成为决策意见的主导者，通常也只是被动的决策工具。“领导定调、大家附和”的传统官僚决策方式也为规划委员会所沿用。在实际运行中，规划委员会组织成为“政府”的“技术官僚”，处处受到政府牵制①。具有一定决策权的深圳市规划委员会尚且如此，其他城市的规划委员会“官办”性质则更浓厚。唐绍均也指出，我国目前的城市规划委员会制度还名不符实，尚须在赋予城市规划委员会独立的审批决策权、改变城市规划委员会组成人员的产生方式与监督城市规划委员会审批决策过程等方面加以完善②。

依据实际调研，在一些政府改革迟缓地区，规划委员会不仅不能推行规划管理社会化、民主化进程，相反，规划委员会反倒成为领导干预规划的新“马甲”。由领导掌控的“规划委员会”成为领导的“一言堂”。在权力没有受到真正的约束和监督时，规划委员会决策机制很容易“借集体决策之形式行领导意志之实”。

（2）制度建设缺少相关支撑

首先，规划委员会制度缺少上位法支持，合法性不足。仍以深圳市规划委员会为例，深圳推行规划委员会制度的一个重要目的是推行规划“谋（研究、建议）”、“断（决策）”、“行（执行）”、“督（监督）”相互分离。在法定图则方面，目前规划委员会部分实现了规划

---

① 邹兵，陈宏军. 2003. 敢问路在何方？——由一个案例透视深圳法定图则的困境与出路[J]. 城市规划，27(2)：61－67.

② 唐绍均. 2008. 论我国城市规划审批决策体制的正义与效率[J]. 城市规划，32(2)：50－54.

决策和执行的相互分离①。但规划委员会的决策与现行《城乡规划法》规定不符。《城乡规划法》规定:城镇体系规划、城市总体规划、控制性详细规划、乡规划、村庄规划由对应的人民政府进行审批,并由对应的人大常委会进行审议,其中村庄规划在报送审批前,应当经村民会议或者村民代表会议讨论同意。从规划审议、审批,到规划的修改、实施,在《城乡规划法》中找不到规划委员会的位置。尽管规划委员会在实际运行中与政府机构并无二致,但其又是以"半官方机构"的面孔出现,赋予规划委员会审议和审批职责与《城乡规划法》目前不符,使得规划委员会在现实中处于尴尬地位。

其次,对规划委员会的监督问题,欠缺考虑。从执行与监督相分离的原则来看,规划委员会作为独立的法定组织,是比较适合承担规划监督工作的。《深圳市城市规划条例》将审批规划权赋予了市规划委员会,市规划委员会不仅成为制定和修改法定图则的决策机构,同时也是终审机构。这就产生了另一个问题:规划委员会的行为和决策是否也需要监督?既然规划委员会委员被赋予决策权,其决策行为就应受到有效的监督,这在目前制度设计中还是"盲点"。

4.4.2 公众参与规划制度建设及其现实困境

1)建设初衷

规划是以土地用途管制为核心的空间资源再配置过程,也是一次利益再分配过程②,是政府间、政府与社会间、社会各阶层之间利益再分配的过程。如何最大程度维护空间资源配置的公平公正、如何维护利益再分配中的公平公正,这需要引入规划公众参与机制。由政府主导、专家学者参与的规划在本质上没有跳出"精英规划"的理念。城市是人民的城市,为最广大的人民服务是城市规划活力和最高价值所在③,更是规划合法性建构的基石。如何使规划体现人民的意志,这需要规划由"精英规划"向"大众规划"转化,规划编制(类似立法层面)要最广泛地吸收社会各阶层的声音,规划实施管理(类似行政执法层面)要接受最广泛的社会监督。随着投资多元化和社会利益多元化,自1990年代中国在城市规划领域中引入公众参与机制以来,学界对规划公众参与抱有各种期待。

陈锦富:建立一种开放的公众参与的城市规划制度,打破城市规划行政主管部门对规划工作的垄断,推动"规划工作由封闭走向开放,由单纯的政府行为转向政府与人民群众互动的民主政治行为";通过公众参与、多边协商达成利益均衡④。

唐文跃:公众参与推动规划社会化进程,"城市规划社会化的根本途径就是要让公众参与到规划中,并在规划编制和管理的全过程中提高公众的参与程度"⑤。

郭建、孙惠莲:公众参与城市规划是依法行政的必然要求,公众参与可以对行政权实施有效的监督和制约,从而增加规划编制的透明度和合法性,减少矛盾的发生,防止矛盾

① 施源,周丽亚.2005.现有制度框架下规划决策体制的渐进变革之路[J].城市规划学刊,(1):35-39.
② 王勇.2009.论"两规"冲突的体制根源——兼论地方政府"圈地"的内在逻辑[J].城市规划,33(10):53-59.
③ 金经元.2000.为人民服务——我国城市规划的活力所在[J].城市规划,24(3):60-63.
④ 陈锦富.2000.论公众参与的城市规划制度[J].城市规划,24(7):54-57.
⑤ 唐文跃.2002.城市规划的社会化与公众参与[J].城市规划,26(9):25-27.

的激化①。

聂康才、周学红：城市规划领域，公众参与既作为一种权力制度，以一种抽象的规划权力运行机制存在，又作为具象的城市规划民主的实现形式而出现，公众参与的本质是城市规划民主②。

姚昭晖等：推动"阳光规划"，提高规划工作全过程的透明度，强化公众对规划全过程的监督，体现规划公平公正，维护群众合法权益。规划部门违规审批建设项目，无异于协助开发商抢老百姓的钱③。

王勇、李广斌：公众参与是城乡规划程序正义的本质要求，不断完善规划公众参与的程序是推动我国城乡规划转型的核心④。

赵民、刘婧："公众参与不是可有可无的'摆设'，而是不可压抑的社会诉求"，切实推进"民主执政"和"依法执政"。⑤

综上可见，规划公众参与制度建设目的在于：规划制定（规划立法阶段）立足于民意，规划实施管理（规划执行阶段）要依法管理，并广泛地接受公众监督。

2）参与阶梯

城市规划的公众参与实践在西方普遍兴起于1960年代。1969年，谢莉·安斯顿（Sherry Arnstein）发表了《市民参与的阶梯》（*A Ladder of Citizen Participation*），将公众参与划分为"没有参与的参与"、"象征性参与"和"公民权利"三个阶段和"操纵、引导、告知、咨询、劝解、合作、授权、公众控制"八种类型的参与阶梯（图4.4）。

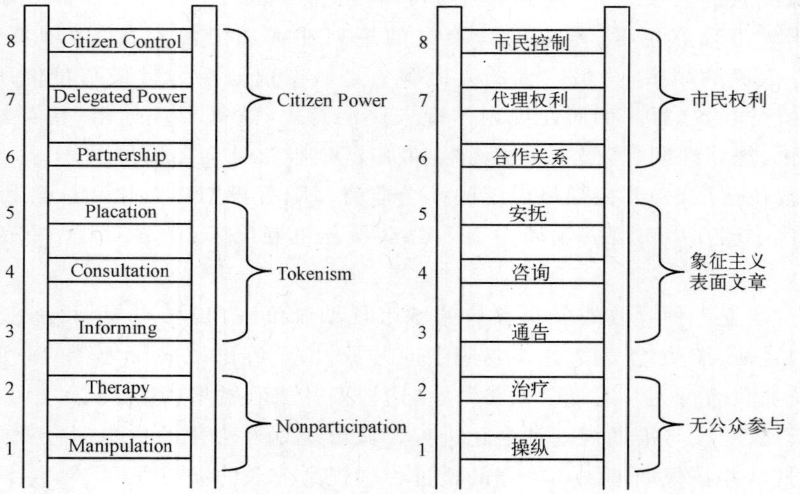

图4.4 Arnstein的公众参与阶梯

① 郭建，孙惠莲. 2004. 城市规划中公众参与的法学思考[J]. 城市规划，28(1)：65－68.

② 聂康才，周学红. 2005. 城市规划民主与公众参与[J]. 城市问题，(4)：17－19.

③ 姚昭晖，顾浩，吴文勇. 2008. 关于推进城乡规划管理体制改革的思考[J]. 城市规划，32(7)：70－72.

④ 王勇，李广斌. 2010. 程序正义视角下的城乡规划公共利益实现初探[J]. 规划师，24(2)：50－55.

⑤ 赵民，刘婧. 2010. 城市规划中"公众参与"的社会诉求与制度保障——厦门市"PX项目"事件引发的讨论[J]. 城市规划学刊，(3)：81－86.

(1)“没有参与的参与”阶段。第一种类型是“操纵”,政府按自己的目的和意思组织并操纵公众参与的过程。政府通过精心挑选几个不是市民的“市民”代表,操纵舆论。这种做法在前几年国内各种价格听证会上最常见。第二种类型是“治疗”,政府以公众参与的形式达到让公众支持自己的目的。不求改善政府自身,而是通过各种方法“规训”公众,使他们认同政府的做法。

(2)“象征性参与”阶段。“通告”是政府把信息通知参与者,使参与者了解情况,公众通常是“被规训者”。咨询是政府提供信息,公开听取参与者的意见,但意见采纳与否由政府决定,这是现阶段沿海大中城市总体规划编制阶段多采用的方式。“通告”和“咨询”更多体现于信息从政府到公民单向流动,公众没有与政府谈判的权力。“安抚”包容着伟大的“妥协”精神,是政府通过一定程度的“退让”或“补偿”,劝解、抚慰不同意见者,促使其合作。“安抚”同时意味着政府对民意作出一定的积极回应,政府与社会之间出现了互动。国内部分城市的详细性规划阶段,已达到此参与类型。但在整个“象征性参与”阶段,政府仍然掌控着政策制定的主导权。

(3)“公民权利”阶段。在此阶段分“合作关系”、“代理权力”、“市民控制”三种类型,和前面的参与类型最大的不同在于,参与者在知情权得到保障的情况下,全程参与城市规划编制、实施和管理,发表看法,就参与内容与政府共同决策。

中国城市规划引入公众参与机制始现于1990年代后期。曾宪谋认为,2005年之前中国城市规划公众参与基本处于“象征性参与”阶段,具有以下四个方面的特征:

(1)维护私权的公众参与活动是“自下而上”发展的。对城市规划具体行政行为的参与是由各利益相对人自发产生的,是“自下而上”自发地发展的,目的主要是维护群体或个人具体的、实际的利益。

(2)维护公共利益的公众参与活动是“自上而下”推动的。城市规划的社会化程度低,公众缺乏对城市规划的认识,涉及公共利益问题的城市规划公众参与反应较为冷淡。

(3)以自发参与为主,组织松散,组织程度很低。城市规划公众参与主要以个人身份进行,以集体或政治性社团名义参与的情况较少。

(4)公众参与缺乏制度性途径。维护私权的公众参与活动主要通过向城市规划行政主管部门投诉、信访等途径进行;涉及公共利益问题的城市规划公众参与主要通过城市规划委员会制度、规划公示制度等途径开展①。

伴随着我国社会转型所带来的社会结构变迁、公众权利意识的觉醒,公众参与规划越来越成为自发的行为。公众参与规划的深度、广度都得以拓展,参与的层面也从城市拓展到区域层面。2011年,郑泽爽通过对“粤东城镇群协调发展规划”、“环珠江口宜居湾区建设重点行动计划”和“澳门城市规划编制体系研究”三个公众参与区域和城市发展策略层面规划的实践案例总结,归纳了当前政府与公民关系重构的转型时期粤港澳三地区域规划公众参与的特征②(表4.9)。

---

① 曾宪谋.2005.城市规划公众参与制度分析[J].规划师,21(11):16-19.

② 郑泽爽.2011.区域规划公众参与的实践与探索——从粤港澳三地的公众参与案例谈起[C]//中国城市规划学会.转型与重构:2011中国城市规划年会论文集.南京:东南大学出版社.

表 4.9 粤港澳与国外城市规划公众参与的特征比较

地区	参与组织/个人	参与方式	参与效果	法制保障
广东	公众咨询组、行业协会等	问卷调查、公众代表座谈会和行业协会代表座谈会	参与的广度和深度仍然十分有限	城乡规划法
香港	市民、专业咨询机构、社会团体及议会等	专属网页、公众咨询会、简介会、立法会	公众参与非常普遍和深入	城市规划条例
澳门	以社会机构和专业人士为主	参与式工作坊	公众的积极性和自主意识还不强	尚未出台
英国	社区组织、市民团体、各区规划局和委员会等	公众审核、调查会、公众审查和现场接待等	公众参与成为十分普遍化、制度化的方式	城乡规划法案
德国	相邻区政府代表、公共管理部门和公共利益团体等	公告、宣传册、市民会议等	市民通过公告、传单、各种展览会等形式参与规划草案的讨论	建设法典
美国	特别小组、机动小组、企业团体和居民顾问委员会等	问题研究会、邻里会议、听证会和比赛模拟等	市民在社区价值评价、目标确定、方案优选、规划修批和反馈中起主要角色作用	高速公路法
加拿大	讨论小组、专题研究小组等	讨论会议、图形手册、设想展示会和热线等	较为追求程序上的公平,相比之下对咨询的实际效果重视不足	官方自治条例

通过粤港澳与国外城市规划公众参与的经验比较,我们可以看到粤港澳在区域和城市发展策略层面规划的公众参与方面所做出的努力。在西方社会,公众参与已成为城市规划的重要组成部分。英国《城乡规划法案》对结构规划和地方规划分别制定了不同的公众参与法定程序;美国公众参与城市规划已经应用到了包括从区域性规划到社区规划的多个层面;加拿大城市规划的公众参与方法、途径和程序最具代表意义。我国在公众参与主体的定位、参与方式和程序的选择、参与效果以及法制建设等方面还存在一定的差距。

3）现实困境

(1) 缺失合理的公众参与主体

真正富有成效的公众参与不是个人层次上的参与,而是非营利机构、企业、社区等非政府组织的参与,而这正是我国公众参与的欠缺之处。城市规划的公众参与缺乏合理的组织机制。规划审批阶段的公众参与主要方式是专家论证、地方人大审批,这种公众参与也只仅仅局限于学术研究机构和地方政界的精英层次,这虽然具有一定的积极意义,但在地方当政者的左右下,公众参与仍然流于形式①②。

① 罗小龙,张京祥.2001.管治理念与中国城市规划的公众参与[J].城市规划汇刊,(2):59-62.

② 黄瑛,龙国英.2003.建构公众参与城市规划机制[J].规划师,(3):56-59.

（2）缺失公众参与法定程序

与之前《城市规划法》等法律法规相比，2007年版《城乡规划法》在公众参与制度建设方面有了较大的进展，但城乡规划制定和实施过程中尚有不少环节缺乏公众参与的规定，对公众参与意见如何转换为决策依据也缺少详细的、可操作性的规定①。制定程序性的规则是公众参与能否有效开展的关键，也是当今公众参与制度建设的重中之重。中国城乡规划公众参与制度建设尚需明确公众参与规划的具体程序，建立公众意见处理的程序等等②③。

（3）受制于政府管理模式转变大环境

公众参与水平与国家民主政治、经济基础、社会环境密切关联。从本质上看，公众参与问题并非是规划本身所能解决的问题。其归根结底是一个参政议政的问题、一个公民权利的问题，其广度、深度与民主化程度紧密相关。规划公众参与与一个国家的民主、法制的建设进程、人们权利意识密切相关，建立一个有效的规划管理体制有赖于深化政府机构的改革，建立一套公众参与的组织程序与工作方法，以保障公众在城市规划中的参与权利④。规划公众参与，乃至城乡规划管理体制改革的真正破题需要政治体制改革来推进，不可能脱离行政体制、政治体制改革而"单兵冒进"。如果政治体制改革停滞不前，公众参与将永远成为学者的政治独白⑤。

4.5 结论和讨论

4.5.1 现代官僚制不足

现代官僚制是权力按职能和职位进行分工和分层，是以法制为基础的一种政治组织体系。中央与地方权限的划分，是许多西方国家宪法一项重要的制度安排，在联邦制国家，分权包括两个方面：一是联邦与各联邦主体的分权；二是各联邦主体与地方的分权。单一制国家的分权，主要表现为中央与地方的职权划分。行政领域的分权，在不同国家不尽一致，但一般来说，在实行地方自治的国家，地方自治机关所负责的是地方自治行政事务，不负责国家行政事务，它们不属于国家行政系统，不是国家行政机关，但中央政府可以依法将一部分国家行政事务划分给地方政府，地方政府也可以依法办理中央政府交办的事务。如在英国，地方政府具有法人地位，但地方政府并无一般权能。按照英国法的原则，地方政府只能行使法律明确规定的职权，如果行使了法律规定以外的职权，就是越权。法律规定地方政府执行的事项，包括必须履行的事项和自行选择的事项两种。

法国是一个长期实行中央集权的国家，但近几十年来，法国进行了权力下放和权力分散的改革，将一部分国家行政职能下放给地方议会，并将中央政府各部门的一部分决

① 全国城市规划执业制度管理委员会. 2011. 转型发展与城乡规划[M]. 北京：中国计划出版社：7.

② 王勇，李广斌. 2010. 程序正义视角下的城乡规划公共利益实现初探[J]. 规划师，24(2)：50－55.

③ 孙施文，朱婷文. 2010. 推进公众参与城市规划的制度建设[J]. 现代城市研究，(5)：17－20.

④ 唐文跃. 2002. 城市规划的社会化与公众参与[J]. 城市规划，26(9)：25－27.

⑤ 李广斌，王勇，袁中金. 2009. 城乡规划管理体制改革的思考——基于政治中委托代理理论的视角[J]. 经济体制改革，(2)：149－152.

策权转给国家派驻地方的机构行使。权力下放后，大区、省、市镇议会的行政权力扩大，除有权决定本级预算外，还有权处理教育、交通、城市规划和住宅建设等法律规定的事务；权力分散后，中央政府在地方的派驻机关增加到大区和省两级，中央许多部通过派驻机关处理了许多中央政府的行政职能和一些重要的与中央有关的地方事务。

在德国，按照地方自治的基本原则，所有的地方事务都由乡镇或县自主地进行管理：乡镇的职权建立在对本行政区域公共事务负责的基础上；县具有城市地方之间互补的和不属于各州平衡的功能，在其区域内，除非法律另有规定，县承担所有超出乡镇职能以外的其他所有职能，对于整个县域地区提供标准化的供给和援助任务。州可以制定法律要求乡镇和县承担某种职责（强制性职责），但乡镇和县只能在其权限范围内履行这些职责。必要时，州有权依法发布监督机关指令，要求地方履行强制性职责。

在中国，尽管从中央到权力的末梢乡镇，各级政府的组织结构、权力体系和职能设置均参照现代官僚制的规制设计而成，体现了现代官僚制组织的特性，但与真正的理性官僚制相比，中国政治组织体系充其量只是“形似”而缺少“神似”。

（1）现代官僚制是一种典型的法理型统治。行政权力运作是在法律授权下进行的，强调依法行政。但在中国，权力的非正式运作不仅折射出两千多年来“人情文化”的顽强，而且折射出其对法理型官僚制具有巨大的“屏蔽效应”。中共十八大会议上强调依法治国：“坚持法律面前人人平等，保证有法必依、执法必严、违法必究”，“任何组织或者个人都不得有超越宪法和法律的特权，绝不允许以言代法、以权压法、徇私枉法”。① 在规划行政管理领域，长官意识浓厚，不依法行政也较为突出。

（2）现在官僚制是以功能分工（政府层级分工和部门专业化）为原则的政治组织体系。但在中央集权制的中国，目前上下级政府间缺少明确的事权划分。从基层政权实际运作图景中，可以清晰地看到这样一条逻辑：上下级政府“职责同构”→“事权下移，财权上收”→上下级政府“权责不对等”→信息不对称，基层政府游离于管控之外→基层政权“非正式运作”。基层政权运作困境实质是上下级政府间不合理分工、权责不对等制度扭曲的结果。在压力型体制下，县乡政权的“非正式运作”也是一种无奈之举。在任务多、财力极其有限的情况下，理性的基层政府会充分利用信息不对称性有选择地执行上级政府的各种指令和任务，对自身有利的就执行，对自身无利或有害的会阳奉阴违。城市群规划需要下位的城乡规划来具体落实和实施。在此权力运行的背景下，城市群规划实施低效正是这种体制下的必然。在中国，不仅上下级政府间缺少法律上的明确分工，在政府部门之间的权责界定也比较模糊，出现“多头管理”的现象。具体到规划领域，发改部门、建设部门和国土部门之间规划权责缺少明确的界定，使城市群规划管理机构不明确，规划之间相互冲突，由此导致规划实施低效和规划管理上的混乱。

（3）中国官僚制发育不足突出体现于对权力的制衡严重不足。尽管腐败有其强大的历史文化传承，但问题根本还在于关键制度的缺失导致权力无法真正得到有效的监督和制约，助长了一些党政领导“一言堂”、“家长制”的专制作风，使法律、规则在实践中被架空。近几年，在规划编制和实施管理领域频发许多权力腐败案件，直接原因是规划管理

---

① 胡锦涛. 2012. 中国共产党第十八次全国代表大会报告[EB/OL]. 2012-11-04. http://china.caixin.com/2012-11-08/100458021_4.html.

的行政垄断，更深层次的原因是权力没有受到有效监督和约束。

4.5.2 政治体制改革滞后

中国的整体改革源自一场政治改革，“中国的改革开放过程，是一个包括社会的经济生活、政治生活和文化生活在内的整体性社会变迁过程”①。但各领域的改革存在严重的不平衡性。与经济体制改革相比，中国的社会政治体制改革整体滞后，在社会民主和权力制衡等领域的政治体制改革则严重滞后。社会政治体制改革滞后继而带来一系列严重的社会问题。

（1）社会阶层被深度重构，社会出现裂痕。在孙立平看来，进入 1990 年代，伴随着市场的不断扩张，中国社会发生了根本性的变化，精英寡头问题突出，强势集团与弱势群体之间的利益博弈失衡不断加剧，社会开始出现裂痕并持续加深②。资本与权力逐步形成了复杂的、强大的相互依赖关系，这为权力和资本交易提供了强大动机，而长期以来固有的社会权利失衡为权力精英和资本精英的结盟提供了必要条件。精英集团结盟和相互不断强化反过来又进一步加剧社会权利失衡和社会利益及其博弈失衡，弱势群体被抛向改革成果的边缘，社会阶层被深度重构。“企业家、外商、私营企业主和其他高收入阶层凭借掌握的丰富经济资源，主动影响政府决策。在优势地位阶层日益成为政治参与的显著力量时，另一个事实也不容忽视，由于经济收入低下，低收入阶层对自身经济状况的关注要远远超过政治体制改革……这部分社会群体对政治参与的利益认识不足，很多人游离于国家政治生活之外，呈现明显的政治冷漠倾向。各个社会阶层政治参与的不平等以及社会弱势群体的非制度化参与，已经成为十分引人注目的问题。更为重要的是，政治分化还有可能反作用于社会阶层分化，成为造就特定阶层结构的原因”③。

（2）腐败问题蔓延，社会公正问题凸显。进入 1990 年代，市场化改革突飞猛进，但以民主化、权力制衡为核心的政治体制改革迟迟未能出台。伴随私有资本不断成长，不受监督和约束的权力通过行政垄断等各种特权“俘获”大量民间资本。不受监督的权力和受到权力庇护的资本形成了各种伙伴关系，实现了合作的“双赢”。无论是大刀阔斧的国有企业改革，还是疾风骤雨的乡镇企业改制，都不是基于公众参与下进行的，其结果是“掌勺者私占大饭锅”，以市场经济为名化“公”为“私”（秦晖，2004）。唐皇凤指出，1990 年代以来一系列的体制变革为资本权力与国家权力的结盟提供了强有力的制度激励，本应相互制衡的资本权力和国家权力，在转型中不仅没有通过相互制约而各安其位，反而出现了大量非法勾结的现象，极大地损害了社会公正④。如果说因合法的市场竞争而最终导致收入不平等，老百姓还可以容忍，但那些通过特权、腐败而非法致富最终导致收入不平等，老百姓一般很难容忍。当前，伴随着腐败、社会公正等问题不断凸显，“先经济后政治”“先发展后民主”的发展模式受到严重质疑。

（3）过度市场化，社会底层缺少庇护。“过度市场化”并不是指中国现有的市场经济

---

① 俞可平. 2008. 中国治理变迁 30 年(1978—2008)[J]. 吉林大学社会科学学报，48(3)：5－17.

② 孙立平. 2004. 失衡：断裂社会的运作逻辑[M]. 北京：社会科学文献出版社：19－26.

③ 俞可平. 2008. 中国政府创新蓝皮书：和谐社会与政府创新[M]. 北京：社会科学文献出版社：136.

④ 唐皇凤. 2008. 制衡资本权力——转型中国确保制度正义的关键[J]. 公共管理学报，5(3)：1－12.

发展水平已经达到或超过成熟市场经济国家的水平，而是从“汲取—保护”的角度而言的，是指国家权责不对等下的一种市场经济状态。在哈维看来，改革开放以来，中国开启了一条“有中国特色的新自由主义”之路①。在公共物品和服务供给市场化过程中，教育、医疗、住房等公共服务和道路交通等基础建设等被抛向了市场化，国家卸下了大量责任并由社会来承担，与此同时，国家对社会的汲取不但没有收缩反而加强，集中体现在国家财政增长持续超过 GDP 增长。学者王星指出，2001 年以后，国家能力快速增强，国富民穷格局初现，即出现了所谓的“国进民退”的现象②。

（4）国家权力一支独大。在欧美等西方新公共管理实践中，私有化、公共产品供给市场化与“去政府”和“小政府”是捆绑在一起的。对政府的限权、向社会分权和对政府的卸责是同步进行的。相比之下，中国改革开放始于“全能政府”背景下，在借鉴新公共管理理论中，中国在推动私有化（国企改革、乡镇企业改革、推动民营经济）和公共物品供给市场化的同时，政府权力在不断收缩，但政府权力的收缩速度与推进市场化速度和公民社会的发育程度不相称，并形成了“强国家＋强市场＋弱社会”的治理模式。面对盘根错节的权力与资本的联姻，微薄的社会力量无法形成有效的制衡。在规划领域，编制工作、规划实施在 1990 年代已逐步实现市场化，但规划管理的社会化迄今没有根本突破。这种“经济体制改革先行、政治体制改革滞后”所带来的诸多问题在当前规划管理中均有不同程度的体现，规划社会化滞后也自然成为当前规划管理体制的症结所在。

（5）对权力缺少约束。在“权力对权力制衡”、“权利对权力制衡”双缺失的局面下，只要官员愿意，地方“一把手”很容易蜕变为“土皇帝”，地方政府部门行政很容易蜕变为部门“一把手”的“一言堂”。在这样的制度环境下，规划管理权力也难以逃脱异化的命运。2013 年初，习近平同志在中纪委第二次全体会议上讲话时指出，“把权力关进制度的笼子里。……任何人都没有法律之外的绝对权力，任何人行使权力都必须为人民服务、对人民负责并自觉接受人民监督”③。

4.5.3 权力的社会回归

李金华指出，“惩治腐败也好，惩治官僚主义也好，最好的办法就是公开透明，这是全世界都认同的看法”④。权力的恣意妄为在根本上是权力制约的社会力量柔弱。社会力量的柔弱缘起于国家对社会放权不足。

（1）切实保障宪法赋予公民的权利。按照俞可平的说法，合法性、透明性、责任性、法治、回应和有效是善治的基本要素，善治强调国家权力向社会的回归，善治的过程就是一个还政于民的过程；善治离不开政府，更离不开公民参与，没有公民的积极参与和合作，

① 大卫·哈维. 2010. 新自由主义简史[M]. 王钦，译. 上海：上海译文出版社：137－139.

② 王星. 2011. 1978 年以来中国“国”与“民”关系之历史演进——立足于国家自主性理论的思考[J]. 人文杂志，(2)：58－70.

③ 慎海雄. 2013. 把权力关进制度的笼子里[N/OL]. 新华每日电讯，2013－01－23. http://news.xinhuanet.com/politics/2013-01/23/c_114467754.htm

④ 李金华. 2004. 断后路当不了审计长，感谢中央不干预[N/OL]. 2004－07－09. http://news.qq.com/a/20040709/000109.htm.

至多只有善政，而不会有善治①。而真正的公众参与不仅需要赋权于民，更需要落实公民权利的制度保障。邓正来指出，“就政治学意义上讲，公众参与所凭借的乃是法律所确认的获知权利、言论自由权利、自由结社权利、出版自由权利等等。然而这些权利的确定并没有解决享有权利者在进入政治过程方面的平等问题，因此，为了使市民社会中的不同利益群体能较为平等地把自身特殊利益渗入政治过程，进而有效地影响国家有关决策，就需要培育一套制度性程序和规范，以保证实现上述基本权利”②。在公民享有的各项权利当中，言论自由是最重要的一项权利。古典自由主义集大成者约翰·密尔(John Stuart Mill)对思想和言论自由的强调达到近乎执著的地步。“假如那个意见是对的，那么他们是被剥夺了以错误换真理的机会；假如那意见是错的，那么他们是失掉了一个差不多同样大的利益，那就是从真理与错误的冲突中产生出来的对于真理的更加清楚的认识和更加生动的印象”③。改革开放以来，国家逐步放松了对社会的管制，但国家有区别地对待各类非政府组织发展，并有选择地将其纳入社会治理体系中，对民间组织的成立和注册规定有所松动，国家对社会组织的监控仍旧十分强大④。总之，尽管 2004 版宪法第 35 条赋予公民言论、出版、集会、结社、游行、示威的自由，但在现实中，通过行政管制、审查、审批等，公民的这些权利往往受到严格的限制，更是缺少公民实施这些权利的具体规则和制度保障。

(2) 公民社会的崛起和对权力的监督。按照邓正来的看法，中国市场经济开启了中国公民社会的进程，“所谓的‘政治民主’没有市民社会(即公民社会，作者注)作为其基石，没有以多元利益组织为基础的公众参与作为其结构性安排之一，是不可能实现的。……市民社会(即公民社会，作者注)为政治民主的一个前提性条件”⑤。新世纪，在互联网、手机等新媒体推动下，中国公民社会正在以中国历史上前所未有的速度崛起。以网络公民社会为例，据中国互联网络信息中心(CNNIC)2013 年 1 月 15 日发布第 31 次《中国互联网络发展状况统计报告》显示：截至 2012 年 12 月底，中国网民规模已达到 5.64 亿，全年新增网民 5090 万。互联网普及率达到 42.1%。中国手机网民规模达到 4.2 亿，同比增长 18.1%。微博用户为 3.09 亿，较 2011 年底增长了 5873 万⑥。伴随着互联网技术的发展及我国网民的快速增加，网络公民社会快速崛起。从公民社会的社团层面来看，网络群体大量涌现，网络结社空前活跃；从公民社会的文化层面来看，网络事件层出不穷，网络舆论高潮迭起。网络公民社会已经成为我国公民社会发展的新生力量，网络公民社会的参政议政功能日益凸显。网络公民社会正成为中国公民发展的新生力量⑦。从 2008 年的“周久根案”、2009 年的“邓玉娇案”，到 2011 年的“乌坎事件”和

---

① 俞可平. 2008. 中国治理变迁 30 年(1978—2008)[J]. 吉林大学社会科学学报，48(3)：5－17.

② 邓正来. 2008. 国家与社会：中国市民社会研究[M]. 北京：北京大学出版社：19.

③ 约翰·密尔. 1982. 论自由[M]. 程崇华，译. 北京：商务印书馆：17.

④ 范明林. 2010. 非政府组织与政府的互动关系——基于法团主义和市民社会视角的比较个案研究[J]. 社会学研究，(3)：159－176.

⑤ 邓正来. 2008. 国家与社会：中国市民社会研究[M]. 北京：北京大学出版社：18.

⑥ 作者不详. 2013. CNNIC 发布第 31 次《中国互联网络发展状况统计报告》[EB/OL]. 中国信息产业网，2013－01－15. http://www.cnii.com.cn/index/content/2013－01/15/content_1042000_2.htm.

⑦ 刘学民. 2010. 网络公民社会的崛起——中国公民社会发展的新生力量[J]. 政治学研究，(4)：83－90.

2012 年的“微笑局长事件”，网络公民社会已“从虚拟走向现实”，在现实背景下，网络反腐俨然成为社会对权力监督的一把利器。

(3) 公民社会训政和自我规训。中国历史上曾是一个中央集权的专制国家，受“全能主义国家”思想的影响，独立公民社会在历史上不曾真正有过。改革开放以来的公民社会面临两大任务：一是对公民自己的规训，培育中国社会现代启蒙之精神，培养公民理性、妥协、谈判、对话、协商等现代民主之思维。没有公民社会对自己的规训，就不可能有真正的中国公民社会。二是公民社会训政。训政的对象是政府，通过与国家良性互动，重构“国家—社会”关系，国家与社会之间逐步形成一个合理的权力与权利边界。公民社会的自我规训是公民社会训政的前提，只有存在一个理性的、懂得协商妥协的公民社会才能真正起到训政的效果。同时，公民社会训政和自我规训又是相辅相成的，是一个良性互动的过程，是一个通向宪政、走向善治的过程。在笔者看来，当前网络问政、网络反腐的迅速崛起不仅是公民社会训政的开始，同时也是公民权利意识的觉醒和公民社会自我规训的开始。在规划领域，伴随多元利益及其博弈常态化，合法性危机是当前规划面临的最大危机。通过公众参与，以多元主体“契约”方式来编制规划、以社会力量监督规划实施和管理，是规划走出当前困境的根本途径之一。

5 城市群规划管理体制机制变革

5.1 规划管理体制机制变革的基本原则

5.1.1 变革目标:通向善治和对普世价值的追求

治理意味着从政府转向非政府,从国家转向社会,从强制性、等级性管理转向平等性、协商性、自愿性和网络化管理①;一般理解,善治就是一种好的、有效的治理,是"政府和民间组织、公共部门和私人部门之间的合作管理和伙伴关系,以促进社会公共利益的最大化"的过程②。1997 年联合国开发计划署(the United Nations Development Program,UNDP)"治理和可持续的人类发展"项目(Good Governance and Sustainable Human Development, 1997)制定了善治的五项原则③(表 5.1),被广泛引用。

表 5.1 联合国开发计划署提出的善治五原则

原则	具体内容
(1) 合法性和声音 Legitimacy and Voice	参与(Participation)——基于自由结社、言论自由以及参与能力建设,所有人都可以通过直接或间接参与来表达意图,参与到公共政策的决策中 共识(Consensus Orientation)——通过协商民主达成广泛共识,实现集体利益最大化
(2) 方向 Direction	战略眼光(Strategic Vision)——领导人和公众应该从长远的目光,从历史、文化和社会复杂性角度来理解、审视人类发展
(3) 表现 Performance	回应(Responsiveness)——制度建设和程序设置应为最大多数利益相关者服务 效用和效率(Effectiveness and Efficiency)——制度建设和程序设置既要满足预定的结果,又要注重节约资源
(4) 责任 Accountability	责任(Accountability)——政府决策者、私营部门和公民社会组织对公民负责,也对制度涉及的利益相关者负责 透明度(Transparency)——坚持信息自由流动,各种规制公开透明,便于公民理解与监督
(5) 公平 Fairness	平等(Equity)——所有人都有机会改善或维护他们的福祉 规制(Rule of Law)——规制公正,执法公正,尤其是在涉及人权方面的法律

何增科提出了衡量善治的十项标准:合法性、法治、透明性、责任性、回应性、参与、高效、稳定、廉洁、公正等④。其中,合法性、法治、透明性、责任性、回应性、廉洁、公正主要是

① 蔡拓. 2004. 全球治理的中国视角与实践[J]. 中国社会科学,(1):94-106.

② 俞可平. 2000. 治理与善治[M]. 北京:社会科学文献出版社:8.

③ Graham J, Amos B, Plumptre T. 2003. Principles for Good Governance in the 21st Century. Policy Brief, (15):1-6.

④ 何增科. 2002. 治理、善治与中国政治发展[J]. 中共福建省委党校学报,(3):16-19.

针对政府而言的，是约束政府行为或指导政府改革的标准。“合法性”强调“主权在民”，政府施政合法性来自民众的高度认同；“法治”强调政府施政要依法行政、依法治国。如胡锦涛在中共十八大报告中突出强调：“全面推进依法治国……任何组织或者个人都不得有超越宪法和法律的特权。”①“透明性”是指政治透明，其主要内容是政府信息公开、政府施政过程公开，以便于广泛接受社会监督和公众参政议政；“责任性”强调政府应该是一个负责任的政府，为老百姓谋福祉；“回应性”与责任性密切相关，是责任性政府的延伸，强调政府应及时回应社会重大需求；“高效”主要指合理设置管理机构，最大程度降低管理成本，节约纳税人的钱；“廉洁”要求政治清明，铲除公权力的腐败；“公正”亦即正义，政府首先是“道义的政府”，“道义”的重要体现就是追求公道。德沃金(Ronald Dworkin)指出，“平等的关切是政治社会至上的美德，也是政治合法性的一个基本前提”②。在何增科十项善治标准中，“参与”和“稳定”主要指向社会。“参与”是指社会公众参与。善治是公共利益最大化的过程，是政府与社会合作进行社会管理的过程，是国家与公民社会这种新颖关系的最佳状态③；善治离不开政府，更离不开公民参与，没有公民的积极参与和合作，至多只有善政，而不会有善治。没有一个健全和发达的公民社会，就不可能有真正的善治，专制政治的最佳状态可以有善政，但不会有善治④。善治是民主政治的结果，只有在民主政体的国家才可能出现善治。“稳定”是指社会稳定，社会稳定既是衡量善治实现程度的一条重要标准，又是走向善治的背景条件。

不难看出，善治的本质就是要弘扬普世价值。在哲学上，普世价值指一些有限的，所有人类都认同的观念集合。一提到普世价值，总离不开“自由”、“民主”、“法治”、“公正”等。2012年中共十八大报告中提出，“倡导富强、民主、文明、和谐，倡导自由、平等、公正、法治，倡导爱国、敬业、诚信、友善，积极培育社会主义核心价值观”。这次报告首次将“自由”、“平等”、“公正”、“法治”等普世价值写进了中共全国代表大会报告。就民主的价值，托克维尔在《论美国的民主》一书中指出，“在一定的时代和一定的地区，行政集权可以把国家一切可以使用的力量集结起来，但将损害这些力量的再生。它可能迎来战争的凯旋，但会缩短政权的寿命。因此，它可能对一个人的转瞬即逝的伟大颇有帮助，但却无助于一个民族的持久繁荣”⑤，“我相信，民主政府经过时间的推移，一定增加社会的实力，但它不能像贵族政府或专制君主国那样立即把力量集中于一点和一个时刻。如果一个民主国家由共和政府管理一个世纪，那么在这个世纪结束的时候，我相信它一定会比相邻的专制国家更加富有，更加人丁兴旺，更加繁荣”。(托克维尔，1988)

规划是政府的一项基本职能，规划管理是行政管理的重要组成部分。规划管理应与行政管理一道顺应世界潮流，在借鉴人类一切政治文明成果的基础上，积极转变权力运作模式和管理方式，以实现善治为目标，弘扬普世价值，推动规划管理由“管制”向“治理”

---

① 胡锦涛. 2012. 中国共产党第十八次全国代表大会报告[EB/OL]. 2012-11-04. http://china.caixin.com/2012-11-08/100458021_4.html.

② 胡万钟. 2009. 个人权利之上的“平等”与“自由”——罗尔斯、德沃金与诺齐克、哈耶克分配正义思想比较述评[J]. 哲学研究，(5)：117-120.

③ 俞可平. 2008. 治理与善治[M]. 北京：社会科学文献出版社：8.

④ 俞可平. 2008. 治理与善治[M]. 北京：社会科学文献出版社：11.

⑤ 托克维尔. 1993. 论美国的民主[M]. 何董良，译. 北京：商务印书馆：97.

转变。衡量善治的标准同样适用于包括城市群规划在内的规划管理体制机制创新。如，规划及其管理的合法性不仅来自政府权力的等级，更来自于社会的广泛参与和认同；规划管理应依法行政，做到有法必依、执法必严、违法必究；规划管理应逐步公开、透明，打破封闭式管理，推行“阳光规划”；规划管理权力更要廉洁，需要建立健全权力运行制约和监督体系，防止规划领域权力腐败；在责任性和回应性上，目前规划正逐步从技术走向公共政策，伴随着政府职能转变，公共服务（如公共空间、公共利益、公共安全、公共物品等）的供给日益成为规划主要职责所在，由谁来提供公共物品、提供什么样的公共服务、提供多少数量、在哪提供、何时提供等等问题，这需要规划立足辖区民意，需要规划管理部门对辖区公众需求给予快速回应；规划管理同样需要提高政府效能，高效的规划管理首要问题就是优化规划管理组织机构。规划公正更是规划核心价值的体现。总而言之，规划管理的合法性、法制化、透明化、责任性、回应性、高效、廉洁、公正都离不开规划公众参与，离不开规划管理民主化。没有民主化的决策也很难有科学化的决策。从善治的角度看，规划管理体制机制创新核心内容在于规划管理的法制化、民主化和科学化。

鉴于目前中国规划管理现状，规划管理体制机制创新首先应解决的问题是对权力的有效监督和制约。如这个问题不能首先给予解决，规划管理将不可能有善治，善政也难以做到。国内外无数经验和教训都证实，对权力制衡必须在国家之外找寻有效的制约力量。如胡锦涛在中共十八大报告中就指出，“保障人民知情权、参与权、表达权、监督权，是权力正确运行的重要保证。……推进权力运行公开化……让人民监督权力，让权力在阳光下运行”①。具体到规划领域，根据各地公民社会的发育程度、不同规划的空间尺度等，有序地推进规划管理的公众参与。公众参与规划可以从最容易的环节入手，按照“民主监督→民主管理→民主决策”推进。首先，规划管理过程要公开、透明，让规划管理权力充分暴露在“阳光”下运行，广泛地接受社会监督；其次，从规划编制管理到规划实施管理及其评估，大力提倡协商民主，积极推动公众参与，逐步推动规划的民主管理；最后，公众参与决策过程，实现规划的民主决策。对于城市群规划管理体制机制创新来讲，除上述共识性要求外，还应对日益涌现的区域公共问题给予积极回应。与城市规划管理的行政区行政不同，城市群规划往往具有跨多个行政区的特点，城市群规划管理需要从行政区行政向区域公共管理或跨区域合作治理方向转变，这需要城市群规划管理组织机构、权力配置及其运作方式等一系列变革来推动城市群规划管理的变革。

5.1.2 变革起点：由“传统”向“现代”的大国转型

真正推动规划变革的是深刻的经济、社会和政治环境变迁。影响规划管理体制变迁的因素很多，其中一国的历史文化传统、政治及其行政体制、公民社会发展对规划管理体制往往产生决定性的作用。从静态来看，作为行政管理的一项职能，规划管理只有在现行行政体制、政治体制的许可下才能正常运行。从动态角度看，规划管理体制受到制度环境、社会环境的包围，它的每一步发展都必然受到制度和社会环境的直接或间接的影响。作为一个后进国家，尽管中国规划管理体制改革在追求善治的总体目标上与西方国

① 胡锦涛. 2012. 中国共产党第十八次全国代表大会报告[EB/OL]. 2012-11-04. http://china.caixin.com/2012-11-08/100458021_4.html.

家趋同，但由于其根植的文化传统、社会结构、制度环境与西方国家迥异，在通向善治的道路上，其所遇到的问题必然存在一些特殊性，解决问题的方法和手段也需要与整体社会制度环境相容。换言之，中国规划管理体制变革必须高度重视其变革的起点——大国转型国情。没有目标的制度设计可能导致传统的复辟；不尊重现实的制度设计，则可能出现乌托邦。在此情况下，判读转型大国国情就非常重要。

首先，要充分认识到中国转型的特殊性。尽管当前中西方转型都面对全球化、信息化，具有共同的时代背景，但从转型的内容来看，当代中国的转型和西方发达国家的转型存在明显的异质性。作为后进国家，当代中国转型的主要任务集中体现在如下方面：在经济领域，由计划经济体制向市场经济体制转轨；在社会领域，由"前现代社会"向"现代社会"转型；在政治领域，由非宪政体制向宪政民主政体转型。用一句话来概述，当前中国还不是一个真正意义上的现代国家，其现代化还远未完成，这与向"后现代"转型的西方发达国家存在着明显差异。

其次，应充分认识转型的复杂性。改革开放以来，中国现代化所面对的环境比西方国家早期发展环境更为复杂多变。中国面对传统、现代与后现代的前所未有的大汇聚、大冲撞、大融合，三个不同时代的思想被压缩到了一个时空之中，既有可能实现相互协调、相互包含、择优综合的目标，又有可能存在相互冲突、相互排斥和相互否定的关系①。在三个不同时代思想的交织下，中国转型的任务是多重的。如，在政治体制方面，既要完善科层制又要超越科层制；在经济发展领域，既要走工业化道路又面临信息化的压力。三个不同时代的共时性带来了更多的思想冲突，进而可能带来发展的无序和社会的失序。

再次，应充分认识到中国转型的"压缩性"。改革开放以来，中国利用后进国家的"后发优势"，在付出巨大努力和沉重代价的前提下，积极吸收、充分借鉴世界一切文明成果和先进技术，成功地走出了一条非常规、跨越式的发展道路，用短短 30 多年走完了发达国家早期近百年的发展历程，由此出现了"压缩型工业化"、"压缩型城市化"、"压缩型现代化"等现象。但事物总是呈现两面性，有"后发优势"就有"后发劣势"。"压缩型"发展得快也衍生了大量问题，发达国家百年出现的社会矛盾与环境问题也被浓缩、凝聚到这 30 多年的时空中，呈现出"时空压缩"的负面效应。在"压缩型"的发展下，GDP 等硬指标增长的"快"与人口质量、管理水平、制度建设等软实力发展的"慢"形成了鲜明对比。"硬指标"和"软实力"之间的这种巨大落差经常带来诸多不可预知、更为复杂的问题。如，关于中国环境问题，王文军等人指出，巨大的人口数量和低素质的人口质量是压缩型工业化国家的特色，其权利观、人情观区别于发达国家的权利观和契约观，制度变迁跟不上经济和社会发展变迁，并多以被动补救为主，这些都构成了解决中国环境问题的"软约束"，由此导致了中国环境问题与传统工业国家不同的表现形态，存在着多样性和复合性②。针对中国城市化的快速发展，张京祥等指出，中国城市化发展的时空背景完全迥异于西方城市化所处的时空背景，这决定了中国城市化发展路径的特殊性，表现出极为明显的

---

① 郭庆松. 2008. "时空压缩"下的现代化发展模式[N]. 文汇报，2008-10-27.

② 王文军，李蜀庆. 2004. 压缩型工业化社会中的环境问题分析[J]. 中国工业经济，(9)：29-35.

时空压缩特征,并由此造成了中国城市化进程及其问题的复杂性和艰巨性①。但与此同时,不能过分夸大特殊性。中国的特殊性并不能成为规划管理体制变革对普世价值的追求的理由,强调中国的特殊性主要是针对变革手段和路径而言的,即变革在总体目标存在共性,在具体手段、具体路径上存在差异性和多样性。

从制度经济学的角度看,规划管理体制机制变革实质是制度选择的问题,是一种新规则替换旧规则的过程。任何制度变迁都有路径依赖(Path-Dependence)特点,类似于物理学中的惯性,一旦进入某一路径就可能对这种路径产生依赖。制度变迁的路径依赖决定了中国规划管理体制机制变革必须立足现状,高度重视中国大国转型的复杂性和特殊性。如,公共选择学派根据所处位置、抽象程度与影响力,将规则分为元规则、一般规则与专门规则。元规则是最高层次的规则,它是一种规定如何制定、如何选择一般规则的规则。作为行政管理的一个有机部分,规划管理体制仅仅是行政管理体制(元规则)下的一个"一般规则"或"专项规则"。如果离开了行政管理体制等元规则的支持,规划管理体制也很难有实质性的突破。又如,规划管理社会化不仅需要通过修改元规则来给予支持,而且需要培养公众理性、民主等现代性思维,以公众素质、市民社会等软实力的提升为前提。因而,中国规划管理体制机制的变革必须立足国情、立足现状,否则,改革的方案将可能变为一种"乌托邦"式畅想,缺少现实的可操作性。规划管理体制变革需要在总的目标、分阶段目标指导下,分析、识别阻碍规划管理体制变革的主要因素,从制度变迁及其运行环境互动的角度,将改良制度运行环境提升到应有的高度,推动制度运行环境与制度变迁之间的良性互动,以防止制度变迁被长期锁定在旧体制之中,从而陷入历史的"死循环"。在西方国家,规划管理社会化与规划公众参与呈现良性互动的发展过程。社会参与既是推动公民社会发育的前提条件之一,又是公民社会发展的结果;社会参与既是推动规划社会化的基本力量,又是民主制度长期作用的产物。

就目前中国城市群规划管理而言,其最大问题是跨区域规划管理处于"霍布斯丛林"的状态。城市群规划没有对应的管理机构,规划管理自然也无从谈起。跨区域规划管理,乃至整个跨区域合作组织的缺失在很大程度上是由传统行政管理体制、纵向府际关系等制度锁定而导致的。在中国帝制的传统中,因害怕地方联合起来做大实力,对"中央"政权构成威胁,所以中央政府对省区之间的联合一直抱有戒心。从汉代吴王刘濞联络楚赵等六国造反,到近代蔡锷等联合云贵川湘反对袁世凯称帝,在中国专制历史上,时不时地出现地方联合反抗中央的政治事件。新中国成立后,中国继承了集权的历史传统,采用了单一制国家结构。在计划经济时代,自上而下的垂直管理严重压缩了地方的自主性,从而也压制了地方合作的机会。改革开放后,在单一制国家结构没有发生基本改变的情况下,1980 年代的行政性分权使地方获得了一定的自主性。进入 1990 年代,地方间开始在经济领域出现横向联合,但中央政府对地方间尤其是省区间的自主联合或多或少存有戒备。迄今为止,地方政府间合作尚处于"政策之治"而非"法律之治"。在宪法、地方组织法等法律中,有关政府间合作的具体规定几乎是空白,更没有涉及地方政府在合作中相关机制的建立、权利与责任分担等问题②,中央对地方间合作的

① 张京祥,陈浩. 2010. 中国的"压缩"城市化环境与规划应对[J]. 城市规划学刊,(6):10－21.

② 刘祖云. 2007. 政府间关系:合作博弈与府际治理[J]. 学海,(1):79－87.

钳制、地方间合作的法律地位缺失阻碍了跨区域合作治理的发育。现有的地方政府间合作范围距离跨域治理的实际需求尚有很大差距。城市群规划是地方政府间合作治理的一个重要手段和表现形态,其内在本质需要从“行政区行政”走向“跨地区行政”。城市群规划及其实施需要以地方政府间全方位合作为基础,而推动地方政府间合作又要以改变现行府际关系为前提。

5.1.3 变革路径:整体的渐进式和局部的突破性

在由现状走向目标的过程中,由于立足基点不同,任何国家的规划体制都不可能给中国规划管理体制改革提供一个完整范本。大国转型是一个全方位的制度变迁过程。关于原社会主义国家的改革,国际上曾出现“激进式”和“渐进式”之争。激进式改革又称为“休克疗法”、“大爆炸”式改革,其认为改革是牵一发而动全身,任何局部的改革都不会有满意的效果,为了减少改革的持久阵痛和避免改革中出现逆反等问题,主张全方位的、快速地打碎旧体制,重建新体制。激进式改革在政治上主张用自由民主重构政治体制,建立宪政民主体制,在经济上主张用全面私有化重构经济体制,建立市场经济体制。渐进式改革认为,原社会主义国家转型极具特殊性,只能是一个“试验推广”和“摸着石头过河”的过程①,为了避免政治突然崩溃带来社会混乱,强调利用已有的组织资源推进改革,在基本不触动既得利益格局的前提下实行增量改革。迄今为止,中国走出了一条基本政治制度没发生根本变化的渐进式之路。过去30多年的历史给我们呈现出这样一幅清晰的改革路线图:先农村改革后城市改革;先沿海改革后内陆改革;先经济改革后社会改革,再政治改革。中国渐进式改革避免了前苏联激进式改革曾出现的权力真空、社会动荡、经济后退和停止。尽管在渐进式改革下,中国经济获得持续高速发展,社会保持基本稳定,但从中国当前状态来看,很难说渐进式改革已取得了成功:(1)改革不时出现向旧体制复归的迹象。新世纪以来,在特权的庇护下国有企业持续做大,出现了国企排挤民企、国与民争利的“国进民退”现象。(2)强大的既得利益集团成为政治体制改革最大的绊脚石。正是不触及既得利益集团的渐进式改革逐渐“养大”了既得利益集团,使之变得更为强大。“小病不治”最终将可能酿成“大疾”。长期以来社会权利失衡为权力精英和资本精英的结盟提供了必要条件。精英集团结盟和不断强化反过来又进一步加剧社会权利失衡和利益分配失衡,社会阶层又被深度重构,社会不稳定因素与日俱增。(3)公信力的流失、社会价值体系的崩溃和改革共识的瓦解。广泛的权钱结盟钝化了国家机器、严重弱化了党和政府的公信力,进而导致了政治信仰的大量流失和社会价值体系的崩坍;在社会上层,强大的既得利益集团致使政治体制改革渐失自上而下的动力。在社会底层,新世纪以来大量社会群体事件的涌现,产生了一种政治体制改革的倒逼机制,社会稳定性堪忧。(4)政治体制改革的滞后危及先期的改革成果。社会主义政治发展的根本目标是建设高度发达的民主政治。关于要不要政治体制改革,邓小平曾指出,“不改革政治体制,就不能保障经济体制改革的成果”②。20多年后,2012年3月14日,温家宝总理在答中外记者会上指出,“没有政治体制改革的成功,经济体制改革不可能进行到底,已

---

① 林毅夫,蔡昉,李周.1993.论中国经济改革的渐进式道路[J].经济研究,(9):3-11.

② 邓小平.1993.邓小平文选(第三卷)[M].北京:人民出版社:176.

经取得的成果还有可能得而复失，社会上新产生的问题，也不能从根本上得到解决，'文化大革命'这样的历史悲剧还有可能重新发生"①。这需要辩证地看待中国国情和渐进式改革。中国国情和渐进式改革主要是针对改革手段和具体改革路线而言的。俗话说"条条道路通罗马"，但在改革的目标和价值取向上，应承认中西方存在趋同性——善治。"国情"、"渐进式改革"不应成为阻碍和延缓中国关键领域改革的借口，整体制度变迁的渐进性不能排除局部领域出现突破性的举措。俞可平指出，推进民主是不可阻挡的世界历史潮流，是人类政治发展的根本价值。从政治改革的方式看，中国选择了一条增量发展的途径。这种增量改革的方式，既强调创新与变革，又注意保持和发扬传统的政治优势，而不是简单地割裂传统，它强调改革过程的渐进性，但并不是没有突破性变革②。中国下一步改革要走出"政治改革—社会稳定"的两难境地。所有政治改革都必须有利于维护社会政治稳定，但增量民主所要达到的不再是一种传统的以"堵"为主的"静态稳定"，而是现代的以"疏"为主的"动态稳定"③。

具体到规划管理体制机制改革和创新，也应处理好整体制度渐进性改革和局部领域改革之间的关系。规划管理体制改革的整体渐进性主要体现在如下方面：

首先，从规划管理与行政管理关系的角度看，政治体制、行政体制改革的渐进性从根本上规定了规划管理体制的渐进性。规划管理体制不可能脱离行政体制改革而"单兵突进"。

其次，从规划管理体制创新内容的角度看，规划管理体制广泛涉及上下级政府关系（规划管理组织机构设置、规划事权划分）、政府与市场关系（规划职能的转变、规划管理的市场化）、国家与社会关系（规划公众参与和规划管理社会化），对于城市群规划管理，还涉及横向府际关系（横向政府协作推动跨域治理）。规划管理体制改革本质需要根据具体的"时空"情境来合理调整上述几层关系。但上述关系不是一成不变的，而是动态发展的。合理关系的形成是多方利益长期博弈、协商互动的结果。

最后，从推动规划管理体制变革的社会制度背景的角度看，规划管理体制变迁受到制度环境、公民素质等诸多"软要素"影响，"软要素"的变化通常是非常缓慢的，这决定了规划管理体制变迁不可能一蹴而就。以城乡规划公众参与为例，中国社会不曾受到类似西方启蒙运动的洗礼，尽管改革开放以来公民的权利意识不断觉醒，但迄今绝大多数公众的思维尚禁锢在"前现代"。在中国人的人格中，"奴性"有余而"主人翁"气质不足、"盲从"有余而"理性"不足。在这种"前现代"人格下，如果将一些无组织、非理性的公众直接引入到规划决策中，没人相信会形成科学的决策，相反很可能出现各种类型的"搅局"，即詹姆斯·马奇（James March）所指的"垃圾桶"式参与④。对于城市群规划管理体制变革，当前城市群规划管理体制机制创新的重点不在于推行规划的公众参与，而在于建立横向政府间协调机制，推动地方政府之间合作治理。这可以用奥尔森（Mancur Olson，1965）

① 温家宝. 2012. 政治体制改革若不成功"文革"悲剧或会重演[EB/OL]. 中国网，http://www.china.com.cn/policy/txt/2012-03/14/content_24894170.htm.

② 俞可平. 2010. 中华人民共和国六十年政治发展的逻辑[J]. 马克思主义与现实，(1)：21-35.

③ 俞可平. 2012. 中国民主发展路线图[J]. 团结，(2)：50.

④ 克里斯滕森，拉格雷德（Christensen Tom，Lgreid Per）. 2009. 超越新公共管理：平衡控制与自主的渐增复杂性[J]. 胡新华，译. 公共行政评论，(1)：1-29.

"集体行动困境"来解释。如果将规划视为"游戏规则",城市群规划则是提供大尺度的区域公共物品的规则。规划的空间尺度越小,规则越具体,规划的利益分配功能越明显,涉及利益相关者人数越少,公众参与愿望也越强烈,公众参与也越容易组织。反之,规划的空间尺度越大,规则越抽象,涉及利益相关者人数越多,"搭便车"心里越严重,公众参与愿望也越小,组织公众参与也越难。换句话来说,如果影响公众参与规划仅规划空间尺度一个因素,那么,规划空间尺度越大,公众直接参与越不可能,适宜推行代议制民主的参与形式;规划空间尺度越小,参与越具体,适宜推进直接式民主参与。如加入国民素质这一因素,以直接民主形式推进公众参与规划也未必可行。地方政府是辖区公众利益的代表,以民主协商为核心的地方政府间合作应成为区域公共物品供给的关键。

在认同整体制度渐进性变迁的同时,也应允许局部领域突破性的改革,没有局部领域的突破性改革就不可能有整体制度的渐进性演化。以中国公民社会和公众参与为例,由于对权力制衡的缺失,包括规划在内的公权力恣意妄为已成为当前中国社会最大的"公害"之一。对权力的制约和监督不仅仅依靠权力对权力的制衡,更离不开公民社会对权力全面钳制。美国著名政治学者梅里亚姆(C. E. Merriam)指出,"政府不只是人民的仆人,而且是一个不能信赖的、靠不住的仆人。不能让政府自由掌握它的主人的事务,相反,必须对它施加限制;必须在每一个可能的要点上对它约束,随时对它抱戒心。否则,它就不再是仆人,并且反仆为主"①。邓正来指出,"在中国从传统向现代转型期间需要集中权威的同时,作为一种独立自主的力量,市民社会能够成为遏制这种权威向专制退回的'最后堡垒'"②,"一个多元的且独立于国家之外的自组织的市民社会是民主的一个不可或缺的条件。没有社会制约的国家权力总是危险的和不可控的,是对专制主义的放纵"。(邓正来,2008)伴随着市场经济的崛起,中国出现了特有的、发育中的非典型的公民社会。邓正来指出,只有根据中国的特定资源和制度安排才能确定中国公民社会的自己道路,为此他提出了中国公民社会的"两个阶段论":第一阶段是形成国家与公民社会的二元结构,所要解决的主要问题是"获取市民社会相对于国家控制的自由空间和作为前提的独立自主性"。第二阶段是完善市民社会,通过各种各样的渠道实现对国家决策正面意义上的影响,亦即积极的参与,从独立身份向参与身份转变,推动市民社会与国家间的良性互动关系(邓正来,2008)。我们基本认同邓正来所提的公民社会渐进性发展道路,但对"在公民社会获得独立自主性后再积极参与"的观点并不认同。首先,鉴于近年公民社会发展与公众参与的实践,公民社会发展与公众参与是互为基础的。没有近10年来群体性事件,没有网络公众参与,没有自下而上的权益诉求,当前中国公民社会的发展难以想象。其次,公众参与是存在阶梯的,根据参与的对象,公众参与也有难易之分。如,参与到国家重大政策的决策是公众参与,对权力社会监督也是公众参与。公共政策决策参与需要公众具有更高素质和知识,但在防止权力滥用的监督上,如对"三公问题"的监督,公众参与就容易得多,不需要公众具备高深的知识,只要给公众一个表达的"通道",一般公民都是可以做到的。从2008年的"瓮安事件"到2011年

---

① 梅里亚姆. 1988. 美国政治学说史[M]. 朱曾汶,译. 北京:商务印书馆:41.

② 邓正来. 2008. 国家与社会:中国市民社会研究[M]. 北京:北京大学出版社:4.

的“乌坎事件”、从2012年的杨达才等人的“表叔事件”到蔡彬等人的“房叔事件”，中国网络公民社会成长、网络公众参与和公民社会“训政”三者之间越来越呈现互动促进的趋势。切换到规划公众参与领域，尽管规划公众参与是一项长期的、渐进的过程，但针对当前规划管理权力的“非规范运作”、规划权力寻租等突出问题，是否可以在“阳光规划”、引入公众监督上进行突破性的改革？在维护社会基本稳定的基础上，允许可控式的、低烈度的社会冲突，还权于民，是否可以在落实公民参与权利上进行突破性的社会政治改革？在20世纪六七十年代，欧美国家曾爆发过大规模的社会运动，但这些运动非但没有对政体形成破坏性冲击，相反使社会愈加健康，关键是大多数社会运动和利益诉求被“体制化”①。

5.1.4 变革任务：官僚制的完善及对其适度超越

合理的职能分工、官员契约受命、官员的非人格化、依法行政等是理性管理制度的精髓。官僚制凭借其制度设计的合理性，曾在西方社会取得了极大的成功。中国行政管理目前最大的国情是“现代官僚制不足”、“现代性不足”。1980年代以来，在发达国家经历了新公共管理运动，进入后新公共管理时代，也有学者提出中国可以“抛弃”现代官僚制建设，利用“后发优势”实现对官僚制的真正逾越。这种观点是非常有害的。在理论上，无论是新公共管理，还是后新公共管理，在一些枝节问题上都是对官僚制的调整和修缮，而不是对现代官僚制的基本制度框架与组织结构本身的彻底抛弃。从官僚制到新公共管理，再到后新公共管理，政府的权限经历了从有限权力的“大政府”到全面压缩后的“小政府”，再到政府权限调整和适度扩张。在此过程中，无论是对政府组织，还是对享有社会管理的非政府组织，其组织结构仍然是以官僚制为基础的。同时，政府作为整个社会管理的中心角色没有发生根本性的动摇。唐皇凤指出，“我们必须时刻牢记中国目前官僚制发展所处的历史方位……相对于西方高度工具理性化与运行程序化的官僚体制而言，中国目前的官僚制形态还处于从前现代官僚形态向现代官僚形态的过渡时期。在西方国家新公共管理运动、多中心治理和后现代公共行政思潮对现代官僚体制大举批判的时候，在力图寻求官僚制的替代模式或超越官僚制的时候，我们却还在为建立理性、规范的现代官僚体制而奋斗”②。“中国行政由于传统的惯性及其他历史原因，总体上仍处于官僚化不足阶段，因而最重要的任务不是别的，而是在适宜的范围内，建构现代型的官僚制”③。“行政体制建设的当务之急是完善理性官僚制”④。在中国，抛弃现代官僚制建设无异于缘木求鱼，具有很大的危害性。秦晖、金雁指出，“传统中国社会中价值理性的沉沦绝不是因为工具理性太发达，相反，是由于工具理性不发达。因此如果说西方后现代主义企图通过工具非理性来弘扬价值理性是合理的，那么在中国倡导工具理性与弘扬价值理性是统一的，甚至还可以说前者是后者的前提。传统的中国人常常为‘应该如何’而穷思殚虑，却放弃了对‘是如何’的理性分析”，“在民主与科学的启蒙尚未完成的中国强

① 郑风田，刘杰. 2010. 从群体性意见到群体性事件：一个观念的澄清[J]. 中国农村观察，(5)：63－74.
② 唐皇凤. 2003. 超越官僚制：现实抑或乌托邦[J]中共浙江省委党校学报，(6)：81－84.
③ 王强. 2000. 全球行政改革浪潮与中国行政现代化：从官僚制的角度思考[J]. 江苏社会科学，(2)：58－63.
④ 叶勇. 2012. 行政体制建设的当务之急是完善理性官僚制[N]. 中国社会科学报，2012－08－03(B02).

调反对科学异化与理性异化，很难真正具有否定之否定的意义”①。在实践上，现代官僚制不足给中国带来的危害要比官僚制内在的主要矛盾——工具理性与价值理性的分离所引起的问题要严重得多。当前中国行政体制是一种特殊的“混合体制”，是中国传统官僚制的内核、现代官僚制的组织形式，选择性地嫁接了新公共管理的某些要素的“拼接”后的产物。不仅上下级政府间“职责同构”，政府部门间职能和权责缺少合理的划分，更重要的是官员非契约受命，“潜规则”横行，公权力缺少真实有效的制衡，这些都导致了哈贝马斯(J. Habermas)笔下的“体系”对生活世界的“殖民”。

鉴于中国当代这种特殊的“混合体制”，行政体制改革应优先考虑建构和完善现代官僚制。倡导优先完善现代官僚制，但也不排除在局部领域适度对官僚制的革新。著名行政管理专家张康之指出，中国行政改革是学习和超越的统一，中国行政改革所处的历史阶段决定了它不能在官僚制充分发展起来之后再实现对它的超越②。如何在优先完善现代官僚制的前提下实现对其超越，是需要谨慎对待的问题。新公共管理对官僚制的最大批判是其纯粹的工具理性，造成了工具理性与价值理性的背离。在中国理性匮乏的背景下，工具理性恰恰是完善官僚制的方向，而不应成为超越官僚制的内容。在西方，新公共管理以公共选择理论为基础，主张打破政府对社会公共事务管理的行政垄断，提倡公共产品供给的市场化、社会公共事务管理的社会化。西方民主国家在经历两三百年的国家与社会、政府与市场博弈后，无论其行政管理如何变化，大都遵循国家“权责对等”的原则，即国家权力大，其担负责任也大。反之，主张国家限权，当然也要给国家卸责。但中国面对的是国家“权大而责小”的现状。由此，在政治体制改革严重滞后、市场经济呈现片面过度发展的背景下，中国未来很长时间内，需要完善官僚制并实现对官僚制的超越；谨慎对待公共服务领域的市场化，以减少权钱之间大面积结盟的可能；大力提倡国家放权于社会，保障公民的知情权、参与权、表达权、监督权；大力提倡“阳光行政”和政府管理社会化，逐步将权力收敛到法律的边界之内，尽可能将权力运行羁押在公众视线之内。可以说，推进“阳光行政”是和政府管理社会化与完善官僚制高度相容的，且有利于推动由“统治”向“治理”的转变。

具体到规划管理，行政管理及其体制所存在的问题在规划管理及其体制中都有所体现：上下级政府“职责同构”，上下级政府规划事权不清；行政分权后出现了“地方主义”，城市群也出现了“诸侯规划”；同一级政府部门之间存在“多头管理”，城市群等空间规划出现“部门主义”；地方政府权力的“非正式运作”，规划管理权力也存在较为普遍的“长官规划”；规划权力腐败则是权力腐败在规划领域的具体表现。对于近10年兴起的城市群规划，其规划管理最大问题是管理组织机构的缺失，呈现严重的现代官僚制不足。如何推进规划管理体制机制改革，我们认为道理是相同的，即在优先完善规划管理官僚制的基础上，实现对官僚制的适度超越。当务之急是建立健全城市群规划管理组织机构，理顺并合理分配规划管理事权，与此同时，推进“阳光规划”，打破规划管理的封闭式运行，在规划管理权力运作的每个环节引入公众监督，强化规划管理权力运作的规范性，防止规划权力的异化，并逐步推行官民共治。

---

① 秦晖，金雁. 2010. 田园诗与狂想曲：关中模式与前近代社会的再认识[M]. 北京：语文出版社：352.

② 张康之. 2013. 超越官僚制：行政改革的方向[J]. 求索，(3)：32-36.

5.2　规划管理体制机制渐进式变革的路径

5.2.1　国外空间规划体系的启示

1）德国空间规划体系

在德国，空间规划体系是一种涉及多区域、多部门的具有公益性的政策工具。德国空间规划体系包括法定的正式规划和非法定规划，法定的正式规划分为空间总体规划和部门规划两部分（表5.2）。其中，空间总体规划体系包括国家层、联邦州层和地方层三个层次。国家和州层次的规划称之为空间规划，地方层次的规划即城镇规划。而城镇规划包括两个部分：土地利用规划和建设规划导则。国家层次的空间规划以《空间秩序法》来提出空间规划的纲要，用以指导各个州的空间规划（表5.3）。

表5.2　德国空间规划体系

法律地位	规划体系构成		规划目标
法定的正式规划	空间总体规划	联邦层面的空间规划	协调不断出现的空间要求，实现空间发展规划，制定空间发展策略
		州层面的空间规划	
		地方层面的空间规划	
	专业部门规划	—	专业规划主要是从技术角度，为一个专业领域或多个专业领域而制定
非法定规划	非正式规划	—	以问题为导向，根据需要而进行的规划或规划性处理措施

国家空间规划关注空间结构平衡和可持续发展、区域内均等的生活条件，只制定空间发展的总目标和原则，并通过部长级会议参与州空间规划的编制，以保证国家空间发展目标和原则在州及以下级别的空间规划中得以贯彻。州空间规划的主要任务是处理州范围内的空间结构、核心区域结构、基础设施等，旨在全州范围内建立和保障均等、健康的生活和工作环境。在德国的空间规划体系中，区域规划是位于州空间规划以下的实现联邦州内不同区域发展目标的一种功能性规划。联邦空间规划法要求那些包含了多个高度聚集中心的州编制区域规划，并要求区域规划与其上下级规划之间建立"交互反馈机制"。区域规划与州空间规划的任务不完全相同，区域规划以土地利用为核心，主要完成以下目标：补充和实现具体的联邦空间规划和州空间规划原则、目标；总览区域内部的结构和发展问题，制定特定目标，适当顾及地方政府规划；根据区域发展需要，协调上级项目，并把项目宗旨结合到区域规划中。根据《联邦建设法典》，地方城市土地利用规划的任务是计划和控制涉及建筑及其他用途的土地，是很具体、很独立的规划，而只有在规划过程的最后阶段才涉及联邦州的相关规定，除非有例外或遇到需要再进一步审核的情况，比如（污染）排放控制、历史遗址和自然保护地等。城市土地利用规划包括两个部分，即预备性土地利用规划和约束性土地利用规划，这两个地方性规划后来在学术上明

确地定义为城镇建设指导规划①。

表 5.3 德国法定空间总体规划体系构成

级别	层级	类型	法律依据	职能任务	规划机构	备注
联邦政府	国家	联邦空间秩序规划	联邦宪法、联邦空间秩序规划法	实现全国国土空间的平衡持续发展、协调全国各部门和各州的规划	联邦政府城市发展房屋交通部、州部长联席会议	还有一些针对专项规划的法律依据,如《联邦自然保护法》、《联席水利法》等
州政府	州域	州域规划	联邦空间秩序规划法、州空间规划法	实现州空间平衡持续发展、协调州各部门和各地区的规划、规定各地区发展方向任务、审查批准地区规划	州规划部门	州空间规划法是指各州在其立法权限内依据《联邦空间秩序规划法》而制定的本州与空间规划相关的法律
	地区	地区规划	州空间规划法、联邦地区规划法	实现地区空间平衡持续发展、规定各城镇发展方向任务、审查地方规划	地区规划组织(地区规划协会)	唯一的跨行政区规划类型,全国划分为100多个地区
地方政府	地方	地方规划(土地利用规划+建设规划图则)	联邦建设法典、建设利用条例、州建设条例	调整辖区内各项土地利用和城镇建设活动,实现可持续空间发展	地方政府、地方规划局或项目承担人	土地利用规划仅对地方政府或公共建设单位有约束力,建设规划图则由地方议会立法

2) 瑞士空间规划体系

瑞士于1848年开始实行联邦、州和城镇三级政府的行政管理体制。1979年,瑞士联邦颁布了《空间规划法》,明确了联邦、州和市镇三级政府在空间规划方面的责任、义务和公众参与的原则,以及各级政府有关空间规划的职责、权限和可以采用的规划工具(表5.4)。瑞士的空间规划按照联邦、州和市镇三个行政管理的层次逐级落实,在空间上把城乡作为一个有机的整体,统筹规划、统一管理;在层级政府之间规划管理体系结构清晰,权责明确;在同级政府内部实现部门协同、政策目标一致。瑞士实行联邦、州和城镇三级政府的行政管理体制,州是规划建设的主体,联邦政府对州的建设进行协调。

表 5.4 瑞士空间规划体系概况

行政层级	制定规划	审批机关	约束对象	空间尺度	建设许可权限
联邦	制定规划法律 制定规划原则 制定必要的规划方案和专题规划	联邦议会 联邦委员会	各级政府 联邦部门	联邦国家层面	特殊用地建设

① 赵柯.2008.空间规划体系建设重构:国际经验及启示[J].改革,(1):126－131.

续表 5.4

行政层级	制定规划	审批机关	约束对象	空间尺度	建设许可权限
州	制定指导性规划	联邦委员会	州各部门 市镇政府	覆盖整个行政区，大分类	建设用地以外
市镇	制定土地使用规划	经州政府审核后由市镇委员会批准	个人 建设单位	仅限州指导性规划确定的建设用地，详细分类	建设用地以内

瑞士州的指导性规划，除居民点布局、基础设施网络等基础性内容外，最为核心的规划内容是划定建设区、农业区和保护区的位置、范围。这个范围，既是全州空间开发的总体控制目标，同时也是州和所辖市镇在空间开发管理事权上的“楚河汉界”。无论市镇的行政辖区范围多大，市镇的规划和建设管理的权限都限于州指导性规划确定的建设区内，建设区实际上就是各个市镇的规划区。

3）英国空间规划体系

1947 年，城乡规划法（*Town and Country Planning Act*，1947）为英国的空间规划体系奠定了基础。1968 年，在英国中央政府与地方政府事权划分基础上，规划确立了结构规划（Structure Plan）和地方规划（Local Plan）两级规划体系。这一体系经 1971 年的《城乡规划法》（*Town and Country Planning Act*）得到了巩固。结构规划一般是由郡政府（County）组织编制的战略性政策框架，其作用在于通过公共与私人的投资来促进城市的发展与更新，改善和保护自然环境，并为地方规划提供依据。结构规划在广泛讨论的基础上制定而成，并由中央政府主管部门环境、交通和区域（DRTR）的部长来批准。结构规划一经批准，就成为中央政府与地方政府之间的一种“契约”，地方政府不得违背结构规划规定的内容。地方规划由地方政府组织编制，对本区内土地使用、交通和环境等方面制定详细政策，为开发控制提供主要依据。地方规划包括总体规划（District Plans or General Plans）、近期发展的行动地区规划（Action Area Plans）和专项规划（Aubject Plans）。地方规划（Local Planning）的编制以中央政府批准的结构规划为依据。中央政府对于地方规划保留调整和否决的权力或者规定一些有主要影响地区的规划许可由中央直接作出决策。这种二级规划体系一直延续到 1980 年代末期。

进入 1980 年代，在新自由主义理念的影响下，新公共管理运动席卷欧美，英国政府组织体系发生了一系列变化。在这场政府组织变革中，区域性政府组织首当其冲，1986 年撤销了大伦敦政府和 6 个大都市地区的郡，并将其权力下放到伦敦和其他大都市的区政府。受其影响，规划体系发生了较大变化。1986 年，伦敦及其他大都市地区先后引入了战略规划指引（Strategic Planning Guidance，简称 SPG），以维持大都市区战略规划的一致和协调。1989 年，出现了由结构规划和地方规划合并而成的发展规划（Unitary Development Plans，简称 UDPs），SPG 则作为大都市区层次的战略协调机制接替原来郡结构规划所担当的职责，并影响各城市区 UDPs 的制定与实施。1995 年，英国绝大多数区域引入了区域规划指引（Planning Policy Guidance），取代了 SPG 直接指导各大都市城市区的一体发展规划（图 5.1）。

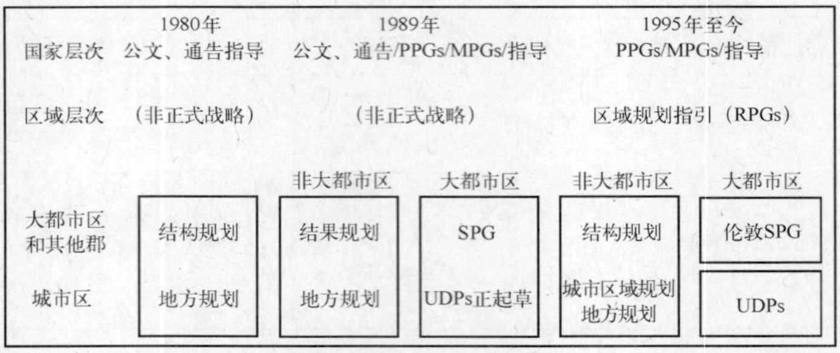

图 5.1　英国战略规划框架(1980—1995)

4）对中国的启示

空间规划体系与国家的政治体制、经济社会发展水平和城市化发展阶段密切相关。许多国家的规划体系都是在发展中逐步完善的。国外空间规划体系的这些特点值得我们研究和借鉴。

(1) 健全的规划法律体系

从宏观到微观，从上到下构建了一个完整的规划法律体系，这些法律支持为空间规划的编制、协调以及切实落实提供了可靠的保障，凸显了空间规划的强制性和约束性。

自 1909 年以来，英国先后颁布了 40 余部城乡规划方面的法律，已逐步形成了一套严密的城乡规划法规体系。其中，1947 年的城乡规划法为英国战后城市规划体系奠定了基础。英国城乡规划法及其辅助规定，特别是政府的“规划政策指导纲要”(PPG)，确定了城市规划的程序、规划内容等一套法定规划。规划的编制和实施都在法律的控制程序下进行。规划的编制必须经过相应的法定程序并经批准而生效。规划实施中，违反规划准则的开发可通过拒绝给予规划申请而得到制止。除了规划法外，为了确保城乡规划法的具体实施，环境部还制定了一系列的规则，如土地使用分类规则、一般开发规则、特别开发规则等。

德国联邦政府享有规划立法权，州也有立法权，但必须与联邦法相符合。从联邦层次的《联邦空间秩序规划法》、《联邦建设法典》，到州层次的《州国土空间规划法》、地方层次的《建设利用条例》，每层次空间规划均有相应的法律支持①。这些法律支持是使空间规划切实落实的保障。

(2) 系统的空间规划层次

国外空间规划体系分工明确、脉络清晰，各级规划都是在上一级规划指导下编制的，构成具有连续性的体系。空间规划体系都有共同的两个层面：城市发展战略、建设控制引导。各个层面的空间规划既能从整体区域的角度进行考虑，又在进行下一级规划时根据其空间发展侧重点进行各种利益之间的协调。

英国的规划实行两级规划体系，分别是结构规划和地方规划。结构规划是战略性规划，地方规划是对本地区的建设控制引导规划。

---

① 张志强，黄代伟. 2007. 构筑层次分明、上下协调的空间规划体系——德国经验对我国规划体制改革的启示[J]. 现代城市研究，(6)：11 - 18.

德国各级规划的编制都遵循对流原则和辅助原则，都是在上一级规划指导下编制的，构成具有连续性的体系。德国联邦空间秩序规划实质上综合了我国的国土规划与全国城镇体系规划的功能，州域规划则综合了我国的省级土地利用总体规划与城镇体系规划的功能①。在城市层面则只有唯一的空间规划，即预备性土地使用规划统筹指导建设。同时空间总体规划还与专项规划相结合，法律规定的正式规划与以问题为导向的非正式规划相结合，使得空间规划体系更加灵活与完善。

瑞士联邦政府负责制定联邦规划方案和各项全国性专题规划，州政府负责制定指导性规划，各城镇负责制定土地使用规划（Zone Planning）②。在空间上把城乡作为一个有机的整体，统筹规划、统一管理；空间规划层次合理清晰，各种规划相互衔接。

（3）明确的组织管理机构

在层级政府之间规划管理体系结构清晰，权责明确；在同级政府内部实现部门协同、政策目标一致，责任落实。

英国负责城市规划的中央政府机构是国家环境部，其基本职能是制定国家土地使用和开发的有关法规和政策，审批郡政府和大都会地区的区政府的战略规划，管理国家的重大规划。国家环境部制定的法规和政策具有不同的法定地位，有些必须经过国家议会的批准。郡政府和区政府担负着法定的规划编制职能。

德国在联邦、州、地方各级均设有各层次规划和管理机构，如同其空间规划体系，各机构的对应关系较强，形成了完备的组织和管理机构。如联邦政府设有领导机构、协调机构和咨询机构，州级设有相应的机构，管理区一级的有区域规划局、地区规划共同体联合会、协会等。

瑞士的空间规划按照联邦、州和市镇三个行政管理的层次逐级落实，联邦、州和市镇在空间规划和开发管理上各自负有不同的责任。按照《空间规划法》，这些责任，通过州指导性规划、市镇功能区规划，具体落实在空间上。其中，州指导性规划发挥了关键性的作用。

（4）多元的公众参与机制

为了避免规划实施中多元利益矛盾导致规划失效，国外在编制过程中非常注重多方参与，提倡多元开放的组织形式，强化规划过程中的公众参与，保护公众知情权。通过在编制中客观谨慎地审视各利益主体需求，平衡好城市发展的各项矛盾，以推进规划实施，提高规划的可操作性。

英国地方发展框架将公众参与声明作为程序性文件的主要内容，在声明中明确地方发展文件在编制过程中公众参与的标准以及参与方式，以保障公民参与规划的权利，保证在后期规划实施中政府效能的充分发挥③，维护社会公共利益。

德国空间规划从制定到实施始终贯彻公众参与的观念，并在相关法律中予以明确规定，最大程度地体现了民意，使规划实现了对大多数人利益的保护。《空间规划法》第7条第5、6款规定："制定空间规划目标时必须有公共部门和个人的参与"，"在制定空间规

① 曲卫东.2004.联邦德国空间规划研究[J].中国土地科学,(2):58-64.
② 张勤.2006.事权明晰 主体明确 责任落实——瑞士城乡规划体系的启示[J].国外城市规划,21(3):6-9
③ 孙施文.2005.英国城市规划近年来的发展动态[J].国外城市规划,20(6):11-15.

划计划时必须有公众的参加或参与”。第 15 条“空间规划程序”中明确指出,“公共机构应有知悉权和参与权”,“公众可以参与空间规划程序”。第 20 条规定:“在负责空间规划的联邦部内必须建立一个咨询委员会。”专家除了来自规划部门之外,还必须有来自经济、农业、林业经济、自然保护和景观维护、雇主、雇员及体育领域的人士①。

(5) 完善的监督评估制度

城市发展不断变迁,为了能够及时应对城市重大发展变化,规划则需要根据发展形势对规划策略进行动态更新,从而保证规划时效性。国外规划在实际操作中非常重视建立完善的可持续评估机制,帮助实现规划的动态更新。

英国的规划督察制度是英国规划体系的一个重要组成部分,其规划督察的工作范围远远超出了城市规划。英国所有的规划督察都隶属规划督察署(Planning Inspectorate)管辖。地方规划部门具有很大的自由裁量权,但是中央政府具有自上而下的对地方规划和项目进行控制和干预的权力。法律明确了规划督察的作用和权利,中央政府还具体明确了规划督察的工作目标和宗旨,使规划督察不仅具备权力,同时还具备相应的责任和义务②。英国对规划执行结果的评估与检查,有一套严格的法定程序和运行机制。英国将可持续性评估和年度监测报告作为地方发展框架中程序性文件的必要组成部分,通过评估、监测规划实施效果,发现问题,保证政府在面临不确定性的环境下能够更灵活地应对城市变化和挑战,随时调整规划策略,实现规划调整的动态化,保证规划时效性,提升规划的实施能力。

5.2.2 城市群规划管理体系

由于政治体制等差异,各国的规划管理体制具有多样性、差异性等特点,但其主要的框架、职责和任务基本相同。合理、明确地配置各层级政府规划事权也是世界发达国家空间规划的共同特点。针对中国空间规划管理现状,合理、明确地划分各级政府及其部门的空间规划事权是理顺规划管理体制的前提条件之一。

1) 空间规划事权整合

(1) 合理配置上下级政府规划事权

“一级政府、一级规划、一级事权”,不能将此片面地理解为“一级规划是一级政府自身垄断事务”。无数个个体理性的叠加不必然带来集体理性。因而,规划事权仍然需要在纵向政府之间进行合理分配。基于服务型政府和责任性政府的建构,以生态环境、资源保护、地区公平等为重点的公共物品和服务为划分主要依据,在中央政府、省(自治区、直辖市)和市县(市县平级)之间合理划分、配置规划事权,将国民经济发展规划、主体功能区规划、土地利用规划、城市群规划、都市圈规划、城市发展战略规划等纳入到以建设部门主管的城乡规划体系之中,建立一个完整的中国空间规划体系。

(2) 规划事权的部门整合

我国的空间规划部门种类繁多、体系庞杂。发改部门主管国民经济和社会发展规划、主体功能区规划,建设部门主管城乡规划,国土部门主管土地利用规划,环境部门主

---

① 谢敏.2009.德国空间规划体系概述及其对我国国土规划的借鉴[J].国土资源情报,(11):22-26.

② 于立.2007.规划督察:英国制度的借鉴[J].国际城市规划,22(2):72-77.

管生态环境规划，交通部门主管道路等基础设施规划，等等。每个规划自成体系，自上而下又有诸多不同层级、不同深度的具体规划类型。除此之外，城市群规划、都市圈规划、城市发展战略规划等新兴规划缺少对口的主管部门。如此多的规划最终落实到空间上，必然存在内容重叠、管理分割、多头管理等问题。由此，需要整合部门之间的规划事权。其中，“三规合一”(国民经济和社会发展规划、城乡规划和土地利用总体规划进行整合)提法由来已久，学术界对此进行了大量的研究，主要技术的障碍基本解决。近年在广东、上海等地就“三规合一”进行了大量的实践，“三规合一”的体制改革也日趋成熟。规划事权的部门整合在未来 5 年内有望真正实现。

以广州为例，作为中国改革开放的前沿阵地，广州的体制改革一直走在全国的前列。广州市在全国特大城市率先探索并全面推进了国民经济和社会发展规划、城乡规划与土地利用总体规划的“三规合一”工作。在经过“三规合一”的几年探索和五个试点区经验总结的基础上，2012 年 8 月，《广州市“三规合一”工作方案》经市政府常务会议审议通过并印发实施。2012 年 10 月 9 日广州召开了“三规合一”动员部署大会，要求 2013 年年底完成“六个一”工作：一张图、一个信息平台、一个协调机制、一个审批流程、一个监督体系、一个反馈机制。希望通过“三规合一”，有效统筹城乡空间资源配置，优化城市空间功能布局，保护耕地资源以促进节约集约用地，确保国家、省、市重要发展片区、重点发展项目顺利落地实施，保障经济、社会、环境协调发展①。广州“三规合一”工作目标是以国民经济和社会发展规划为依据，加强土地利用总体规划和城乡规划相衔接，构建“三规合一”综合性协调管理决策机制，从规划内容、信息平台、协调机制和行政管理等方面理顺“三规”关系，统筹推进“三规合一”工作。首先，实现城市建设用地“一张图”管理。将“三规”所涉及的用地边界、空间信息、建设项目参数等多元化的信息融合统一到一张图上，兼容广州坐标系和国家坐标系；通过用地分类标准梳理、边界整合等技术手段，以“三规”为主体，并充分考虑环保、文化、教育、体育、卫生、农业、林业、园林、水务、交通、电力、消防、城市管理等部门的专业规划，逐步实现发展目标、人口规模、建设用地指标、城乡增长边界、功能布局、土地开发强度的“六统一”，消除各部门规划间内容冲突、规划管理分割等问题。其次，建立信息联动平台，推动多部门协同管理机制。创新动态的信息更新机制，将规划数据、审批信息、实时现状即时纳入信息联动平台，实现在建设项目审批中，发改、规划、国土、环保等部门的业务协同机制。通过运用科技手段和改革内部工作流程，加快建立发改、规划和国土部门业务综合受理模式。同时，加大审批过程透明化，规范权力运行。再次，推动“三规合一”到“多规融合”。2013 年年底广州计划完成“一张图”规划管理，率先成为全国“三规合一”的排头兵，未来进一步实现“多规融合”，从源头上消除传统规划各自为政，彼此“打架”的尴尬。远期以规划整合、信息共享、协调统筹为工作重点，进一步融入环保、文化、教育、体育、卫生、农业、林业、园林、水务、交通、电力、消防、城市管理等 33 个部门的专业规划，逐步完成市、区、镇、村各层级和各项专业规划的全面梳理，推动“多规融合②”。最后，构建多部门参与的协调机制。构建一个由市政府统筹、多部门参与的协调咨询的工作机制。由领导小组办公室定期组织多部门联席会议，协调各

① 杜娟，余宏炳. 2012. 广州明年底实现“三规合一”[N]. 广州日报，2012-10-10(A4).

② 倪明，陶军. 2012. 全面开展“三规合一”，实施城市高效管理[N]. 广州日报，2012-10-10(A6).

部门规划立项、规划编制、规划审查及协调管理中出现的矛盾；并制定一套部门间协作的管理流程，制定协调消除“三规”管理过程中存在的矛盾的原则和方法；根据工作需要，将各部门提出的重大问题，提请领导小组审议、决策。

广州“三规合一”的意义不仅仅在于单一层级政府内部管理体制的创新，对我国跨地区规划管理的平台建构也具有重大意义。希克斯等人的后新公共管理理论指出，网络化治理正日益成为一种新的公共部门管理的形态。以网络为中心的信息共享与管理是弥合政府组织裂化、整合政府机构，推进政府及其部门间协同运作的核心机制。现代信息技术为跨组织界面、跨地方政府管理界面的整合提供了技术的可能性。“三规合一”和跨地区规划管理体制改革的侧重点有所不同：“三规合一”、“多规融合”，规划体制改革的重心在于削弱、消除规划管理的“部门主义”；规划管理从行政区行政到区域公共管理，其规划体制改革的重心在于削弱、消除规划管理的“地方主义”。

（3）规划事权的横向整合

这里的“横向整合”是指横向政府间规划事权的调整和管理合作。在理论上，规划管理事权的横向整合存在三种管理运作模式：① 根据传统区域主义和西方大都市区政府理论，实行国家垂直规划管理。如果是省以下实行垂直，仍然面临跨省区之间的矛盾。因而最好是由中央政府进行规划垂直管理，削弱、消除“地方主义”。尽管在处理一些全国性、突发性事件上，中央政府强制性介入和干预往往有效，但总的来看，这种模式在中国已证明了其不具有生命力。一是与世界治理的潮流不符合；二是忽视了“权力无所不在”和“权力无所不能”之间的区别；三是忽视了中央政府也是“有限理性”；四是组织僵化难以适应社会环境、公众需求的变化。② 基于地方有限自治，通过地方政府之间的自主联合，实现横向政府间规划管理协调与合作。在欧美等西方国家，此类规划管理组织较发达，主要存在两种形式：一种是完全官方的公共权力机构，负责规划决策。两个及以上的地方政府通过协议、联盟等方式将部分管理权让渡给公共权力机构。在美国一些大都区规划管理中，这种组织由州立法机构建立，有确定的使命（交通、市政设施等方面），具有一定的政府权力。尽管权力机构并不是专门负责整个大都市区的规划工作，但是它们所做的关于公共基础设施的决定常常作为重要的规划决策①。一种是联合政府的规划机构。在崇尚“地方自治”的国家，要建立大一统的区域性行政组织绝非易事，但类似于政府联合会这种半官方松散型的行政组织比较容易被各方接受。在美国，多数地方政府都参加了这个组织。政府联合会作为地方政府之间联系和沟通的桥梁而发挥作用，为参加政府联合会的各成员市之间需要讨价还价和妥协让步提供了场所。在旧金山湾区政府协会中，其重要功能就是制定当地的发展规划，内容涵盖经济发展、环境、生态保护与建设②。③ 后新公共管理倡导的联合政府模式。后新公共管理倡导一种跨越组织界限的新型网络组织进行社会治理。广义的联合政府不仅仅局限于地方政府的联合，还包括上下级政府之间的联合及其跨域政府组织之间的广泛合作。这种联合政府的模式在区域规划管理中已被运用。为了推动国家空间规划在地方层面被实施，中央政府通过资金拨款诱导，将空间规划的利益相关者聚合在一起产生合作。如针对区域污染治理、区域重大基础

---

① 顾朝林，俞滨洋，薛俊菲. 2007. 都市圈规划——理论·方法·实例[M]. 北京：中国建筑工业出版社：40.

② 宁越敏. 2003. 国外大都市区规划体系评述[J]. 世界地理研究，12(1)：36－43.

设施等公共物品的供给，地方政府必须以联合形式申请联邦政府或中央政府所提供的全部或部分资金的拨款，联邦政府或中央政府以国家空间规划为依据，监督规划实施。

在中国，自 1990 年代以来，伴随着行政性分权，在珠三角、长三角等区域，基于共同利益，地方政府采用“自下而上”的方式推动区域合作，取得了诸多成效。以长三角为例：1992 年 14 个城市组建了“城市协作主任联席会”；1997 年，为了进一步加强城市间的合作，按自愿加入、平等协商等原则，14 个城市的市政府和新成立的泰州市成立了新的长江三角洲经济协调组织——“长江三角洲城市经济协调会”。自此之后，江浙沪二省一市在电子政务、旅游、环境保护、交通港口等基础设施、科技、消费者权益保护、商标等领域展开了许多富有成效的合作，地方政府间合作伙伴关系初步形成，并日益成为推动长江三角洲区域协调发展的根本力量。实践证明，这种以平等协商为原则的地方政府联合具有很强的生命力。伴随着地方政府伙伴关系的不断深化，地方政府在规划领域的合作日渐显露出来。以珠三角为例：依据《广东省珠江三角洲城镇群协调发展规划实施条例》，在先期地方政府合作的基础上，广东省正着手拟建跨区域规划管理协调制度①，包括省域和市域规划协调制度（图 5.2）。① 省域规划协调制度，统筹部门规划。避免部门间编制规划因信息沟通不足而产生冲突。制定全国性规划需征求省政府或其职能部门意见的，主办部门应主动做好

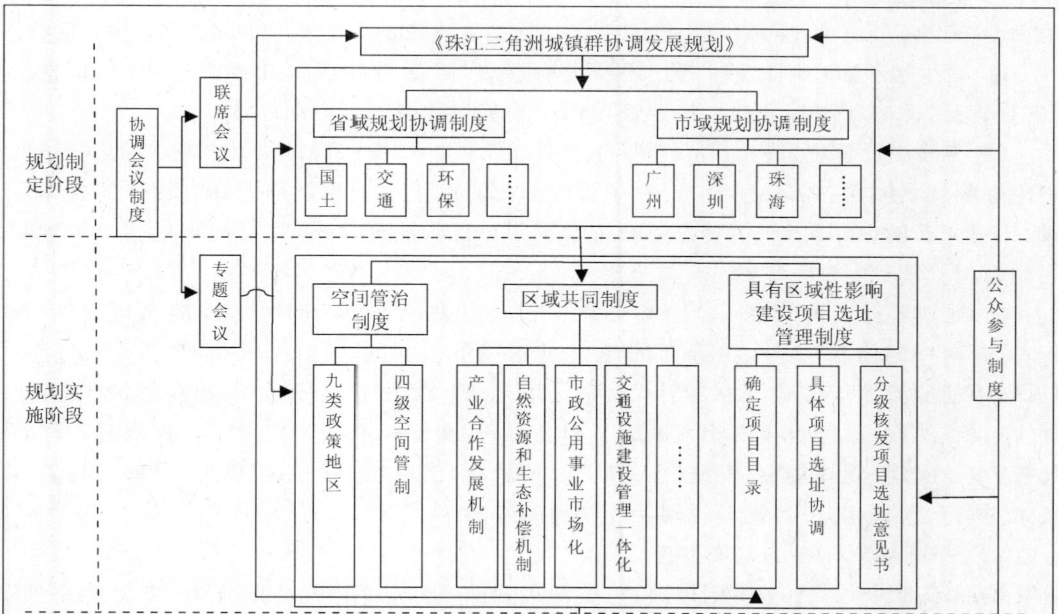

图 5.2 珠江三角洲城乡规划管理构架示意

① 房庆方，蔡瀛，宋劲松，等. 2007. 建立协调高效的区域城乡规划管理新架构——《珠江三角洲城镇群协调发展规划实施条例》带来的变化[J]. 城市规划，31(12)：9－14.

与《珠江三角洲城镇群协调发展规划(2004—2020)》的衔接;省域规划的编制规划应在定期向省政府报送的实施《珠江三角洲城镇群协调发展规划(2004—2020)》报告中提出,珠江三角洲城镇群规划管理办公室(简称"珠规办")将就其与规划相协调等问题提出意见。在省域规划的编制过程中,以协调会议等方式征询和协调相关部门和城市的意见。规划由法定审批机关审批后,规划成果须提交珠规办纳入动态监测信息系统。② 市域规划协调制度,统筹地方规划,落实省域规划要求。协调市域规划的编制目的在于以下两个方面:一是保障上层次规划战略性空间要求在市域规划中的落实;二是协调相邻城市意见,避免城际地区规划建设的不协调。广东省建设厅严格把好规划审核关,确保市域规划符合上层次规划的要求。珠规办负责将市域规划成果纳入省政府构建的动态信息监测系统,并实时监控规划实施情况。

2)空间规划体系建构

(1)空间规划体系建构原则

为了结束空间规划混乱现状,亟须建立一个完善的空间规划体系,使空间规划整体运作建构在完整、统一、理性的基础之上,消除规划的"部门主义"、"地方主义",同时引入制衡与协调机制。建构完整的空间规划体系需要尊重以下原则:

① 突出规划的公共政策属性。伴随着市场经济的不断深化以及服务型政府、责任性政府的建设,规划不断向理性回归,提供公共服务成为其主要职能,规划的公共政策属性更加明确。

② 减少层级,创新管理体制。减少政府层级,降低行政成本和提高行政效率,推行"省直管县"体制和市县分治。规划管理体制改革与政府创新方向一致。

③ 明确规划管理机构。基于"纵向分工、部门协作、横向协调",建构完善的、统一的中国空间规划体系,并最终归口至一个管理部门。由于规划建设部门具有较强的技术手段、相对完备的编制队伍、相对完备的技术规范与行政法规体系,将空间规划归口到规划建设部门管理较合适。

④ 规划管理决策、执行、监督相分离。长期以来,从中央到地方,我国实行决策、执行、监督合一的体制,决策、执行、监督合一使对决策、执行的监督陷入"自己监督自己"的局面,而使监管流于形式。中共十八大报告指出,建立健全权力运行制约和监督体系,确保决策权、执行权、监督权既相互制约又相互协调,确保国家机关按照法定权限和程序行使权力。在规划管理领域,根据"大部制"改革思路,借鉴"三权分立"思想,推动规划管理决策、执行、监督相分离,提升规划及其管理的效能。

(2)空间规划体系的基本框架

按照苏则民①、高中岗②的思路,将空间规划体系划分为"基本系列"和"非基本系列"两大类别。"基本系列"重点是提供政府间行政管理的内容,通过规划基本法律确定,并且按相应的管理制度和规定进行审批,达到上下级政府之间意见的统一、行动的协调。"非基本系列"的规划,以解决实际问题为原则,面向对象,需要什么样的规划,就编什么样的规划,需要什么深度,就做到什么深度,不拘泥于技术体系上的"周全"和"完美"。基于上述分类,我们建构了空间规划体系的基本框架(图 5.3)。鉴于城市群在国家及其区

① 苏则民.2001.城市规划编制体系新框架研究[J].城市规划,25(5):29-34.

② 高中岗,张兵.2009.论我国城市规划编制技术制度的创新[J].城市规划,33(7):26-32.

域中的地位，将城市群规划纳入到"基本系列"规划体系中。

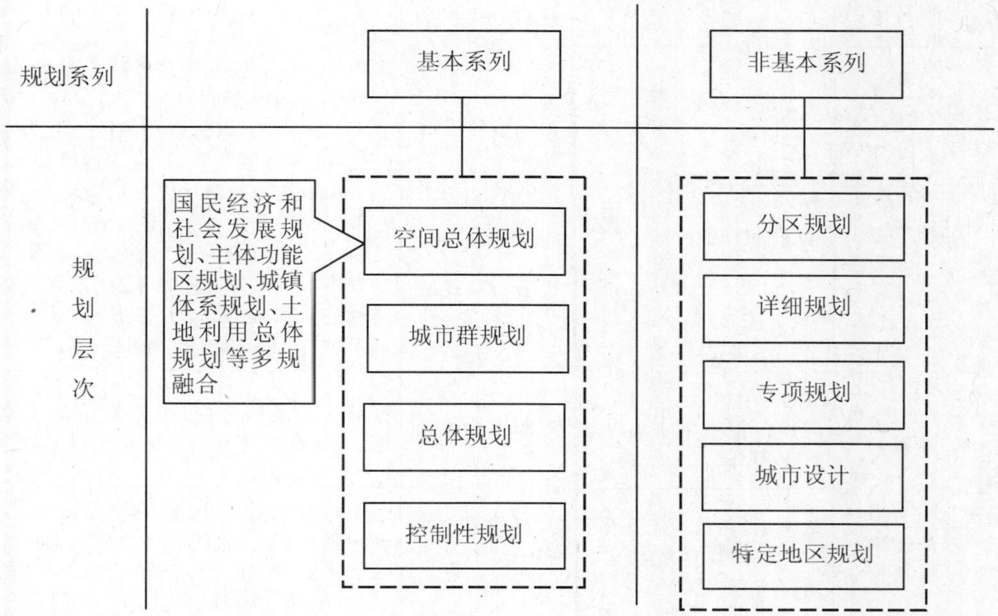

图 5.3 空间规划体系的基本框架

① "基本系列"规划间关系

"基本系列"空间规划具体包括空间总体规划、城市群规划、城市总体规划和控制性规划。其中，空间总体规划和城市群规划属于区域规划层面，而城市总体规划和控制性规划属于目前城乡规划的范畴(表 5.5)。

表 5.5 空间规划体系基本系列

规划阶段	规划层次	作用	分类	主要职责
区域规划	空间总体规划	具有"区域性"、"结构性"和"战略性"特点，具有"母法"地位，是指导其他类型规划编制的依据	国家空间总体规划	国家综合性战略纲领规划，突出公共政策，为国家对区域的宏观调控提供主要依据。融合自然、社会、经济、环境等各领域内容，以解决区域发展重大问题，分类指导原则，突出全国主体功能区划、全国城镇体系、城市群发展空间结构、重大区域性基础设施布局，强调对跨省的大区域空间规划进行协调
			省域空间总体规划	主要内容为省域空间发展结构、城镇体系、大型基础设施和公共服务布局网络，基于生态环境保护、土地和水资源保护的空间管制，"三区"、"四线"划定
			县市空间总体规划	主要内容除了对城镇发展布局、功能分区、综合交通体系、划定"三区"、"四线"外，还要突出统筹城乡空间发展

续表 5.5

规划阶段	规划层次	作用	分类	主要职责
区域规划	城市群规划	城市群规划是对国家、省域空间总体规划的具体化	跨省区城市群规划	城市群是国家发展战略的核心区，城市群规划是在国家空间总体规划指导下对重点发展地区的深化，以功能区划分为主要依据，并尽可能兼顾到市县行政区划。尤其需要关注跨行政区之间的生态环境、水资源保护等公共安全、重大基础设施等公共物品的供给及跨区域协调。主要内容是城市群内城镇空间组织、区域性基础设施和公共服务布局，生态格局、水土等资源保护、区域空间管制和综合协调
			跨县市城市群规划	
城乡规划	城市总体规划	城市总体规划是对空间总体规划、城市群规划在空间布局方面的具体落实和细化		指导城市发展方向，中心城市的土地使用、空间骨架及基础设施和大型工程布局
	控制性规划	总体规划意图的全面反映，目的是落实中心城市规划所确定的规划意图，为规划实施管理提供直接依据		制定法定图则，对地块的用地性质、土地使用强度、工程管线和各项控制指标作详细的规定，并且进一步融入城市设计的内容，指导详细规划

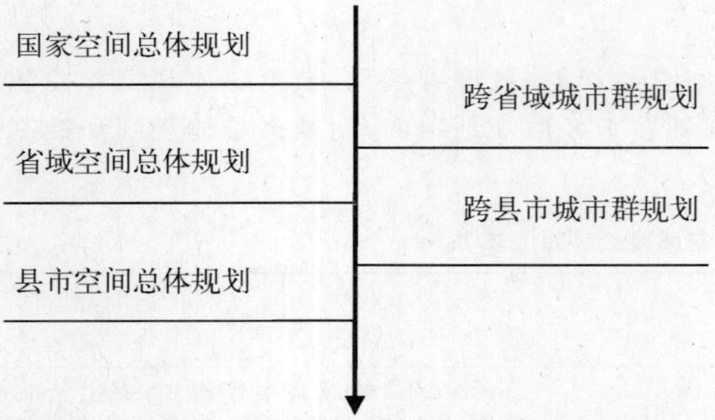

图 5.4　城市群规划与空间总体规划关系

在全国层面，对国家发改委的国民经济和社会发展规划、主体功能区规划，住房与城乡建设部的全国城镇体系规划，国土资源部全国土地利用总体规划进行整合，形成国家层面的空间总体规划；在省域层面，通过对部门规划、地方规划的整合，形成省域层面的空间总体规划；在市县形成地方层面的空间总体规划。在“国家—省—县市”三个行政区的空间总体规划中，纳入跨省区城市群规划和跨县市城市群规划，大致与国家层面、省域层面的总体规划错位半级(图 5.4)。国家、省域和县市的空间总体规划分别覆盖的空间地域范围分别是国家、省域和县域(市域)，具有“区域性”、“结构性”和“战略性”特点，是分别指导各自空间可持续发展的纲要。在各自行政范围内，国家、省域和县市的空间总体规划具有“母法”地位，是指导其他类型规划编制的依据。城市群规划以功能区划分为主要依据，并尽可能兼顾到市县行政区划。城市总体规划接受空间总体规划、城市群规划指导，与目前的城市总体规划类似，控制性规划接受城市总体规划指导，与现在的控制性详细规划类似。

“非基本系列”规划包括城市发展战略规划、分区规划、专项规划、修建性详细规划等，不属于法定规划系列。城市发展战略规划为城市总体规划编制提供前期研究工作，为城市总体规划编制提供参考、依据。为了深化城市总体规划，大、中城市可以根据需要单独编制分区规划。修建性详细规划可以结合一些具体的建设项目，按照规划管理部门提供的规划条件，对基地进行综合的详细设计，用于规划报建。专项规划包括城市的防灾规划等。

②“基本系列”规划职能

国家空间总体规划突出公共政策，为国家对区域的宏观调控提供主要依据。融合自然、社会、经济、环境等各领域内容，以解决区域发展重大问题的国家综合性战略纲领规划，制定空间秩序规划政策导向及分类指导原则，突出全国主体功能区划、全国城镇体系、城市群发展空间结构、重大区域性基础设施布局，强调对跨省的大区域空间规划进行协调。省域空间总体规划的主要内容为省域空间发展结构、城镇体系、大型基础设施和公共服务布局网络，基于生态环境保护、土地和水资源保护的空间管制、“三区”、“四线”划定。县市空间总体规划的主要内容除了对城镇发展布局、功能分区、综合交通体系、划定“三区”、“四线”外，还要突出统筹城乡空间发展。城市群是国家发展战略的核心区，也是空间变革最为激烈的地区。城市群规划是对国家、省域空间总体规划的具体化，在空间总体规划下对重点发展地区的深化，尤其需要关注跨行政区之间的生态环境、水资源保护等公共安全、重大基础设施等公共物品的供给及跨区域协调。城市群规划主要内容是城市群内城镇空间组织、区域性基础设施和公共服务布局、生态格局、水土等资源保护、区域空间管制和综合协调。城市总体规划是空间总体规划、城市群规划的具体化，城市总体规划与空间总体规划、城市群规划之间的关系是“点与面”的关系，其主要职责是中心城市的土地使用和空间布局、道路交通，其实质是对空间总体规划、城市群规划在空间布局方面的具体落实和细化。控制性规划对地块的用地性质、建筑形态、建设体量、工程管线和各项控制指标作详细的规定，并且进一步融入城市设计的内容，目的是落实中心城市规划所确定的规划意图，为规划实施管理提供直接依据。

3）城市群规划管理体制初步设想

在中国城市群规划实践较短、管理体制严重缺失的情况下，城市群规划管理体制建构是一条漫长的渐进变革之路。在大体遵照现行城乡规划管理体制的基础上，提出城市群规划管理体制建设的如下设想：

（1）规划编制管理

国家空间总体规划由住房与城乡建设部牵头，会同国务院有关部委、中央有关小组成立联合编制小组；省域空间总体规划由省级人民政府组织编制，具体由省级建设规划主管部门（省区住房与城乡建设厅、直辖市住房与城乡建设委员会）牵头，在住房与城乡建设部指导下，协同省（自治区、直辖市）发改、国土等部门成立编制小组；县市空间总体规划由省人民政府组织编制，县市城乡规划主管部门牵头，在省（自治区、直辖市）城乡规划主管部门指导下，协同相关部门成立编制小组。根据城市群跨区特征、在国家区域发展中的重要性将城市群规划具体划分为三类：跨省域城市群规划，一般省域跨县市城市群规划，重点发展的省域跨县市城市群规划。重点发展的省域内城市群由国务院来选定。针对此三类城市群规划，采用不同的编制和审批管理。跨省区城市群规划由住房与城乡建设部牵头，会同城市群规划涉及的相关省（自治区、直辖市）城乡规划主管部门联合编制；一般省域内跨县市城市群规划由省（自治区、直辖市）城乡规划主管部门牵头，协同省（自治区、直辖市）直部门和地方政府城乡规划主管部门联合编制；重点发展地区的省域内城市群规划，如苏锡常城市群、长株潭城市群规划，由住房与城乡建设部牵头，协同省(自治区、直辖市)城乡规划主管部门、省直部门和地方政府城乡规划主管部门联合编制。

(2) 规划审批管理

国家空间总体规划由住房与城乡建设部报全国人民代表大会常务委员会审批，审批前应当先经全国人民代表大会授权成立法定机构——国家规划委员会审议，国家规划委员会审议意见交由原规划编制方研究处理。省域空间总体规划、县市空间总体规划实行分级审批制度。在报上级规划委员会审批前，应当先经本级人民代表大会常务委员会审议，常务委员会组成人员的审议意见交由原规划编制方研究处理。规划的组织编制机关报送审批应将本级人民代表大会常务委员会组成人员审议意见和根据审议意见修改规划的情况一并报送。城市群规划与空间总体规划类似，实行分级审批制度。跨省区城市群规划由国家规划委员会审批，审批前应先经规划涉及各省区人大常委会审议，常务委员会组成人员的审议意见交由原规划编制方研究处理，审议意见和根据审议意见修改规划的情况一并报送。一般省域跨县市城市群规划由省级规划委员会审批，审批前应先经省级人大常务委员会审议，常务委员会组成人员的审议意见交由原规划编制方研究处理，审议意见和根据审议意见修改规划的情况一并报送(图 5.5)。重点发展的省域跨县

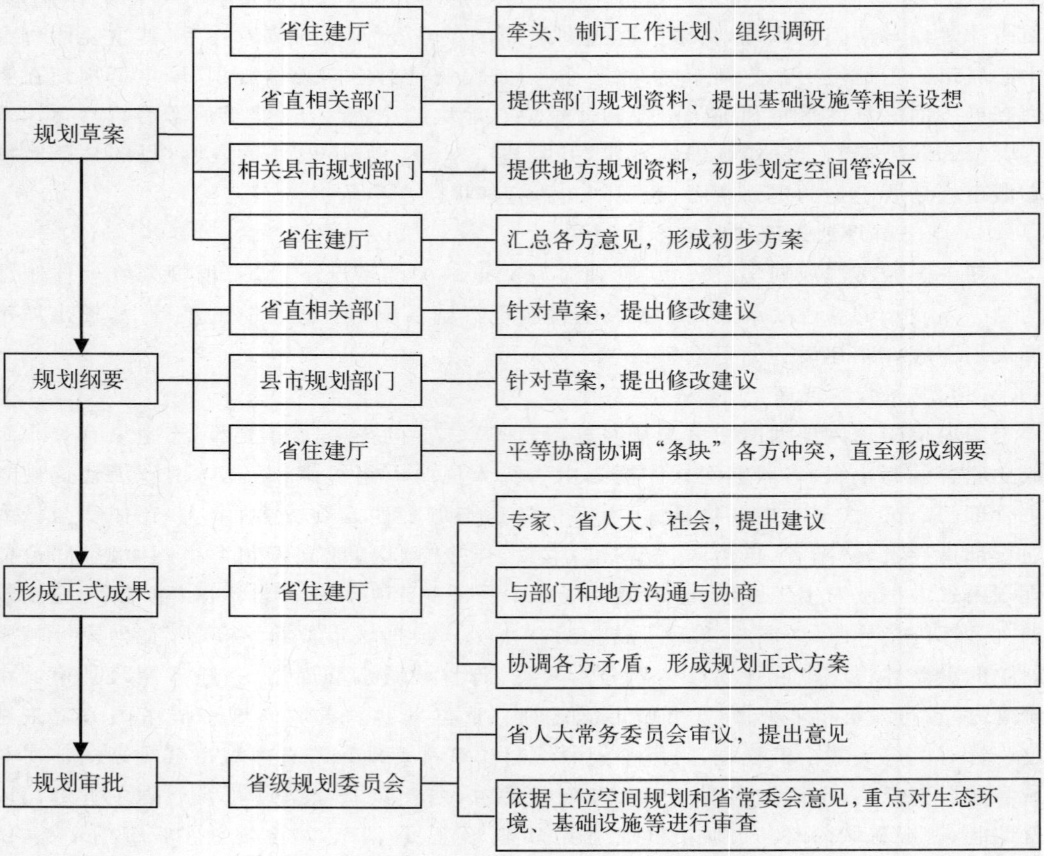

图 5.5 一般省域内城市群规划编制和审批管理

市城市群规划由国家规划委员会审批，审批前应先经省级人大常委会审议，常务委员会组成人员的审议意见交由原规划编制方研究处理，审议意见和根据审议意见修改规划的情况一并报送。

（3）规划实施管理

首先，将城市群规划内容与各级政府事权进行对照，分辨出哪些规划内容是国家事权范围，哪些是省区事权范围，哪些是地方事权范围；哪些是中央和省区共担的责任，哪些是省和地方共担的责任，哪些是中央、省区和地方三方共担的责任；在共担的规划建设内容中，各方出资比例是多少；等等。即重点划定各级政府在城市群规划中应担负的公共物品和服务的供给责任、权利和义务。其次，建立城市群规划实施的项目库，根据项目的性质与各级政府事权，确定项目建设的主体。如果是多个政府（上下级政府共建、地方政府联合共建共享，或上级政府与两个及以上地方政府共建）的项目，还需要确定各方的出资比例。再次，根据轻重缓急，对规划实施项目建设的先后次序进行排序，并编制规划实施的年度计划。最后，按城市群规划审批拟建项目，实施管理，具体应建立城市群规划实施的“一书两证”管理。

（4）规划调整管理

因国家、省重大项目建设及其变更导致城市群总体空间结构和重要设施布局发生重大变更需要局部调整的，或者县市人民政府、省人民政府有关部门认为需要对城市群规划中涉及一级空间管制等内容调整的，组织编制机关应当对原规划的实施情况进行总结，并向原审批机关提出专题报告，经同意后，方可编制修改方案。修改方案的编制和审批需要按原编制和报批程序。对不涉及城市群总体空间结构、重要设施布局、一级空间管制等内容的局部调整，原编制机构召开专题会议进行审查，审查同意后向原审批机关提出申请，在征得同意后，方可局部调整，并采取论证会、听证会或者其他方式征求专家意见，调整后的规划报原审批机构和对应常委会备案。

（5）规划监督管理

依据规划管理决策、执行、监督相分离原则，对城市群规划的管理监督贯穿规划编制、实施、评估等全过程。①“权力对权力”的监督。一是上对下的监督。作为城市群规划的决策者、审批者对规划执行的地方政府执行规划的监督。如，延续现行的城乡规划督察员制度。建立实施城市群规划年度报告制度，地方政府向规划编制机构提交城市群规划实施年度报告，规划编制机构向规划审批机构提交城市群规划实施年度报告。年度报告包括下年度工作计划、本年度实施评估等相关内容。二是下对上的监督，对上级政府在规划实施的不作为或权力滥用，建立复议和上诉制度。三是同级政府之间的监督。省直相关部门每年向常务委员会汇报城市群规划的实施情况。规划管理部门每年向同级人大汇报规划执行情况。②“权利对权力”的监督。借助现代传媒技术，从规划编制、规划实施、规划评估到规划监督，所有的规划管理过程向社会、媒体公开，广泛接受社会监督。如规划成果、规划中各级政府承担事权、规划实施项目库及资金筹集、各级政府规划实施年度报告、规划评估报告、规划编制、实施过程中展开的各种听证会协调会的会议过程，通过现代传媒向社会公开，接受社会监督。③ 建立规划实施动态监测信息系统。建立实施动态监测信息系统目的在于建立区域统一的、动态的空间信息系统，实时监测规划实施情况。在欧洲，欧洲空间观测网络（European Spatial Planning Observation

Network，ESPON)是推动欧洲空间规划实施的一个重要技术平台。第一，ESPON 不仅方便公民参与欧洲空间规划实施的监督，也有利于空间规划相关人员综合市民的反馈对欧洲空间规划作出更深入的调查分析，从而及时调整空间规划的具体内容，以提高规划的可持续性。第二，ESPON 以欧洲和跨国的视角审视欧洲空间规划实施情况，对各国实施项目进行评估，并将评估结果反馈给空间规划的相关部门，为规划制定者及时修改调整规划提供依据。建立国家和省两级实施动态监测信息系统可以大幅度提高规划的实施、监督、评估等环节的管理效能。

(6) 规划协商制度

如果将城市群规划视为一种规则，规则(制度)公正应该是制度最核心的价值要素。如何实现制度公正，在哈贝马斯看来，公正的规则应该是由审慎理性的辩论协商程序以达成一种"辩论的共识"。充分协调后的城市群规划类似于由各层级政府、政府部门、政府与公众等多元利益相关者共同达成的一项"协议"。通过"纵向分工、部门协作、横向协调"，将商谈民主纳入规划决策程序，坚持协商于决策之前和决策之中，增强民主协商的时效性，完善规划管理决策的民主机制。在城市群规划编制、规划实施等环节，深入进行上下层级政府协商、部门协商等多种协商方式，最大程度地进行协调，将各种矛盾和冲突降低到最低点。

(7) 冲突仲裁制度

商讨民主尽管可将矛盾和冲突降至最低点，但商谈并不是达成"共识"的充分条件。如果在城市群规划编制和实施过程中，上下级政府间、地方政府间、政府部门之间的矛盾和冲突在经充分商谈、多方调解后仍然不能化解，那么，就应建立一个上诉和仲裁制度，使对城市群规划方案、对规划审批结果、对规划实施中各级政府责任和权利分配等不服的地方政府和部门有申诉和推翻"原判"的机会。理论上讲，仲裁机构应当独立于城市群规划利益相关者之外，这样才可能发挥良好的监督作用并在具体裁定中保持"中立"，也防止规划决策过程中出现独断专行的现象。近期，可在国家和省级层面成立两级规划上诉委员会，负责受理省级政府、地方政府及其部门上诉。远期，伴随着司法独立，由最高人民法院和省法院裁定地方政府间、部门之间因规划引起的各种矛盾和纠纷。

(8) 规划法制建设

① 推动城市群规划立法

目前，法律地位的缺失使城市群规划管理无法可依，因而，国家应在总结广东、湖南区域规划条例及其实施等实践基础上，尽快出台国家层面的城市群规划条例，逐步推动城市群规划立法工作，健全空间规划法规体系。

② 出台城市群规划技术性规范文件

在遵循现行城乡规划技术性规范基础上，对城市群规划编制和实施过程中的技术问题进行深入研究，制定城市群规划基本术语、规划编制的技术规范等。这不仅有利于引导城市群进行科学规划编制，更重要的是为城市群规划管理提供技术依据。

"罗马非一日建成"。中国空间规划体系、规划管理体制的建构需要长期的政府内部各种力量的博弈，政府与市场、国家与社会之间的长期博弈。空间规划体系、规划管理体制复杂性难以用一时的理性来建构，更不可能一劳永逸。上述城市群规划管理体制的设想是粗线条的，方方面面难以周全。在当前跨域治理问题大量涌现、区域公共管理缺失的背景下，国家应积极放权，大力鼓励省市层面规划管理体制创新。一方面，自下而上推动包括城市群在内的空间规划体制创新；另一方面，国家积极总结来自自下而上的试点经验和教训，在时机成熟之际，积极推动自上而下改革。没有自上而下的支持，自下而上的改革将缺少合法性支撑，并很难有实质性突破。伴随着市场经济深化、政府理性回归、社会力量成长，政府与市场、国家与社会之间的关系进一步变迁，城市群规划体制必将随之变迁。以管理决策、执行、监督相分离为例，规划管理变革的目标之一是实现规划管理决策、执行、监督相分离。三者分离实质存在这样一个问题：在多大范围或程度上实现三者的相分离？是打破部门垄断，还是打破政府垄断？显然，打破了部门垄断不一定是打破政府垄断。后者比前两者的改革更难。规划管理体制改革首先要打破部门垄断、地方政府垄断，将某一政府部门的规划管理决策权、执行权、监督权分散于部门之间、上下级政府之间，便于权力对权力的制衡和监督。我们且将这种状态称为"小三权分立"。但这种"小三权分立"仍然没有打破政府对规划管理的垄断。从远期理想的一种状态来看，行政的主要职责在于执行。规划决策，尤其是规划审议、审批决策权应从政府行政机构中剥离出来，移交至民意机构和非政府组织，如人大、规划委员会，这样才与规划管理决策、执行、监督新的"三权分立"相互对应。

5.2.3 城市群规划管理模式

1）完善规划委员会制度，推进规划决策机制变革

经过几百年民主历练的西方国家，最终选择了较为简单易操作的城市规划决策体制，即区域与城市规划委员会制度，将自由、民主、分权等政治思想引入到规划管理体制合理化重构之中，用规划委员会这种集体决策制度在规划决策中发挥主导作用，通过委员的广泛代表性和协商型的决策机制体现民主，通过委员会的依法独立运作实现与行政执行机构的分权，进而促进区域与城市可持续发展。作为中国先锋改革城市——深圳，在1990年代末率先引入了这一制度。进入新世纪后，规划委员会制度在全国各省市较普遍地展开。罗素富含哲理地说道："在先进国家，实践启发理论；在落后的国家，理论鼓起了实践。移植来的思想很少像在本土那样成功。"①自植入这一制度以来，中国十多年的地方规划委员会实践在打破政府规划管理垄断方面的作用极其有限，在很大程度上背离了规划委员会的建设初衷。甚至在一些城市，借规划委员会集体决策之"外衣"，行首长个人决策之实，这一制度成为领导行"一言堂"、规避决策风险的工具。主要问题还在于规划委员会制度运行的"土壤"、"生存条件"没有得到及时改良。中国规划委员会的"失灵"在很大程度上应归咎于规划委员会委员在委员构成、人员来源、决策机制等方面的不合理。

(1) 明确规划委员会的性质和法律地位

首先，应明确各级规划委员会是对应各级人大授权成立的实体机构。规划管理体制主要包括规划编制和审批（规划立法）、规划实施（规划行政执行）和规划监督三个方面，从发达国家实践经验来看，规划立法、规划行政执行和规划监督的主体分别对应立法机构、行政机构和法定组织。在欧美等发达国家，规划委员会通常是作为非官方组

① 伯特兰·罗素.2011.西方哲学史[M].呼和浩特：内蒙古出版集团远方出版社：289.

织而存在的，执行规划审批、对规划行政执行监督等职责。关于中国规划委员会性质，许多专家呼吁应避免将规划委员会办成“官办机构”。在现实中，中国各级规划委员会也几乎都是以“半官方组织”或“非官方组织”的“面孔”出现的。其次，宪法第 57 条和第 58 条规定，全国人民代表大会是最高国家权力机关，也是立法机关。在理论上讲，在各级政府中，人大也是最高地方权力机关。规划委员会应由人大授权成立，将其定位为“独立于行政机构的规划决策组织”，以保障其合法性和权威性。规划委员会直接向人大及其常务委员会负责，并接受人大及其常务委员会监督。通过各级人大授权，分别建立国家规划委员会、省级规划委员会和市县规划委员会。各级规划委员会行使与之对应的空间规划审议审批职能、对规划行政执行的监督及人大授予的其他职责，并可根据职能的多少下设综合办公室和若干专题规划委员会。以国家规划委员会为例，其主要职责是：对国家空间总体规划、省域空间规划、跨省区城市群规划、国务院选定的重点发展的跨县市城市群规划和国家重大项目选址等进行审议审批（可先承担国家人大及其常委会授予的审议职能，伴随着规划委员会运作的成熟，承担审批职能），对规划管理中出现的上下级政府间、地方政府间和地方政府部门之间的冲突和矛盾进行协调和仲裁（从远期来看，最终仲裁移交法院，规划委员会可预先提交一份仲裁意见，供法院裁定参考。国家部委之间的冲突交由最高人民法院裁定）。国家规划委员会下设综合办公室（负责组织内全面协调和组织对外联系等职责）、省域和跨省区规划委员会、上诉委员会（负责协调、预仲裁等职能）、国家空间规划动态监察中心（负责建立动态规划管理信息，对规划实施进行监督等）等等。伴随着各级规划委员会职能的逐步到位，相关法律应进一步落实、确定规划委员会的法律地位，使规划委员会可以“依法行政”。

（2）重构规划委员会委员产生方式

在欧美国家，规划委员会成员产生是多样的，有些是民主选举产生，有些由议会推举和任命，有些由政府委任或由政府与议会合派，有些由政府提名经议会核准后派任等①。在西方规划委员会人员构成上，非常注重将规划、法律等领域的专家吸纳到规划委员会中，更好地维护公共利益。在中国，现行省市规划委员会委员多采用政府聘任方式。《深圳市城市规划委员会章程》第 17 条规定：“市规划委员会的委员由市政府聘任，任期五年。”尽管深圳市规划委员会非公务员所占比例超过 50%，但由于规划委员会委员产生方式、委员会内部权力结构配置、规划委员会决策的表决机制等存在重大缺陷，规划委员会仅有“非政府组织”之形式。为了使规划委员会成为独立的非政府组织，仅有人大授权还不行，必须重构规划委员会产生方式。笔者认为，规划委员会委员不能由行政机关单方任命决定。国家规划委员会应由三类人群组成：公务员、非公务员身份的规划领域内知名学者和非公务员身份社会知名的公共政策、法律等学界专家（非公务员身份）。三类人员在规划委员会中各占 1/3。公务员由政府提名，非公务员身份规划学者由规划学会提名，非公务员身份的其他政策法律学者由相关学会提名，所有规划委员会人员需要经过全国人大常委会进行资格审查、核准后派任。国家规划委员会中非公务员身份的专家学者，还可以由全国人大常委会提名，直接从全国人大代表中具有相关专业背景的人大代

① 唐绍均. 2008. 论我国城市规划审批决策体制的正义与效率[J]. 城市规划，32(2)：50－54.

表直接担任。规划的空间尺度越小，规则越具体，规划的利益分配功能越明显，公众参与动机也越强烈。县市规划委员会委员由公务员、专家和无利益集团的市民代表三类群体组成，三类人员在规划委员会中各占1/3。公务员由地方政府提名，非公务员身份的专家在各省区专家库中进行遴选，并由地方人大常委会进行资格审查、核准后派任。无利益集团的市民代表可以通过地方人大直接提名和自主竞选两种方式产生。省级规划委员会人员产生办法类似于国家规划委员会，并由省人大常委会进行资格审查、核准后派任。为提高决策效率，各级各类规划委员会成员以9人或15人为宜。在规划委员会中，对非公务员身份的专家、学者必须经过仔细审查，遴选出一些在各自领域内德才兼备、具有很高声望的学者担任委员。委员则应恪尽职守，如因玩忽职守、滥用职权、徇私舞弊构成犯罪的，将被依法追究刑事责任。各级规划委员会委员的相关信息必须依照法定程序通过各级规划委员会专门网站对外公开，便于接受社会监督，建立健全规划委员会委员罢免程序和刑事诉讼程序。鉴于目前许多非公务员规划委员不能到会的情况，建议在各级规划委员会中设立一定比例的专职委员(只针对非公务员身份的委员)，增强委员履行其赋予的职责。

(3) 提高规划委员会民主决策的程度

决策体制是政治体制的中枢系统。决策关系到社会资源的权威性分配，关系到社会中各种政治主体、利益群体的意志表达和利益平衡。政治决策过程实际上是一种利益博弈、妥协和寻求利益平衡的政治过程。从政治发展的角度看，决策体制的改革呈现出的基本趋势是：从个人决策向民主决策、从经验决策向科学决策、从决策组织高度集中向决策组织结构分化、从封闭式决策向开放式决策、从被动参与决策向自主参与决策、从决策非制度化向决策制度化的转变①。规划委员会是对涉及区域与城市重大发展问题进行集体决策的组织机构。但在各地规划委员会实践中，集体决策往往演化为“领导定调、大家附和”的结果。依据民主化程度，现行规划委员会决策的表决机制大致可分为如下具体三种形式：① 规划委员会经过讨论后，不举手不投票，最终由在场的主要领导总结、定调。② 规划委员会经过讨论后，不举手不投票，由在场的主要领导做总结发言，并倡议“鼓掌通过”。③ 规划委员会经过讨论后，规划委员会委员举手表决，根据票数及既定规则决定是否通过。在现行政治权力架构下，加上规划委员会人员产生方式的重大瑕疵，规划委员会决策极容易脱变为首长“个人决策”。通过改变规划委员会性质及委员产生方式，将使非公务员身份的规划委员会人员摆脱权力的钳制，在很大程度上增强非公务员身份的规划委员会人员的独立判断之人格。但为了更利于委员表达自己的真实意愿，还需进一步改善投票环境。在现实中，无论是“鼓掌通过”，还是“举手表决”，都将给表决人造成一定的心理压力。举手、鼓掌都是公开进行的，谁赞同谁反对一目了然，从而使表决人产生可能被打击报复的心理。因而，为了更利于委员表达真实意愿，建议使用电子表决方式进行，并对表决器加盖，匿名进行表决。表决器加盖用意在于防止委员的表决结果被“扫过来的摄像机”暴露或被“左邻右舍”看到，及受其他委员表决结果所影响。根据规划决策对象的性质，合理设置通过比例，分别采用一致同意、2/3通过、1/2通过。

---

① 周光辉. 2011. 当代中国决策体制的形成与变革[J]. 中国社会科学，(3)：101-120.

(4) 规划委员会决策过程全公开

权力的每一次启动都有对应的闸门被自发启动，对权力进行制衡。规划委员会被赋予对区域与城市发展进行决策、对重大利益进行协调、对规划执行进行监督的职责，其权力也应受到社会权利和政治权力的多方制衡。但这在目前中国规划委员会制度设计上还属于"盲点"。"阳光是最好的防腐剂，公开是对权力最好的监督"。规划委员会作为人大授权机构，其行为必须受到主权者的严密监控，主权者不仅是其权力的来源，而且可以直接干预其具体的决策行为，否则，可能导致城市规划委员会权力的流失或虚置①。为避免规划委员会的决策违背大多数民众意志或懈怠失职，市民、民意代表机关（人民代表大会或者其常务委员会）、司法机关、人民团体、新闻媒体等有权依法对城市规划委员会的审批决策实施全程监督。具体监督措施如下：① 会前，规划委员会举行听证会或咨询会，会议过程全部对媒体和公众开放，在举行之前，报纸以及网络提前将听证会的广告发布出去（规划委员会提前一周将主要工作计划通过其网站对外公布），任何想在听证会上发言的利益相关方及公民都可以电话预约发言。听证会与咨询会上，要保证不同意见都能得到发表。事先询问发言者的立场，然后根据各自立场进行分组，依次到前台限时发言。所有听证会资料要备案保留，并允许公众查询。② 会中，开辟专门的电视频道，对规划委员会决策会议全过程进行同步直播。在此之前，就会议的内容、时间、收看收听频道等等，通过报纸和网络进行对外发布。③ 会后，将规划委员会决策会议影像资料、会议记录放在指定的规划委员会网站并存档，供公民随时收看和查询。

(5) 建立规划委员会决策纠错机制

任何制度设计都不能保证决策永远正确，规划委员会决策同样如此，这就需要建立纠错或匡正的机制。在美国，如果当事人或局外人对规划委员会决议（批准或否决）不服，可向上诉委员会（类似于独立的准司法机构）提出行政复议。如果"原告"对行政复议的结果依然不服，可向法庭系统上诉立案，各级法庭进行判决。以深圳法定图则变更申请与美国分区规划的变更申请为例，梁江、孙晖对规划委员会权力的约束进行了比较（表5.6）。在香港，上诉委员会由特首根据《城市规划条例》的有关条例委任，其职能是审理就城市规划委员会所作决定提出的上诉②。鉴于中国规划委员会权力约束现状，邹兵③、施源、郭素君④都强调要设立规划上诉委员会，为对规划委员会决策不满者、不服者的权益保护提供救济。建议在国家和省级规划委员会设立规划上诉委员会，分别受理对省级规划委员会和县市规划委员会决策的投诉事件。对规划委员会裁决仍然不满者，可上诉法院。

---

① 唐绍均. 2008. 论我国城市规划审批决策体制的正义与效率[J]. 城市规划，32(2)：50-54.

② 施源，周丽亚. 2005. 现有制度框架下规划决策体制的渐进变革之路[J]. 城市规划学刊，(1)：35-39.

③ 邹兵，陈宏军. 2003. 敢问路在何方？——由一个案例透视深圳法定图则的困境与出路[J]. 城市规划，27(2)：61-67.

④ 郭素君. 2009. 由深圳规划委员会思索我国规划决策体制变革[J]. 城市规划，33(3)：50-55.

表 5.6 深圳与美国规划审批管理机构的比较

	深圳法定图则的变更申请	美国分区规划的变更申请
接受机构	政府规划主管部门	规划委员会
审批机构	政府规划主管部门(一类、二类) 规划委员会或下属技术委员会(三类)	规划委员会
批准认可机构	规划委员会	市议会
复议机构(行政)	无	区划上诉委员会
上诉机构(法庭)	无	州法院→州最高法院→联邦法院→联邦最高法院

(6) 规划委员会之外关键制度供给

要想使规划委员会起到真正的作用,还需要一系列外围关键制度的改革,包括人大制度改革、司法独立和媒体独立等。首先,重构人大制度,规划委员会作为人大授权的实体机构,其与人大之间关系非常密切,人大职权运行的好坏对规划委员会性质、职能将起决定性的影响。在宪法中,人大被置于举足轻重的地位,是"主权在民"的集中体现,但在现实中,由于人大代表选举等诸多方面存在重大缺陷,使得人民主权长期处于"悬置"状态。"选举不是万能的,但是没有选举是万万不能的。选举的重要性,不仅仅在于给民众一次机会将他们不满的政治家赶下台,同样重要的是选举动员过程所激活的公共生活:它带动公众对公共政策的讨论"①。在西方民主国家,选举即意味着民主,但在中国,选举并不意味着民主。在面对组织预先安排或内定的现实选举制度下,与其说公民对人大选举漠视,不如说公民对"有选举但没有民主"抵制。在此背景下,不花大力气重构人大制度,任何对权力的制衡都将大打折扣,规划委员会自然也摘不掉"走样"的帽子。政治体制改革的当务之急是完善人民代表大会制度②。中共十八大指出:"支持人大及其常委会充分发挥国家权力机关作用,依法行使立法、监督、决定、任免等职权,加强立法工作组织协调,加强对'一府两院'的监督,加强对政府全口径预算决算的审查和监督。提高基层人大代表特别是一线工人、农民、知识分子代表比例,降低党政领导干部代表比例。……提高专职委员比例,增强依法履职能力"。从长远看,人大制度改革主要包括三项内容:① 直接选举,人大代表的"去官僚化";② 走人大专职化道路;③ 大幅度压缩各级人大代表数量。其次,推动司法改革,逐渐使司法走向独立③。再次,发挥第四股力量——新闻媒体——对权力的舆论监督,必须逐步推动媒体独立。关于媒体健康发展,身为媒体人的长平曾在《南方周末》指出:媒体不需要尚方宝剑,需要独立④。

2)完善规划公众参与制度,推进规划管理方式变革

(1) 规划公众参与若干问题辨识

① 公众参与的价值

从善治的角度看,善治就是公共利益最大化的治理过程,其本质特征就是政治国家

① 刘瑜. 2009. 民主的细节[M]. 上海:上海三联书店:18.

② 谢岳. 2005. 完善全国人民代表大会制度:中国政治体制改革的当务之急[J]. 学术月刊,(6):45-46.

③ 章武生,吴泽勇. 2000. 司法独立与法院组织机构的调整(上)[J]. 中国法学,(2):56-71.

④ 长平. 2009. 媒体不需要尚方宝剑[N/OL]. 南方周末,2009-03-19. http://www.infzm.com/content/25630.

与公民社会(或简称国家与社会)处于最佳状态,是双方对社会政治事务的协同管理。俞可平指出,官民共治是实现善治的基本途径,是通往人类理想政治状态的必由之路,没有广泛的公民参与,就谈不上官民共治。在一些公共领域,我们正面临严重的治理困境,急需重建新的治理秩序①。在规划领域,早有“城市规划为人民服务”、“城市建设人民建”的提法。如何切实践行这些提法,关键在于推动公众参与。规划管理是社会政治管理的重要部分。在中国社会日益多元化的现实场景下,规划管理应稳步积极推进公众参与,实现官民共治的理想状态。从规划决策民主化、科学化的角度看,公众参与是规划民主化的具体体现,并在很大程度上规定了规划决策的科学性范畴。“决策的风险才是一切风险的根源……就目前人类智慧所能设想的,民主是一个最佳的途径。通过弘扬‘公共理性’,进行民主的对话、协商,让具有各种不同利益、观点、知识的人充分发表意见和见解,是避免决策失误,从而尽量避免风险的最好办法”②。规划需要作决策,民主的决策是风险最小的决策。除决策民主化这一长期目标外,约束公权力滥用的当务之急是引入社会监督机制。中共十八大报告中对此进行了最权威的诠释:“建立健全权力运行制约和监督体系。坚持用制度管权管事管人,保障人民知情权、参与权、表达权、监督权,是权力正确运行的重要保证。……凡是涉及群众切身利益的决策都要充分听取群众意见,凡是损害群众利益的做法都要坚决防止和纠正。推进权力运行公开化、规范化,完善党务公开、政务公开、司法公开和各领域办事公开制度,健全质询、问责、经济责任审计、引咎辞职、罢免等制度,加强党内监督、民主监督、法律监督、舆论监督,让人民监督权力,让权力在阳光下运行。”从弥合价值理性和工具理性的角度,公众参与规划,通过理性的沟通和辩论,可以实现价值理性和工具理性的统一。

② “稳定”与“参与”的动态平衡

尽管公众参与价值是显而易见的,但现实情境往往比理论刻画的要复杂得多。在当代中国,推动公众参与,就意味着还权于民,这又需要走出“政治改革—社会稳定”的两难境地,需要在稳定与公众参与之间保持一种动态平衡。“文革”等历史教训告诉我们,没有稳定,什么事都干不成。改革开放以来的成功经验也告诉我们,中国改革开放之所以取得这么大的成就,就是因为有一个稳定的环境。一方面,在法治没有真正来临,在公民素质良莠不齐的背景下,公民的过度参与可能破坏社会稳定,民主的进程可能导致社会秩序的失控。在国际上,这方面的例子很多。但另一方面,稳定又不能成为“压倒一切”的借口。《代议制政府》的作者密尔,讲了一个非常深刻的道理:世界上任何一个政府要做的事情其实就两件——一个是保持社会秩序,一个就是推动社会进步。但是秩序与进步之间是有矛盾的。如果过分地强调秩序的话,社会的进步可能就会缓慢,或者不能进步,甚至倒退了。如果推动进步的话,可能会给秩序带来一定的危险。但是一个好的政府应该能够审时度势推动进步,而不单单寻求秩序。如果一个社会仅仅寻求维持秩序的话,这个社会就会僵化、死亡。这需要政府在秩序和进步之间保持平衡③。在中国,深化改革存在风险,不改革或停滞改革将面临更大的社会政治风险。“稳定压倒一切”的提

---

① 俞可平.2012.重构社会秩序,走向官民共治[J].国家行政学院学报,(4):4-6.

② 陈嘉明.2006.现代性与后现代性十五讲[M].北京:北京大学出版社:257.

③ 蔡定剑.2011.政治体制改革的历史与现状[J].炎黄春秋,(2):1-8.

法，会造成改革的停滞，甚至倒退，必然导致“风险”的积压和叠加效应。因而，既不能不顾实际地推进公众参与民主化进程，致使“堤坝”被迅速冲垮，又不能只顾眼前，将“堤坝”无限筑高直至“溃堤”。这需要改变以往政府“维稳”的思路和方法，不失时机地积极主动推动公众参与，让传统以“堵”为主的“静态稳定”，向以“疏”为主的“动态稳定”、“增量民主”转变。政府采取可控式放权于社会，放松对社会的管制。鉴于目前公众参与现状，国家应加紧修订和完善关于民间组织的法律、规章和政策，从审批、登记、注册、监管、经费、税收等方面，对民间组织既积极支持、热情帮助，又正确引导、合理规范，营造一个有利于公民社会健康成长的制度环境，稳步推进公民社会发育和社会自治①。政府要善于容忍在局部领域内出现的“低烈度”的“官民冲突”，并通过完善相关规制，一步一步引导公众有序参与。在中国，这种“低烈度”的“官民冲突”既是社会训政的过程，又是中国公民社会成长的必需历程。20世纪六七十年代欧美国家曾爆发过大规模的社会运动，但这些运动非但没有对政体形成破坏性冲击，相反使社会愈加健康，关键是大多数社会运动和利益诉求被“体制化”②。在规划领域，政府应还权于民，引导公众参与规划，在实践中逐步完善公众参与制度。

③ 公众参与规划的层次

尽管2007年版《城乡规划法》开创了公众参与规划的制度先河，但存在以下不足：尽管在城镇体系规划、城市总体规划等法定规划中规定了公众参与的形式，但对公众参与内容缺少详细规定；规划公众参与的形式、内容、方式是否受规划的空间尺度制约，公众如何参与，谁组织谁参与，哪些规划环节必须以何种方式引入公众参与，公众参与意见如何整理，又由谁来监督公众参与规划，如此等等，相关规划法规没有回应。在中国，公众参与随国家和社会关系变迁不断深化。所有公众参与制度建设都不可能是一成不变的，而是随外部环境变化而变化。针对中国公众参与的现状及其运作的外部制度环境，笔者认为需要把握规划公众参与如下几个原则：① 规划公众参与制度建设的渐进性。规划公众参与从对权力监督开始，最终指向规划决策的参与。② 细分公众。现实中“公众”一词极容易被滥用，致使“公众”成为无意义的“能指”。在利益多元化下，可以将公众分为五类：非政府组织代表、具有公共知识分子素养的学者专家、利益集团代表、社会百姓代表、普通公民。③ 在法定系列规划中，针对每个层级的规划详细制定公众参与的程序，并制度化，使公众参与规划能够有章可循。建立公众参与程序是当前中国规划公众参与制度完善的突破口，也是推动规划社会化的关键。④“人尽其能，物尽其美”。合理设置公众参与的主体。

从规划的层次来看，战略性层面的规划（国家、省级、县市层面的空间总体规划、跨城市群规划等），公共性强，规则抽象，一般不涉及普通公民的直接利益冲突，这些规划的决策及其听证会、协调会等可以以政府组织、非政府组织（如规划委员会）、学者专家、利益集团代表参与为主，以普通公民参与为辅。分区规划、详细规划等规划的地方性强，贴近百姓生活，规划的权益分配更具体，这些规划决策及其听证会、协调会可以以社区代表和普通公民参与为主。但鉴于中国公民素质参差不齐，为了尽可能减少公众参与出现情绪

---

① 俞可平.2006.改善我国公民社会制度环境的若干思考[J].当代世界与社会主义，(1)：4-10.

② 郑风田，刘杰.2010.从群体性意见到群体性事件：一个观念的澄清[J].中国农村观察，(5)：63-74.

化宣泄，倡导理性辨识，分区规划、详细规划等公众参与以社区代表(公推公选的代表)为主。从参与的具体方式来看，对规划提出要求和建议也是参与，对规划管理的行政监督、对规划管理中存在权力腐败的举报也是参与。一般而言，普通公众对规划决策，尤其是对大空间尺度的规划的参与难度可能很大，但对规划管理过程中的权力监督可能很在行，尤其是在网络等现代传媒技术平台上。对权力的监督不需要公众有高深的学问和知识，只要在此领域大幅度还权于民，切实推行政务公开，对权力的监督往往普通人就可以做到。这不仅可以遏制权力滥用，还可以大幅度提升公众参政议政的素质。综述分析，我们认为，近期，规划决策强调向非政府组织代表、学者专家开放，旨在打破政府规划决策垄断，规划管理(规划编制管理、规划决策过程、规划实施管理)的全过程强调公开，广泛接受社会监督。

(2) 建立规划听证制度及其完备程序

① 听证制度的价值

听证会起源于英美，是一种把司法审判的模式引入行政和立法程序的制度。听证会模拟司法审判，由意见相反的双方互相辩论，其结果通常对最后的处理有约束力。在1990年代末，中国引入了听证制度，目前主要存在如下几种类型：行政处罚听证(1996年3月建立)、价格决策听证(1997年12月建立)、立法听证(2000年3月建立)、城市规划听证、环境影响评估听证等。各种听证会制度的兴起，已经成为我国公共决策体制改革领域的一个重要符号。听证会是公众参与的一种具体形式，学者对听证会的价值作了广泛的讨论。

王克稳：行政听证目的在于使行政机关行使行政立法权及行政司法权时能够遵循客观、公正、合理的原则，以防行政专断，保护当事人的权益，提高行政效能。听证制度建设是我国民主法制建设和政治体制改革的一个重要进展①。

刘勉义：听证程序通过其本身的公正性遏制行政机关的恣意，通过内在机制扩大参与者范围，广泛收集信息证据，加强理性思考，发现事实真相，并通过外在的群众监督和由此促进的国家反思，消除腐败和促进实体法规范的公正性，来实现结果的公正②。

彭宗超、薛澜：公共决策中的听证制度是现代民主社会普遍推行的用于保证各方利益主体平等参与公共决策过程，最终实现决策民主化、公开化、公正化、科学化乃至法制化的一种重要制度设计。公共决策的听证会是迈向民主决策的第一步③。

丁煌：建立听证制度是实现决策科学化和民主化的重要保证④；作为行政民主化的一个重要标志，作为一项法律制度，行政听证充满着民主的价值内涵和精神意蕴，它是人民主权的直接表现，是公众参与的有效渠道，是公正行政的程序保障，是权利平等的生动体现，是行政公开的重要内核⑤。

姜裕富、程道平：公共听证有利于民主法制建设；有利于收集较完备的信息，推动科

---

① 王克稳. 1996. 略论行政听证[J]. 中国法学，(5)：26-32.

② 刘勉义. 1998. 行政听证程序价值内涵研究[J]. 行政法学研究，(1)：41-51.

③ 彭宗超，薛澜. 2000. 听证会：迈向民主决策的第一步[J]. 中国改革，(12)：64-66.

④ 丁煌. 1999. 听证制度：决策科学化和民主化的重要保证[J]. 政治学研究，(1)：57-63.

⑤ 丁煌. 2001. 论行政听证制度的民主底蕴[J]. 武汉大学学报(社会科学版)，54(1)：87-92.

学决策；有利于预防权力的恣意；有利于利益协调①。

王郁、董黎黎、李烨洁：规划听证制度的功能是——维护社会公正，推动公众参与，民主监督，增加公共决策的公开透明，规范规划决策程序；提高规划管理效能②。

② 完善规划听证制度的迫切性

进入新世纪后，伴随着公民权利意识的觉醒，借助于网络等新信息平台，我国群体性事件呈逐年增多的态势。自 2007 年 5 月厦门"PX 事件"后，因重大项目选址涉及环保问题的重大事件逐年增多(表 5.7)。政府如在项目选址决策之前，以听证会等形式，充分听取公民的意见，上述诸多事件将可以避免。对于已开工建设的项目，停建或迁建将造成数以万计，甚至数十亿元的损失，这也是对公共财政的极大浪费。规划最大的浪费是因规划决策失误带来的浪费。2007 年版的《城乡规划法》在三处规定了听证内容：第 26 条规定，"城乡规划报送审批前，组织编制机关应当依法将城乡规划草案予以公告，并采取论证会、听证会或者其他方式征求专家和公众的意见"；第 46 条规定，"省域城镇体系规划、城市总体规划、镇总体规划的组织编制机关，应当组织有关部门和专家定期对规划实施情况进行评估，并采取论证会、听证会或者其他方式征求公众意见"；第 50 条规定，"经依法审定的修建性详细规划、建设工程设计方案的总平面图不得随意修改；确需修改的，城乡规划主管部门应当采取听证会等形式，听取利害关系人的意见"。应该说，这是规划公众参与制度建设的进步。但在实践中，急需规范规划听证的程序，并将其制度化，为公众参与提供一个清晰的"路线图"。尽管程序正义未必导出实质正义的结果，但程序正义是通达实质正义最好的方法，没有程序正义，也就很难有实质正义。公共利益如何实现在很大程度上是一个程序问题，程序正义是城乡规划公共利益"突围"的主要方向，公众参与是城乡规划的内在要求，不断完善规划公众参与的程序是推动我国城乡规划转型的核心③。

表 5.7 2007 年以来因项目选址引发的群体性事件

事件名称	发生时间	事件内容	处理结果
厦门"PX 事件"	2007 - 05	千人"散步"抗议建海沧化工项目	PX 项目暂停，后迁址漳州，造成数十亿资金的损失
上海磁悬浮事件	2008 - 01	上海向西延长磁悬浮线路，沿线小区部分市民集体"散步"	政府采取对周围民意进行调查等补救措施
番禺事件	2009 - 11	数千人集会抗建番禺垃圾焚烧厂	项目搁置
大连"PX 事件"	2011 - 08	辽宁大连 1.2 万人示威抗建	停工，2012 年 12 月传言偷偷开工

① 姜裕富，程道平. 2005. 价格听证会上公共代表人制度的缺陷及其完善——以 Q 市自来水价格调整听证会为例[J]. 中共浙江省委党校学报，(2)：97 - 101.

② 王郁，董黎黎，李烨洁. 2010. 民主的价值与形式——规划决策听证制度的发展方向[J]. 城市规划，34(5)：40 - 45.

③ 王勇，李广斌. 2010. 程序正义视角下的城乡规划公共利益实现初探[J]. 规划师，24(2)：50 - 54.

续表 5.7

事件名称	发生时间	事件内容	处理结果
汕头海门事件	2011 - 12	广东海门万人围堵高速公路抗建华电集团发电厂项目	政府承诺永久停建
海南莺歌海事件	2012 - 04	海南莺歌海民众示威抗建燃煤发电厂	火电厂项目选址改变,迁移 2 km
什邡事件	2012 - 07	四川什邡大量群众示威抗建钼铜项目	项目停建
启东事件	2012 - 07 - 28	江苏启东数万人示威抗建造纸排污项目	项目永久取消
宁波“PX 事件”	2012 - 10	宁波市民众聚集反对镇海区扩建化工厂	项目停建

③ 规划听证适应范围的设置

听证适应范围就是确定哪些规划(行政)行为需要举行听证、哪些不需要举行听证。听证适应范围实质是对权力自由度的一个限制。听证适应范围越大,权力限制越大,反之亦然。但听证范围过大,不仅造成人财物浪费,而且降低决策效率。现行《城乡规划法》仅对法定规划审批前、实施评估和详规调整三个方面作出听证要求。从近年因项目选址所引发的群体性事件及其发展趋势来看,《城乡规划法》所列举的听证范围显然不能满足社会需求。针对城市群规划,笔者认为可在如下方面设置规划听证:第一,城市群规划审批前,城市群规划编制单位应组织听证,吸纳社会各界意见;第二,地方政府提出修改城市群规划,规划委员会应组织听证;第三,涉及公共安全、公共卫生、环境保护等领域的区域性重大项目的选址选线(如大型化工项目选址、区域性垃圾填埋场选址、超高压输变电线工程选线、区域性道路交通工程选线),项目实施单位应申请组织听证;第四,城市群规划年度实施计划。

④ 规划听证程序制度化建设

公共政策程序蕴含两种价值——程序的工具性价值和程序的内在价值。程序的工具性价值主要通过程序本身的自治、理性选择等功能,发现并实现公共利益;程序的内在价值是指相对于程序产生的结果之外,内在于程序之中的独立价值①。维护公正是听证制度的首要价值,公正在很大程度上又以公开为前提,基于公正、公开,规划听证程序的制度化重点从“公开”、“公正”寻求突破。

公正是社会的首要价值,只有公开才能最大程度保持公正。在西方发达国家,规划听证大都遵循信息公开化、程序透明化、参与开放化等原则。听证程序法制化需要如下制度来保障。

a. 告知和通知制度。规划主管部门作出对利益有重大影响的决定之前,应告知利益相关方有要求听证的权利;应当在听证的指定日期前,通知利益相关方举行听证的时间、地点。未充分注明听证内容的通知以及未提供充分准备的时间要求进行听证的通知都是违法的。告知和通知可通过报纸、电视、网络等进行。对于与规划决策有重大利益相

---

① 李建华.2009.公共政策程序正义及其价值[J].中国社会科学,(1):64 - 69.

关方(社区代表、企业主)应通过电话、邮寄等方式,将听证相关内容、材料一并邮寄给重大利益相关方。

b. 听证开放制度。除涉及国家秘密、商业秘密或者个人隐私外,规划听证会对媒体及愿意参加听证会的所有人开放。

c. 听证笔录公开制度。制定听证笔录制度,并在相关网站对外公开,方便公众查询。

d. 听证结论公开制度。公众有权了解并获得听证意见书的结论,有利于公众及时行使救济权利。

e. 公众代表人选择制度。在现实听证会上,往往会因公众代表制度存在严重缺陷,导致听证会流于形式。如 2009 年 12 月 18 日,济南市物价局召开水价听证会。之前有民意调查表明,七成参与调查者不同意上调水价,但听证的结果却是:八成听证会代表同意涨价。据分析,这与听证会代表构成有关:24 名听证会代表中,有消费者 9 人,人大代表 3 人,政协委员 3 人,专家学者 2 人,经营者 1 人,其他利益相关方 1 人,政府部门 5 人。其中大多为中高收入群体,最受价格波动影响的低收入群体,却无人出席,真正的公众并没有参与到代表的选择中来①。根据规划性质、规划听证内容不同,建立对应的公众代表遴选制度。如,对控规决策的听证,在确定听证代表总人数的情况下,合理分配代表名额,可规定直接利益相关方不得少于 70%,其余代表可以由人大代表、学者、政府部门等人员来担任。直接利益相关方听证代表由社区组织、公推公选的社区代表及其社区公民自主申请者组成。对于城市群规划决策听证会可由各级地方政府代表、政府部门代表、各级规划委员会委员等组成。公众代表人选一旦确定,相关代表身份、电话等相关信息必须公示。

f. 职能分离制度。主持听证和作出裁决的人相互分离。"运动员"和"裁判员"不能兼一身。听证主持人和裁决人分离是西方听证制度设置的基本原则。

g. 听证会主持人中立制度。如果有足够理由怀疑听证主持人存在偏见以及某些确凿理由可造成不公正听证,该听证主持人必须自行回避或由当事人申请其回避。

h. 申辩和质证制度。这是听证程序中的核心制度,也是充分体现公正原则的主要制度。公众代表既要有"听"的水平,又要有"证"的能力。充分确保公共代表发言的权利,提出证实和证伪的权力。确保代表间相互交流的权利。听证主持人平等对待每位代表的话语权。

i. 听证笔录制度。听证会笔录备案保留,便于公众查询。应对听证记录的具体内容、形式进行进一步的明确规定,确保听证笔录的全面性与客观性②。

j. 公众意见及时反馈制度。对没有到会参与听证但通过其他方式向听证会提出意见者和到会公众代表所提意见者,听证组织应对意见的采纳情况和理由进行具体的说明和告知。这有利于形成"参与—反馈—再参与—再反馈"良性互动的规划公众参与。

---

① 姜裕富,程道平. 2005. 价格听证会上公共代表人制度的缺陷及其完善——以 Q 市自来水价格调整听证会为例[J]. 中共浙江省委党校学报,(2):97-101.

② 王郁,董黎黎,李烨洁. 2010. 民主的价值与形式——规划决策听证制度的发展方向[J]. 城市规划,34(5):40-45.

6 城市群规划管理体制配套改革

规划管理只有在社会政治制度许可的情况下，才具有合法性，才能正常运行。尽管城市群规划管理仅是空间规划管理的一部分，而后者又是行政管理的一部分，但城市群规划管理改革具有“牵一发而动全身”的效应。没有相关综合配套改革，如行政体制管理体制改革、国家与社会关系改革等支持，规划管理体制改革很难有大的突破、大的作为。规划管理体制变革是一个系统工程，需要外部制度支撑，需要一个“制度群”建设。

如果将规划管理体制改革的最终目标理解为善治，那么，城市群规划仅是众多治理工具的具体形式之一，城市群规划从蓝图到实施，离不开其他治理工具的支撑。在欧美等发达国家，城市群规划与其他跨域治理发育存在密切的内在联系。在我国，因城市群外部制度环境制约，如区域性社会政策发育滞后、区域合作制度安排不完善等，导致区域协调和跨域治理的不发育，进而影响到大空间尺度规划及其实施。与城市群规划管理体制相配套的体制机制庞杂，鉴于我们的学识水平，我们无意也无力建构一个“制度群”体系。本章从欧洲空间规划经验谈起，重点从区域协调发展机制和区域政策供给两个维度对城市群规划管理体制的配套改革进行探讨。

6.1 欧洲空间规划的经验

6.1.1 欧洲空间规划简要介绍

1）发展历程

由“煤钢共同体”到“关税同盟”、“经济与货币联盟”，再到“政治联盟”，由《罗马条约》到《欧洲联盟条约》、《阿姆斯特丹条约》，再到《里斯本条约》，欧盟已由最初的单一领域的经济合作逐步拓展到经济、社会、政治的全方面的合作与联合①。半个多世纪以来，伴随着国家主权逐步向“超国家”让渡，欧盟的治理形态发生了一系列嬗变，传统的民族国家的治理形态正在被欧洲联邦治理所取代，“地方空间”被以零距离和无界限沟通为特点的“流动空间”(Space of Flows)所取代(M. Castells，1989)②。欧盟经济社会全面融合客观上要求打破地方、地域和国家边界，推动空间重构与尺度重组。

1980 年代以后，伴随欧盟不断扩张，欧盟内部发展不平衡问题和跨国协调问题日益突出，亟须出台一个能够统领欧盟空间发展的纲领性文件，以期推动欧盟空间一体化进程，以满足经济社会日趋融合的需求。在此背景下，制定欧洲空间规划被提上了议事日程。1983 年欧洲区域规划部长会议通过了《欧洲空间规划章程》，1988 年欧盟立法委员会正式启动欧洲标准区域划分(NUTS)工作，1991 年欧盟成立了欧洲空间发展委员会

① 罗峰，李琪. 2010. 欧盟一体化发展对长三角协同发展的启示和思考[J]. 国家行政学院学报，(3)：114－118.
② 唐燕. 2011. 德国大都市地区的区域治理与协作[M]. 北京：中国建筑工业出版社：15.

(CSD),标志着欧洲空间规划编制工作的开始,1994 年 CSD 第四次会议对欧洲空间发展前景框架达成共识,1995 年 CSD 第五次会议制定欧洲空间发展规划的提议获得了认可。1997 年 CSD 完成《欧洲空间发展展望》(European Spatial Development Perspective,简称 ESDP)①的报告草稿,并在 1999 年 5 月于波茨坦欧盟首脑会议上宣告通过(表 6.1)。

ESDP 并不是凌驾于各主权国规划之上的"欧洲总体规划",而是一个非法定的指导性文件,作为各成员国空间发展规划的指导框架②。ESDP 旨在加强欧盟社会经济的凝聚力,实现均衡的可持续发展,引导各成员国的空间发展政策和部门政策间的协调一致以及各成员国、城市和地区间更紧密的合作。

表 6.1 欧洲空间规划发展历程

年份	大事件
1983 年	出台《欧洲空间规划章程》
1988 年	启动欧洲标准区域划分(NUTS)工作
1991 年	成立欧洲空间发展委员会(CSD)
1994 年	召开 CSD 第四次会议,就欧洲空间发展前景框架达成共识
1995 年	召开 CSD 第五次会议,认可制定欧洲空间发展规划的提议
1997 年	CSD 完成 ESDP 报告草稿
1999 年	ESDP 于波茨坦欧盟首脑会议上宣告达成,并制定了 ESDP 行动计划

2)核心内容

1983 年《欧洲空间规划章程》将欧洲空间规划定义为经济、社会、文化和生态政策在空间上的体现,是为了实现区域的平衡发展以及空间安排,是一种跨领域的综合性的规划方法③。ESDP 为空间规划从"蓝图"到实际行为大大推进了一步,其界定的三个基本目标为:① 经济和社会的协调整合;② 自然资源和文化遗产的保护和管理(即可持续发展);③ 欧洲地域范围内各地区竞争力的均衡化。基于以上三个基本目标,ESDP 进一步认为欧洲空间规划的核心内容主要包括三个方面:发展均衡可持续的新型城乡关系;建立泛欧洲网络;创造人与自然可持续发展的道路。

(1) 发展均衡可持续的新型城乡关系。欧洲空间规划坚持以平衡、可持续发展为空间理念,将乡村和城市作为一个区域统筹考虑,实行农业市场政策、"共同农业政策(CAP)"、凝聚力政策、《共同战略导则(2007—2013)》、《迈向一个多样化的更具竞争力的欧洲:欧盟区域议程草案(2007—2010)》等政策措施推动欧洲城乡空间均衡发展。如德国在经济上采取补贴、拨款、贷款以及农产品价格支持等措施加速农业现代化发展;英国设立乡村发展委员会和乡村地区小工业委员会以促进农村工业发展;法国则以丰厚的"国家发展奖金"和"地方发展基金"来鼓励企业下乡办厂。一系列的政策措施促使欧盟

① 唐子来,张雯. 2001. 欧盟及其成员国的空间发展规划[J]. 国外城市规划,(1):10-12.

② 姜涛,吴志强. 2007. 西欧 1990 年代空间战略性规划案例比较研究[J]. 城市规划学刊,(5):53-64.

③ 钱慧,罗震东. 2011. 欧盟"空间规划"的兴起、理念及启示[J]. 国际城市规划,(3):66-71.

区域内部的空间结构发生了重大变化，城市多中心结构的形成、农村新空间极点的产生，进一步冲淡了城乡之间的“核心—边缘”型空间结构①，代之以社会、经济、环境三位一体的新型城乡空间。

(2) 建立泛欧洲网络。随着欧盟的扩张，泛欧网络对提高欧洲竞争力和平衡发展方面有着重要作用，其中欧洲大城市走廊尤为重要。1996年欧盟委员会对欧洲核心城市和区域发展图景(Central and Capital Cities and Regions)②的研究指出，“欧洲走廊是在重要城市地区之间有大量跨界交通流的，由一系列重要交通设施构成(包括公路、铁路电信线路)的轴线”③。1999年ESDP突破“大城市走廊”在基础设施领域的概念，确定“大城市走廊”是发展的走廊，可以在部门政策之间建立联系，包括交通、基础设施、经济发展、城市化、环境问题等各方面的部门政策④。如西北欧地区的“走廊规划”项目，确定兰斯塔德—佛兰德、兰斯塔德—莱茵鲁尔、莱茵鲁尔—佛兰德、佛兰德—里尔、里尔—巴黎、里尔—伦敦、伦敦—西米德兰七条大城市走廊(图6.1)，并将高速铁路车站设置在走廊中间位置，凭借高速铁路带来的“隧道效应”，带动走廊地区城市成为经济的新增长点，促进欧盟区域空间均衡发展。

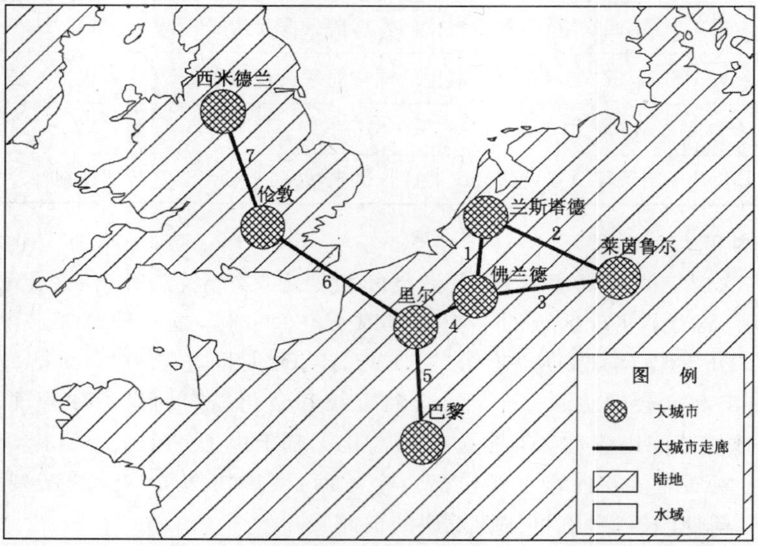

图6.1 西北欧“走廊规划”项目研究的七条大城市走廊

注:图中数字代表各个走廊(1兰斯塔德—佛兰德,2兰斯塔德—莱茵鲁尔,3莱茵鲁尔—佛兰德,4佛兰德—里尔,5里尔—巴黎,6里尔—伦敦,7伦敦—西米德兰)

---

① 柳士双.2010.欧盟的城乡关系政策及其启示[J].江西农业大学学报(社会科学版),9(2):55-59.

② European Commission. 1996. The Prospective Development of the Central and Capital Cities and Regions [M]. Luxembourg: Office for Official Publications of the European Communitie:22.

③ 赵亮.2006.欧洲空间规划中的“走廊”概念及相关研究[J].国外城市规划,21(1):59-64.

④ European Commission. 1999. ESDP, European Spatial Development Perspective: Towards Balanced and Sustainable Development of the Territory of European Union[M]. Luxembourg:Office for Official Publications of the European Communities:36.

(3) 创造人与自然的可持续发展道路。随着交通流的日益增加、经济的带状发展和城市的日益扩张,可持续发展应重点考虑。以伦敦—里尔走廊为例,土地开发的碎化、地表水和湿地泥土的过度利用、空气和水的污染,造成海峡隧道两侧和泰晤士河口湿地环境破坏、防洪蓄水功能减弱、生物多样性衰退。同样,兰斯苕德—佛兰德走廊经过的西布拉班特(West Brabant)地区也同样面临生活环境的恶化。因此在保护生物多样性方面,应尽量避免"孤岛"式保护,积极实行地方与区域层面的保护和可持续利用。欧盟提出的"自然 2000"(Natural 2000),确定针对保护区网络覆盖地区的保护措施,规定在制定、协调和调整这些措施时必须与空间发展战略相一致,确保有价值的群落生境得到保护,并建立保护区之间的连接和通道,便于区域内自然资源的均衡、可持续发展。

3) 实施情况

欧洲空间规划的制定实施始终以 ESDP 为行动准则,在集平衡、可持续、发展的空间理念下,先后启动多项空间规划项目。1988 年建立了基本稳定的多层次空间规划分析单元——NUTS,1999 年 ESDP 提出建立"泛欧洲交通网络"(Trans-European Networks,简称 TENs)的构想,支持建立跨越全欧洲的可持续的交通体系,完善交通管理体系,整合交通区位系统和交通流线系统,具体项目包括建设一系列跨国高速公路、铁路和公路的换乘枢纽等①。2000 年西北欧"走廊规划"(Corridesign)项目开始投入实施,它是连接大城市地区的跨国家的大城市走廊,旨在提高跨界地区物质联系、重构空间结构、促进地区的平衡发展,是跨国大城市走廊空间规划与研究的先例。

除了交通网络的建立,1993 年欧盟启动了旨在促进该类地区的跨境合作发展项目(Interreg)②,鼓励在国家、区域和地方当局与经济和社会合作者之间形成一个自下而上的协作发展方式,并强调规划实施必须与欧盟其他有关财政工具协调一致。多年的跨境合作发展计划克服边境地区发展相对滞后、自发性合作困难等问题,大力推动欧盟边界区域之间的合作,尤其是 Benelux(比利时、荷兰、卢森堡三国经济联盟)国家、德法之间的合作。

6.1.2 欧洲空间规划实施机制

欧洲空间均衡、可持续发展离不开欧洲空间规划实施的有效运作机制。机制是制度运行的组织形态和关系形态的总和③。本文所指的规划实施机制是指推动规划实施的组织形态、制度化程序和相关立法、规划实施过程评估以及技术手段的应用等。鉴于欧洲空间规划实施机制的复杂性,本文从多层级合作体系、多样化的社会经济政策和网络化的监督约束机制三个方面进行梳理。

1) 多层级网络化合作体系

欧洲空间规划的实施对象涉及范围甚广,上至欧盟层面下达区域地方层面,多层级

① 景娟,钱云,黄哲娇. 2011. 欧洲一体化的空间规划:发展历程及其对我国的借鉴[J]. 城市发展研究,18(6):1-5.

② 程遥. 2009. 欧盟跨境协作政策述要——以 Interreg Ⅲ 计划和 Centrope 项目为例[J]. 国际城市规划,(5):72-78.

③ 俞可平. 2008. 和谐社会与政府创新[M]. 北京:社会科学文献出版社,(3):14.

的合作体系是其实施运作的坚实组织管理保障，是推动跨空间合作的重要前提基础。在欧洲空间规划实施过程中，欧盟 27 个成员国均以 ESDP 作为各自国家空间发展的参照标准，并在“超国家”组织机构——欧盟为其提供的交流、合作、协调的整体运行平台上，有序地开展欧盟、国家、地方三层面的“横向”合作与“纵向”合作①(图 6.2)。

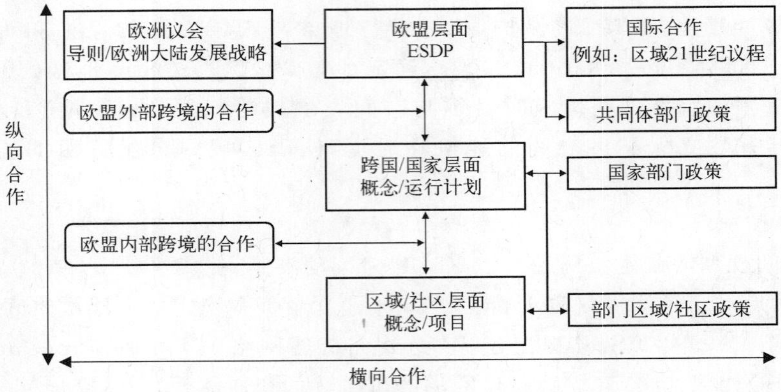

图 6.2　欧盟空间发展合作框架

(1) 横向合作

欧洲空间规划实施过程中的横向合作是指负责成员国事务的各国家官员与在每一个政策层面负责空间发展事务的官员之间的合作②，具体体现在欧盟、国家、地区各个层面组织机构之间的交流合作。

① 欧盟层面。为避免与空间相关的共同体政策之间彼此冲突或抵消，强调欧洲议会、欧洲委员会等超国家机构各司其职但又互相合作，共同推动空间规划实施。如，欧洲议会着眼于欧盟的整体发展，根据中欧、东欧、西欧各自的特殊情况和需求，在 ESDP 的指导下分别讨论研究各自的空间发展引导原则和空间发展项目的资金配置方式。而欧洲委员会则成立内部工作组以研究欧盟政策和空间发展之间的相互关系，并定期系统地在欧洲层面检验经济社会政策(共同农业政策、交通政策、泛欧网络、结构政策、环境政策、竞争政策，以及研究与技术开发政策)的空间影响。在遵照欧洲议会、欧洲委员会决议的基础上，欧洲经济和社会等专项委员会制定更为细致的政策支持并推动规划的实施。虽然正式的组织机构或委员会是欧洲空间规划制定实施的风向标，但非正式制度安排的会议对 ESDP 的实施亦起到了核心作用，如负责空间发展的部长会议和空间发展委员会(CSD)会议③所产生的决议是泛欧战略——欧洲大陆未来空间发展导则(Guidelines for Future Spatial Development on the European Continent)制定的依据。

② 国家层面。国家间空间合作是推动欧洲空间规划实施的关键，它通过联动不同空

---

① Eugen A, Jens S D, Michael P(eds). 2005. European metropolitan governance [R/OL]. http://www.europaforum.or.at.

② 谷海洪，诸大建. 2006. 公共政策视角的欧洲空间一体化规划及其借鉴[J]. 城市规划，30(2)：60－63.

③ 法鲁迪(Andreas Faludi). 2004. 欧洲战略规划的制度因素[J]. 邬晓华，黄菲，译. 国外城市规划，19(2)：29－36.

间层面的政策推动两个或两个以上的国家合作，从而提升次区域以及欧盟整体的竞争力。INTERREG Ⅲ B是欧盟跨国家层面各成员国合作的最好例子，也是各参与国之间进行深入协商的结果，它是由各个跨国地区依照自主、自愿的原则，采取单个/多个地方政府（机构）发起，其他相应政府（机构）自愿加入的模式组建的跨国共同体（图6.3），展示了2004—2006年欧洲北部边境、北海、波罗的海、西北欧、大西洋地区、CADSES（即中央、亚得里亚海、多瑙河和东南欧地区）、西南欧、西地中海、阿尔卑斯山地区和Archimed地

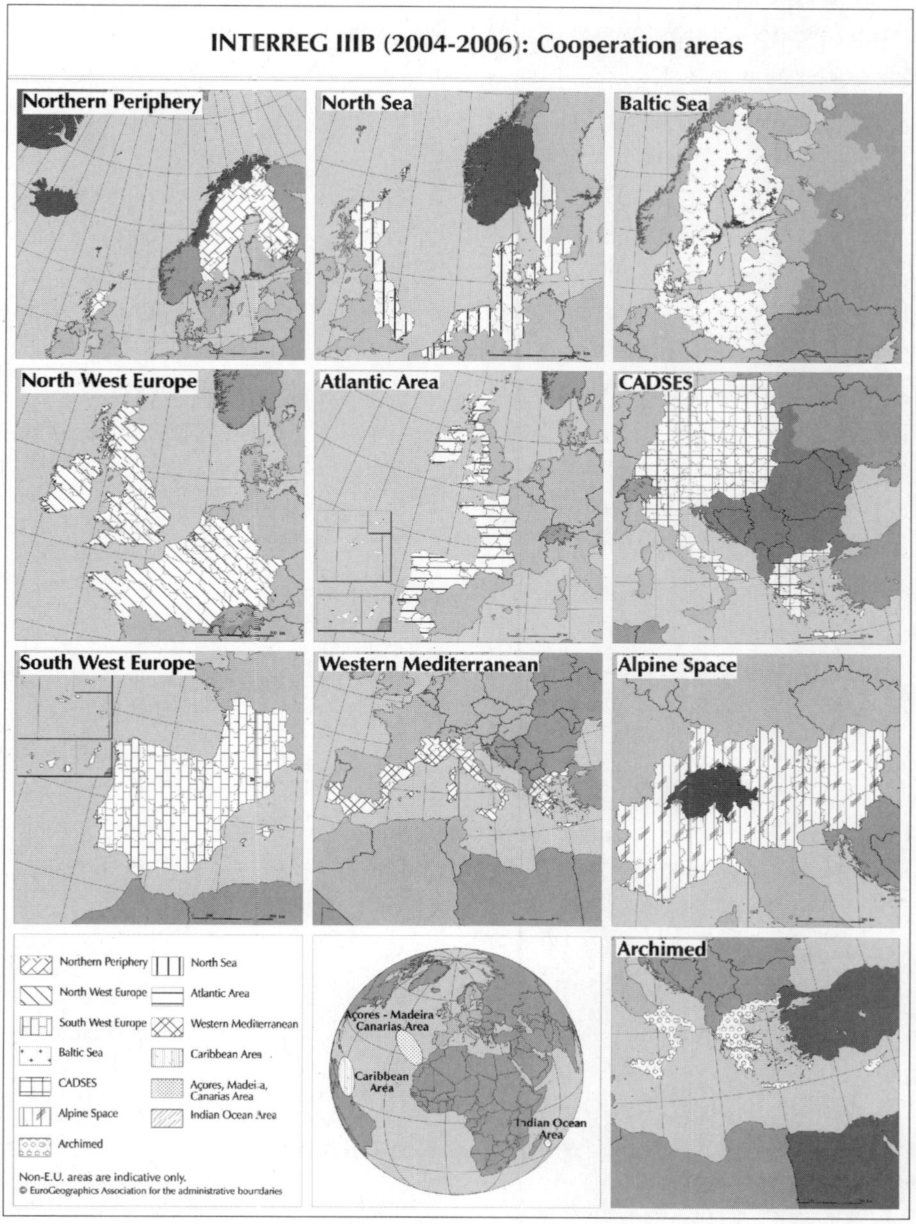

图6.3 INTERREG Ⅲ B中的跨国合作

区等十大区域内部各个跨境国家之间的合作，促进了联盟的经济和社会聚合，实现了整个联盟平衡、和谐的发展，使国境不再成为阻碍区域发展的门槛①。

③ 地方层面。地方政府是欧洲空间发展政策的主要执行者，他们通过彼此合作以及"自下而上"的方法实现共同体的目标。如地方空间规划相关的部门，包括土地使用、区域规划、城市规划等部门规划主管部门，通过共建、共享公共设施开展基于 ESDP 的合作，这是实现区域空间发展政策目标的关键行动。这些在交通、基础设施、经济发展、城市化以及环境等各部门政策之间的相互合作，旨在将规划实施的外部负效应最小化，将外部正效应最大化。以德国和荷兰边界的斯坎迪拉维亚地区为例，两国地方政府依托空间发展战略所建的共享体系以及合作建立的共用的公共体系，充分体现了促进区域空间一体化发展的政策成效。

(2) 纵向合作

欧盟、国家、地方单个独立层面的横向合作少不了三者纵向的合作，即在欧盟、跨国家以及地方三个层面组织之间相互渗透的协调合作。从超国家层面至地方层面，跨国家层面是合作的重点和政策实施的核心层面，它起着上承欧盟下接地方的作用。在欧洲空间规划的实施中各层面组织机构始终遵循"自上而下"的原则，坚持以欧洲空间发展委员会制定的 ESDP 为制定实施各自空间规划的准则，并将其从欧盟层面贯穿至地方层面，同时根据自身具体情况调整各自的空间发展战略，从而谋求各成员国的均衡可持续发展。同样，欧洲各区域地方层面空间规划的制定实施以各成员国的空间规划作为参照物，避免各层面的空间规划面临冲突和抵消的困境，使 ESDP 在地方层面得到真正的实施，寻求欧盟真正的平衡、可持续发展。

2) 多样化的社会经济政策

多样化的社会经济政策是推动各项规划实施最重要的保障，与欧盟空间规划实施密切关联的社会经济政策(包括共同体竞争政策、泛欧网络、结构基金、共同农业政策、环境政策、欧洲开发银行贷款政策等等)中，欧盟结构基金和凝聚基金是欧洲空间规划实施的重要资金保障。

欧洲结构基金(Structural Funds)设立于 1975 年，它为各种政策措施的实施提供了充分的资金支持②，其中主要包括欧洲区域发展基金(the European Regional Development Fund, ERDF)和欧洲社会发展基金(European Social Fund, ESF)两大部分，而剩余部分则用于较小的专项资助项目③。欧洲区域发展基金是一种专门服务于新战略计划的基金，它支持区域发展计划的实施，特别是支持成员国在跨国界、跨区域意义上的一些重大社会问题的合作④。但该基金授予对象是各级政府，主要用于支持符合欧盟整体发展战略目标的政府项目。1957 年《罗马条约》中提及设立的欧洲社会发展基金不同于欧洲区域发展基金，其初衷是便于在共同体内提供工人就业的机会和促进工业企业的现代

---

① 王雅梅. 2006. 欧盟跨境合作政策述评[J]. 德国研究，(3)：11－13.

② 杨逢珉，孙定东. 2007. 欧盟区域治理的制度安排——兼论对长三角区域合作的启示[J]. 世界经济研究，(5)：82－85.

③ 景娟，钱云，黄哲娇. 2011. 欧洲一体化的空间规划：发展历程及其对我国的借鉴[J]. 城市发展研究，18(6)：1－5.

④ 刘慧，樊杰，王传胜. 2008. 欧盟空间规划研究进展及启示[J]. 地理研究，27(6)：1381－1389.

化与改造，主要承担人力资源开发的责任和实施国家就业推荐计划以及扩大社会包容性。1991年《马斯特里赫特条约》首次规定了凝聚基金的条款，并于1993年开始筹备，1994年5月正式启动。凝聚基金规定其主要援助限于NUTS二级统计上人均国内生产总值低于共同体平均水平90%的成员国和人均国内生产总值低于共同体平均水平90%的特别支持区域的基础设施、环境建设项目投资①，并提出其对援助项目提供的资助比例为项目投资的80%—85%，特殊情况下最高可达到100%，旨在推动这些国家、区域经济的增长。无论是结构基金还是凝聚基金，缩小成员国间发展差距是其共同目标，也是推动欧盟空间均衡可持续发展的主要资金来源。

3）网络化的监督约束机制

网络化的监督约束机制是推动欧洲空间规划实施的又一重要机制，其运行建立在欧洲空间观测网络（European Spatial Planning Observation Network，ESPON）的基础上。欧洲空间观测网络是一个综合性的监督工具，它通过欧盟统计局、各成员国的空间研究机构以及私人公司等多种渠道获取数据信息，重点研究各成员国地区的人口、失业、通勤、人均GDP、气候变化等经济、社会、环境情况的专题性、政策影响性和跨国合作性项目，分析欧盟27个成员国在各方面的不平衡程度，同时兼顾许多欧盟机构之间的相互合作协调问题，促进各部门联合开展工作和项目（表6.2）。ESPON包括20多个项目，第一轮从2002年开始，启动了9个项目②，其研究经费的75%由欧洲委员会支付，25%由成员国以及自由经济联合共同承担，研究成果以出版物和项目研究报告两种形式公布在ESPON网站上，这不仅方便公民参与欧洲空间规划的实施，也有利于空间规划相关人员综合市民的反馈对欧洲空间规划作出更深入的调查分析，从而及时调整空间规划的具体内容，以提高规划的可持续性。

表6.2 欧洲空间观测网络（ESPON）研究内容

	研究内容
研究重点	人口、失业、通勤、人均GDP、气候变化等经济、社会、环境情况
项目类别	专题项目、政策影响项目和跨国合作项目
研究方向	从解决现有问题入手，过渡到预见可能出现问题和地区发展趋势
信息来源	欧盟统计局，其他机构，组织，私人公司等
成果表现	在ESPON网站上公布，包括出版物和项目研究报告

ESPON不仅为欧洲空间规划实施的监督机制提供了技术支撑，同时通过建立一套可量化的空间发展评价指标体系，为国土规划提供技术支撑、为空间规划实施提供评估基础、为相关规划调整提供依据。① ESPON是国土规划的技术支撑。ESPON通过对一些关键指标的测定，如地理区位、用地性质、用地建设密度、土地承载力、土地在空间上的布局等指标，基于3S技术的空间情景分析方法，为国土规划提供科学支撑③，引导欧盟

① 刘慧，樊杰，王传胜．2008．欧盟空间规划研究进展及启示[J]．地理研究，27(6)：1381－1389．

② 赵亮，郑怿．2003．欧盟“ESPON2006”计划[J]．国外城市规划，18(2)：29．

③ 张丽君．2011．典型国家国土规划基本经验[J]．国土资源情报，(8)：2－10．

区域内土地资源的均衡利用。如 2007 年第四次欧盟凝聚政策报告以及《欧盟国土议程》就是在 ESPON 对 2000—2006 年期间欧盟空间发展综合评估基础上形成的。② ESPON 是空间规划实施的评估基础。ESPON 以欧洲和跨国的视角审视 ESDP 的观点和空间规划实施情况，并对现有的国家研究项目进行评估，如交通基础设施方面，选择适当的评价方法对交通可达性、高速公路密度、航空可乘性、铁路可乘性以及资源环境承载力进行评估，并将评估结果反馈给空间规划的相关部门。③ ESPON 是相关规划调整的依据。根据 ESPON 对土地利用情况和规划实施中遇到问题的反馈，空间规划相关部门及时调整空间规划中的相关内容，并在不断调整修改的过程中，优化欧洲空间的发展，增强欧洲的综合竞争力和空间均衡、可持续发展的潜力。

6.1.3 对中国的启示

欧洲空间规划及其后续空间政策在推动欧盟空间一体化进程中起到了重要作用。一般认为，超国家层面空间规划要比一国内区域层面的空间规划更难实施。但基于我国城市群等区域规划现状，绝大多数规划实施严重滞后，违反了上述常理。总结欧盟空间规划实施机制，可对我国区域规划实施形成如下几点启示。

1）空间规划实施需要配套机制

空间规划仅仅是治理的一种手段，其实施需要其他治理工具共同推动。由于城市群、都市圈规划横跨若干行政单位，内部的社会经济关系盘根错节，加之不少地方政府各自为政，争权夺利，致使我国区域内重复建设屡禁不止、恶性竞争屡见不鲜、跨界污染日趋严重。基于此，我国急需一种新的治理模式——“跨域治理”取代单一政府主体的管理模式。跨域治理有利于打破行政区划的地理分割界线，旨在通过多元利益主体之间的平等沟通与协商合作来改变中央政府和地方政府自上而下的指挥命令关系、超越政府与市场的简单划分、弥合国家与社会的分野疏离①，是政府、企业、非政府组织（NGOs）、公民社会等多元主体之间伙伴关系的建立和协作治理的实现，是引领区域内部协调可持续发展的有效途径。

2）规划实施需要经济政策的实质性支撑

由于中央财政对政府投资结构的动态性、易变性，区域平衡可持续发展不能依赖中央财政对该地区的建设投入。欧盟空间规划实施经验表明，规划的实施需要“胡萝卜＋大棒”政策措施的支持，一方面出台实施资金支持和政策倾斜的扶持政策，建立相应的资金支持系统（如研发创新基金、产业发展协调基金、项目风险基金等）；另一方面是对区域内各成员采取控制约束政策，明确规定各项资金支持的范围以及原则，有效扶持欠发达地区各项目的开展以及区域公共服务的建设，促进区域均衡可持续发展。

3）规划实施需要监测和评估

我国区域规划编制、审批、实施等环节均缺少监督机制，加之地方政府的各自为政，致使我国区域规划存在一系列的问题，如生态分割和跨域环境严重污染的典型例子——太湖流域污染。规划应当是一个长期的、以远景为导向的不断更新、调整的过程。战略

① 张成福，李昊城，边晓慧．2012．跨域治理：模式、机制与困境[J]．中国行政管理，(3)：102－109．

和政策的形成不是规划的终结，而是新的阶段的开始，只有根据发展状况不断地调整才能使规划更好地应对发展中的变化和不确定性，并保证规划目标的实现。借鉴欧盟经验，在创建规划实施监督工具的同时，更重要的是完善其配套机制，将分析区域现状和区域发展趋势的有效评估结果公布于网络，保持评估结果的公开透明有利于相关部门及时调整规划内容，保障区域规划的有效实施和区域空间的可持续发展。

6.2 区域协作机制的建构

一般认为，城市群规划是推动跨域治理的有力工具，是引导区域全面协调发展的集体行动纲领。跨域治理的主要目标是提供跨区域性的公共物品和服务。而公共物品和服务既是政府存在的重要理由，又是政府主要职责所在。无论是城市群规划实施，还是跨域治理，政府都将扮演着"元治理"角色，因而，对于城市群规划实施而言，建构一个网络化的政府合作治理机制最为关键。

6.2.1 政府合作治理

1）政府间关系解读

政府间关系亦称府际关系。在国内，林尚立教授1998年出版的《国内政府间关系》与谢庆奎教授的《中国政府的府际关系研究》一文较早对政府间关系进行了研究。林尚立教授认为政府间关系主要指"各级政府间和各地区政府间的关系，它包含纵向的中央政府与地方政府间的关系、地方各级政府间关系和横向的各地区政府间关系"①。厦门大学陈振明教授指出，政府间关系是指中央政府与各级地方政府之间的纵横交错的网络关系，它既包括中央政府与地方政府的关系、各级地方政府间关系，也包括同级地方政府间关系以及不存在行政隶属关系的非同级地方政府间关系。在他看来："政府部门是构成各级政府的机构，是次于'政府'的行政主体，当然不应该是'政府间关系'的应有之义"②。谢庆奎在《中国政府的府际关系研究》一文中较早地用"府际关系"来指代政府间关系，府际关系即"政府之间的关系，它包括中央政府与地方政府之间、地方政府之间、政府部门之间、各地区政府之间的关系"③。他进一步指出，"政府之间关系的内涵首先体现的是利益关系，然后才是权力关系、财政关系、公共行政关系。前者决定后三者，后三者是前者的表现。四者并列，以利益关系为先，才是政府之间关系的真正内涵"④。笔者认为，在中国府际的四种关系（利益关系、权力关系、财政关系、公共行政关系）中，权力关系在整个府际关系中始终处于主导地位和支配作用，利益关系、财政关系和公共行政关系往往决定于权力关系。在现实中，权力的调整必然伴随着利益的调整，但利益的调整不一定必然带来权力的调整。因而，府际关系治理首先是政府间权力结构的调整。

---

① 林尚立.1998.国内政府间关系[M].杭州：浙江人民出版社：22.

② 陈振明.2003.公共管理学——一种不同于传统行政学的研究途径[M].北京：中国人民大学出版社：144－145.

③ 谢庆奎.2000.中国政府的府际关系研究[J].北京大学学报(哲学社会科学版)，(1)：26－34.

④ 谢庆奎.2000.中国政府的府际关系研究[J].北京大学学报(哲学社会科学版)，(1)：26－34.

2）政府间竞争现象及根源

（1）恶性竞争的表现

自1980年代行政性分权，在中国区域经济由纵向运行系统向横向运行系统转变的过程中，出现了以邻为壑的地方本位主义。进入1990年代，伴随着市场化、全球化，生产要素在更大空间尺度内实现了自由流动。在压力型体制下，为了保护本地资源，争夺更多的流动性资源，政府间展开了激烈的竞争。因政府过度干预、不当干预，引发了诸多恶性竞争现象。具体表现为：

① 地方市场分割。为了有效维护地区社会经济的快速发展、为了确保地区财政收入的稳定性、为了使该地区在竞争中处于有利地位，地方政府就会自觉与不自觉地在维护地区经济发展的旗帜下倾向于对市场进行直接的干预，人为设置各种门槛，庇护本地企业和本地区经济。地方政府过度干预市场通常存在三种表现形式：第一，地方政府通过行政干预手段直接或间接实行地方市场封锁，参与各种资源争夺，为地方性企业保护原材料。如在原材料严重不足、加工工业"找米下锅"的1980年代，地方政府严格控制本地资源、原料流出，掀起诸如"羊毛大战"、"蚕茧大战"、"苎麻大战"、"棉花大战"等原材料争夺大战。第二，人为提高外来商品进入本地市场的"门槛"，以达到保护本地企业本地市场的目的。如采用国内贸易的行政审批、许可等方式，限制或禁止与本地企业相同或相似产品"入侵"本地市场。第三，道路等基础设施不对接，质量认证体系等地方化，限制商品流通等。

② 经济竞赛，短期利益。1990年代初，地方政府大办开发区，在招商引资过程中，为了争夺更多的资金，各地政府展开了"让利竞赛"，拼"地价"、拼"优惠"，大兴特事特办。过度竞争最终的结果是"没有赢家"的零和博弈。在"官员晋升锦标赛"体制下，通过经济竞赛来获取政治提拔是地方政府官员晋升的主要途径之一①。地方官员不仅在经济上展开竞赛，而且也在"官场"上为晋升而竞争，经济竞赛是谋求政治晋升的工具和手段。为了获得晋升机会，地方政府竞争可以不计后果。其重要现象是地方政府突破预算限制，大量举债经营，即出现政府软预算约束现象。软预算约束是与硬预算约束相对而言的，是指当一个经济组织遇到财务上的困境时，借助外部组织的救助得以继续生存的一种经济现象。硬预算约束强调经济组织的一切活动都以自身拥有的资源约束为限。周雪光指出，干部晋升制度和信息不对称导致了基层政府官员追求资源密集型政绩工程的短期利益，为不断突破已有预算约束、追求预算外资源的政府行为提供了激励②。任期制下，在资源和建设资金有限的情况下，地方政府没有长线投资、远期收益的激励，往往将一切可控资源用在各项"近期建设"上，尤其热衷于发展一些"短、平、快"项目。在税收和经济增长激励下，对发展利大税高项目表现得最积极。每当某种产品出现市场短缺时，地方政府往往"一拥而上"、"一哄而起"，只要有利于短期利益、有利于官员晋升，负利润前景也难以退去地方政府投资建设的热情③。

---

① 周黎安．2007．中国地方官员的晋升锦标赛模式研究[J]．经济研究，(7)：36－50．

② 周雪光．2005．"逆向软预算约束"：一个政府行为的组织分析[J]．中国社会科学，(2)：132－143．

③ 周黎安．2004．晋升博弈中政府官员的激励与合作——兼论我国地方保护主义和重复建设问题长期存在的原因[J]．经济研究，(6)：33－40．

③ 以牺牲生态，推动竞争。在官员任期制下，地方政府往往不顾环境等软约束，以恶化生态环境为代价，对近期收益过度追求，对投入资金大、收益时间长的生态建设和污染治理缺少关注，没有治理流域污染的动机。本届地方政府不但没有生态环境保护的激励，相反又可能将其所作决策可能带来的风险转嫁给下届政府。每届政府对其所做行为只管收益，而对决策失误可以不负责任或不负全责，这无疑助长了地方政府间恶性竞争①。

（2）恶性竞争的根源

① 政府职能转变不到位。政府职能转变的核心问题是政府应对哪些事务负有管理权责，这具体涉及政府管什么、管多宽、管到什么程度、如何管等方面。改革开放以来，伴随着市场分权、社会分权，政府的角色开始从“全能政府”向“有限政府”，由经济的直接干预者、社会全面管控者向以市场经济为基础的市场“监管者”、社会弱势群体的“庇护者”转变。但政府职能转变不可能一步到位。在现实中，地方政府作为利益主体、经济主体和管理主体的“三位一体”，仍然是形成过度竞争的根本原因。在政府职能转变初期或政府职能转变缓慢的地区，地方政府仍然直接掌控着数量不等、大小不一的企业（省属、市属、县属）。地方政府既为了保护本地企业，可以随时动用行政手段左右市场，为企业争夺原材料、防止外来产品“入侵”，又可以随心所欲地驾驭本地企业，为地方政府利益（包括官员晋升）而服务。在政府逐步退出微观企业生产的地区，地方政府可以广泛地通过其垄断的土地、规划等资源和管理的权力，推动恶性竞争。从 1980 年代地方政府兴办企业，控制企业，到 1990 年代地方政府兴办市场、封锁市场和开发区热、招商引资，再到 1990 年代末期以来，地方政府大张旗鼓地经营城市，批租土地，地方政府都以强势的形象出现。

② 缺少地区间利益补偿机制。傅永超以长株潭城市群地方政府合作为例，研究发现，合作多方已达成的共识和愿景，往往进入实际操作阶段就面临成本分摊、利益分配、利益补偿和合作资金来源等问题而胎死腹中②。我们前期研究发现，经济收益最大化不是地方政府展开合作的充分条件，当地区公平、官员政治晋升纳入到地方政府效用函数后，区域合作空间要比单纯以经济收益最大化为目标的区域合作空间要小③。目前，在我国各类地方政府合作模式方面，都存在“强—弱”联合模式。在“强—弱”联合模式中，由于合作双方的地位、作用往往是不对等的，强者通常利用其强势的地位，占有大多数“来自合作的收益”，从而拉大了地区差距。在现实中，由于区域协调发展中各种利益补偿机制缺失，强势一方一味地追求自身利益最大化最终将导致合作环境恶化，利益（相对）受损害的弱势一方可能会单方退出合作，从而导致地方政府合作失败。因此，地区合作需要建立一个旨在促进区域整体均衡发展的利益补偿机制，让欠发达地区的弱势群体同样可以享受来自共同发展的文明成果。

③ 现存政绩考核制度的不合理。在经济权力下放和市场化的过程中，地方政府的合作性基础发生了变化。在这种新的制度环境下，经济发展成为考核地方官员业绩的最重

① 李广斌，谷人旭. 2005. 政府竞争：行政区经济运行中的地方政府行为分析[J]. 城市问题，(6)：70－75.
② 傅永超，徐晓林. 2007. 府际管理理论与长株潭城市群政府合作机制[J]. 公共管理学报，(2)：24－27.
③ 李广斌，王勇，黄明华. 2009. 基于地方政府博弈的区域合作困境分析[J]. 华东经济管理，23(12)：116－119.

要指标之一①。官员的经济发展业绩又以上多少项目、建多少企业、经济增长速度、税收多少等量化指标来衡量，而政府之间合作、资源环境保护等"软指标"不在官员业绩考核之列，这就降低了各级地方政府合作的愿望和积极性。目前，虽然新的政绩观正在形成，但传统的政绩观并不是短期内可以消除的。因此，这必然会导致地方政府的急功近利，促进地方保护主义的形成，从而严重阻碍我国地方政府之间的合作。同时，现行地方官员晋升体制对区域合作也形成一定的阻碍。"官员晋升锦标赛"体制导致地方政府热衷于竞争，漠视相互间合作②，在具有官员晋升博弈、地域临近又经济实力相当的地区之间，如苏州和无锡，往往难以形成有效的合作。

④ 合作组织及其机制发育不足。政府合作组织机构不发育是当前我国府际治理中普遍存在的一个问题③，也是阻碍城市群发展的最大障碍之一。针对长三角城市群，马斌指出，伴随着长三角区域一体化，自下而上形成了一些合作机制，但合作组织相对松散，没有一套制度化的议事和决策机制，也没有建立相应的功能性组织机构④。针对山东半岛城市群，曹现强指出，政府制度创新与政府合作是推动山东半岛城市群一体化的关键，虽然山东半岛城市群的八个城市通过共同讨论，提出了包括构筑半岛城市群旅游经济圈、整合半岛城市旅游资源等合作主张，但实际上大多数合作仍停留在概念层面，各级政府之间仍然缺少实质性合作⑤。王小增等指出，在武汉城市群，地方政府间合作存在协调机构与协调方式单一，职能不全，没有形成一个对城市群参加单位有约束力的管理决策体制，也没有一个区域协调合作机制，并缺乏法律保障，武汉市与周边城市及各城市间的合作与协商具有一定的随意性和不确定性，不利于各个城市之间建立长期持续的合作关系⑥。针对长株潭城市群，傅永超等指出，政府间合作受政绩竞争、经济社会发展差距等诸多因素制约，现有的政府合作主要是领导人推动型，一旦领导更换就容易使合作机制架空或者重新定位，现在三市（长株潭）的府际合作主要还是各种会议制度和单项合作机制，一般采取集体磋商的形式，不具备长久生命力⑦。地方政府合作及其机制不发育与我国长期以来的计划体制存在内在的必然性。在计划经济时代，地方政府仅仅是"代理型政权者"，没有自主性，当然也缺少横向合作的权限和动机。同时，现行法律对地方合作缺少具体规定（如合作范围、机制、权责分摊等），地方政府间合作尚处于"政策之治"而非"法律之治"，这也客观上造成了地方政府合作的合法性困境。

3）政府协同治理机制建构

戴维·卡梅伦（David Cameron）指出，"现代生活的性质已经使政府间关系变得越来越重要。那种'管辖范围应泾渭分明、部门之间须水泼不进'的理论在 19 世纪或许还有些意义，但如今已过时了。不仅在经典的联邦国家，管辖权之间的界限逐渐在模糊，政府

---

① 龙朝双，王小增．2007．我国地方政府间合作动力机制研究[J]．中国行政管理，(6)：65－68．

② 周黎安．2007．中国地方官员的晋升锦标赛模式研究[J]．经济研究，(7)：36－50．

③ 刘祖云．2007．政府间关系：合作博弈与府际治理[J]．学海，(1)：79－87．

④ 马斌．2004．长三角一体化与区域政府合作机制的构建[J]．经济前沿，(10)：15－18．

⑤ 曹现强．2005．山东半岛城市群建设与地方公共管理创新——兼论区域经济一体化态势下的政府合作机制建设[J]．中国行政管理，(3)：27－31．

⑥ 王小增，龙朝双．2007．基于武汉城市圈的政府合作协调机制研究[J]．湖北社会科学，(1)：59－62．

⑦ 傅永超，徐晓林．2007．府际管理理论与长株潭城市群政府合作机制[J]．公共管理学报，(2)：24－27．

间讨论、磋商、交流的需求在增长，就是在国家之内和国家之间，公共生活也表现出这种倾向，‘多方治理’的政府间活动越来越重要了”①。推动城市群规划实施，促进城市群健康发展，需要形成“多方治理”的格局，这首先需要建构政府协同治理机制，培育与这一机制相对应的外部制度环境。

(1) 转变政府职能

恶性竞争、地区间非合作博弈根源在于政府“越位”“缺位”问题。因而推动地方政府合作，首要任务之一是进一步转变政府职能。中国政府职能大致经历了三个阶段的转变：

第一阶段(1978—1991 年)是为了适应“有计划的商品经济”的需求，政府经济职能发生了较大的转变，变直接管理为间接管理，主要体现在政企关系上，实行所有权与经营权分离。

第二阶段(1992—2003 年)是为了适应“建设社会主义市场经济”的需求，政府职能由微观管理转向宏观调控，在推动国企改革、集体企业改制的基础上，政府加强了统筹规划、政策调节、信息引导、组织协调等领域的职能。

第三阶段(2004 年至今)是为了适应“建设和谐社会”的需求，政府职能由过分地注重经济职能转向经济职能、社会职能和生态环境保护并重，在加强宏观调控、市场监管的同时，2004 年强调社会公平公正，强化政府的社会职责；2012 年中共十八大又提出了生态文明建设，强化了政府的环境职责。

从目前来看，第二阶段的政府职能转变尚没有完成，第三阶段的政府职能转变任重道远。在此背景下，政府职能转变一方面要继续推进政企分开、政资分开、政府与市场中介组织分开，解决政府在经济职能上的“越位”行为；另一方面应倡导政府职能的理性回归，将政府职能转向社会管理和公共服务上来，花大力气促进社会公共服务体系建设，保护生态环境，解决政府在社会和生态职能上的长期“缺位”问题。

(2) 建立利益补偿机制

建立利益补偿机制可以从两个方面着手：第一，上级政府(尤其是中央政府)加大对欠发达地区补偿的力度。当出于生态环境保护的目的，国家需要剥夺或限制局部地区(如大江大河发源地)的某项发展权(如禁止发展工业)时，必须赋予这些地区及其人们另一种发展权和生存权。如果缺少足够的利益补偿，局部地区就没有“顾大体、识大局”的内在激励。同时，为市场竞争的利益受损地区的民众共享改革、发展的成果，需要建构一个多元的利益补偿机制。第二，发达地区对欠发达地区进行补偿，相对收益一方对相对受损一方进行补偿。

(3) 完善政绩考核机制

消除官员晋升激励机制给区域合作带来的负面影响，当务之急是建立科学合理的政绩考核和官员选拔机制。完善政绩考核机制可以从完善考核内容和完善考核主体两个方面同时入手。完善政绩考核内容或指标体系，需要从狭隘地追求经济增长(速度)向经济发展、社会全面发展、生态环境保护等综合考核指标转化。推进考核主体的转变，可以将对地方官员政绩考核的主导权下放给社会公众，而不是上级政府或地方政府的人事部

---

① 戴维·卡梅伦，张大川. 2002. 政府间关系的几种结构[J]. 国际社会科学杂志(中文版)，(1)：107-113.

门,只有这样才能对官员行为进行实质性约束,才能保障“执政为民”,体现“主权在民”的思想。在此基础上,构建民主公开的官员选拔机制,逐步推行直接选举、公推公选,以规范考察的方式,面向社会选拔党政各级各类优秀人才,逐步实现选拔任用干部的科学化、民主化和制度化。

(4)完善政府合作机制

地方政府合作是基于共同利益、平等协商基础上建立各种类似的合作伙伴关系,地方政府合作机制具体包括如下机制:诱导机制、信息机制、沟通商谈机制、规划机制、成本分摊机制、利益分配机制、互助机制、监督机制、评估机制、纠纷裁决机制等。

关于如何建立健全政府合作机制,国内学者已进行了大量的讨论。关于如何构建政府合作机制,国内学者做出大量研究。杨龙提出了地方政府合作机制的三种模式:互利模式、大行政单位主导模式和中央诱导模式。其中,互利模式的基本条件是合作的各方均可从合作中获益;大行政单位主导模式的基本条件是合作各方中有一方获益较多,可以单独承担地方合作的成本;中央诱导模式的基本条件是中央要求地方之间的合作或制定鼓励地方合作的政策①。严强认为这种传统的、由更高层级的政府实施的强制性和规范性调整的治理工具和手段在计划经济模式下经常使用,但与当今时代潮流背道而驰。通过法律确定各级政府公共物品供给事权在联邦制国家可以用,但对于中国而言,一时间难以理顺,因而他赞成通过地方政府自愿结盟或通过行政协议提供区域公共物品②。杨爱平认为,合理的利益激励机制是实现地方政府长效合作的制度基础。我国在发展型地方主义下形成的地方竞合机制,是以行政分权、财政分权和官员晋升博弈为三大杠杆的一种垂直激励机制,由于其存在内部激励与外部激励不兼容、政治动员而非平等博弈式激励的制度缺失等因素,因而利于政府间竞争但不利于政府间合作。高层政府应该通过指导和协调,构建涵盖地方政府间利益分配、利益协调、利益补偿、利益让渡的平行激励机制,从而使地方政府实现一种地位平等、利益兼容的制度化合作③。

美国地方政府合作伙伴关系通常有如下几种形式④:① 地方政府签订行政协议,其中包括向其他私人机构或地方政府购买服务或共同分享资源及分担服务经费。这种跨行政区域的协议,可以包括各种不同的业务,如交通运输、垃圾处理、废土处理、水资源保护、环境保护、消防业务等。通常情况下,地方政府之间在签订协议时,要特别注意下列事项:一是要写清楚经费如何分担;二是要讲清楚究竟提供哪些明确的服务项目;三是要说清楚终止该协议与重新续约的期限;四是要写清楚如何使得协议生效的程序;五是要写清楚协议进行中的有关监督执行事项;六是要写清楚在执行中如果发生纠纷,应当进行的协调机制及其程序。② 建立区域政府联盟(Councils of Governments,简称 COG)机制。这是一种在美国各地区盛行的地方政府间合作的模式。COG 是一种多功能的地区性合作机制,它常常由区域里的地方政府自愿或在州政府规范下建立。大多数的 COG 承担着地区性规划及协调性的功能,成为区域合作的媒介。COG 的预算主要来自于上

① 杨龙.2007.地方政府合作的动力、过程与机制[J].中国行政管理,(7):96-99.

② 严强.2008.公共行政的府际关系研究[J].江海学刊,(5):93-101.

③ 杨爱平.2011.从垂直激励到平行激励:地方政府合作的利益激励机制创新[J].学术研究,(5):47-53.

④ 杨安华.2008.国外地方政府间建立伙伴关系研究述评[J].南京社会科学,(5):79-85.

一级政府的补助款，各参与地方政府的捐款及研究、规划方案所带来的经费，另外还有地方企业的捐款。③ 建立特区政府及区域管理局。根据美国联邦统计局的定义，特区政府是在州政府的授权下，拥有充分的行政和财政自主权，并行使被指定的职权与功能的机构。在美国，大部分的特区政府或管理局只执行单一（特定）的职能。特区政府大多在跨域的多行政辖区的区域内活动。虽然设立特区要有法律的许可，通常由地方政府立法机构授权，但由于这种协调机制能被灵活运用，美国各地仍然设立了众多特区。地方政府间通过协商成立特区或管理局是为了解决政府间遇到的以下问题：一是解决公共事务"外溢"的问题，如污水处理特区、空气污染管制特区等；二是为了减轻财务的压力，当地方政府面临上级政府税赋及举债上有限制和规范时，通过设立特区，可使地方政府避开这些限制，通过使用者付费的方式来保证其财源，以特区政府名义来进行各种基层的项目开发、建设；三是为了弥补地方政府服务上的限制，有时一般地方政府被限制提供某种服务，而特区政府正好弥补了一般政府在某些公共服务上的不足，从而填补了公共服务上产生的空隙；四是为了回应上级政府的项目开发要求，上级政府为了引导更大范围的创新和发展，常常会鼓励各个地方政府开发和实施某项事务、计划或工程，并为此提供各种补助金，各个地方政府为获取这些补助金，可以成立特区，作为完成计划的执行机构；五是为了获得政治上的便利性，特区政府的成立，往往基于政治上减少阻力的方便考虑。

6.2.2 区域协调机制

在综合已有研究的基础上，覃成林教授构建了一个由市场机制、空间组织机制、合作机制、援助机制和治理机制所组成的区域协调发展机制体系框架（图 6.4）。

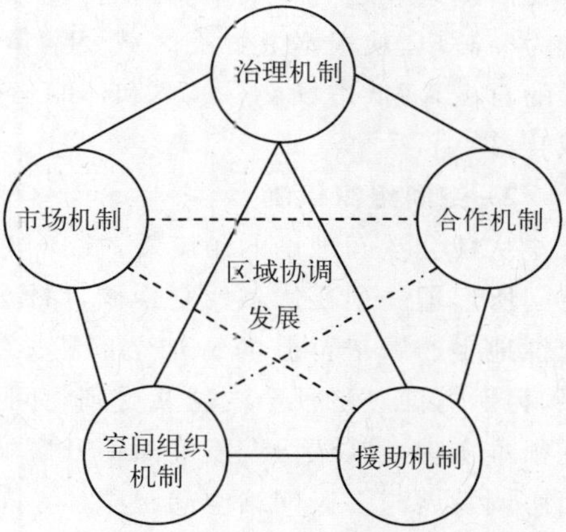

图 6.4 区域协调发展机制框架

在这个机制体系中，市场机制是指遵循市场规律，推动区域市场开放，形成统一的市场体系，引导要素跨区域流动、企业跨区域发展和产业跨区域转移，从而增强区域之间的联系，促进区域之间的分工。市场机制直接对区域经济微观主体的利益选择产生作用，影响其决策和行为。因此，在促进区域协调发展中，市场机制所发挥的作用是基础性和主导性的。区域协调发展有赖于区域之间合理有效的空间组织秩序。因此，空间组织机制是区域协调发展机制体系的一个重要组成部分。它是指运用经济区划、主体功能区划、区域发展战略、区域规划或空间规划、空间开发模式、空间管制等多种空间组织方式，对全国的区域空间开发进行全局谋划，对各区域的功能定位、全国经济增长及布局、区域空间联系网络建设等进行战略指引，增强区域之间的联系，促进区域分工与合作，优化空间组织秩序，提高空间开发效率。合作机制是区域协调发展的重要机制之一，是指相关区域按照自愿参与、平等协商、互惠互利、优势互补的基本原则，在要素流动、建立共同市场、资源开发、产业发展、改善发展条件、生态环境治理与保护，以及对外经济联系和贸易等诸多方面，采取联合行动，以减少或消除相互间的无效竞争，形成发展合力和关联互动的发展格局，促进各自的经济发展，同时，提高整体发展效率。援助机制是区域协调发展机制体系不可或缺的组成部分，是克服市场机制不完备的重要手段。它是指运用区域互助、国家扶持、生态补偿相结合的方式，对欠发达区域进行持续性的帮助，改善其经济发展条件，提高其自我发展能力，加快经济发展步伐；同时，使这些区域与发达区域建立相对稳定的经济联系，由此进入到全国空间经济系统的分工链条之中，获得发展机会，从而帮助这些区域摆脱“贫困恶性循环”，并在总体上改善全国区域协调发展的格局。治理机制是指政府通过制度改革和创新，为市场机制、空间组织机制、合作机制、援助机制的形成及其作用的有效发挥提供条件，促进各机制之间相互配合，形成合力；同时，通过设立区域协调治理机构，建立区域协调治理体系，引导区域协调发展。在区域协调发展机制体系中，治理机制为其他四个机制提供制度和机构方面的保障，科学发挥政府的引导作用①。

1）市场机制

市场机制是实现区域协调发展的根本途径。区域市场分割是区域协调发展的一大障碍，解决这个问题的主要途径之一是继续深化地方政府的经济管理职能改革。从转变观念上削弱地方政府进行区域市场分割的利益冲动，从制度上把区域市场开放作为地方政府的一项经济管理职能。中央政府在推动区域市场开放方面，应以建立全国统一市场为目标，加强市场立法，以制约地方保护主义。同时，加强统一的市场监管体系建设，坚决取缔不利于公平竞争、分割市场的地方政策。要素自由、充分流动是区域协调发展的重要前提条件之一。根据我国的具体情况，完善区域要素市场体系，以体制改革、制度创新为突破口，从根本上解决区域要素市场分割问题。减少行政干预，保障企业跨区域发展的自由，降低市场交易成本和体制运作成本，减少企业跨区域发展成本，引导产业跨区域转移②。

2）空间组织机制

从社会空间理论的角度看，社会与空间是一种辩证交互关系，社会形塑了空间，又被空间所形塑。列斐伏尔反复强调，（社会）空间就是（社会）产品，每一种特定的社会都历史性地生产属于自己的特定空间模式。一方面，空间转型与重构是经济社会变迁的结果，另一方面经济社会变迁又受到空间的约束和制约，没有空间形式的变化，经济社会变迁很难实现。区域协调发展离不开区域空间格局的调整，离不开空间规划机制。区域全面协调发展与多极网络空间组织体系基本是一种对应关系。

3）合作机制

按自愿参与、平等协商、互惠互利、优势互补的基本原则，积极探索建立多层次、多样化的区域合作体系。我国的区域类型多样，各区域的发展比较优势和发展需求不相同，这就决定了各区域参与区域合作的动机和能力并不一样。按合作主体划分，包括政府间合作，企业间合作，政府、非政府组织和企业共同参与的合作。按合作空间层次划分，包括省际合作，以城市群或都市圈为主体的城市区域合作，空间相邻的省际边界区域合作。按合作内容划分，主要包括产业发展、自然资源开发、市场开放与建设、基础设施建设、人

---

① 覃成林. 2011. 区域协调发展机制体系研究[J]. 经济学家，(4)：63－70.

② 覃成林，姜文仙. 2011. 区域协调发展：内涵、动因与机制体系[J]. 开发研究，(1)：14－18.

口流动与人力资源开发、信息共享、技术创新与应用、生态环境治理，以及教育、文化、科技、公共安全等合作形式，同时应加强区域合作制度方面的研究①。

4）援助机制

覃成林教授指出，区域协调发展的援助机制主要有区域互助、国家扶持、生态补偿三种机制。区域间互助机制主要是指发达区域对欠发达区域提供资金或技术支持，帮助其发展。同时，欠发达区域在能力所及或者发展条件成熟后，再向发达区域提供相应的优惠，以达到互惠互利。国家扶持机制是指中央政府利用经济政策和经济杠杆，主要包括中央财政转移支付、拨款、优惠贷款、税收减免等政策，加快经济发展水平较低的区域、贫困区域和衰退区域等欠发达区域发展。区域生态补偿机制是指生态受益区域对相关的生态保护区域以一定的方式进行必要的利益回馈，以补偿生态保护区域所付出的生态保护成本、发展机会成本，以及所提供的生态服务价值，进而有利于引导生态利益相关的区域之间进行合理的产业分工和利益分配。

5）治理机制

区域协调发展的治理机制，即通过多个区域主体的正式或者非正式的制度安排，形成稳定的内生秩序，保障区域协调发展的长效运转。具体包括两方面内容：一是在区域协调发展机制体系中，通过不间断的制度改革和创新，为市场机制、空间组织机制、合作机制、援助机制发挥作用提供条件，促进各机制之间相互融合；二是通过设立正式或非正式的区域协调发展治理机构，奠定区域协调发展的制度化运行平台。

6.3　区域政策体系的建构

区域政策，通俗地讲，是指处理区域问题的国家政策。美国学者费里德曼(Friedman)认为："区域政策是处理区域问题和何处进行经济发展的一种政策。"伊丽莎白·鲁西曼对区域政策定义是："通过经济、社会、文化和生态方面来影响区域的政策"，"经济政策的目的是从空间角度来影响区域发展的政策"。② 我们认为，区域政策是指以社会公正、空间正义为核心价值，以区域全面协调可持续发展为基本目标，以政府和其他公共机构为主角，推动各类资源尤其是公共资源合理化配置的法律、行政等制度化的总和。区域政策包括区域经济政策、区域社会政策、区域生态政策三个子集(图6.5)。区域政策一般具有如下功能：导向(激励)功能、调控功能、约束功能、利益分配功能。

在英美等成熟市场经济国家和欧盟等经济共同体中，政策工具的设计、区域政策的制度基础及运行机理比较成熟。如，1930—1960年期间，西欧英、法、德等国家通过一系列区域经济发展规划及其他配套区域政策，促进落后地区或衰退地区的经济社会振兴③。在欧盟，围绕欧洲空间发展战略形成了较为完备的政策体系：面向欧盟多中心与均衡空间发展目标的政策；面向动态的、富有吸引力和竞争力的城市与城市化的政策；面向本土化、多样化与高效发展的乡村地区目标的政策；面向城乡合作伙伴关系目标的政策；面向

① 覃成林，姜文仙. 2011. 区域协调发展：内涵、动因与机制体系[J]. 开发研究，(1)：14-18.
② 刘玉，刘毅. 2002. 区域政策研究的回顾与展望[J]. 地理科学进展，21(2)：153-162.
③ 李广斌，王勇. 2007. 西方区域规划发展变迁及对我国的启示[J]. 规划师，(6)：77-80.

改善交通条件和可达性目标的政策；面向基础设施的高效与可持续利用目标的政策；面向创新与知识传播目标的政策；面向自然遗产保护与开发目标的政策；面向水资源管理目标的政策；面向富于创造性的文化景观管理目标的政策；面向富于创造性的文化遗产管理目标的政策①。

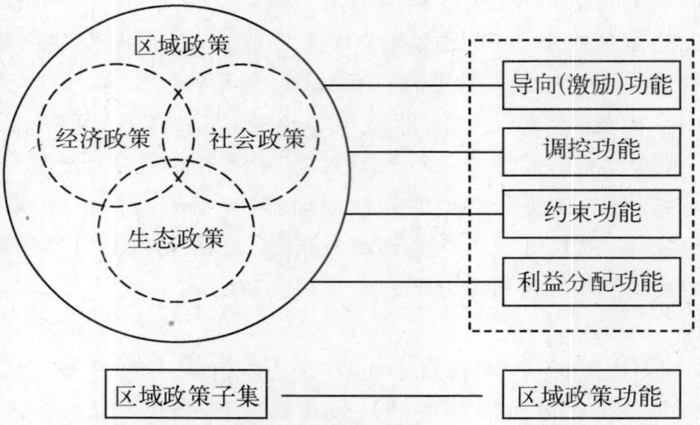

图 6.5 区域政策体系及功能

改革开放后我国先后采取的重大区域政策主要有：特区政策、东部优先发展政策、扶贫政策、开发区政策、生态建设政策(天然林保护、退耕还林还草等)、西部大开发政策、东北振兴政策、中部崛起政策、老工业基地改造振兴政策、主体功能区政策、城市群发展政策、基本公共服务均等化政策等等。但与西方国家相比，我国区域政策显得过于"粗糙"，各类区域政策之间衔接和协调度不足、政策之间联动机制极不完善。以实施效果较好的援助政策为例，早在 1999 年，陆大道等指出，1994 年分税制后，中央政府加大对财政的集权力度，但中央对各省区人均财政援助额与各省区人均 GDP 相关性很差②。刘乃全③、魏后凯④等人指出，国家对中西部的援助政策目标区域不具体、不明确，也没有考虑到援助对象区域的内部差异性问题。近年，尽管"区域协调发展"已达成上下共识，但岳武等人指出，关于区域协调发展的政策工具比较单一，且区域政策立法缺失⑤。甚至在张可云教授看来，中国迄今为止尚无真正意义上的区域政策⑥。

如果将城市群规划编制管理视为政府间通过"契约"而达成的"一揽子协议"，那么城市群规划的实施管理则主要依靠区域政策来具体推动。离开区域政策的城市群规划只能是一种乌托邦式的虚幻。围绕城市群规划实施管理，下文我们将从区域经济政策、区域社会政策和区域环境政策三个方面进行较为详细的分析。

---

① 国务院发展研究中心课题组. 2008. 主体功能区形成机制和分类管理政策研究[M]. 北京：中国发展出版社：66 - 68.

② 陆大道，刘毅，樊杰. 1999. 我国区域政策实施效果与区域发展的基本态势[J]. 地理学报，54(6)：496 - 508.

③ 刘乃全，贾彦利. 2005. 中国区域政策的重心演变及整体效应研究[J]. 经济体制改革，(1)：10 - 15.

④ 魏后凯. 2008. 中国国家区域政策的调整与展望[J]. 西南民族大学学报(人文社科版)，(10)：56 - 64.

⑤ 岳武，万兴亚. 2010. 中国区域政策转型的障碍、依据与对策[J]. 社会科学战线，(10)：183 - 188.

⑥ 张可云. 2005. 区域经济政策[M]. 北京：商务印书馆：479 - 481.

6.3.1 区域经济政策

1）区域财税政策

财税政策包括收入类政策和支出类政策。收入类政策主要包括税、债、基金和转移性收入，支出类政策主要包括政府投资、公共服务、财政补贴和政府采购。在区域发展中，财税政策的作用主要包括：① 通过政府投资，改善基础设施，提高目标区域发展潜力和发展质量；② 通过政府投资、财政补贴等，支持目标区域增强提供公共物品的能力和公共服务设施均等化；③ 通过政府投资的扶贫项目和援助项目，增加目标区域公民的收入，改善他们的生活质量；④ 通过政府投资、财政补贴等方式，鼓励目标区域生态环境建设；⑤ 通过支出，引导鼓励资本和劳动要素进入或走出目标区域；⑥ 通过税收，鼓励或限制某些产业在目标区域的发展；⑦ 引导社会节约资源、保护环境。

国家可以采用灵活的区域财政政策，推动城市群规划实施。在地区差距、城乡差距巨大的当前，政府尤其是中央政府需要更多地注重区域公平目标，对那些问题严重且自身无法解决，确实需要国家给予援助和扶持的问题区域，应实行“雪中送炭”，而不是对发达地区的“锦上添花”。如就城市群规划中某一具体的区域公共物品供给，国家可提供一定数量或比例（如项目总成本的 50%）的诱导资金、合作资金，并规定必须由城市群地方政府联合的形式才能申请该资金，剩余建设成本由城市群地方政府协商进行分摊。为了推动城市群内部相对均衡发展，国家还可以出台相关政策，对人均财政收入占全国平均水平 80%及其以下的地方政府，可以减免或免除其所分摊的区域公共物品的建设成本，减免或免除部分由国家财政支出。对在区域合作中利益相对受损地区内企业进行财政补贴、用工补贴等。在城市群内，省市政府可以采用多样化的财税手段推动基础公共服务均等化，引导生产要素向目标功能区集中，引导企业、公民节约资源、保护环境。如在城市群内统一招商引资标准（主要包括税收优惠和土地优惠两项），避免城市群内地方政府出现“让利竞赛”。

2）区域投资政策

投资政策包括政府财政预算内支出，固定资产投资规模控制、重大项目布局。投资政策的作用主要包括：① 在目标区域进行交通、通讯、生态建设、污染治理等基础设施建设；② 鼓励或限制目标区域固定资产投资的增长；③ 在目标区域内创造增长极；④引导社会投资方向。投资政策的具体工具有：① 投资项目审批、核准和备案制度。目前各级政府都掌控不同限额的新建投资项目审批权，对重大项目和限建类项目进行核准，对其他项目实行备案制。② 政府预算内基建投资，可分为政府直接投资、贷款贴息、直接补助等方式。③ 引导外资投资方向规定。2006 年更新的《外商投资产业指导目录》成为审批外商投资项目的依据。④ 产业发展规划。

依据国家、省域空间规划，首先对城市群区域内进行主体功能区划，实行分类投资管理的政策，如对城市群内优化开发区，通过对投资项目的审批、外商投资项目的引导、金融政策等工具，鼓励高新技术产业、现代服务业发展。对于城市群内重点开发区，通过产业政策引导，加大重点建设项目的投资力度，支持产业集权化项目建设等。对于限建区和禁建区，政府加大投资，推动基本公共服务均等化，通过投资审批、产业发展引导等限制或鼓励符合限建区和禁建区功能定位的项目。

3）区域产业政策

产业政策包括鼓励性或限制性产业发展指导目录、产业技术标准设立、企业规模限制。产业政策的作用主要包括：① 引导产业发展空间布局。② 限制和鼓励目标区域特定产业发展，优化目标区域产业结构。③ 鼓励和限制目标区域开发活动。产业政策依据其内容可分为产业结构政策、组织政策、技术政策、产业布局政策。

城市群的产业政策应符合国家整体产业政策要求，通过打破行政区界线，推动生产要素、企业跨区域自由流动，促进资源在空间上优化配置。需要建立产业政策、财税政策、投资政策和土地政策联动机制，这样才能将区域经济政策发挥到最大限度。

4）区域土地政策

一切社会经济活动都离不开其空间载体——土地，因而土地政策是政府宏观调控最有力的手段之一。土地政策包括土地价格控制、土地利用指标分配、土地利用规划等。在我国，绝大多数城市群发展尚处于成长期，我国城市化发展仍然任重道远。城市群建设、城市化发展都需要大量的建设用地，目前建设用地指标短缺几乎成为所有城市群发展面临的最大障碍之一。对于城市群内核心发展区，一要盘活、优化存量建设用地，走适度集约化道路；二要在更大空间尺度内继续实行耕地占补平衡；三要建立耕地保护与补偿机制。近几年，在发达地区，跨县市“买建设用地指标”的做法越来越普遍，甚至出现跨省耕地占补平衡。鉴于此，建议国家尽快出台基本农田异地复垦原则、方式和补偿机制等相关政策，这样既可以解决城市群等快速发展地区的建设用地需求，又有利于农业大省、农业大市、农业大县获得一定的补偿。对于城市群内部重要生态敏感区，以生态环境保护为重点，以资源的可持续利用为原则，建立生态保护、生态修复等补偿机制，加大政策性移民力度，让生态敏感区的公民也享受工业化、城市化的成果。

6.3.2 区域社会政策

1）区域扶贫政策

改革开放以来，伴随着地区差距、城乡差距持续拉大，地区性贫困和农村贫困成为中国突出的结构性区域问题和社会问题。由于我国政府职能不到位等原因，我国社会政策长期停留在稳定、效率和再分配三个短期目标上，忽视了可持续、风险抵御等社会政策的长期目标及其社会政策实施能力和内在机制的培育①。林毅夫等指出，改革开放以来中国在减少贫困方面虽然取得了巨大的成就，但也面临着许多新的困难和挑战：农村贫困减少的速度不断下降、非收入贫困现象依然比较严重（医疗、教育等方面地区差距、城乡差距巨大）、城市贫困和流动人口贫困成为新的问题②。关于区域扶贫政策的建构，魏后凯提出在国家层面建构“4＋2”的区域政策框架。所谓“4”，就是按照西部、东北、中部和东部四大区域的地域框架，统筹安排和部署全国的经济布局；所谓“2”，就是按照主体功能区和关键问题区两种类型区，实行差别化的区域调控和国家援助政策，促进区域经济协调发展。一是按照资源环境承载能力、经济开发密度和未来发展潜力，划分优化开发、

---

① 俞可平．2008．中国治理变迁 30 年［M］．北京：社会科学文献出版社：139．

② 林毅夫，李永军．2005．中国扶贫政策——趋势与挑战（二）［EB/OL］．2005－12－01．http://www.china.com.cn/zhuanti2005/txt/2005－12/01/content_6047348.htm．

重点开发、限制开发和禁止开发等主体功能区，以此作为国家区域调控和促进人与自然和谐发展的地域单元。二是按区域问题的性质和严重性划分关键问题区，包括发展落后的贫困地区、结构单一的资源型地区、处于衰退中的老工业基地、财政包袱沉重的粮食主产区和各种矛盾交融的边境地区等，以此作为国家援助和政策支持的地域单元①。在扶贫制度安排上，林毅夫等提出②：① 建立综合的扶贫体系和扶贫制度，政府应将扶贫的需要纳入其所有公共政策制定和制度改革的议程中，通过在制定所有公共政策和进行所有制度变革的过程中都兼顾穷人的需要来拓展扶贫的内容和领域。② 建立政府扶贫的联动机制。③ 推动城乡统筹的扶贫体系的建立。④ 完善开发式扶贫。⑤ 更多地采用市场化扶贫方式，有条件地为小额信贷机构开放市场。⑥ 强化扶贫活动中统计、监测、评估的机制。

2）区域人口政策

区域人口政策主要包括：① 迁移政策，引导人口迁入特定地区或从特定地区迁出；② 就业政策，增强劳动者发展机会；③ 劳动配置政策，劳动要素在空间合理配置。城市群规划的终极目标是实现区域全面协调可持续发展。区域全面协调可持续发展本质上要求各地的资源环境承载力、人口和产业相互协调，从而推动自然与人和谐发展。在利益多元化的当代中国，人与自然之间的矛盾在很大程度上已内化为人与人之间的矛盾。无论是"公地悲剧"，还是在环境污染治理方面的政府非合作博弈，说到底都是人与人之间的利益冲突，及基于人与人利益矛盾之上的地区冲突在人与自然中反映的结果，人与自然的不和谐实质是人与人之间的不和谐。因而，区域人口政策不要只强调人与自然和谐，更重要的是强调人与人之间的和谐发展。在运用政策的同时，不能为了某一地区人口的发展、环境安全等权利剥夺另一地区人民的生存权、发展权。在人口迁移政策方面，在推进基本人权均等、完善全民社保体系等的前提下，打破城乡人口迁移、地区人口迁移的户籍制度壁垒，逐步推行人口自由迁徙。在就业政策上，通过财税体制，拓宽低端劳动力的就业渠道，建全失业保险、工伤保险等社会保险制度，逐步构建全方位的社会保护、社会安全的政策网。

6.3.3 区域环境政策

1）区域环境管理政策

环境管理政策是指有关环境行政管理事务的政策，主要包括：环境行政管理机制、制度、手段和措施，生态补偿机制、环境影响评价制度等等。建议成立多部门多行业参与的跨区域环境保护协调委员会，建立环境发展综合决策机制，建构跨区域的环境管理协调机制，统一协调环境基础设施建设和环境保护工程。构建责权明晰的区域生态环境保护责任体系，把绿色 GDP、节能减排等内容纳入到各级领导干部的政绩考核体系中。

---

① 魏后凯. 2006."十一五"时期中国区域政策的调整方向[J]. 学习与探索，(1)：15－23.

② 林毅夫，李永军. 2005. 中国扶贫政策——趋势与挑战(二)[EB/OL]. 2005－12－01. http://www.china.com.cn/zhuanti2005/txt/2005－12/01/content_6047348.htm.

2）区域环境技术政策

环境技术政策包括环境保护标准的制定和实施、环境保护禁令的颁布、环境税收的设置、污染排放指标的分配、环境基础设施投资、城乡区域环境综合整治、清洁生产的技术原则、途径、方法、手段和要求等。主要政策工具有：① “三同时”制度。《中华人民共和国环境保护法》第 26 条规定：“建设项目中防治污染的措施，必须与主体工程同时设计、同时施工、同时投产使用。防治污染的设施必须经原审批环境影响报告书的环保部门验收合格后，方可投入生产或者使用。”② 环境质量标准与污染物排放标准。③ 水、大气污染物排放许可。④ 市场化的排污权交易。⑤ 污染物排放各种惩罚性税费。

在我国发达地区，环境问题已成为公众关注的公共议题，但在中西部欠发达地区，环境问题日益严峻，而且没有得到政府、社会应有的关注，环境保护与发展经济之间张力巨大。在此背景下，需要建立健全如下管理体制：环境保护分区管理制度、环境与发展的综合决策机制、环境保护监管问责机制、环境监管机制、跨区域的排污权交易机制、生态补偿机制、环境保护公众参与机制等等。以跨区域的排污权交易为例，排污权交易是建立区域内水污染物排放指标有偿分配机制和排污权的“买卖”市场，探索出一条排污指标有偿分配和排污权交易的途径。如，嘉兴市秀洲区于 2003 年制定的《秀洲区水污染物排放总量控制和排污权有偿使用管理试行办法》规定，在总量控制的前提下，现有排污单位必须有偿使用目前占用的排污总量指标，新增水污染物排放量的新、改、扩建单位必须取得可转让的总量指标后才能办理相应的环保审批手续，包括排污指标初次分配的有偿使用和在此基础上排污指标有偿交易的两方面内容。

7 基本结论

全球化过程产生了一股强大的“转型力量”，引发了全球经济、社会、政治与空间一系列嬗变并与之相适应。在空间领域，城市群日益取代了单个城市，成为国家和次区域参与全球竞争最重要的空间类型。与此同时，全球化使得单个行政区内问题越来越泛区域化，由此产生了大量的区域公共议题。在经济竞争日益让位于其背后的规制竞争的当今世界，面对全球竞争和大量区域公共问题，如何推动制度创新，提高城市地区治理手段的供给效率已成为全球规划竞争的重点之一。作为城市地区治理的重要工具，城市群规划以空间资源配置为核心，通常被认为是引导城市群全面协调可持续发展的集体行动纲领。在中国，进入新世纪，城市群规划、都市圈规划大量兴起，但受到现行体制的羁绊，城市群规划类似于一种乌托邦式的畅想，难以实施。在此背景下，本研究将中国规划管理体制机制变迁及规划管理面临的主要问题嵌入到更大的制度变迁场景之中加以解析，从行政管理体制变迁、公共管理范式转型的高度，对中国城市群规划管理体制机制变革取向进行探讨。主要的研究结论如下：

1）中国规划管理体制受制度环境变迁的制约与影响

规划管理体制作为行政体制、政治体制的有机组成部分，政治体制、行政体制对规划管理体制具有“先决定性”的影响，中国规划管理体制随整体制度环境变迁而变迁。新中国成立以来，规划管理体制演进总体呈现如下趋势：规划管理机构从“混乱”走向“有序”、规划权力运行从“人治”走向“法治”、规划权力配置从“集权”走向“分权”、规划管理模式从“管制”走向“治理”。尤其在改革开放以来，中央层面的规划管理机构从之前的频繁变更稳定下来，并自上而下建构了各级政府规划管理机构。伴随着1980年代分权（主要是行政分权和市场分权），地方政府规划管理自主性不断增强、规划编制与实施的市场化，这都意味着规划管理走向了分权道路。尽管在1990年代末出现适度集权的现象，但没有改变规划分权的整体态势。从1984年《城市规划条例》到1989年《城市规划法》，再到2007年的《城乡规划法》，30多年来，围绕城市规划法，从中央到地方出台了一系列配套法规、规章和技术规范，初步建立了城乡规划法制体系，使规划管理有章可循、有据可依，推动了规划管理由“人治”向“法治”转变。进入新世纪后，伴随着政府管理模式的转变、公众权利意识的觉醒，公众参与规划、阳光规划的推行，规划管理体制实现了点滴改良，推动规划管理模式由管制型向治理型转变。总体来看，改革开放以来，规划管理体制机制变迁呈现渐进方式，但30多年下来，这种渐进式制度变迁的累积效应却是惊人的。

2）现代科层制的不足是当前规划管理体制的突出特征

现代科层制（官僚制）是在理性、职能分工基础上，以法制为行为准则的一种政治组织体系。用现代科层制的标准来考量当代中国，就会发现，无论在经济、社会文化领域，还是政治领域，中国尚处于“前现代”向“现代”转型时期。受强大的传统政治文化屏蔽和制度变迁的路径“锁定”，现代科层制不足是当前中国社会的一个突出特征。尽管从权力的中心——中央，到权力的末梢——乡镇，各级政府的组织结构、权力体系和职能设置都按现代官僚制进行设计，但与真正的理性官僚制相比，上下级政府“职责同构”政府部门之间权责不清，公权力的“非正式运作”、“家长余风”和“一言堂”犹盛、“潜规则”横行等都说明了当前中国政治组织体系虽具现代官僚制的“形”而缺现代官僚制的“神”，进一步说，在当前中国政治生活和社会管理中还夹杂着大量传统统治的成分。具体到规划管理领域，现代官僚制不足是当前中国规划管理存在诸多问题的根源所在主要表现为：多部门对空间规划权力的争夺、规划行政中长官意识浓厚，规划不依法行政、规划权力运作的不规范，等等。再具体到城市群规划管理体制，现代科层制不足突出体现在城市群规划管理机构的缺失、城市群规划管理的规制缺失。

3）规划管理官僚体系的完善和适度超越

自 1970 年代至今，西方国家经历了从“现代官僚制”到“新公共管理”，再到“后新公共管理”的公共管理范式转变，这一转变也推动了政府由“统治”向“治理”，从“理性建构”到“话语建构”、“社会建构”的治理结构转变。无论是“新公共管理”还是“后新公共管理”，都是建构在现代官僚制“理性”内核的基础上，从一种平衡走向另一种平衡，不是对现代官僚制理性内核的彻底抛弃，而是对现代官僚制谨慎的调整和修补。尽管“新公共管理”运动将政府从全知全能全德的“神坛”上拉下来，在理论上破除了政府行政垄断的传统思想，在实践中促使社会多元治理格局逐步形成，但迄今为止，政府在社会秩序中“元治理”角色没有发生根本性的动摇。反观中国，在现代官僚制不足的情况下，中国治理变革的首要任务不是别的，而是完善现代官僚制。抛弃现代官僚制的体制机制变迁无异于缘木求鱼、舍本求末。道理往往是相通的，具体到包括城市群规划在内的规划管理体制，其当务之急是破除规划的地区本位主义、部门本位主义。首先，在规划职能分工、规划事权整合的基础上，建立完整的空间规划体系和与之对应的规划管理机构，弥合城市群规划管理等法律上的缺陷，大力推进规划的依法行政。其次，在建设和完善规划管理官僚体制的同时，从“新公共管理”“后新公共管理”中有选择性地借鉴与现代官僚制建设相容的一些理论，如“话语建构”网络化治理等理论，参与到新时期中国城市群规划管理体制机制的建构之中，大力推动部门规划间整合、地区规划间整合。

4）约束权力是完善规划管理官僚体系的根本

改革开放以来，中国整体制度变迁可以粗略地概括为：“先经济、后政治”、“先发展、后民主”的体制变迁路径。30 多年来，我国尽管在经济等领域取得了伟大的成就，但因经济、社会和政治领域改革的长期不平衡性而导致当下的诸多社会矛盾积重难返，并给后续改革带来巨大的社会风险。由于某些关键领域改革严重滞后，不受制衡的权力和不受约束的资本之间形成了广泛的联姻，塑造了中国式的权力市场经济，深刻地重构了中国社会阶层结构，并将中国逐步推向当前“转型陷阱”（孙立平，2012）的境地。从这个意义上讲，“中国模式”是否成功还需要时间的进一步检验。两千多年的皇权统治历史告诉我们，如不能对权力形成有效制衡，中国终将难以跳出暴政的死循环。中共十八大首次明确地提出政治体制改革的目标，并将发展民主（基层民主、协商民主等）、“建立健全权力运行制约和监督体系”放在突出位置。约束权力、依法治国也是完善现代官僚制的根本。对权力制约主要依靠两个方面制度建设：一是依靠“权力对权力制衡”；二是践行“主权在民”，充分发挥“权利对权力制衡”的作用，用社会力量来打破权力所构筑的“铁幕”。具体到规划管理，从规划权力的非规范操作，到规划权力腐败问题的频发，依法行政，规范规划行政权力运行已成为当前中国规划管理体制机制建设的重中之重。根据“权力对权力制衡”、“权利对权力制衡”原则，在规划管理体制机制完善中，一方面要坚持“谋”、“断”、“行”、“督”相互分离，在制度上建构“权力对权力制衡”规划管理体制。在城市群规划管理体制上，应建构“立法”（决策）、“执法”（行政）和“监督”相互分离的规划管理体制。城市群规划“立法”、“执法”和“监督”的各行政主体之间应相互制衡，并广泛地接受社会监督。另一方面，在多元社会的现实情境下，国家应加快向社会可控式分权，推进“阳光规划”，打破规划管理的封闭式运行，逐步将公众监督引入到规划管理权力运作的每个环节之中，强化规划管理权力运作的规范性，最大程度防范规划权力的异化。在公众监督的基础上，伴随公民社会的发展和壮大，逐步推动规划公众参与向纵深发展。

5）完善城市群规划管理体制机制需要其他治理工具相互支撑

从大的角度讲，如果没有行政体制、政治体制等改革的支持，单一的规划管理体制机制改革很难走远，不可能根治现实规划管理所存在的主要问题。从城市群规划与跨域治理之间的关系而言，在欧美等西方发达国家的跨域治理行动中，城市群规划既是目的，又是手段。作为“手段”的城市群规划是一种政府间契约，是推动跨域治理的一种工具，城市群规划与其他治理工具一起推动跨域治理进程，实现区域全面协调可持续发展；作为“目的”的城市群规划，是基于博弈多方的共同利益，实现区域“善治”的集体行动纲领，只有充分运用其他治理工具，规划才具有更高的合法性、规划才可能得到真正有效地实施。城市群规划管理体制机制建设离不开政府间合作机制、区域协调发展机制和区域多元治理工具的发育，城市群规划实施离不开一系列区域政策工具的支持。

尽管完善现代官僚制、制衡权力和促进治理工具发育是城市群规划管理体制机制创新的重要内容，但现代官僚制不足是中国行政管理的共性问题，这些带有根本性的制度问题并非规划管理层面所能解决。从这个意义上讲，城市群规划管理体制机制的关键领域改革不在城市群规划自身，甚至不在规划管理体制领域之内，而在于规划管理外的、顶层制度的有效供给。

6）中国规划管理体制机制变革的特殊性

“自由”、“民主”、“法治”、“公正”等普世价值并非一国实践经验所得，而是数千年整个人类文明进化的结晶。善治离不开政府，更离不开民主机制、法治建设（俞可平，2004），在通向政治文明的道路上，离不开普世价值的指引。中国规划管理体制变革的终极目标是推动规划管理的法制化、民主化、科学化，实现规划领域的善治。从“目的”的意义看，规划管理体制变革不具有特殊性。但“目标”的共性并不能排除“手段”的差异性。所谓“条条道路通罗马”，中国大国转型的特殊性决定了其制度变革在具体手段、具体路径上的差异性。规划管理体制机制创新本质是一种制度选择。影响一国或一地区的规划管理体制的因素很多，有历史文化传统，也有经济、社会等等，各种因素及其影响力强弱的不同组合造就了世界各国规划管理体制的多样性。尽管同处于一个时代，但由于中国所处发展阶段、社会文化、政体等与西方发达国家迥异，任何一个国家的规划体制都不可能为中国规划体制重建提供一个完整的临摹范本。同时，作为后发国家，近30多年来，中国发展极具时空压缩特征，如“压缩型工业化”、“压缩型城市化”、“压缩型现代化”等。与这种“压缩型”相对应的是，各种思潮的碰撞和冲突、西方国家两三百年所缓慢释放的经济问题、社会问题、政治问题、生态问题也同样被“压缩”至中国当下共时性的空间中，且各种问题相互交织，呈现出更为复杂化的发展态势。问题的特殊性决定了处理问题的特殊性。从“手段”的意义讲，中国规划管理体制，乃至行政体制建设应具有其自身“特色”。

参考文献

· 中文文献 ·

[1] 阿尔文·托夫勒.2006.未来的冲击[M].蔡伸章,译.北京:中信出版社.

[2] 安东尼·吉登斯.1998.现代性与自我认同[M].赵旭东,译.北京:三联书店.

[3] 安东尼·吉登斯.2000.现代性的后果[M].田禾,译.南京:译林出版社.

[4] 安东尼·吉登斯.2001.失控的世界[M].南昌:江西人民出版社.

[5] 贝克,邓正来,沈国麟.2010.风险社会与中国——与德国社会学家乌尔里希·贝克的对话[J].社会学研究,(5):208-231.

[6] 彼得·布劳,马歇尔·梅耶.2001.现代社会中的科层制[M].马戎,等译.北京:学林出版社.

[7] 伯特兰·罗素.2011.西方哲学史[M].呼和浩特:内蒙古出版集团远方出版社.

[8] 蔡定剑.2008.依法治理[M]//俞可平.中国治理变迁.北京:社会科学文献出版社.

[9] 蔡定剑.2011.政治体制改革的历史与现状[J].炎黄春秋,(2):1-8.

[10] 蔡立辉,龚鸣.2010.整体政府:分割模式的一场管理革命[J].学术研究,(5):33-43.

[11] 蔡拓.2004.全球治理的中国视角与实践[J].中国社会科学,(1):94-106.

[12] 曹现强.2005.山东半岛城市群建设与地方公共管理创新——兼论区域经济一体化态势下的政府合作机制建设[J].中国行政管理,(3):27-31.

[13] 曹正汉.2011.中国上下分治的治理体制及其稳定机制[J].社会学研究,(1):1-40.

[14] 陈刚,李树,吕惠娟.2012.中国的腐败与城镇居民收入不平等——基于收入来源的分解分析[J].制度经济学研究,(1):113-131.

[15] 陈光金.2010.市场抑或非市场:中国收入不平等成因实证分析[J].社会学研究,(6):86-117.

[16] 陈宏军,施源.2007.城市规划实施机制的逻辑自洽与制度保证[J].城市规划,31(4):20-25.

[17] 陈虎,崔功豪.2002.由分化到整合:对城市规划管理体制的思考——以常州市为例[J].城市规划,26(3):24-27.

[18] 陈嘉明.2006.现代性与后现代性十五讲[M].北京:北京大学出版社.

[19] 陈锦富.2000.论公众参与的城市规划制度[J].城市规划,24(7):54-57.

[20] 陈瑞莲,孔凯.2009.中国区域公共管理研究的发展与前瞻[J].学术研究,(5):45-49.

[21] 陈雯.2000.我国区域规划的编制与实施的若干问题[J].长江流域资源与环境,9(2):141-147.

[22] 陈先枢.2001.经营城市——城市发展的必由之路[J].现代城市研究,(5):4-7.

[23] 陈小卉.2003.都市圈发展阶段及其规划重点探讨[J].城市规划,27(6):55-57.

[24] 陈晓丽.2007.社会主义市场经济条件下城市规划工作框架研究[M].北京:中国建筑工业出版社.

[25] 陈岩松,王巍.2002.关于城市经营的研究与思考[J].城市规划,26(2):80-85.

[26] 陈振明.2000.评西方的"新公共管理"范式[J].中国社会科学,(6):73-82.

[27] 陈振明.2003.公共管理学——一种不同于传统行政学的研究途径[M].北京:中国人民大学出版社.

[28] 程遥.2009.欧盟跨境协作政策述要——以Interreg Ⅲ计划和Centrope项目为例[J].国际城市

规划,(5):72-78.

[29] 仇保兴.2004.城市经营、管治和城市规划的变革[J].城市规划,28(2):8-22.

[30] 仇保兴.2004.当前我国城市规划管理体制改革的若干重点[J].规划师,20(1):5-9.

[31] 崔功豪.2002.当前城市区域规划问题的几点思考[J].城市规划,26(2):40-42.

[32] 崔功豪,王兴平.2006.当代区域规划导论[M].南京:东南大学出版社.

[33] 崔功豪,魏清泉,陈宗兴.1999.区域分析与规划[M].北京:高等教育出版社.

[34] 大卫·哈维.2010.新自由主义简史[M].王钦,译.上海:上海译文出版社.

[35] 戴宾.2004.城市群及其相关概念辨析[J].财经科学,(6):101-103.

[36] 戴维·毕瑟姆.2005.官僚制[M].长春:吉林人民出版社.

[37] 戴维·卡梅伦,张大川.2002.政府间关系的几种结构[J].国际社会科学杂志(中文版),(1):107-113.

[38] 邓小平.1993.邓小平文选(第三卷)[M].北京:人民出版社.

[39] 邓正来.2008.国家与社会:中国市民社会研究[M].北京:北京大学出版社.

[40] 丁煌.1999.听证制度:决策科学化和民主化的重要保证[J].政治学研究,(1):57-63.

[41] 丁煌.2001.论行政听证制度的民主底蕴[J].武汉大学学报(社会科学版),54(1):87-92.

[42] 董鉴泓.2004.中国城市建设史(第三版)[M].北京:中国建筑工业出版社.

[43] 法鲁迪(Andreas Faludi).2004.欧洲战略规划的制度因素[J].邬晓华,黄菲,译.国外城市规划,19(2):29-36.

[44] 樊杰.1998.对新时期国土(区域)规划及其理论基础建设的思考[J].地理科学进展,17(4):1-7.

[45] 范明林.2010.非政府组织与政府的互动关系——基于法团主义和市民社会视角的比较个案研究[J].社会学研究,(3):159-176.

[46] 方创琳.1999.国外区域发展规划的全新审视及对中国的借鉴[J].地理研究,18(1):7-16.

[47] 方创琳.2002.论区域与城市发展规划编制与实施的一体化[J].城市规划,26(4):15-18.

[48] 方创琳,姚士谋,刘盛和,等.2011.2010中国城市群发展报告[M].北京:科学出版社.

[49] 房庆方,蔡瀛,宋劲松,等.2007.建立协调高效的区域城乡规划管理新架构——《珠江三角洲城镇群协调发展规划实施条例》带来的变化[J].城市规划,31(12):9-14.

[50] 房庆方,蔡瀛,朱国鸣.2005.联合规划和协调发展规划的实践——《珠江三角洲城镇群协调发展规划》简介及编制工作回顾[J].城市规划,(4):14-17.

[51] 房庆方,杨细平,蔡瀛.1997.区域协调和可持续发展——珠江三角洲经济区城市群规划及其实施[J].城市规划,21(1):7-10.

[52] 傅永超,徐晓林.2007.府际管理理论与长株潭城市群政府合作机制[J].公共管理学报,(2):24-27.

[53] 高中岗.2007.论我国城市规划行政管理制度的创新[J].城市规划,(8):45-51.

[54] 高中岗,张兵.2009.论我国城市规划编制技术制度的创新[J].城市规划,33(7):26-32.

[55] 龚常,曾维和,凌峰.2008.我国大部制改革述评[J].政治学研究,(3):99-105.

[56] 谷海洪,诸大建.2006.公共政策视角的欧洲空间一体化规划及其借鉴[J].城市规划,30(2):60-63.

[57] 顾朝林,俞滨洋,薛俊菲.2007.都市圈规划——理论·方法·实例[M].北京:中国建筑工业出版社.

[58] 顾朝林,于涛方,刘志虹,等.2007.城市群规划的理论与方法[J].城市规划,31(10):40-43.

[59] 郭建，孙惠莲. 2004. 城市规划中公众参与的法学思考[J]. 城市规划，28(1)：65－68.
[60] 郭建，孙惠莲. 2007. 公众参与城市规划的伦理意蕴[J]. 城市规划，(7)：56－61.
[61] 郭素君. 2009. 由深圳规划委员会思索我国规划决策体制变革[J]. 城市规划，33(3)：50－55.
[62] 郭湘闽. 2006. 走向多元平衡——制度视角下我国传统旧城更新规划机制的变革研究[M]. 北京：中国建筑工业出版社.
[63] 国务院发展研究中心课题组. 2008. 主体功能区形成机制和分类管理政策研究[M]. 北京：中国发展出版社.
[64] 哈耶克. 2007. 哈耶克文选[M]. 冯克利，译. 南京：江苏人民出版社.
[65] 何丹，赵民. 1999. 论城市规划中公众参与的政治经济基础及制度安排[J]. 城市规划汇刊，(5)：31－34.
[66] 何强为，苏则民，周岚. 2005. 关于我国城市规划编制体系的思考与建议[J]. 城市规划学刊，(4)：28－34.
[67] 何书金，苏光全. 2000. 开发区闲置土地的数量、分布与利用潜力[J]. 地理科学进展，19(4)：343－350.
[68] 何增科. 2002. 治理、善治与中国政治发展[J]. 中共福建省委党校学报，(3)：16－19.
[69] 洪世键. 2009. 大都市区治理——理论演进与运作模式[M]. 南京：东南大学出版社.
[70] 侯钧生. 2006. 西方社会学理论教程(第二版)[M]. 天津：南开大学出版社.
[71] 侯丽. 2010. 对计划经济体制下中国城镇化的历史新解读[J]. 城市规划学刊，(2)：70－78.
[72] 胡万钟. 2009. 个人权利之上的“平等”与“自由”——罗尔斯、德沃金与诺齐克、哈耶克分配正义思想比较述评[J]. 哲学研究，(5)：117－120.
[73] 胡序威. 2002. 我国区域规划的发展态势与面临问题[J]. 城市规划，26(3)：23－26.
[74] 胡序威. 2006. 中国区域规划的演变与展望[J]. 地理学报，61(6)：585－592.
[75] 华晨. 2002. 城市竞争[J]. 城市规划，26(1)：55－57.
[76] 黄瑛，龙国英. 2003. 建构公众参与城市规划机制[J]. 规划师，(3)：56－59.
[77] 霍克海默·阿多诺. 2003. 启蒙辩证法[M]. 渠敬东，曹卫东，译. 上海：上海人民出版社.
[78] 季丽新. 2007. 公共危机全球化与全球治理[J]. 湖北社会科学，(9)：15－17.
[79] 姜涛，吴志强. 2007. 西欧 1990 年代空间战略性规划案例比较研究[J]. 城市规划学刊，(5)：53－64.
[80] 姜裕富，程道平. 2005. 价格听证会上公共代表人制度的缺陷及其完善——以 Q 市自来水价格调整听证会为例[J]. 中共浙江省委党校学报，(2)：97－101.
[81] 金经元. 2000. 为人民服务——我国城市规划的活力所在[J]. 城市规划，24(3)：60－63.
[82] 金太军. 2007. 从行政区行政到区域公共管理——政府治理形态嬗变的博弈分析[J]. 中国社会科学，(6)：53－65.
[83] 金耀基. 1991. 中国发展成现代化国家的困境：韦伯学说的一面[J]. 二十一世纪，(2)：3－5.
[84] 景娟，钱云，黄哲娇. 2011. 欧洲一体化的空间规划：发展历程及其对我国的借鉴[J]. 城市发展研究，18(6)：1－5.
[85] 克里斯滕森，拉格雷德(Christensen T，Lgreid P). 2009. 超越新公共管理：平衡控制与自主的渐增复杂性[J]. 胡辉华，译. 公共行政评论，(1)：1－29.
[86] 克里斯滕森，拉格雷德(Christensen T，Lgreid P). 2006. 后新公共管理改革——作为一种新趋势的整体政府[J]. 张丽娜，袁何俊，译. 中国行政管理，(9)：83－90.
[87] 拉尔夫·达仁道夫. 2000. 现代社会冲突[M]. 林荣远，译. 北京：中国社会科学出版社.

[88] 李晨.2010.探讨法定图则公众参与的事件过程和发展途径——以深圳市蛇口地区法定图则公共意见处理为例[J].城市规划,34(8):73-78.
[89] 李东泉,陆建华,苟开刚,等.2011.从政策过程的视角对新时期我国城乡规划管理体系的构成[J].城市发展研究,18(2):1-6.
[90] 李广斌.2010.利益博弈视角下的区域规划转型[M].南京:南京大学出版社.
[91] 李广斌,谷人旭.2005.政府竞争:行政区经济运行中的地方政府行为分析[J].城市问题,(6):70-75.
[92] 李广斌,王喜,王勇.2006.我国区域规划存在问题及其对策思考[J].地域研究与开发,25(5):13-16.
[93] 李广斌,王勇.2007.西方区域规划发展变迁及对我国的启示[J].规划师,(6):77-80.
[94] 李广斌,王勇,谷人旭,等.2008.由冲突到合作:长三角区域协调路径思考[J].江淮论坛,(4):5-11.
[95] 李广斌,王勇,谷人旭.2005.我国中西部地区小城镇发展滞后原因探析[J].城市规划,29(10):40-44.
[96] 李广斌,王勇,黄明华.2009.基于地方政府博弈的区域合作困境分析[J].华东经济管理,23(12):116-119.
[97] 李广斌,王勇,袁中金.2009.城乡规划管理体制改革的思考——基于政治中委托代理理论的视角[J].经济体制改革,(2):149-152.
[98] 李建华.2009.公共政策程序正义及其价值[J].中国社会科学,(1):64-69.
[99] 李晓龙,门晓莹.2004.城乡规划管理体制改革探索[J].规划师,20(3):5-8.
[100] 李雪飞,张京祥,赵伟.2006.基于公共政策导向的区域规划研究——兼论中国区域规划的改革方向[J].城市发展研究,13(5):23-28.
[101] 梁江,孙晖.2000.规划管理体制改革的关键:审批程序的法制化——评深圳市的规划体制改革[J].城市规划,24(7):7-10.
[102] 林尚立.1998.国内政府间关系[M].杭州:浙江人民出版社.
[103] 林毅夫,蔡昉,李周.1993.论中国经济改革的渐进式道路[J].经济研究,(9):3-11.
[104] 刘丹,唐绍均.2007.论我国城市规划的审批决策以及城市规划委员会的重构[J].社会科学辑刊,(5):90-93.
[105] 刘慧,樊杰,王传胜.2008.欧盟空间规划研究进展及启示[J].地理研究,27(6):1381-1389.
[106] 刘健.2004.法国城市规划管理体制概况[J].国外城市规划,19(5):1-5.
[107] 刘剑雄.2008.中国的政治锦标赛竞争研究[J].公共管理学报,(3):24-29.
[108] 刘勉义.1998.行政听证程序价值内涵研究[J].行政法学研究,(1):41-51.
[109] 刘乃全,贾彦利.2005.中国区域政策的重心演变及整体效应研究[J].经济体制改革,(1):10-15.
[110] 刘维新,张红.2001.城市经营、土地储备与土地金融[J].中国房地产金融,(10):6-11.
[111] 刘卫东,金凤君,刘彦随,等.2011.2011中国区域发展报告[M].北京:商务印书馆.
[112] 刘熙瑞.2002.服务型政府——经济全球化背景下中国政府改革的目标选择[J].中国行政管理,(7):5-7.
[113] 刘晓春.2009.论腐败的政治文化根源[J].学术界,(5):151-155.
[114] 刘学民.2010.网络公民社会的崛起——中国公民社会发展的新生力量[J].政治学研究,(4):83-90.

[115] 刘迎秋.2009.国际金融危机与新自由主义的理论反思[J].经济研究,(11):12-21.

[116] 刘瑜.2009.民主的细节[M].上海:上海三联书店.

[117] 刘玉,刘毅.2002.区域政策研究的回顾与展望[J].地理科学进展,21(2):153-162.

[118] 刘玉亭,周政赢,魏立华.2010.城乡规划督察的困境与改善途径[J].规划师,26(1):36-40.

[119] 刘祖云.2007.政府间关系:合作博弈与府际治理[J].学海,(1):79-87.

[120] 柳士双.2010.欧盟的城乡关系政策及其启示[J].江西农业大学学报(社会科学版),9(2):55-59.

[121] 龙朝双,王小增.2007.我国地方政府间合作动力机制研究[J].中国行政管理,(6):65-68.

[122] 龙元.2004.交往型规划与公众参与[J].城市规划,28(1):73-78.

[123] 陆大道,刘毅,樊杰.1999.我国区域政策实施效果与区域发展的基本态势[J].地理学报,54(6):496-508.

[124] 吕晓蓓,伍炜.2006.城市规划实施评价机制初探[J].城市规划,30(11):41-45.

[125] 罗伯特·阿格拉诺夫,迈克尔·麦圭尔.2007.协作性公共管理:地方政府新战略[M].李玲玲,鄞益奋,译.北京:北京大学出版社.

[126] 罗峰,李琪.2010.欧盟一体化发展对长三角协同发展的启示和思考[J].国家行政学院学报,(3):114-118.

[127] 罗小龙,罗震东.2002.城市管治及其本土化研究中的若干问题思考[J].规划师,18(9):15-18.

[128] 罗小龙,沈建法.2005."都市圈"还是都"圈"市——透过效果不理想的苏锡常都市圈规划解读"圈"都市现象[J].城市规划,29(1):30-35.

[129] 罗小龙,沈建法,陈雯.2009.新区域主义视角下的管治尺度构建——以南京都市圈建设为例[J].长江流域资源与环境,(7):603-608.

[130] 罗小龙,张京祥.2001.管治理念与中国城市规划的公众参与[J].城市规划汇刊,(2):59-62.

[131] 马斌.2004.长三角一体化与区域政府合作机制的构建[J].经济前沿,(10):15-18.

[132] 马丁·米诺格,查里斯·波里达诺,大卫·休莫,等.2002.超越新公共管理(上)[J].北京行政学院学报,(5):93-96.

[133] 马克斯·韦伯.1997.经济与社会[M].林荣远,译.北京:商务印书馆.

[134] 马克斯·韦伯.2004.韦伯作品集——支配社会学[M].康乐,等译.桂林:广西师范大学出版社.

[135] 马庆钰.2002.关于腐败的文化分析[J].中国人民大学学报,(6):85-90.

[136] 梅里亚姆.1988.美国政治学说史[M].朱曾汶,译.北京:商务印书馆.

[137] 孟德斯鸠.1978.论法的精神[M].张雁深,译.北京:商务印书馆.

[138] 苗长虹.2004.变革中的西方经济地理学:制度、文化、关系与尺度转向[J].人文地理,(4):68-76.

[139] 苗长虹.2005.从区域地理学到新区域主义:20世纪西方地理学区域主义的发展脉络[J].经济地理,25(5):593-599

[140] 倪明,陶军.2012.全面开展"三规合一",实施城市高效管理[N].广州日报,2012-10-10(A6).

[141] 聂康才,周学红.2005.城市规划民主与公众参与[J].城市问题,(4):17-19.

[142] 宁越敏.2003.国外大都市区规划体系评述[J].世界地理研究,12(1):36-43.

[143] 宁越敏,施倩,查志强.1998.长江三角洲都市连绵区形成机制与跨区域规划研究[J].城市规划,22(1):16-21.

[144] 牛慧恩.2004.国土规划、区域规划、城市规划——论三者关系及其协调发展[J].城市规划,28(11):42-46.

[145] 欧阳静.2009.运作于压力型科层制与乡土社会之间的乡镇政权:以桔镇为研究对象[J].社会,29(5):39-63.

[146] 潘维.2008.治理腐败的原理[J].马克思主义研究,(1):93-99.

[147] 彭宗超,薛澜.2000.听证会:迈向民主决策的第一步[J].中国改革,(12):64-66.

[148] 戚冬瑾,周剑云.2005.透视城市规划中的公众参与——从两个城市规划公众参与案例谈起[J].城市规划,29(7):52-56.

[149] 祁巍锋,宋吉涛.2010.城市群规划的视角与规范性研究[J].经济地理,30(12):2012-2017.

[150] 钱慧,罗震东.2011.欧盟"空间规划"的兴起、理念及启示[J].国际城市规划,(3):66-71.

[151] 秦晖,金雁.2010.田园诗与狂想曲——关中模式与前近代社会的再认识[M].北京:语文出版社.

[152] 丘海雄,徐建牛.2004.市场转型过程中地方政府角色研究述评[J].社会学研究,(4):24-30.

[153] 曲卫东.2004.联邦德国空间规划研究[J].中国土地科学,(2):58-64.

[154] 全国城市规划执业制度管理委员会.2011.转型发展与城乡规划[M].北京:中国计划出版社.

[155] 全国人大常委会法制工作委员会经济法室,等.2008.中华人民共和国城乡规划法解说[M].北京:知识产权出版社.

[156] 全永波.2012.基于新区域主义视角的区域合作治理探析[J].中国行政管理,(4):78-81.

[157] 荣玥芳.2003.都市圈规划编制体系研究[J].城市规划汇刊,(4):78-84.

[158] 邵莉,周东.2012.面向规划事权的济南城乡统筹规划体系[J].规划师,28(4):46-51.

[159] 沈玉芳.2006.当代西方区域规划研究的主要流派及对我国的思考[J].世界地理研究,15(3):22-28.

[160] 施源,周丽亚.2005.现有制度框架下规划决策体制的渐进变革之路[J].城市规划学刊,(1):35-39.

[161] 石亚军,于江.2012.大部制改革:期待、沉思与展望——基于对五大部委改革的调研[J].中国行政管理,(7):52-55.

[162] 斯科特·詹姆斯.2007.弱者的武器[M].郑广怀,等译.南京:译林出版社.

[163] 宋立.2007.各级政府事权及支出责任划分存在的问题与深化改革的思路及措施[J].经济与管理研究,(4):14-21.

[164] 宋小冬,许健.1999.权限下放的挑战——关于上海城市规划管理体制的讨论[J].城市规划汇刊,(6):14-18.

[165] 苏则民.2001.城市规划编制体系新框架研究[J].城市规划,25(5):29-34.

[166] 孙斌栋,殷为华,汪涛.2007.德国国家空间规划的最新进展解析与启示[J].上海城市规划.74(3):54-58.

[167] 孙立平.2004.失衡:断裂社会的运作逻辑[M].北京:社会科学文献出版社.

[168] 孙施文.2000.有关城市规划实施的基础研究[J].城市规划,24(7):12-16.

[169] 孙施文.2002.城市总体规划实施的政府机构协同机制——以上海为例[J].城市规划,26(1):50-54.

[170] 孙施文.2005.英国城市规划近年来的发展动态[J].国外城市规划,20(6):11-15.

[171] 孙施文,殷悦.2004.西方城市规划中公众参与的理论基础及其发展[J].国外城市规划,(1):15-20.

[172] 孙施文,周宇.2003.城市规划实施评价的理论与方法[J].城市规划汇刊,(2):15-20,27.

[173] 孙施文,朱婷文.2010.推进公众参与城市规划的制度建设[J].现代城市研究,(5):17-20.

[174] 孙翔,姚燕华.2010.基于规划发展单元的总规—控规联动机制研究——以广州市为例[J].城市规划,34(4):32-37.

[175] 孙友祥,安家骏.2008.跨界治理视角下武汉城市圈区域合作制度的建构[J].中国行政管理,(8):57-59.

[176] 覃成林.2011.区域协调发展机制体系研究[J].经济学家,(4):63-70.

[177] 覃成林,姜文仙.2011.区域协调发展:内涵、动因与机制体系[J].开发研究,(1):14-18.

[178] 谭海波,蔡立辉.2010."碎片化"政府管理模式及其改革——基于"整体型政府"的理论视角[J].学术论坛,(6):29-34.

[179] 谭纵波.1999.日本城市规划行政体制概观[J].国外城市规划,(4):6-11.

[180] 谭纵波.2008.从中央集权走向地方分权——日本城市规划事权的演变与启示[J].国际城市规划,(2):26-31.

[181] 唐皇凤.2003.超越官僚制:现实抑或乌托邦[J]中共浙江省委党校学报,(6):81-84.

[182] 唐皇凤.2008.制衡资本权力——转型中国确保制度正义的关键[J].公共管理学报,5(3):1-12.

[183] 唐绍均.2008.论我国城市规划审批决策体制的正义与效率[J].城市规划,32(2):50-54.

[184] 唐文跃.2002.城市规划的社会化与公众参与[J].城市规划,26(9):25-27.

[185] 唐燕.2011.德国大都市地区的区域治理与协作[M].北京:中国建筑工业出版社.

[186] 唐逸.1999.中国的理性思维[J].战略与管理,(2):103-111.

[187] 唐子来,张雯.2001.欧盟及其成员国的空间发展规划[J].国外城市规划,(1):10-12.

[188] 陶希东.2008.中国跨界都市圈规划的体制重建与政策创新[J].城市规划,32(8):36-43.

[189] 陶希东.2010.美国"特别区"政府之经验与启示研究——兼论中国设置跨界功能区的基本思路[J].城市规划,34(10):77-82.

[190] 陶希东.2011.跨界治理:中国社会公共治理的战略选择[J].学术月刊,43(8):22-29.

[191] 田莉.2001.论我国城市规划管理的权限转变——对城市规划管理体制现状与改革的思索[J].城市规划,25(12):30-35.

[192] 托克维尔.1993.论美国的民主[M].何董良,译.北京:商务印书馆.

[193] 汪光焘.2008.制定镇规划编制办法是当前迫切任务[J].城市规划,32(3):9-14.

[194] 王宾波,汪祖进.2005.应用RS、GIS等技术进行城市规划监测管理[J].城市规划,29(9):39-42.

[195] 王定云,王世雄.2008.西方新公共管理理论综述与实务分析[M].上海:上海三联书店.

[196] 王汉生,王一鸽.2009.目标管理责任制:农村基层政权的实践逻辑[J].社会学研究,(2):61-93.

[197] 王军,唐敏.2005.规划编制的"三国演义"[J].瞭望新闻周刊,(45):24-28.

[198] 王克稳.1996.略论行政听证[J].中国法学,(5):26-32.

[199] 王强.2000.全球行政改革浪潮与中国行政现代化:从官僚制的角度思考[J].江苏社会科学,(2):58-63.

[200] 王荣,韩俊,徐建明.2007.苏州农村改革30年[M].上海:上海远东出版社.

[201] 王文军,李蜀庆.2004.压缩型工业化社会中的环境问题分析[J].中国工业经济,(9):29-35.

[202] 王小鲁.2007.灰色收入拉大居民收入差距中[J].中国改革,(7):9-12.

[203] 王小增,龙朝双.2007.基于武汉城市圈的政府合作协调机制研究[J].湖北社会科学,(1):59-62.

[204] 王晓东. 2004. 对区域规划工作的几点思考[J]. 城市规划,28(4):65-69.
[205] 王欣,吴殿廷. 2004. 区域规划中信息不对称问题初探[J]. 地域研究与开发,23(2):6-8.
[206] 王星. 2011. 1978 年以来中国"国"与"民"关系之历史演进——立足于国家自主性理论的思考[J]. 人文杂志,(2):58-70.
[207] 王兴平. 2000. 听证制度与城市规划[J]. 规划师,16(6):106-107.
[208] 王兴平. 2001. 城市规划委员会制度研究[J]. 规划师,17(4):34-37.
[209] 王兴平,崔功豪. 2003. 中国城市开发区的空间规模和效益研究[J]. 城市规划,27(9):6-11.
[210] 王学锋. 2005. 城市规划行政许可公开化与听证制度的实施[J]. 规划师,21(3):10-12.
[211] 王学锋. 2007. 城镇密集地区规划编制与管理[M]. 南京:东南大学出版社.
[212] 王雅梅. 2006. 欧盟跨境合作政策述评[J]. 德国研究,(3):11-13.
[213] 王亚南. 1981. 中国官僚政治研究[M]. 北京:中国社会科学出版社.
[214] 王勇. 2009. 论"两规"冲突的体制根源——兼论地方政府"圈地"的内在逻辑[J]. 城市规划,33(10):53-59.
[215] 王勇,李广斌. 2002. 生态位理论及其在小城镇发展中应用[J]. 城市问题,(6):13-16.
[216] 王勇,李广斌. 2005. 市民社会涌动下小城镇规划编制中的公众参与[J]. 城市规划,29(7):57-62.
[217] 王勇,李广斌. 2010. 程序正义视角下的城乡规划公共利益实现初探[J]. 规划师,24(2):50-55.
[218] 王郁,董黎黎,李烨洁. 2010. 民主的价值与形式——规划决策听证制度的发展方向[J]. 城市规划,34(5):40-45.
[219] 王志连,石磊. 2001. 以"权利"制约权力——列宁晚年时对社会主义国家权力制衡的探索[J]. 社会科学研究,(3):21-25.
[220] 魏后凯. 2006. "十一五"时期中国区域政策的调整方向[J]. 学习与探索,(1):15-23.
[221] 魏后凯. 2008. 中国国家区域政策的调整与展望[J]. 西南民族大学学报(人文社科版),(10):56-64.
[222] 魏立华,刘玉亭. 2009. 城乡规划的"执行阻滞"与规划督察[J]. 城市规划,33(3):44-49.
[223] 魏立华. 2007. 城市规划向公共政策转型应澄清的若干问题[J]. 城市规划学刊,(6):42-46.
[224] 魏娜. 2002. 官僚制的精神与转型时期我国组织模式的塑造[J]. 中国人民大学学报,(1):87-92.
[225] 韦伯. 1987. 新教伦理与资本主义精神[M]. 于晓,陈维纲,译. 北京:三联书店.
[226] 温家宝. 2004. 深化行政管理体制改革加快实现政府管理创新[J]. 国家行政学院学报,(1):4-8.
[227] 文森特·奥斯特罗姆. 1999. 美国公共行政的思想危机[M]. 毛寿龙,译. 上海:上海三联书店.
[228] 吴泓,陈修颖,顾朝林. 2003. 基于非场所理论的徐州都市圈发展研究[J]. 经济地理,23(6):766-771.
[229] 吴建华,罗卜. 2003. 公共权力的异化和制约[J]. 哲学研究,(9):30-35.
[230] 吴敬琏. 2003. 建设一个公开、透明和可问责的服务型政府[J]. 领导决策信息,(25):20-21.
[231] 吴松涛. 2009. 构建新体系实现全覆盖——关于城乡规划编制问题的思考[J]. 城市规划,33(7):9-10.
[232] 吴志成,王天韵. 2011. 全球化背景下全球治理面临的新挑战[J]. 南京大学学报(哲学·人文科学·社会科学版),(2):43-49.
[233] 伍俊斌. 2006. 国家与社会关系视野中的中国市民社会建构[J]. 福建论坛(人文社会科学版),

(1):50 - 55.

[234] 谢惠芳,向俊波. 2005. 面向公共政策制定的区域规划——国外区域规划的编制对我们的启示[J]. 经济地理,25(5):604 - 606.

[235] 谢敏. 2009. 德国空间规划体系概述及其对我国国土规划的借鉴[J]. 国土资源情报,(11):22 - 26.

[236] 谢庆奎. 2000. 中国政府的府际关系研究[J]. 北京大学学报(哲学社会科学版),(1):26 - 34.

[237] 谢岳. 2005. 完善全国人民代表大会制度:中国政治体制改革的当务之急[J]. 学术月刊,(6):45 - 46.

[238] 徐海贤. 2006. 发达地区县(市)域城镇体系规划的变革研究[J]. 城市规划,30(11):36 - 40.

[239] 徐巨洲. 2002. "城市经营"本质是对公共物品和公共服务的管理[J]. 城市规划,26(8):9 - 12.

[240] 徐明尧,陶德凯. 2012. 新时期公众参与城市规划编制的探索与思考——以南京市城市总体规划修编为例[J]. 城市规划,36(2):73 - 81.

[241] 薛峰,周劲. 1999. 城市规划体制改革探讨——深圳市法定图则规划体制的建立[J]. 城市规划汇刊,(4):59 - 61.

[242] 薛刚凌. 2005. 论府际关系的法律调整[J]. 中国法学,(5):46 - 56.

[243] 阎彬. 1991. 正确处理中央与地方财政关系的关键——逐步实行分税制[J]. 财经研究,(4):23 - 28.

[244] 颜丽杰. 2008. 城市竞争背景下的规划管理政策研究[J]. 城市问题,(10):25 - 28.

[245] 严强. 2008. 公共行政的府际关系研究[J]. 江海学刊,(5):93 - 101.

[246] 严薇. 2006. 完善监督机制,遏制"寻租"蔓延[J]. 城市规划,30(9):26 - 30.

[247] 严重敏,周可瑜. 1995. 关于跨行政区区域规划若干问题的思考[J]. 经济地理,15(4):1 - 6.

[248] 杨爱平. 2011. 从垂直激励到平行激励:地方政府合作的利益激励机制创新[J]. 学术研究,(5):47 - 53.

[249] 杨爱平,陈瑞莲. 2004. 从"行政区行政"到"区域公共管理"——政府治理形态嬗变的一种比较分析[J]. 江西社会科学,(11):23 - 31.

[250] 杨安华. 2008. 国外地方政府间建立伙伴关系研究述评[J]. 南京社会科学,(5):79 - 85.

[251] 杨保军. 2010. 城市规划 30 年回顾与展望[J]. 城市规划学刊,(1):14 - 23.

[252] 杨逢珉,孙定东. 2007. 欧盟区域治理的制度安排——兼论对长三角区域合作的启示[J]. 世界经济研究,(5):82 - 85.

[253] 杨龙. 2008. 地方政府合作的动力、过程与机制[J]. 中国行政管理,(7):96 - 99.

[254] 杨善华,苏红. 2002. 从"代理型政权经营者"到"谋利型政权经营者"——向市场经济转型背景下的乡镇政权[J]. 社会学研究,(1):17 - 24.

[255] 杨新海,殷辉礼. 2009. 城市规划实施过程中公众参与的体系构建初探[J]. 城市规划,33(9):52 - 57.

[256] 杨秀珠. 2002. 试论城市规划管理体制的改革[J]. 城市规划,26(8):51 - 55.

[257] 姚昭晖,顾浩,吴文勇. 2008. 关于推进城乡规划管理体制改革的思考[J]. 城市规划,32(7):70 - 72.

[258] 殷为华,沈玉芳,杨万钟. 2007. 基于新区域主义的我国区域规划转型研究[J]. 地域研究与开发,26(5):12 - 15.

[259] 尹茂林. 2006. 中小城市实施城市规划委员会制度的思考[J]. 上海政法学院学报,(1):109 - 111.

[260] 于立.2007.规划督察:英国制度的借鉴[J].国际城市规划,22(2):72-77.

[261] 于亚滨,潘玮.2006.都市圈规划实施有效途径的思考[J].城市规划,30(8):78-80.

[262] 俞可平.2000.治理与善治[M].北京:社会科学文献出版社.

[263] 俞可平.2002.全球治理引论[J].马克思主义与现实,(1):20-32.

[264] 俞可平.2006.改善我国公民社会制度环境的若干思考[J].当代世界与社会主义,(1):4-10.

[265] 俞可平.2008.和谐社会与政府创新[M].北京:社会科学文献出版社.

[266] 俞可平.2008.中国政府创新蓝皮书:和谐社会与政府创新[M].北京:社会科学文献出版社.

[267] 俞可平.2008.中国治理变迁30年(1978—2008)[J].吉林大学社会科学学报,48(3):5-17.

[268] 俞可平.2008.中国治理变迁30年[M].北京:社会科学文献出版社.

[269] 俞可平.2010.中华人民共和国六十年政治发展的逻辑[J].马克思主义与现实,(1):21-35.

[270] 俞可平.2012.中国民主发展路线图[J].团结,(2):50.

[271] 俞可平.2012.重构社会秩序,走向官民共治[J].国家行政学院学报,(4):4-6.

[272] 俞正梁.2001.区域化、区域政治与区域治理[J].国际观察,(6):1-3.

[273] 喻玲,殷洁.2010.论经济区划与区域规划的法制化[J].经济地理,30(5):728-731.

[274] 袁方成,盛元芝.2011.对新西兰"整体政府"改革的理解[J].政治学研究,(5):107-114.

[275] 袁家冬,周筠,黄伟.2006.我国都市圈理论研究与规划实践中的若干误区[J].地理研究,25(1):112-120.

[276] 约翰·密尔.1982.论自由[M].程崇华,译.北京:商务印书馆.

[277] 岳德常.1997.关于"压力型体制"的思考[J].经济社会体制比较,(6):26-27.

[278] 岳武,万兴亚.2010.中国区域政策转型的障碍、依据与对策[J].社会科学战线,(10):183-188.

[279] 曾保根.2010.评"后新公共管理"运动的改革取向[J].国家行政学院学报,(3):47-51.

[280] 曾维和.2012.后新公共管理时代的跨部门协同——评希克斯的整体政府理论[J].社会科学,(5):36-47.

[281] 曾宪谋.2005.城市规划公众参与制度分析[J].规划师,21(11):16-19.

[282] 詹姆斯·M.布坎南.2008.宪法秩序的经济学与伦理学[M].朱泱,等译.北京:商务印书馆.

[283] 詹姆斯·N.罗西瑙.2001.没有政府的治理[M].张胜军,等译.南昌:江西人民出版社.

[284] 张成福.2001.公共行政的管理主义:反思与批判[J].中国人民大学学报,(1):18-19.

[285] 张成福,李昊城,边晓慧.2012.跨域治理:模式、机制与困境[J].中国行政管理,(3):102-109.

[286] 张创新,崔雪峰.2008.大部制改革与小政府模式辨析[J].中国行政管理,(5):36-38.

[287] 张从果,杨永春.2007.都市圈概念辨析[J].城市规划,(4):31-36.

[288] 张京祥.2000.城镇群体空间组合[M].南京:东南大学出版社.

[289] 张京祥.2004.全球化背景中的区域发展与规划转变[J].国外城市规划,19(3):1-4.

[290] 张京祥,陈浩.2010.中国的"压缩"城市化环境与规划应对[J].城市规划学刊,(6):10-21.

[291] 张京祥,何建颐.2010.西方国家区域规划公共政策属性演变及其启示[J].经济地理,30(1):17-21.

[292] 张京祥,罗震东,何建颐.2007.体制转型与中国城市空间重构[M].南京:东南大学出版社.

[293] 张京祥,芮富宏,崔功豪.2002.国外区域规划的编制与实施管理[J].国外城市规划,(2):30-33.

[294] 张京祥,沈建法,黄钧尧,等.2002.都市密集区区域管治中行政区划的影响[J].城市规划,26(9):40-44.

[295] 张京祥,吴缚龙.2004.从行政区兼并到区域管治——长江三角洲的实证与思考[J].城市规划,

(5):25－30.

[296] 张京祥，吴启焰. 2001. 试论新时期区域规划的编制与实施[J]. 经济地理，21(5):513－517.

[297] 张京祥，殷洁，何建颐. 2008. 全球化世纪的城市密集地区发展与规划[M]. 北京：中国建筑工业出版社.

[298] 张京祥，邹军，吴启焰，等. 2001. 论都市圈地域空间的组织[J]. 城市规划，25(5):19－23.

[299] 张康之. 2001. 超越官僚制：行政改革的方向[J]. 求索，(3):32－36.

[300] 张康之. 2007. 公共行政学[M]. 北京：北京大学出版社.

[301] 张康之. 2008. 行政伦理的观念与视野[M]. 北京：中国人民大学出版社.

[302] 张可云. 2005. 区域经济政策[M]. 北京：商务印书馆.

[303] 张丽君. 2011. 典型国家国土规划基本经验[J]. 国土资源情报，(8):2－10.

[304] 张旅平，赵立玮. 2012. 自由与秩序：西方社会管理思想的演进[J]. 社会学研究，(3):23－47.

[305] 张勤. 2006. 事权明晰 主体明确 责任落实——瑞士城乡规划体系的启示[J]. 国外城市规划，21(3):6－9.

[306] 张汝伦. 2003. 现代西方哲学十五讲[M]. 北京：北京大学出版社.

[307] 张伟. 2003. 都市圈的概念、特征及其规划探讨[J]. 城市规划，27(6):47－50.

[308] 张炜，董敏. 2001. 城市经营与城建投资体制改革初探[J]. 城市发展研究，8(3):33－36.

[309] 张文江. 2011. 府际关系的理顺与跨域治理的实现[J]. 云南社会科学，(3):10－13.

[310] 张文彤，殷毅，姜涛. 2010. 基于实施的规划编制机制探索[J]. 城市规划，34(6):26－30.

[311] 张闫龙. 2006. 财政分权与省以下政府间关系的演变[J]. 社会学研究，(3):39－63.

[312] 张志强，黄代伟. 2007. 构筑层次分明、上下协调的空间规划体系——德国经验对我国规划体制改革的启示[J]. 现代城市研究，(6):11－18.

[313] 章武生，吴泽勇. 2000. 司法独立与法院组织机构的调整(上)[J]. 中国法学，(2):56－71.

[314] 赵柯. 2008. 空间规划体系建设重构：国际经验及启示[J]. 改革，(1):126－131.

[315] 赵亮. 2006. 欧洲空间规划中的“走廊”概念及相关研究[J]. 国外城市规划，21(1):59－64.

[316] 赵亮，郑怿. 2003. 欧盟“ESPON2006”计划[J]. 国外城市规划，18(2):29.

[317] 赵民. 2000. 论城市规划的实施[J]. 城市规划汇刊，(4):28－31.

[318] 赵民，李萱. 2002. 关于城市规划法中设定刑事法律责任的探讨[J]. 城市规划汇刊，(1):34－36.

[319] 赵民，刘婧. 2010. 城市规划中“公众参与”的社会诉求与制度保障——厦门市“PX项目”事件引发的讨论[J]. 城市规划学刊，(3):81－86.

[320] 赵树凯. 2005. 乡村关系：在控制中脱节——10省(区)20乡镇调查[J]. 华中师范大学学报(人文社会科学版)，(5):2－9.

[321] 折晓叶. 2008. 合作与非对抗性抵制——弱者的“韧武器”[J]. 社会学研究，(3):1－28.

[322] 郑风田，刘杰. 2010. 从群体性意见到群体性事件：一个观念的澄清[J]. 中国农村观察，(5):63－74.

[323] 郑卫. 2011. 我国城市规划冲突管理机制的缺陷——以上海市春申高压线事件为例[J]. 城市问题，(1):83－88.

[324] 郑文武. 2005. 论深圳市城市规划委员会制度的改进措施[J]. 深圳特区科技，(0):323－325.

[325] 郑先武. 2007. “新区域主义”的核心特征[J]. 国际观察，(5):58－64.

[326] 郑文武，魏清泉. 2007. 提倡设立城市规划的刑事责任制——一些国家和地区城市规划实践的启示[J]. 城市规划，31(3):47－50.

[327] 周飞舟. 2009. 锦标赛体制[J]. 社会学研究，(3):54－77.

[328] 周光辉.2011.当代中国决策体制的形成与变革[J].中国社会科学,(3):101-120.

[329] 周建军.2000.对我国城市规划管理体制若干问题的思考[J].城市规划汇刊,(5):54-57.

[330] 周黎安.2004.晋升博弈中政府官员的激励与合作——兼论我国地方保护主义和重复建设问题长期存在的原因[J].经济研究,(6):33-40.

[331] 周黎安.2007.中国地方官员的晋升锦标赛模式研究[J].经济研究,(7):36-50.

[332] 周晓丽.2005.新公共管理:反思、批判与超越——兼评新公共服务理论[J].公共管理学报,(1):43-48.

[333] 周雪光.2005."逆向软预算约束":一个政府行为的组织分析[J].中国社会科学,(2):132-143.

[334] 周雪光.2008.基层政府间的"共谋现象"——一个政府行为的制度逻辑[J].社会学研究,(6):1-21.

[335] 周一星.1995.城市地理学[M].北京:商务印书馆.

[336] 周振超.2005.打破职责同构:条块关系变革的路径选择[J].中国行政管理,(9):103-106.

[337] 周振超.2006.条块关系:政府间关系的一种分析视角[J].齐鲁学刊,(3):144-147.

[338] 周志忍.2008.大部制:难以承受之重[J].理论参考,(5):40-41.

[339] 朱光磊,张志红.2005."职责同构"批判[J].北京大学学报(哲学社会科学版),(1):101-112.

[340] 朱国云.1999.科层制与中国社会组织管理模式[J].管理世界,(5):207-208.

[341] 朱文华.2003.谈我国城市规划管理体制改革[J].规划师,19(5):7-12.

[342] 卓健,刘玉民.2004.法国城市规划的地方分权——1919—2000 年法国城市规划体系发展演变综述[J].国外城市规划,(5):7-15.

[343] 卓凯,殷存毅.2007.区域合作的制度基础:跨界治理理论与欧盟经验[J].财经研究,(1):55-65.

[344] 邹兵.2005.城镇密集地区规划[J].城市规划,29(11):35-37.

[345] 邹兵.2006.我国城镇群规划实施面临的困境与发展趋向——由珠江三角洲城镇群规划引发的思考[J].城市规划,30(1):47-54.

[346] 邹兵.2008.城市规划实施:机制和探索[J].城市规划,32(11):21-23.

[347] 邹兵,陈宏军.2003.敢问路在何方?——由一个案例透视深圳法定图则的困境与出路[J].城市规划,27(2):61-67.

[348] 邹兵,范军,张永宾,等.2011.从咨询公众到共同决策——深圳市城市总体规划全过程公众参与的实践与启示[J].城市规划,35(8):91-96.

[349] 邹谠.1994.二十世纪中国政治:从宏观历史与微观行动的角度看[M].香港:牛津大学出版社.

[350] 左金风.2009.改革开放 30 年来城市规划法治的发展评述[J].求实,(11):52-53.

·英文文献·

[1] Andrew Hurrell. 1995. Regionalism in the theoretical perspective[M]//Louise Fawcett, et al (eds). Regionalism in World Politics. Oxford: Oxford University Press.

[2] Angela Hull. 2000. Modernizing democracy: constructing a radical reform of the planning system[J]. European Planning Studies, 8(6):767-782.

[3] Barzelay M, Armajani B J. 1992. Breaking Through Bureaucracy: a New Vision for Managing Government[M]. Berkeley: University of California Press.

[4] Bjrn H, Fredrik S D. 2000. Theorising the rise of regionness[J]. New Political Economy, 5(3):457-473.

[5] Bond A, Kramer J, Seggerman K. 2010. Staffing and administrative capacity of metropolitan planning organizations[R].

[6] Bonnie Lindstrom. 2010. The metropolitan mayors caucus: institution building in a political fragmented metropolitan region[J]. Urban Affairs Review, 1(46):37 - 67.

[7] Burger M J, B de Goei, L van der Laan, et al. 2011. Heterogeneous development of metropolitan spatial structure: evidence from commuting patterns in English and Wels city-regions, 1981—2001[J]. Cities, 28(2) :160 - 170.

[8] Christensen T, Legreid P. 2002. New Public Management: the Transformation of Ideas and Practice[M]. Aldersho:T Ashgate.

[9] Christopher Pollit. 2003. Joined-up government: a survey[J]. Pclitical Studies Review, (1): 34 - 39.

[10] David K H. 2004. Developing regional regimes: a comparison of two metropolitan areas[J]. Journal of Urban Affairs, 26(4):455 - 477.

[11] David Osborne, Ted Gaebler. 1992. Reinventing Government: How the Entrepreneurial Spirits Transforming the Public Sector[M]. New York: Penguin Books, LTD.

[12] Deas I, Lord A. 2006. From a new regionalism to an unusual regionalism? The emergence of non-standard regional spaces and lessons for the territorial reorganisation of the state[J]. Urban Studies, 43(10):18 - 47.

[13] DeHoog R, Lowery D, Lyons W. 1991. Metropolitan fragmentation and suburban ghettos: some empirical observations on institutional racism[J]. Journal of Urban Affairs, 13(4): 479 - 93.

[14] Dente B. 1988. Local government reform and legitimacy[M]// Dente B, Kjellberg F. The Dynamics of Institutional Change. London: Sage.

[15] Eliadis P, Hill M, Howlett M. 2005. Designing Government: from Instruments to Governance [M]. Montreal: McGill - Queens University Press.

[16] Fiona Simpson, Michael Chapman. 1999. Comparison of urban governance and planning policy [J]. Cities, 16(5):353 - 364.

[17] Frank Hendriks. 2006. Shifts in governance in a polycentric urban region: the case of the Dutch Randstad[J]. Intl Journal of Public Administration, 29(10-11): 931 - 951.

[18] Frey B S, Eichenberger R. 2001. Metropolitan governance for the future: functional overlapping competing jurisdiction[J]. Swiss Political Science Review, (7): 124 - 130.

[19] Frisken F, Norris D F. 2001. Regionalism reconsidered[J]. Journal of Urban Affairs, 23(5): 467 - 478.

[20] Gwyndaf Williams. 1999. Institutional capacity and metropolitan governance: the greater Toronto area[J]. Cities, 16(3):171 - 180.

[21] Halligan J. 2004. Regeneration in an international contex[J]. Australian Journal of Public Administration, 64(2):38 - 46.

[22] Hamilton. 2002. Regimes and regional governance: the case of Chicago[J]. Journal of Urban Affairs, 24(4): 404 - 423

[23] Hamilton D K. 2004. Developing regional regimes: a comparison of two metropolitan areas[J]. Journal of Urban Affairs, 26(4):455 - 477.

[24] Hettne B. 2003. The new regionalism revisited[M]//Soderbaum F, Shaw T M (eds). Theories of New Regionalism . New York: Palgrave Macmillan.

[25] Hood C. 1991. A public management for all seasons[J]. Public Administration, 69(1):3 - 19.

[26] Iain D, Kevin G W. 2000. From the "new localism" to the "new regionalism"? The implications of regional development agencies for city-regional relations[J]. Political Geography, 19(3):273 - 292.

[27] Jago Dodson. 2009. The "infrastructure turn" in Australian metropolitan spatial planning[J]. International Planning Studies, 14(2):109 - 123.

[28] James F W, Mary B F. 2005. Assessing progress: the state of metropolitan planning organizations under ISTEA and TEA - 21[J]. Intl Journal of Public Administration, (28):1057 - 1079.

[29] Jean-Marc Fontan, Pierre Hamel, Richard Morin, et al. 2009. In community organizations and local governance in a metropolitan region[J]. Urban Affairs Review, 44(6): 832 - 857.

[30] Jessop B. 2003. The political economy of scale and the construction of cross-border micro-regions[M]//Soderbaum F, Shaw T M (eds). Theories of New Regionalism. New York: Palgrave Macmillan.

[31] Johnson D A. 1996. Planning the Great Metropolis: the 1929 Regional Plan of New York and Its Environs[M]. London: Routledge.

[32] Jonas A E G, Ward K. 2007. Introduction to a debate on city-regions: new geographies of governance, democracy and social reproduction[J]. International Journal of Urban and Regional Research, 31(1):169 - 178.

[33] Keating M. 1994. Size, efficiency and democracy: consolidation, fragmentation and public choice [M]// Judge D, Stoker G, Wolman H (eds). Theories of Urban Politics. London: Sage.

[34] Kooiman. 1999. Social-political governance: overview, reflection and design[J]. Public Management, 1(1): 67 - 92.

[35] Lan Zhiyong, Rosenbloom David. 1992. Editorial: public administration in transition[J] Public Administration Review, 52(6):535 - 537.

[36] Lawrence L M, Jeannie H S. 2011. City-county consolidations: promise versus performance [J]. State and Local Government Review, 43(2):167 - 177.

[37] Leach S, et al. 1991. After Abolition: the Operation of the Post—1986 Metropolitan Governmen System in England[M]. Inlogov: the University of Birmingham.

[38] Lefbvre C. 1998. Metropolitan government and governance in western countries: a critical review[J]. International Journal Urban and RegionalResearch, 22(1): 9 - 25.

[39] Leland S, Thurmaier K. 2005. When efficiency is unbelievable: normative lessons from 30 years of city-county consolidations[J]. Public Administration Review, 65(4), 475 - 489.

[40] Lyons W, Lowery D. 1989. Governmental fragmentation versus consolidation: five public choice myths about how to create informed, involved and happy citizens[J]. Public Administration Review, (5):33 - 43.

[41] Mbodj E H. 2002. Prospects for partnership among African cities[J]. International Social Science Journal, 54(172): 233 - 238.

[42] Mee Kam Ng. 2008. From government to governance? Politics of planning in the first decade of the Hong Kong special administrative region[J]. Planning Theory and Practice, 9(2):165 - 185.

[43] Michael Neuman, Jose Gavinha. 2005. The planning dialectic of continuity and change: the evo-

lution of metropolitan planning in Madrid[J]. European Planning Studies, 13(7): 985 - 1009.

[44] Micheal N D, Jameson W D. 1982. New York: the Politics of Urban Regional Development [M]. Berkeley, CA: University of California Press.

[45] Michel Crozier. 1964. The Bureaucratic Phenomenon [M]. Chicago: University of Chicago Press.

[46] Neil Brenner. 2002. Decoding the newest "metropolitan regionalism" in the USA: a critical overview[J]. Cities, 19(1):3 - 21.

[47] Newton K. 1982. Is small really so beautiful? Is big really so ugly? Size, effectiveness and democracy in local government[J]. Political Studies,30(2):190 - 206.

[48] Nil Uzun. 2010. Urban governance in Istanbul[J]. Análise Social, (197):757 - 770.

[49] Oi Jean. 1992. Fiscal reform and the economic foundations of local state corporatism in China [J]. World Politics, 45(1):101 - 102.

[50] Osborne D, Gaebler T. 1992. Reinventing Government: How the Entrepreneurial Spirit Is Transforming the Public Sector from the Schoolhouse to Statehouse, City Hall to the Pentagon [M]. Reading, Mass: Addison 2 Wesley.

[51] Perri 6. 1997. Holistic Government[M]. London: Demos.

[52] Perri 6. 2002. Towards to Holistic Governance: the New Reform Agenda[M]. New York: Palgtaye.

[53] Perri 6, Diana Leat, Kimberly Seltzer, et al. 2001. Governing in the Round: Strategies for Holistic Government[M]. London : Demos.

[54] Perri 6, Diana Leat, Kimberly Seltzer, et al. 2002. Towards Holistic Governance: the New Reform Agenda[M]. New York: Palgrave.

[55] Pollitt C. 1993. Managerialism and the Public Services: Cuts or Cultural Change in the 1990s [M]. Oxford: Blackwell.

[56] Pollitt C, Bouckaert G. 2011. Public Management Reform: a Comparative Analysis, New Public Management, Governance and the Neo-Weberian State[M]. 3rd ed. London:Oxford University Press.

[57] Qian Yingyi, Weingast B R. 1996. China's transition to markets: market-preserving federalism, Chinese style[J]. Journal of Policy Reform, (1):149 - 185.

[58] Qian Yingyi, Weingast B R. 1997. Federalism as a commitment to perserving market incentives [J]. The Journal of Economic Perspectives, 11(4):83 - 92.

[59] Ray Bromley. 2001. Metropolitan regional planning: enigmatic history, global future[J]. Planning Practice and Research, 16(3):233 - 245.

[60] Rhodes R A W. 1996. The new governance: governing without government[J]. Political Studies, 44(4): 652 - 653.

[61] Rhodes R A W. 2002. The governance narrative: key findings and lessons from the ESRC's whitehall programme[J]. Public dministration, 78 (2): 351.

[62] Robert D. 1993. Making Democracy Work: Civic Traditions in Modern Italy[M]. Princeton, NJ: Princeton University Press.

[63] Savitch H V, et al. 2010. Beyond the rhetoric: lessons from Louisville's consolidation[J]. The American Review of Public Administration, (40):3 - 28.

[64] Savitch H V, Vogel R K. 2000. Paths to new regionalism[J]. State and Local Government Review, 32(3):158 - 168.

[65] Scott A J. 2001. Industrial revitalization in the ABC municipalities, Sao Paulo: diagnostic analysis and strategic recommendations for a new economy and a new regionalism[J]. Regional Studies, (7):1 - 32.

[65] Scott A J, Storper M. 2003. Regions, globalization, development[J]. Regional Studies, 37(6 - 7):579 - 593.

[67] Self P. 2000. Rolling Back the State. Economic Dogma and Political Choice[M]. New York: St Martin's Press.

[68] Sharpe L J. 1988. Local government reorganization: general theory and UK practice[M]// Dente B, Kjellberg F (eds). The Dynamics of Institutional Change. London: Sage.

[69] Sharpe L J. 1995. The Government of World Cities: the Future of the Metro Model[M]. Chichester: Wiley.

[70] Stein J. 1993. Growth Management, the Planning Challenge of the 1990's[M]. Newbury Park: Sage.

[71] Stoper M. 1997. The Regionl World: Territorial Development in a Global Economy[M]. New York: the Guilford Press.

[72] Sylvia Horton, David Farnham. 1999. Public Administration in Britain[M]. The United States: Macmillan Press, LTD.

[73] Tassilo Herrschel, Peter Newman. 2002. Governance of Europe's City Regions: Planning, Policy and Politic[M]. London: Routledge.

[74] Thiemo W E, Dimitrios K. 2000. Power shifts in the European Union? The case of spatial planning[J]. European Planning Studies, 8(6):783 - 798.

[75] Tom Ling. 2002. Delivering joined-up government in the UK dimensions, issues and problems [J]. Public Administraion,(4):625 - 642.

[76] Vincent Béal. 2011. Urban governance, sustainability and environmental movements: post-democracy in French and British cities [J]. European Urban and Regional Studies, 19 (4): 404 - 419.

[77] Vincent O, Charles M T, Robert W. 1961. The organization of government in metropolitan areas: a theoretical inquiry[J]. American Political Science Review, 55(4):831 - 842.

[78] Wallis A D. 1994. Evolving structures and challenges of metropolitan regions[J]. National Civic Review, 83(1):40 - 53.

[79] Weingast B R. 1995. The economic role of political institutions: market-preserving federalism and economic growth[J], Journal of Law, Economics and Organization, 11(1):1 - 31.

[80] Wood B. 1976. The Process of Local Government Reform: 1966—1974[M]. London: Allen and Unwin.

[81] Wood R C, Ameringer V V. 1961. 1400 Governments: the Political Economy of the New York Metropolitan Region[M]. Cambridge, MA: Harvard University Press.

[82] Wright V. 1994. Reshaping the state: the implications for public administration[J]. West European Politics, 17(3):102 - 137.

图片来源

图 1.1 源自:作者绘制.

图 2.1 源自:作者绘制.

图 2.2 源自:Tom Ling. 2002. Delivering joined-up government in the UK dimensions, issues and problems[J]. Public Administraion,(4):625 - 642.

图 2.3、图 2.4 源自:蔡立辉,龚鸣. 2010. 整体政府:分割模式的一场管理革命[J]. 学术研究,(5):33 - 43.

图 3.1、图 3.2 源自:作者绘制.

图 3.3 源自:全国人民代表大会常务委员会. 2008. 中华人民共和国城乡规划法[R/OL].

图 3.4 源自:方创琳,姚士谋,刘盛和,等. 2011. 2010 中国城市群发展报告[M]. 北京:科学出版社.

图 4.1 源自:作者绘制.

图 4.2 源自:郭素君. 2009. 由深圳规划委员会思索我国规划决策体制变革[J]. 城市规划,33(3):50 - 55.

图 4.3、图 4.4 源自:作者自制.

图 5.1 源自:罗震东,张京祥. 2001. 英国大都市战略规划指引机制及其对中国的启示[J]. 国外城市规划,(6):29 - 31.

图 5.2 源自:房庆方,等. 2007. 建立协调高效的区域城乡规划管理新架构[J]. 城市规划,31(12):9 - 14.

图 5.3 至图 5.5 源自:作者绘制.

图 6.1 源自:赵亮. 2006. 欧洲空间规划中的"走廊"概念及相关研究[J]. 国外城市规划,(1):59 - 64.

图 6.2 源自:European Commission. 1999. ESDP, European Spatial Development Perspective: Towards Balanced and Sustainable Development of the Territory of the European[M]. Luxembourg: Office for Official Publications of the European Communities:5.

图 6.3 源自:http://ec.europa.eu/regional_policy/archive/interreg3/abc/voletb_en.htm.

图 6.4 源自:覃成林. 2011. 区域协调发展机制体系研究[J]. 经济学家,(4):63 - 70.

图 6.5 源自:作者绘制.

表格来源

表 1.1、表 1.2 源自:作者整理绘制.

表 1.3 源自:王旭. 2006. 美国城市发展模式:从城市化到大都市区化[M]. 北京:清华大学出版社:304 - 306. 转引自:洪世键,黄晓芬. 2007. 大都市区概念及其界定问题探讨[J]. 国际城市规划,22(5):50 - 57.

表 1.4 源自:陶希东. 2007. 转型期中国跨省市都市圈区域治理[M]. 上海:上海社会科学出版社:11.

表 2.1 源自:Hood C. 1991. A public management for all seasons[J]. Public Administration, 69(1):3 - 19.

表 2.2 源自:曾维和. 2012. 后新公共管理时代的跨部门协同——评希克斯的整体政府理论[J]. 社会科学,(5):36 - 47.

表 2.3 源自:作者整理绘制.

表 2.4、表 2.5 源自:曾维和. 2012. 后新公共管理时代的跨部门协同——评希克斯的整体政府理论[J]. 社会科学,(5):36 - 47.

表 2.6 源自:彭锦鹏. 2005. 全观型治理:理论与制度化策略[J]. 政治科学论丛,(23):96. 转引自:袁方成,盛元芝. 2011. 对新西兰"整体政府"改革的理解[J]. 政治学研究,(5):107 - 114;Hood. 1994. Explaining Economic Policy Reversals[M]. Buckingham: Open University Press; Patrick Dunleavy, Helen M. 2005. New public management is dead - long live digital-era governance[J]. Journal of Public Administration Research Theory,16(3); Christensen T, Per L. 2008. NPM beyond: structure, culture and demography[J]. International Review of Administrative Sciences, 74(1); Stoker G. 2006. Public value management: a new narrative for networked governance[J]. American Review of Public Adminisitration, 36(1):41 - 57.

表 3.1 至表 3.4 源自:作者整理绘制.

表 3.5 源自:作者根据如下两篇文献整理:徐明尧,陶德凯. 2012. 新时期公众参与城市规划编制的探索与思考——以南京市城市总体规划修编为例[J]. 城市规划,36(2):73 - 81;邹兵,范军,张永宾,等. 2011. 从咨询公众到共同决策——深圳市城市总体规划全过程公众参与的实践与启示[J]. 城市规划,35(8):91 - 96.

表 3.6 至表 3.8 源自:作者整理绘制.

表 4.1 源自:胡序威. 2006. 中国区域规划的演变与展望[J]. 地理学报,(6):585 - 592.

表 4.2 源自:作者整理自《长江三角洲地区区域规划(2009—2020)》;魏梦杰. 2006. 发改委与建设部版本不一 长三角是否应该泛化[N/OL]. 国际金融报,2006 - 04 - 06. http://news.china.com/zh_cn/finance/11009723/20060406/13223978.html.

表 4.3 源自:作者整理绘制.

表 4.4 源自:作者根据中国城市规划设计研究院《城乡规划与相关规划的关系研究报告》整理绘制,转引自谢惠芳,向俊波. 2005. 面向公共政策制定的区域规划[J]. 经济地理,25(5):604 - 606.

表 4.5、表 4.6 源自:作者根据网络资料整理绘制.

表 4.7 源自:郭素君. 2009. 由深圳规划委员会思索我国规划决策体制变革[J]. 城市规划,33(3):

50－55.

表 4.8 源自：作者根据 http://www.szpl.gov.cn 整理.

表 4.9 源自：郑泽爽.2011.区域规划公众参与的实践与探索——从粤港澳三地的公众参与案例谈起[C]//中国城市规划学会.转型与重构：中国城市规划年会论文集.南京：东南大学出版社.

表 5.1 源自：Graham J，Amos E，Plumptre T. 2003. Principles for good governance in the 21st century [J]. Policy Brief，(15)：3.

表 5.2 源自：谢敏.2009.德国空间规划体系概述及其对我国国土规划的借鉴[J].国土资源情报，(11)：22－26.

表 5.3 源自：王向东，刘卫东.2012.中国空间规划体系：现状、问题与重构[J].经济地理，32(5)：7－15.

表 5.4 源自：张勤.2006.事权明晰　主体明确　责任落实——瑞士城乡规划体系的启示[J].国外城市规划，21(3)：6－9.

表 5.5 源自：作者绘制.

表 5.6 源自：梁江，孙晖.2000.规划管理体制改革的关键：审批程序的法制化——评深圳市的规划体制改革[J].城市规划，24(7)：16－19.

表 5.7 源自：作者整理绘制.

表 6.1、表 6.2 源自：作者绘制.